南方传媒绿皮书

陈致中　主编

年度文化产业案例选粹

（2014年）

暨南大学出版社
JINAN UNIVERSITY PRESS

中国·广州

图书在版编目 (CIP) 数据

年度文化产业案例选粹(2014 年)/陈致中主编 . —广州: 暨南大学出版社，
2015.5

（南方传媒绿皮书）

ISBN 978-7-5668-1247-6

Ⅰ . ①年…　Ⅱ . ①陈…　Ⅲ . ①文化产业—案例—中国　Ⅳ . ① G124

中国版本图书馆 CIP 数据核字（2014）第 248339 号

....

年度文化产业案例选粹（2014 年）

主　　编：陈致中

策划编辑：杜小陆　史学英
责任编辑：柳　煦　李倬吟
责任校对：卢凯婷
地　　址：中国广州暨南大学
电　　话：总编室（8620）85221601
　　　　　营销部（8620）85225284　85228291　85228292（邮购）
传　　真：（8620）85221583（办公室）　85223774（营销部）
邮　　编：510630
网　　址：http://www.jnupress.com　http://press.jnu.edu.cn
排　　版：广州联图广告有限公司
印　　刷：佛山市浩文彩色印刷有限公司
开　　本：787mm×1092mm　1/16
印　　张：21.25
字　　数：380 千
版　　次：2015 年 5 月第 1 版
印　　次：2015 年 5 月第 1 次
定　　价：48.80 元

（暨大版图书如有印装质量问题，请与出版社总编室联系调换）

总　序

新媒体技术引发了传播生态的深刻变迁，促使媒体格局发生了剧烈变化。当前，传统媒体面临巨大冲击，正在摸索转型之路；新兴媒体发展迅猛，仍在探索盈利模式。而推进传统媒体和新兴媒体的融合发展，则成了国家战略。

在这个大背景下，暨南大学新闻与传播学院、暨南大学南方传媒研究院的老师和研究生们，基于冷静的观察和潜心的研究，精心推出了新的"南方传媒绿皮书"，内容涉及年度报道与年度记者、年度音视频、年度广告、年度文化产业等。这是他们在初试啼声推出2012年"南方传媒绿皮书"之后又一次阵容整齐的亮相。"南方传媒绿皮书"的出版，为媒体融合发展的盛宴奉上了一道道精美的大餐。

任何事物的发展都有它的规律，媒体的发展演变也是如此。推进传统媒体和新兴媒体融合发展，其主线应该是"技术驱动、用户需求"。这就是说，媒体除了要以先进技术为支撑来一场技术革命的转型、形成全媒体生产能力外，还必须始终重视内容建设。在新的传播时代，无论传播介质如何迭代、媒体格局如何演变，内容建设都是媒体不可或缺的。因为内容是媒体的根本，是媒体的品质属性，优质的内容生产则是优秀媒体的灵魂和基石。媒体只有着力于挖掘新闻信息的深度和广度、提供精品化的内容，才能拥有权威性和公信力，才能提高社会影响力和综合竞争力。"南方传媒绿皮书"向读者提供媒体内容建设方面的经典案例，正是缘于这方面的考虑。

当然，我们说在网络时代也依然是内容为王，但并不是说可以固守传统的报道方式。传播技术的发展，既扩大了新闻内容的生产和传播渠道，也要求媒体的内容生产方式必须来一场彻底的革命。无论是依旧以纸为介质的纸媒，还是以网络为介质的网媒，或是通过移动终端发布信息的自媒体，都必须以互联网思维为引领，努力创新传播方式，并形成整合传播的合力，最大限度地满足用户的需求。"南方传媒绿皮书"选取的年度报道与年度记者、年度音视频、年度广告的经典案例，基本上都是新的传播方式的产物，可供媒体从业者参考。

推进传统媒体与新兴媒体的融合发展，一个必须解决的难题是如何提升全媒体的经营能力、增强媒体的公共服务功能。作为面向公众传播的公共文化产品，媒体只有强化用户意识，为用户提供更便捷、更精细的服务，才能达到既争取受众又发展壮大自己的目的。在新的传播时代，决定媒体市场价值的不仅是内容质量，还有服务质量。这就要求媒体更新经营理念，探索全媒体经营模式，不断提供用户所需要的产品。在这方面，"南方传媒绿皮书"筛选出来的广告和文化产业的经典案例，或许能为业界提供有益的借鉴。

完成传统媒体和新兴媒体的融合发展，需要做的工作很多，比如创新体制机制、加强品牌建设、推进资本运营等。但关键还是在于那些既坚持新闻理想、恪守职业道德，又具有互联网思维、勇于改革创新的媒体从业者。"南方传媒绿皮书"向大家推介的年度记者，其事迹感人至深，令人肃然起敬。他们努力当好社会航船的瞭望者、社会肌体的啄木鸟、社会和谐的促进者、社会正义的守望者和中华文明的传播者，向社会大众提供了具有速度、信度、高度、深度、温度和互动度的新闻作品。他们在新闻的路上播种希望，也激励着更多的后来人，更让人们对媒体融合发展的未来充满憧憬！

杨兴锋

（作者系暨南大学南方传媒研究院院长，广东省新闻工作者协会主席，原南方报业传媒集团董事长）

前　言

　　2013年对中国的文化产业而言，是极为重要的一年。在党的十八大报告提出"扎实推进社会主义文化强国建设"的战略目标后，十八届三中全会通过了《中共中央关于全面深化改革若干重大问题的决定》，把"推进文化体制机制创新"列为十五项重大改革之一，提出要"建立健全现代文化市场体系"，这对文化产业的全面发展无疑是重大的利好。

　　与此同时，根据北京大学文化产业研究院发布的《中国文化产业发展报告》，2013年中国文化产业增加值达到2.1万亿元人民币，占中国GDP的比重为3.77%，比2012年增加了0.3个百分点，对社会经济的拉动作用进一步加强。

　　同样在2013年，作为文化产业的重要组成部分，中国动漫产业总产值达870.85亿元，比起前一年的759.94亿元，同比增长14.6%；2013年我国核心动漫产品出口额达10.2亿元，同比增长22.9%。在游戏市场方面，2013年中国游戏市场实际销售收入达831.7亿元，较2012年增长38%，其中移动游戏实现销售收入112.4亿元，同比增长高达246.9%。中国移动游戏的用户数量已经达到3.1亿人，可以说，移动游戏已成为整个游戏产业当中炙手可热的明星。

　　2013年，中国电影市场也保持着高速增长的势头，总票房超过220亿元，同比增长超过30%。其中，年初的《人再囧途之泰囧》创了破天荒的12.6亿元票房，打破了华语电影史票房纪录。同时，诸如《致我们终将逝去的青春》、《小时代》、《北京遇上西雅图》、《私人订制》等国产电影也迭创佳绩。更值得注意的是，除了大成本、大制作电影之外，许多中小成本电影也借着差异化的定位、精准的顾客区隔以及多样化的营销手段，频频上演"小兵立大功"的戏码，如《小时代》及《小时代2：青木时代》两部电影的票房合计超过7亿元。

回顾2013年，还有许多值得关注的文化产业事件：一出《爸爸去哪儿》让电视真人秀节目再掀高潮；风靡全世界的"大黄鸭"，为北京颐和园带来至少两亿元人民币的收入，让人们重新认识到"可爱"、"纯真"、"萌"这些价值观无与伦比的力量；《熊出没》让国产动画片再创高峰，出口到美国、意大利等100多个国家和地区，2014年春节档的《熊出没之夺宝熊兵》更成为史上第一部票房突破两亿元的国产动画电影，打破了《喜羊羊与灰太狼》保持的纪录，国产动画片的崛起似乎不再遥远；随着2013年新疆天山和红河哈尼梯田"申遗"成功，中国所拥有的世界遗产数量达到45处（注：2014年达到47处），超越西班牙，成为全球拥有世界遗产第二多的国家，这对中国的文化旅游产业来说，无疑是一大利好……

更值得注意的是，2013年底，工信部向中国移动、中国联通、中国电信三大电信运营商颁发了4G牌照，预计将带来至少三年的网络建设高峰期，带动上千亿元的投资、上万亿元的产品和应用的开发。目前，智能手机等移动终端设备已经成为人们娱乐、社交不可或缺的工具，随着4G的普及，手机游戏、移动社交、手机视频、微支付等应用必将再掀发展高潮。

然而，在我们欢庆文化产业的爆发式发展、"文化强国"愿景即将实现时，当我们谈起"文化产业"时，却似乎依然有那么一些说不清、道不明的迷惘之感。到底什么是"文化产业"？在我国颁布的《文化及相关产业分类（2012）》中，包含新闻出版发行服务、广播电视电影服务、文化艺术服务（艺术表演、博物馆、艺术培训、图书馆等）、文化信息传输服务、文化创意和设计、文化休闲娱乐、工艺美术品、文化产品辅助生产（版权、图书出版、娱乐经济等）、文化用品生产（办公用品、玩具、视听设备等）、文化专用设备生产这十大类别，几乎可以说是无所不包，从传统意义上的新闻传播业、娱乐产业、旅游业，一直到生产加工业、信息产业等，凡是能跟"文化"沾上边的东西，都可以冠上"文化产业"之名。

"文化产业"这一概念本身的复杂性、多样性和包容性，在一定程度上导致了与文化产业相关的学术研究和政策制定的困难。因为每个人心中的"文化产业"都可能和别人的不是一回事儿。例如，根据商务部的数据，我国2013年文化产品进出口总额达274.1亿美元，其中出口达251.3亿美元，是2006年的2.6倍。然而，细看所谓的"文化产品"，其中占极大比重的是工艺品、游戏机、玩具、印刷品、乐器等，以代工生产为主，但就一般研究者所重视的电视、电影、游戏、动漫、音乐等文化产业项目而言，虽然近年来发展迅猛，但在出口额中所占的比例依然甚微。一千个人心中有一千个哈姆雷特，同样，一千个人心中可能有一千种不同的"文化产业"定义。在我国文化产业产值、进出口总额一路高歌猛进的同时，我们也应该警惕文化产业概念界定不清、发展不均衡、技术含量普遍偏低、进出口失衡等问题。即使表面上的数字再繁荣，"文化强国"之路依然任重而道远。

暨南大学新闻与传播学院的《年度文化产业案例选粹》，是我们深入挖掘、分析、解释文化产业现象和发展，总结经典案例，提升文化产业管理教学与研究水平的一项重要工作。这是我们的第二本《年度文化产业案例选粹》，相较于2013年出版的第一册，本书有了如下进步：

1. 更多样

文化产业案例数量从14个增加到21个，覆盖面更广，从传统媒体、影视娱乐、电玩、音乐到旅游、新媒体、教育等，切合了文化产业"涵盖面广、内容丰富"的特点，让读者能够更全面地从本书中了解2013年中国文化产业的大事，掌握更丰富多彩的案例内容。

2. 更系统

由于本次案例收集覆盖面较广，我们创新性地将本书分为"传统媒体与影视产业"、"动漫与游戏产业"、"网络与新媒体产业"、"旅游文化产业"和"其他文化产业"五大类别，分别整理了这些领域较有代表性、新颖性和知名度的案例，方便读者按图索骥，快速找到感兴趣的案例内容，同时能够在系统地阅读各个案例后，形成自己对文化产业整体概念和分类的认识。

3. 更国际化

虽然本书聚焦在中国本土的文化产业上，但由于全球的媒体、互联网、电玩、旅游等产业早已不可避免地紧密交织在一起，中国许多成功的文化产业案例也免不了受到国外影响，因此我们在本书的写作过程中，加入了较多具有国际化色彩的案例。除了大黄鸭、《神庙逃亡》、Postcrossing明信片交流网站、MOOC等原本就很"国际"的案例外，在UGC、《爸爸去哪儿》、冯小刚电影公社、户外流行音乐节等案例的分析中，也都加入了对国外相关案例的陈述和探讨。在这个天涯若比邻的时代，想真正成为"文化强国"，就必须充分借鉴国外先进的做法和精神，从学习、改造到创新，才能真正走出属于自己的文化之路。

　　作为一本案例集，本书当然并不完美，读者不可能通过阅读本书而彻底掌握文化产业的全貌，甚至，本书不会告诉你什么是文化产业。我们能做的，是通过选取最新颖、最有代表性的案例，对其进行聚焦、系统、深入的分析，协助读者由点而线、由线而面，对文化产业的发展状况、趋势和经营管理有一个基本的认识，进而建构出读者自身对"文化产业"的独特理解——读者自己心中的"哈姆雷特"。同时，也希望在国内外学者、专家们的关心和批评下，我们的《年度文化产业案例选粹》能越做越好。

陈致中

暨南大学新闻与传播学院

目　录

第四编　旅游文化产业

第五编　其他文化产业

第一编　传统媒体与影视产业

逆势而上：大众报业的涅槃之路

■ 张帅　王继周

核心提示：在新媒体的冲击下，"报纸衰亡论"近年来频频被提起，报业的寒冬即将到来几乎成为共识。2014年1月1日，《新闻晚报》的正式休刊，似乎更加证明了这一论断，悬在传统报业之上的达摩克利斯之剑看似即将落下。

然而，出乎意料的是，大众报业集团竟逆势而上，成为报业市场的一朵奇葩。数据显示：大众报业集团2004年的利润为3 750万元，"报业寒冬论"兴起的2005年却上升到5 001万元，紧接着一路凯歌，2011年利润近4亿元，是2004年的10倍。更令人惊叹的是，7年间集团利润年均增长40.4%，旗下14报5刊1网站全部实现盈利。不仅经济效益向好，社会效益同样堪称优秀。大众报业集团已连续6年共获得8个中国新闻奖一等奖。其中，《大众日报》连续6年获得6个中国新闻奖一等奖，被业界称为"大众报业现象"。报业市场"哀鸿遍野"之际，破译大众报业的腾飞密码对纸媒转型无疑具有十分重要的意义。

关键词：大众报业　逆势增长　整合　多元经营

大众报业的"传奇"经历引起了业界、学界的广泛关注和讨论，某种程度上，成为人们研究报业转型的一个范本。正如大众报业集团总编辑傅绍万所说："一个产业总有其成长期、成熟期和衰退期。我国报业真正成为产业，是实行市场经济以后，还不到20年时间，一个产业不可能在这么短的时间内就进入衰退期。这些都决定了我国报业不同于西方发达国家，还有广阔的发展前景。"大众报业能够逆势而上，也许正是源于对这种信念长期的坚守与探索。其实，大众报业一路走来，逆势而上并非偶然。

一、大众报业的历史沿革

大众报业集团的母报《大众日报》创刊于1939年1月1日，是当时中共中央山东分局的机关报，是迄今为止全国连续出版时间最长的党报。在那个战火纷飞的年代，其指导范围远达苏北、皖东等抗日根据地。《大众日报》长期作为党的"大区"性报纸而存在，在整个华东地区乃至全国，都是一份发行量居前、影响力巨大的报纸。党在延安召开第七次全国代表大会时，中央举办报纸展览，《大众日报》被评为敌后办得最好的报纸之一。从历史沿革的角度看，《大众日报》的成长历程可列述如下：①

1940年1月1日，《大众日报》创刊一周年之际，中共中央主席毛泽东从延安发来题词："动员报纸，刊物，学校，宣传团体，文化艺术团体，军队政治机关，民众团体，及其他一切可能力量，以提高民族觉悟，发扬民族自信心与自尊心，反对任何投降妥协的企图，坚持抗战到底，不怕困难，不怕牺牲，我们一定要自由，我们一定要胜利。"

1940年12月，成立大众印书馆。这是我党在山东抗日根据地最早创办的一个比较完备、有相当规模的出版印刷单位。

1941年4月1日，经中共中央批准，中共中央山东分局在大众通讯社的基础上，成立了新华社国内分社中的第一个省级分社——新华社山东分社，由大众日报社管理，合署办公。1949年8月与报社分立。

1943年7月，大众日报社出版股改为出版科（出版部），对外称为"山东新华书店"。1944年7月，山东新华书店作为集编辑、印刷和发行为一体的出版机构，在莒南县后净埠子村正式成立，隶属报社。1945年1月，山东新华书店改称山东新华书店总店，仍隶属报社。

1945年，中共中央华东局成立，《大众日报》改为中共中央华东局机关报。

1949年3月，中共中央华东局南下，中共中央山东分局成立，《大众日报》改为中共中央山东分局机关报，并于1949年4月1日由解放区农村迁至济南，同时作为中共济南市委机关报。

1954年8月，中共中央山东分局撤销，成立中共山东省委员会，《大众日报》改为中共山东省委机关报至今。

1988年，在喜迎创刊50周年之际，我国改革开放的总设计师邓小平同志挥毫题词祝贺，并为大众日报社新创办的子报《齐鲁晚报》题写报头。

1998年12月31日，江泽民同志为《大众日报》创刊60周年欣然题词——"永远与人民大众在一起"。

---

① 大众报业集团的历史沿革［EB/OL］.搜狐传媒，（2013-07-18）.http://media.sohu.com/20130718/n381987650.shtml.

2000 年，经中宣部、新闻出版总署批准，大众报业集团挂牌成立。

2003 年 6 月，大众报业集团被中央确定为全国文化体制改革试点单位。

国难当头，大众报人迎着战争的硝烟，奋死坚守阵地，先后共有 530 多名烈士为之抛头颅、洒热血。同时，为这份报纸抛头颅、洒热血的，还有与报纸鱼水情深、相依相存的老区人民：160 多位乡亲为掩护报社的人员、物资而惨遭杀害，他们中有老人，有孕妇，还有十几岁的孩子，真可谓"一寸报纸一寸血"。① 因此，《大众日报》也被称为"世界报业史上牺牲最大的报纸"。值得一提的是，正是在那些血与火的日子里，《大众日报》与老百姓结下了深厚情谊。

二、逆势而上：大众报业现状分析

今天，大众报业已经成为拥有 14 报 5 刊 1 网站、报刊种类齐全、新闻队伍强大、产业功能完备的现代化报业集团。作为母报的《大众日报》，宣传报道与事业发展齐头并进，量质同优：2005 年以来，连续三届共获得四个中国新闻奖一等奖，业内瞩目，称为"大众日报现象"。其旗下子报《齐鲁晚报》，在国家新闻出版总署公布的全国晚报都市类报纸综合竞争力排名中，连续四年进入前 10 名。同时，《齐鲁晚报》、《半岛都市报》双双进入 2008 年世界日报发行量前 100 名排行榜。70 年来，作为山东革命建设和改革开放事业的重要组成部分，《大众日报》与党和人民的事业一同成长，一同发展壮大。而《大众日报》的传奇历程和巨大贡献，又决定了其在中国现代新闻史乃至党史上的"奇崛"地位。

进入 21 世纪后，互联网新媒体蓬勃发展，对传统媒体造成巨大冲击，使传统媒体一家独大的地位受到严峻挑战。更为糟糕的是，十余年间，传统媒体受众大量流失，广告收入巨幅下滑，报业市场遭遇前所未有的寒冬。一时间，诸如"报纸消亡"、"纸媒衰退"之类的呼声不绝于耳，随之，大批传统媒体的精英人才也悄然进入互联网新媒体行业。然而，大众报业始终坚守"一个产业总有其成长期、成熟期和衰退期。我国报业真正成为产业，是实行市场经济以后，还不到 20 年时间，一个产业不可能在这么短的时间内就进入衰退期。这些都决定了我国报业不同于西方发达国家，

① 宋弢．让历史告诉未来——写在大众日报创刊 70 周年之际［EB/OL］．半岛网，（2008-12-29）．http://news.bandao.cn/news_html/200812/20081229/news_20081229_767646.shtml.

还有广阔的发展前景"的信念。在这样的坚守与不懈探索下，大众报业逆势而上，迎来另一个春天。相关数据显示：大众报业集团 2004 年的利润为 3 750 万元，于"报业寒冬论"在中国兴起的 2005 年上升到 5 001 万元。既然是"寒冬"，按理这几年在"拐点"中应该困境重重，难以脱身。然而，大众报业却有着异乎寻常的表现：2011 年利润近 4 亿元，是 2004 年的10 倍。依靠自我积累，2011 年用于扩大事业规模的现金投入达到 10.5 亿元。7 年间，集团利润年均增长 40.4%，旗下 14 报 5 刊 1 网站全部实现盈利。2010 年，其综合实力跃居全国报业集团第六位，总收入、利润分别跃居第四位和第三位；2011 年综合实力又跃升至全国报业集团第五位，跻身中国报业第一方阵。[①] 不得不说，在纸媒唱衰之际，大众报业是一朵奇葩。

大众报业通过做强做优策略，实现了山东省全省报业市场的深层次布局和覆盖，为自身的发展和转型打下了坚实的基础。《大众日报》是省委机关报，覆盖齐鲁大地。其发行量超过 40 万份，名列全国省级党报第三位，广告收入过亿元，净利润超过 5 000 万元。《齐鲁晚报》是山东省市场份额最大的都市类报纸，其地方版基本完成了对地市级城市和重点县级城市的覆盖，净利润连续 3 年超过 2 亿元。另外，作为大众报业向互联网媒体转型的成果，大众网凭借其过硬的综合实力，已经跻身全国省级重点新闻网站前三名，是山东省名副其实的新闻第一网，曾连续三年获中国新闻奖一等奖，2012 年业务收入达 8 500 万元，利润近 1 500 万元，手机报用户量也跃居全国第一。不难看出，大众报业的传播力、影响力、公信力日渐增强。

三、报业萧条，何以吸金？

（一）整合地方报纸实现双赢

2008 年以来，大众报业在全国率先破冰，进行纸媒区域化整合的探索，现今来看效果显著。大众报业的这轮报业整合，率先走出了一条"市级报业集团生活类报纸全面与省级报业集团抱团发展"的路子。省市报业资源整合，既符合产业发展规律，也是全国文化体制改革的明确要求。大众报业集团实施省市报业资源整合，顺应了文化产业改革与发展的大势，符合媒体自身的发展规律。[②]

---

① 范以锦.严冬中的力挺——评《破译报业腾飞的密码》［J］.新闻战线，2012（9）.
② 单蕴菁."资本联姻"的整合模式——大众报业集团"省市报业资源重组"案例分析［J］.青年记者，2010（31）.

1. 潍坊晚报

2009年11月18日，大众报业集团旗下的半岛都市报社与潍坊报业集团签署战略合作协议，共同出资组建潍坊晚报传媒有限公司，经营《潍坊晚报》。潍坊晚报传媒有限公司注册资本1 000万元，半岛都市报社和潍坊报业集团分别占股49%和51%。同时，半岛都市报社以《潍坊晚报》整合前的三年利润为基数，向潍坊报业集团支付现金，作为将《潍坊晚报》办报、经营权纳入合资公司的补偿。半岛都市报社派出办报、经营团队，全面提升《潍坊晚报》办报、经营水平。

整合后的《潍坊晚报》办报质量、办报品格和舆论影响力均得到显著提升。2010年1月1日，《潍坊晚报》全新改版，加强了本地新闻报道，取消了以前关系稿多、可读性差的县域新闻等版面，报道重点转向了对时政问题、民生问题和热点问题的舆论引导，读者认可度普遍提高，当地市委市政府高度评价，2010年底发行量增长1万多份。整合后的2010年，《潍坊晚报》实现盈利1 860万元，比整合前翻了近两番；广告收入同比增长50%，其中重点行业的广告市场占有率为65%以上，处于掌控地位。特别是4月、9月的广告经营收入分别突破100万，创下《潍坊晚报》历史之最。《潍坊晚报》2010年、2011年利润分别达到1 810万元和2 200万元，分别是整合前一年的3.8倍和4.8倍。

2. 临沂两报

2010年7月7日，大众报业集团与临沂市委就整合《沂蒙晚报》、《鲁南商报》以及收购临沂新闻大厦等问题，签署战略合作框架协议。9月27日，大众报业集团与临沂日报报业集团签署成立山东沂蒙晚报传媒有限公司和山东鲁南商报传媒有限公司，同时，临沂新闻大厦有限公司正式揭牌。新组建的山东沂蒙晚报传媒有限公司，双方各出资500万元，各占股50%。新组建的山东鲁南商报传媒有限公司，大众报业集团出资510万元，占股51%；临沂日报报业集团出资490万元，占股49%。大众报业集团以两报前三年利润总额为基数，作为临沂日报报业集团将两报纳入两个公司运营的补偿。大众报业集团派人担任两家传媒公司的董事长及《沂蒙晚报》总编辑、《鲁南商报》总经理和执行总编，具体负责公司及两报运营，并以成本价整体收购临沂新闻大厦。

2010年元旦，纳入齐鲁晚报系的《沂蒙晚报》和《鲁南商报》，改版后全新面世，当日两报广告收入突破150万元，创下两报单日广告刊登额的历史最高纪录。两报发行量均为9万份以上，其中，《沂蒙晚报》的市区发行量突破8万份，得到大幅提升；《鲁南商报》的发行量是整合前的

3 倍多，并实现 5 区 9 县全覆盖。2011 年 1—3 月，《沂蒙晚报》的广告收入同比增长 596.92%。①临沂两报整合短短一年，利润突破 2 000 万元，是整合前一年的 3 倍。

大众报业集团与菏泽日报社按照"产权联合、利益联结、行政推动"的原则，成立菏泽牡丹传媒有限公司，运营《牡丹晚报》。此外，大众报业集团还在东营市场创办了《黄三角早报》。由于采取了如上措施，大众报业集团在山东报业市场基本处于绝对控制地位，除了烟台之外，其他城市的报业市场大众报业集团均有深度涉足。因此，在全国范围内，大众报业集团无疑是行政区划内掌控力最强的报业集团。

大众报业集团新闻研究所常务副所长单蕴菁将《大众日报》的整合概括为四个特点：①市场主导，行政支持。临沂市委书记、市人大常委会主任连承敏在临沂新闻大厦有限公司揭牌仪式上说："对于这次战略合作，临沂市委、市政府完全赞同并大力支持。对于新成立的三个公司，临沂市委、市政府将在人事编制、财政税收、社会保障等各方面予以最大程度的支持，创造更加有利的发展环境。"大众报业集团与临沂日报报业集团的合作更是得到了上级部门的肯定。山东省委常委、宣传部长李群出席了签约仪式，并为新公司揭牌。山东省新闻出版局局长、党组书记宿华在接受《大众日报》记者采访时表示，省地牵手、优势互补，必将做强区域板块，做活资源文章，产生更大的经济效益，实现合作双方的共赢。②资本联姻，整合彻底。两次资源重组都不是一般层面的合作，而是深入到资产和文化层面，明确投资各方的关系、资产配比和利益分成，重构业务流程，对机构、人员、资产进行彻底整合。③建企改制，一步到位。重组后的潍坊晚报社、沂蒙晚报社、鲁南商报社全部采取公司制，一报一公司，建立完善的法人治理结构，以崭新的机制和事业发展愿景取代了生硬的体制转换，有效地避免了转企改制过程中出现的身份之痛和各类矛盾，一次性解决了临沂日报报业集团非时政类报纸的改制问题。④输出管理，激活文化。

（二）跨行业多元化经营实现集团效益新突破

产业化运作以来，如何把报业集团的影响力转换成实实在在的经济效益是困扰全国各大报业集团的难题。经过近些年的发展，大众报业集团的

---

① 田荣成.整合地市报纸　做强省域媒体——大众报业集团以产权为纽带推进报业改革［J］.新闻实践，2011（8）.

影响力与日俱增，大众报业集团通过广告会展业、印刷业、发行物流业、网络文化业、商用楼和宾馆餐饮业等跨行业多元化经营，成功解决了"如何把集团影响力转换成实实在在的经济效益"这一老大难问题。具体而言，大众报业的跨行业多元化经营策略可分述如下：

首先，大众报业集团的母报《大众日报》作为山东省委省政府的党报，较好地服务于山东省委省政府的中心工作，所谓"近水楼台先得月"，自然会在政策方面占据许多优势。依托于此，2011 年，大众报业集团投资 10 亿元成功整合了山东广电网络公司。如此一来，大众报业真正实现了跨媒体经营，使报业、广电两翼齐飞的传媒结构成为现实，也使大众报业成为全国唯一一个进入有线电视领域的报业集团。整合后的山东广电网络公司总资产将近 67 亿元，是目前全国最大的有线电视网，其中大众报业占 15% 的股份，成为实际的第一大股东。所以，有分析者指出，对大众报业而言这无疑是一桩稳赚不赔的买卖。此外，2012 年，大众报业以较高的溢价出售了自己所持有的 2 亿股股份，获取了 1.8 亿元的投资收益。大众报业还先后创办了文化产权交易所、大众创投公司、山东省文化产业投资公司，并于 2011 年获得政府创投资金、文化建设专项资金共 3 000 多万元。

其次，大力开拓文化创意产业园。大众报业已经在济南、青岛、烟台打造了三大园区，这三大园区占地 2 000 多亩，分别形成了"总部新区 + 产业基地"、"教育 + 地产"、"文化旅游 + 地产"的产业模式。其中，烟台蓬莱园区已拥有山东文化产业职业学院和泉城学院两所大学，在校学生 4 000 多人。另外，大众报业集团还在胶南竞拍到建设用地 280 亩，正在建设大众报业文化创意产业园；在济南西部经济开发区，计划征地建设大众传媒文化创意产业园，一期工程用地指标经过国土资源部门审批，已经落实 300 亩。这三大文化园区共占地 2 000 多亩。在青岛，大众报业不仅获得了 400 余亩商业用地，还获得了用于建设明清古建筑园区的 300 多亩划拨地。在济南园区，集团用地和即将拿到的建设用地合计超过 500 亩，并已动工开建汽车文化产业园和印刷基地。近几年，大众报业还先后整合了潍坊、泰安、淄博等地的印点，除江北最大的半岛都市报印刷厂外，2012 年大众报业的报纸印刷收入已超过 3 亿元。

最后，加速培育楼宇经济增长点。经过整合，现在大众报业集团已经拥有山东新闻大厦、山东报业大厦、临沂新闻大厦、大众传媒大厦等楼宇和酒店，经营面积达 20 万平方米，成为集团重要支柱板块。2010 年，大众报业投资 1.55 亿元收购的临沂新闻大厦装修一新重新开业，再加上在济南的山东新闻大厦和山东报业大厦，以及在青岛的半岛都市报大厦等，大众报业的楼宇经营面积将超过 20 万平方米，年经营纯收入将破亿元，成为大众报业新的经济增长点。

除此之外，目前大众报业的发行网络已覆盖胶济沿线所在城市和鲁南的主要城市，《半岛都市报》的小螺号物流配送品牌享誉青岛，年收入超过 1 亿元，稍加整合就可成为覆盖全省主要城市的发行物流配送网。2012 年，齐鲁晚报天一国际会展公司会展收入突破 6 000 万元，成为山东省最有影响力、全国报业规模最大的会展品牌。2013 年，天一会展还走出山东省，在辽宁沈阳设立了子公司。由此不难看出，大众报业苦心孤诣地进行跨行业多元经营的策略已经初具规模，并将成为大众报业集团新的经济增长极。

（三）擅于对接资本市场汇聚社会资金

报业集团发展进入快车道必然离不开雄厚的资金支持。然而，在我国，报业长期作为党和政府的舆论宣传机关而存在，意识形态属性浓厚，自主经营的空间被挤压。所以，虽然报业集团化已有十多年的历史，但报业集团的自我积蓄却较少，亟须打通融资渠道，为集团发展提供资金支持。在这方面，大众报业也进行了许多有益的探索，具有一定的借鉴意义。

首先是对半岛传媒有限公司进行改制，推进其上市融资进程。2009 年，大众报业集团半岛传媒有限公司完成股改私募，引进战略投资者北京国际信托有限公司 1.75 亿元投资，对方占股 17.5%，成为山东省首家完成整体股改的文化企业。目前，完全改制后的半岛传媒股份有限公司已经挂牌成立，成为山东第一家完成股改、上报中宣部申请上市的大型文化企业。值得一提的是，2011 年以大众网为主体的大众传媒股份有限公司，被列入全国十大转企改制试点新闻网站。目前，大众网转企改制工作方案已经得到中央外宣办批复，大众报业正从成本支付、资金投入、资源整合等方面全力支持，力争使大众网尽快具备申请创业板上市的条件。在印刷厂建设方面，大众报业集团通过股份合作引进战略投资者，两次吸收华泰集团资金近亿元。另外，2012 年 5 月份大众报业集团成功发行 5 亿元中期票据，财务成本仅为 5%，远低于银行基准利率。

（四）培养骨干人才

21 世纪的竞争是人才的竞争。大众报业集团作为轻资产企业，其核心资产就是人才与品牌，而品牌的基础又是人才。大众报业集团高度重视人才，培养了一支知识结构合理、素质高、实践经验丰富的年轻骨干队伍，其中大多数人身处关键岗位，承担着集团发展和壮大的重任。因此，大众报业集团形成了一整套科学合理的人力资源管理制度。

第一，坚持干部竞争上岗制度，不断完善竞聘人员考查办法。第二，坚持人员招聘制度，完善人才结构。自2005年起，每年都从名校招收一批优秀毕业生。第三，完善干部交流轮岗制度，在集团内形成人才充分流动的局面，使中层干部适应更多岗位，培养出更多复合型人才。第四，采取"监事"制度，对于具有一定级别的、年龄偏大的干部，让他们当"监事"，从而也为年轻人准备了更多的岗位。尤其值得一提的是，大众报业集团在山东文化产业职业学院开设了陈中华记者学院，这在全国省级以上报业集团尚属先例，也充分体现了集团对优秀人才的尊重。

综上所述，大众报业集团通过一系列行之有效的措施，使集团旗下的所有报纸和网站都实现盈利，成了名副其实的全国报业"吸金王"。

四、结语

我国报业市场从小、散、弱走向集中化、规模化发展是报业转型的必由之路。回顾西方传媒业的发展历程不难发现，只有走产业化之路才能发展壮大，有规模才会有效益。时代华纳、新闻集团、维亚康姆、哥伦比亚广播公司等，无一不是规模巨大、媒介多样的国际传媒企业。新闻集团是全球最大的传媒集团，旗下拥有《澳大利亚人报》、《纽约邮报》、《泰晤士报》、《太阳报》、《华尔街日报》等诸多名报，涉足报纸、杂志、出版、广播、电视、电影等相关行业，在全球拥有800多家企业。

山东省报刊资源配置相对分散，报业结构布局不平衡，市级党报社除一两家以外，普遍发展缓慢。特别是全球金融危机以来，广告市场萎缩，地市报社经营更加困难，有的甚至亏损严重，难以为继。山东省要想做大做强报业产业，必须打破各种壁垒和限制，改变资源分散的现状。大众报业集团在整合全省报业资源方面具有明显优势，不仅有《大众日报》、《齐鲁晚报》、《半岛都市报》等报纸品牌，且舆论影响力、市场竞争力和经济效益也稳步提高。2005年至2009年，集团总资产年均增长20%，2009年达到36.8亿元；净资产年均增长23%，2009年达到23.56亿元；主营业务收入年均增长20%，2009年达到18.67亿元；2009年实现利税4.11亿元，利润 2.86 亿元。在各项主要经济指标中，利润进入全国报业集团前三位，总资产、净资产和营业总收入进入全国报业集团前六位。

报业的产业化运作已经是时代发展的必然趋势。我国的报业集团在产业化进程中取得了令人瞩目的成绩，但是与国际上大的报业航母相比，它们还仅仅是一叶叶小舟。立足已有经验，推进报业产业化进程，是报业集团适应日益复杂的国际、国内传媒环境，进一步发展壮大的必然选择。探讨大众报业的成功发展模式对推进我国的报业产业化进程，逐步建成与国际市场接轨的报业产业环境有重要意义。

参考文献

［1］徐熙玉. 报业集团体制创新和组织再造的九大着力点［J］. 青年记者，2005（2）.

［2］郭全中，郭凤娟. 中国报业"大众现象"探析［J］. 中国报业，2013（19）.

［3］赵琳. 手牵手，向前走——大众报业集团与临沂日报报业集团战略合作纪实［J］. 青年记者，2010（30）.

［4］单蕴菁. "资本联姻"的整合模式——大众报业集团"省市报业资源重组"案例分析［J］. 青年记者，2010（31）.

［5］田荣成. 整合地市报纸　做强省域媒体——大众报业集团以产权为纽带推进报业改革［J］. 新闻实践，2011（8）.

［6］王倩，王倩倩. 报业产业化的成功探索——大众报业集团"三四五"发展战略解析［J］. 新闻研究导刊，2012（11）.

《爸爸去哪儿》：亲子节目是这样炼成的

■ 沈莉蓉　钟文慧

核心提示：2013 年 10 月 11 日，湖南卫视播出了一档明星亲子互动真人秀节目——《爸爸去哪儿》。该节目是从韩国 MBC 电视台购入《爸爸！我们去哪儿？》版权后本土化制作出来的成功产品，在国内播出后不久即火爆荧屏，并实现了名利双收，不仅每期节目收视率位于同时段第一，在各微博、门户网站的关注度也是节节攀升，引发了受众的强烈追捧。《爸爸去哪儿》所创造的社会影响力和商业影响力非同凡响，它不仅在"父爱缺席"的现状下，引发社会对亲子关系和教育问题的热烈讨论，而且从文化衍生产品的延伸和产业利益链的延长中，获得了相当可观的商业利益，堪称是一个相当成熟、成功的文化产业营销案例。

关键词：文化产业　产业链　亲子互动真人秀　爸爸去哪儿

2013 年第四季度，明星亲子互动真人秀节目《爸爸去哪儿》创下了 2013 年中国电视综艺节目的收视之最，在网络上更是引发了一波收视狂潮，且冠名费由第一季的 2 800 万元飙升至第二季的 3.1 亿元，不断刷新综艺类节目的新纪录。这个从韩国引进的节目在极短的时间里迅速蹿红，成为一个文化产业营销的成功案例。更难得的是，它在现今媒介融合的新时代里，创造了超媒介的传播神话和商业神话，向我们展示了文化产品应有的魅力，也引发了我们对文化产业价值链的思考。本文将从传播层面和产业层面对《爸爸去哪儿》进行深入剖析，探讨属于这个时代的成熟文化产业发展模式。

一、中国的亲子互动真人秀节目的理论和现状梳理

（一）亲子互动真人秀节目的概念

所谓电视真人秀，作为动态的具有目的性的线性叙事模型，是对自愿

参与者在规定的情境中，为了预先给定的目的，按照特定的规则所进行的对竞争行为的记录和加工。① 真人秀这一电视娱乐节目形式最早出现在美国，中文名称是"Reality Show"的直译。我国自 2000 年 6 月广东电视台的《生存大挑战》引进真人秀节目形式后，便开始了席卷全国的"真人秀"试水期，而其真正兴起则是从湖南卫视的《超级女声》开始，随后，各大电视台在真人秀潮流的引导下，纷纷推出此类节目。

亲子互动真人秀节目是电视真人秀节目类型的一种，它隶属于情感体验型真人秀节目，是情感体验型真人秀节目的新增分支。情感体验型真人秀节目的特点，是将人物放置在一种封闭的环境中，记录他们的生活状态和人物关系的变化，让观众能够看到参与者的日常生活，特别是隐私内容，并在逐渐淘汰那些不喜爱的人或者不太喜爱的人的过程中，最后选出人们最喜爱的胜利者。②

（二）亲子互动真人秀节目因素分析

亲子互动真人秀节目是情感体验型真人秀节目新增加的分支，为了更好地认识这类真人秀节目的规律，我们可以为亲子互动真人秀节目总结出五个方面的关键元素：

1. 具有差异性和代表性的人物元素——参与者

真人秀的主体是所谓的"真实的人"，或者说是非角色扮演的真实状态下的人，且并不是任何人都具有同样的娱乐价值，只有那些能够引起我们关注、关心和情感好恶的人才有可能最大限度地引起受众的兴趣和感情投入。亲子互动真人秀所设定的场景以生活场景为主，亲子的固定角色决定了此类节目戏剧性不强、动作性不强，更多的是依靠参与者与受众之间的"关系"来推动情节的。所以，要选择在性别上、职业上、地域上、性格上、年龄上、生活方式上，甚至语言上具有差异的参与者。这些差异化的人物既要具有某类人群的典型特征和代表性，又要能够构成一种戏剧性的对比和冲突。

2. 形成故事假定性的情景元素——时空规定

亲子互动真人秀中的参与者必须在规定的时间和空间里去完成任务和

---

① 尹鸿，陆虹，冉儒学. 电视真人秀的节目元素分析［J］. 现代传播.2005（5）：53~58.
② 尹鸿，陆虹. 电视真人秀的节目类型分析［EB/OL］. 人民网，（2007–01–08）.http://media.people.com.cn/GB/22100/76588/76590/5258492.html.

达到目的，这种时空的限定创造了节目的紧张气氛、期待感和节奏感，所以具有独特的魅力。真人秀往往强化时间限制意识，最后一次机会、最后一分钟、倒计时、读秒等，利用这些紧迫的时间元素制造紧张的节目气氛，强迫参与者进入兴奋状态。在环境的选择上，这类真人秀一般设置在具有封闭性的室内或者户外环境里，室内环境一般选择带有生活气息的家庭布景，户外环境则多选择原生态的自然环境。然而，时空的限定在一定程度上使"真人纪实片"出现"秀"的因素。

3. 形成人物关系和情节变化的环节元素——竞争

亲子互动真人秀节目的情节是否有魅力取决于参与者间的竞争是否激烈、竞争结果是否难以预料。游戏环节是节目内容的有机组成部分，亲子在游戏的通力合作过程中增进了感情，并且各亲子组合不同的表现塑造了各自的人物形象。游戏过程中参与者之间构成了冲突，而这种冲突能够增加节目的娱乐性和观赏性，也可以调节节目气氛。

4. 形成节目基本过程的纪实元素——现场记录

真人秀没有台词，不规定过程和结果，也不摆拍，通常采用多机位跟踪拍摄，使参与者可在规定情景中自由思考和行动。亲子互动真人秀的魅力往往在于给受众一个窥视与评价他人亲子关系和私生活的机会。它的纪实性使得节目十分真实、自然、开放和出人意料。

5. 强化故事的感染元素——艺术加工

虽然亲子互动真人秀要求以亲子组合的真实表现、情节的自然展开、场面的纪实还原、声音画面的写实、细节概念的演绎来实现，但是，不加"修饰"不能成为"秀"，也没有情感冲击力可言。因此，在不破坏真实性的前提下进行适当的艺术加工，能增加节目的情节魅力，推动节目节奏，更重要的是强化人物的情感世界，唤起观众的情感认同。

（三）亲子互动真人秀节目的发展现状及问题

2005 年，随着电视真人秀节目的兴起，各大电视台像蝴蝶效应般策划播出了许多种类不同的真人秀节目，亲子互动关系的概念也悄然出现在这股大军里，亲子互换真人秀（湖南卫视《变形计》）、亲子竞技真人秀（湖南卫视《我是冠军》）等节目陆续推出，但是，这些亲子互动真人秀节目并没有和其他真人秀节目一样在短时间内被广泛复制，而是一直显得不温不火。

直到 2013 年第四季度，湖南卫视全新推出的《爸爸去哪儿》播出以后创下"零差评"的收视影响,才冲破了亲子互动真人秀捧不红的桎梏。这个由《变形计》团队再次打造的节目,自开播以来迅速引爆全国收视率。

随着《爸爸去哪儿》节目收视率的节节攀升,国内大量复制的节目接踵而至,各大卫视都纷纷复制和模仿拍摄播出亲子互动真人秀节目,如青海卫视的《老爸老妈看我的》、陕西卫视的《好爸爸坏爸爸》、浙江卫视的《人生第一次》、东南卫视的《宝贝大赢家》等。众多同类型节目扎堆登上荧屏,造成观众视觉上的疲劳,同时又因其面孔的雷同、创意的缺失和品位的低俗而日益遭人诟病。

二、案例简介

(一)《爸爸去哪儿》节目概况

《爸爸去哪儿》是湖南卫视从韩国 MBC 电视台引进的亲子户外真人秀节目,其节目版权和模式购自韩国 MBC 电视台的《爸爸!我们去哪儿?》,此节目在韩国当地稳坐该时段收视率冠军宝座。第一季《爸爸去哪儿》节目于 2013 年 10 月 11 日播出,由《变形记》制作人谢涤葵及其团队和《我是歌手》制作人洪涛及其团队联手打造。

《爸爸去哪儿》是一档以亲子生活为主题的电视真人秀节目,其主要内容是五位明星爸爸带着自己的孩子在三天的户外乡村生活体验中,还原到爸爸的角色单独照顾子女的起居饮食,父子(女)共同完成节目组设置的一系列任务。五对明星亲子组合(林志颖父子、王岳伦父女、田亮父女、郭涛父子、张亮父子)组成嘉宾阵容,进行农村放羊、野外搭营、下湖捕鱼、下田挖藕等活动,使很少有时间待在一起的父子(女)拉近了距离,同时使爸爸们反思自己以往的教育观和亲子观。没有孩子的妈妈在身边,爸爸们既当爹又当娘,该节目既考验了明星带孩子的能力,同时又向观众传递了正能量,让更多的家庭重视亲子间的交流与互动。

该节目设置了相对固定的环节,例如:剧组没收爸爸们的通信工具、钱包和孩子们的玩具、零食;各个亲子组合通过竞赛或者抽签的形式入住不同档次的房子;根据拍摄地点的特色设置了有趣而简单的游戏环节,父子(女)俩在陌生的环境下洋相百出,游戏胜出的亲子组合会得到奖励,反之,失败者会受到相应的惩罚;爸爸单独给孩子做饭,给孩子梳洗,跟孩子睡前谈心。

在同期推出的周五晚卫视综艺节目中,《爸爸去哪儿》力压同时段其他综艺节目获得第一，参加节目的五对明星父子（女）迅速蹿红，成为大众茶余饭后乐此不疲的谈资，星爸萌娃之间的互动成为新鲜话题，他们之间的各种温馨场面和窘态都成为被围观议论的对象，"爸爸去哪儿"一夜间成为一种社会现象。

（二）《爸爸去哪儿》节目的传播现状与效果

1. 网台联动的视频播出平台

《爸爸去哪儿》节目的播出平台分为传统电视媒体和网络视频网站两类。湖南卫视和湖南金鹰卡通两个电视台为该节目的主要播出平台（见表1）。由于节目播出后大受欢迎，不少观众在湖南卫视的各种宣传渠道留言希望重播，加上该节目收视率高涨，使得湖南卫视破天荒地安排了8次重播档期，创下了湖南卫视非戏剧类节目重播次数之最。2014年1月27日，为配合《爸爸去哪儿》大电影在春节期间上映，湖南卫视再次重播《爸爸去哪儿》第一季全集。由于同名电影在全国的票房高企和春节期间亲子游的火爆，全国再度掀起了"爸爸热"。

表1　《爸爸去哪儿》传统电视媒体播出平台与时间

播出平台	播出日期	播出时间	重播时间
湖南卫视	2013年10月11日起	每周日晚22：00	周六凌晨0：00　5：18 周六下午14：00 周日凌晨0：20　5：30 周日下午14：00
湖南金鹰卡通	2013年10月26日起	每周六晚21：00	周五晚上19：00 周日中午12：30

　　在新媒体方兴未艾的今天，电视综艺节目不一定要依赖于逐渐衰退的电视媒体单一渠道，应该积极寻找多样化的播出平台，例如，数字电视、网络电视、手机电视、移动电视等新媒体，以及网络视频播放平台。《爸爸去哪儿》在网络湖南卫视与电视台同步直播，百度、优酷、爱奇艺、土豆、搜狐、新浪、网易、腾讯等网站的视频播放器也是该节目的网络播放平台。联合新旧两个播放平台创造了空前的效果，使节目打响了电视、网络跨媒体播出的双响炮。

2. 网台双平台创造收视狂澜

根据索福瑞城市网收视率，《爸爸去哪儿》平均收视率为 4.67，市场份额达到 0.98，收视率和市场份额在同时段排名全国第一，远高于其他综艺节目（见表 2）。与此同时，该节目自开播以来，在百度指数、综艺排行榜播放量、搜索量等多项指标上也一直保持第一。以百度为例，搜索"爸爸去哪儿"能找到接近 1 亿个相关网页。百度指数显示，在节目播出第一期当晚，已有近 4 000 万人收看节目，经过第一期节目播出后的网络口碑传播期与收视酝酿期，在第二期播出后，指数绝对值飙升至近 120 万，用户及媒体关注度均产生 100% 以上、200% 以上的增长。

表 2　《爸爸去哪儿》CSM 索福瑞全国网和城市网收视率

播出时间	CSM 全国网			CSM46 城市网		
	收视率	收视份额	全国排名	收视率	收视份额	全国排名
第一期 2013-10-11	1.11	7.67	1	1.423	6.74	1
第二期 2013-10-18	1.67	11.45	1	2.588	11.53	1
第三期 2013-10-25	1.80	13.47	1	3.116	14.43	1
第四期 2013-11-01	2.16	13.70	1	3.471	15.26	1
第五期 2013-11-08	2.13	14.47	1	3.851	16.73	1
第六期 2013-11-15	2.30	15.92	1	4.024	18.16	1
第七期 2013-11-22	2.69	18.37	1	4.748	20.68	1
第八期 2013-11-29	2.81	18.51	1	4.760	21.11	1
第九期 2013-12-06	2.90	18.68	1	4.980	22.12	1
第十期 2013-12-13	3.21	20.37	1	5.300	23.22	1
第十一期 2013-12-20	3.40	21.41	1	5.008	22.16	1
第十二期 2013-12-27	3.64	22.45	1	4.916	22.06	1
平均收视	2.48	16.37	1	4.015	17.85	1

《爸爸去哪儿》自开播后在网络上的视频点击量十分惊人，仅优酷一个平台上，上线只有两期时播放量已经超过 6 800 万，优酷领跑整个网络

视频平台并创下单集全网最先破千万的播放纪录。根据《爸爸去哪儿》第一季在网络视频平台点击量的统计，优酷平台的点击量超过 9 亿，爱奇艺和 PPS 双平台的总点击量超过 7 亿，搜狐平台的点击量达到 3.26 亿，土豆平台的点击量超过 9 000 万。自开播以来，该节目在电视和网络的播放量一直保持上升走势，连创台网观看纪录，成为当年最优秀的王牌综艺节目，价值得到观众和媒体的广泛认可。

（三）《爸爸去哪儿》效应大盘点

作为 2013 年火遍整个神州的亲子互动真人秀节目，《爸爸去哪儿》成为 2013 年综艺节目转型的一个标杆，由它引发的社会效应和商业效应至今仍然在蔓延。不得不承认，它不仅仅是一部形式创新的亲子类综艺节目，还是一个拥有强大影响因子的文化产品，它成功的原因除了对内容层面和价值层面的深挖力掘，还有其自身"散发"出来的文化魅力。

1. 亲子秀扎堆荧屏

在网台双平台收视上，《爸爸去哪儿》的网台联动取得了空前的效果。在该节目收视率破 1 后，单期综艺节目在视频平台的播放上，极为罕见地有了超过电视剧播放的趋势。根据腾讯视频总编室的数据，《爸爸去哪儿》第一期节目有超过 1 360 万的播放量，在第二期上线后 14 小时之内，视频播放量又突破了 557 万，创下全网播放量第一的最好成绩。

《爸爸去哪儿》无疑掀起了新一轮收视热潮和亲子互动真人秀节目的狂潮，该节目更带动了青海卫视《老爸老妈看我的》、陕西卫视《好爸爸坏爸爸》以及浙江卫视《星星知我心》的收视率，也让诸多卫视蠢蠢欲动，纷纷宣布将在 2014 年推出亲子互动类节目。例如，《用孩子打赌》、《宝贝看你的》、《加油儿女》等节目已在待播状态。有业内人士统计，至今最少有 24 档已经备案的亲子节目，预示着卫视即将出现亲子节目的井喷状态。同类节目的形式和内容都差别甚少，最大的不同是，一二线卫视请大牌明星做嘉宾，而三四线卫视则是以草根为主角。"麦当劳"快餐式的消费逻辑导致卫视纷纷盲目跟风。回顾近几年的卫视荧屏，几年前"梦想"、"益智"类主题扎堆，后来随着《中国好声音》的走红而扎堆"音乐"类主题，到了 2013 年年底又变为疯狂扎堆"亲子"类主题。

2. 反哺"原始版本"

《爸爸去哪儿》自开播以来得到几乎"零差评"的评价，网台双平台收视率持续上涨，节目受欢迎程度毋庸置疑。湖南卫视引进韩国 MBC 电视台打造的娱乐真人秀节目《爸爸! 我们去哪儿? 》的节目形态, 加上本土化的元素和制作风格, 形成全新的一档亲子类综艺节目。由于《爸爸去哪儿》在国内收视的火爆, 观众才知晓原始版本并开始接触原始版本, 也因此带火了原始版本。观众在爱奇艺、PPS 等网络视频播出平台上可以观看到原始版本, 使得该节目视频在爱奇艺的热度排名也开始不断上涨。

虽然中韩两版节目的编排策划各有特色, 但殊途同归, 都有望分别成为 2013 年度中、韩两国的最佳综艺节目。国内版节目的热播进一步带动韩国原版节目在国内视频网站上的热播, 因而创造了海外引进版权节目通过国内的本土化改造与创新, 在节目自身大获成功后, 又反哺原版节目收视的先例。

3. 引爆网络舆论热点

按照统计所得的季播综艺节目平均单期视频点击量来看, 《爸爸去哪儿》的单期视频点击量达到 1.7 亿次, 而在浙江卫视综艺节目中数一数二的《中国好声音》的单期视频点击量只达到 1.4 亿次。在以海量信息内容及长尾理论策略见长的互联网络中, 视频点击量明显集中的情况是十分罕见的, 相信这是季播电视节目能够将节目内容上升为社会话题并带动大众关注与传播的结果。拥有中国最庞大受众群体的电视与互联网, 当这两种媒体类型相结合时, 就会产生这样的能量。

这档以明星为嘉宾的亲子互动真人秀, 受众并没有因为明星自身的光环而将兴趣点聚焦于明星私生活, 而是聚焦于父爱缺失问题和育儿方式上。现代家庭常常出现父爱缺席的现象, 生活压力加剧, 生活节奏加快, 很多人将生活重心放在事业和功利上, 忽略了家庭伦理和与孩子的情感沟通, 而这一节目恰恰提供给受众一种参照。

据百度指数和新浪指数显示: 节目在播出前的关注度甚低, 一直处于几百、几千的讨论量; 节目播出当天也即 10 月 11 日, 微博话题讨论数增加到 18 万; 节目播出第二天 (12 日), 微博话题讨论数量骤增到 26 万 (见图 1)。相同的情况在持续的几期节目中都能得到验证, 即节目播出的第二天便会出现节目讨论量和关注度的峰值 (见图 2)。因此, 我们发现, 一部分受众是因为受到网络热议的影响而开始搜索视频节目进行线上观看的。而从每期峰值热议话题的统计来看, 对于亲子教育的话题始终是话题讨论的聚焦点, 更掀起了一场关于 "中国式教育" 的讨论和反思。

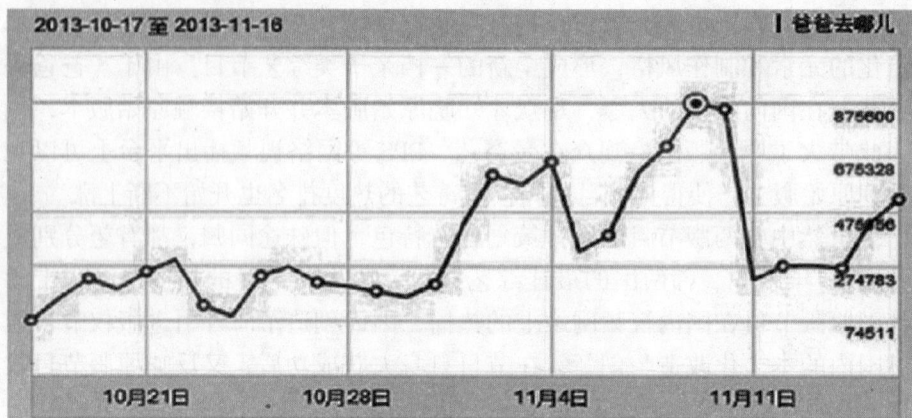

图 1　新浪微博《爸爸去哪儿》话题讨论量

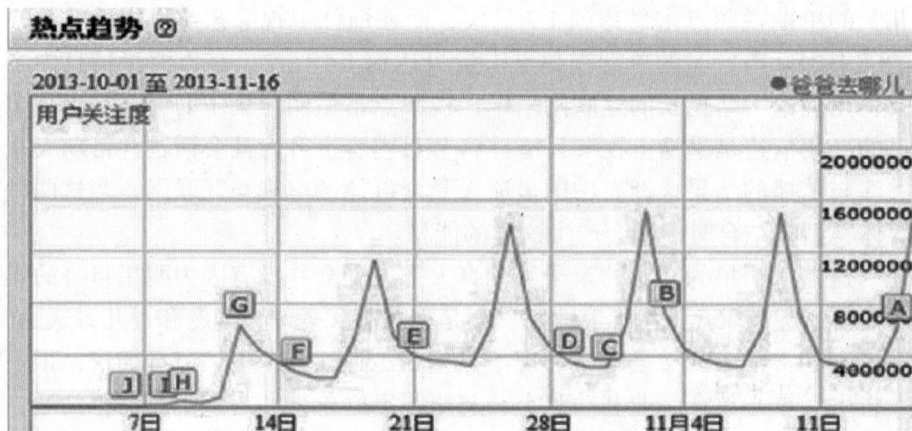

图 2　百度《爸爸去哪儿》热点趋势

4. 带热相关产业

《爸爸去哪儿》的热播带热了相关文娱产业，给不少商家带来了丰厚的经济效益。百度、优酷、土豆、爱奇艺、网易等视频播放器的点击率及关于该节目的相关营销软文的数量每天都在攀升，网站的广告收入与点击量都是相当可观的。

在明星效应的影响下，《爸爸去哪儿》直接带动了许多商品的销售。在节目播出的第二天，林志颖与 Kimi 的亲子装以及节目上萌娃们的"同款"衣服、书包、玩具甚至拉杆箱、墨镜、奶粉等商品在淘宝上的销售都非常火爆。同时，在专卖情侣服的商店里，亦新添了一些融入亲情元素的亲子服出售，亦十分畅销。该节目还带热了帐篷、户外运动服装、炊具等商品的销售。

《爸爸去哪儿》还带热了亲子游市场。带孩子出游的爸爸妈妈越来越多，亲子游成为周末旅游市场一股不小的力量。节目的取景地——北京灵水村、宁夏沙坡头、云南普者黑等已经成了网络搜索热词，节目中出现的放羊、采摘、滑沙、住帐篷、划船等亲子活动，也使不少父母蠢蠢欲动。不少家长也开始关注与孩子的亲子交流过程。

不少旅行社和网站纷纷推出各式各样的"亲子游"项目。在携程旅行网的"爸爸去哪儿亲子游"平台上可以看到，不仅有灵水村、沙坡头、普者黑等拍摄地的团队游路线，还有针对不同年龄段的孩子而设计的多条亲子游路线。

5. 文化衍生产品持续升温

《爸爸去哪儿》节目通过对文化衍生品的开发，实现二次甚至多次收益，形成以综艺节目为龙头并带动旅游、文化产业的"商业链条"，最终改变仅仅依靠广告的原始而单一的价值实现模式，制作公司在综艺节目产业链的重新构建中获得了更多的利益和话语权。

2014年大年初一上映的《爸爸去哪儿》大电影是该综艺节目衍生出来的文化产品之一，在半个多月里收获超过7亿元的票房。5天的拍摄时间和低成本制作，电影成品的形式与电视综艺节目基本无太大差别，可以说是将综艺节目从小荧屏"照搬到"大银幕上映，但其票房成绩刷新了中国2D电影的新纪录，创造了史无前例的票房神话。

2013年12月6日，湖南卫视推出《爸爸去哪儿》同名手机游戏，玩家在游戏中扮演星爸和萌娃完成收集食材的任务。上线不到三天，这款游戏的下载量已经突破300万，并在苹果手机App Store免费榜总榜、游戏榜总榜连续24天保持第二的位置。

2014年1月18日，官方授权出版的《爸爸去哪儿》同名图书正式上市。书中除了收录节目中的点滴感动外，还专门附上独家幕后采访及节目花絮。淘宝网等多家网站预售3万多册，北京新华书店在新书上市两天后就卖出了500多册。

湖南卫视在节目热播后迅速借助《爸爸去哪儿》的热潮，授权制作了各种文化产品，利用这些文化产品增加节目娱乐性的同时，也提高了自身的商务价值。

三、《爸爸去哪儿》成功因素分析

（一）家庭主题文化大获全胜：父亲形象缺失、家庭关系疏离

新浪网2009年的调查显示，60.7%的被调查者认为"现在的孩子缺失父教"，在回答"在你的成长过程中，谁承担了更多教育责任"时，46.9%选择了母亲。2008年，中日韩美四国的研究者发现：中国高中生将父亲选作第六倾诉对象，排在同性朋友、母亲、异性朋友、兄弟姐妹、网友之后。中国青少年研究中心2005年"当代中国少年儿童发展状况调查"的数据显示，在被问到"空闲时间，你和谁在一起的时间最长"时，仅有6.9%的人选择了父亲，在被问到"内心的秘密，你最愿意告诉谁"时，仅有8.5%的少年儿童选择了父亲。从以上材料可以看出，无论是在情感、陪伴、尊重、亲密还是在问题解决方面，父亲为孩子提供的支持都是不够的，说明了现今社会父亲在孩子成长过程中并没有承担应尽的责任，导致孩子在成长过程中缺少来自父亲的关怀和爱护。

自古以来，中国社会的家庭都是"男主外、女主内"。一位著名的人类学家曾经说过，从生物学角度讲，父亲是必不可少的，但从社会学角度看，父亲却被描绘成养儿育女的局外人，女性在家庭教育中往往付出更多的时间和精力。

虽然古训有"养不教，父之过"之说，但父亲这一角色在许多中国人的童年中并没有产生足够强势的影响。或许是我们片面地理解了"男主外，女主内"的传统家庭观念，认为女性在家庭教育中应该付出更多的时间和精力，而父亲却被描绘成教育儿女的局外人。其实爸爸对幼儿生活细节的有效参与、有效干预是必需的。爸爸、妈妈基于不同性别特质给予孩子的判断反馈，会潜移默化地影响孩子的一生。

《爸爸去哪儿》节目中五位明星爸爸跟子女进行乡村体验，单独肩负起照顾孩子饮食起居的责任，并且完成一系列由父子（女）共同参与的任务。短短的三天两夜，拉近了平日少有机会待在一起的父子（女）的距离。这个节目将"爸爸"推到了幼儿教育的中心，这是一个对中国人很有启发的设置。我国的年轻父母越来越关注孩子的教育，尤其是早教，但是面对时间和精力不足的无奈现状，这样的情感体验型节目会使他们有较强的身份代入感。与此同时，"爸爸热"引起了网络上关于家庭教育方式的讨论，更增加了节目的曝光率和受关注度。

（二）节目创新

1. 节目视角

《爸爸去哪儿》这档名人待机沟通纪实节目将创新视角对准亲子关系。从2005年湖南卫视的《超级女声》开始，中国电视综艺节目掀起"平民秀"狂潮，湖南卫视的《快乐男声》、东方卫视的《中国达人秀》、浙江卫视的《中国好声音》等"平民秀"节目层出不穷。此后各大卫视推出的真人秀又以明星参加作为亮点，如湖南卫视的《我是歌手》、北京卫视的《最美和声》、江苏卫视的《全能星战》等。近年来，"竞技类"的真人秀节目，特别是歌唱真人秀已经让观众产生审美疲劳。而"亲子类"特别是"明星＋亲子"的真人秀节目视角新颖，在播出前就让受众充满期待。

2. 节目形式

《爸爸去哪儿》这档节目定位为户外亲子互动真人秀，并且节目拍摄地点不再是摄影棚内，也不是电视台综艺舞台上，而是在户外，在大自然，在现实的社会生活中。可以看出，这档节目的形式已经别出心裁，让观众能够看到综艺节目的多元化，也更"接地气"。

在节目形式方面，首次采用明星父子（女）搭档的形式，限定父子（女）单独参加体验，"度过一次没有妈妈在身边的奇妙旅程"，这种形式在我国电视节目圈内尚属第一次。将这个原产于韩国的节目引进中国之后，之所以能赢得国人的喜爱也与节目娴熟地运用文化传播理论的本土化策略有关，节目的改造迎合了国人的品位与认知，将他国的节目形式与中国的文化底蕴实现了有效对接。

同时，在节目环节设置上还精心布置了父母常做的一些日常任务，例如寻找食材、爸爸做饭、娱乐小游戏比赛等，增加了节目形式的亮点。在节目开播前，网友们便已在网上积极展开节目话题讨论，从侧面可看出观众对这档节目的形式很感兴趣。

3. 节目拍摄

《爸爸去哪儿》的制作团队即谢涤葵团队从1999年湖南卫视《晚间新闻》便开始磨合，至今已将近15年，因此该团队默契十足。节目摄制组启用了无缝录制模式，保证内容的真实完整，并事先去现场做好各种预案，保证任何情节都不会重新来过。外拍出动各部门工作人员150人，包括制片、摄像、现场导演、编剧，甚至医疗团队。现场加上监控共有40多个机位，每期90分钟的节目是从近1 000个小时的素材中剪出的。据悉，每天节目组都会在早会中梳理当天的拍摄流程。拍摄时，编剧和摄像分别紧跟在明星父子身边，摄像负责记录影像，编剧则记录拍摄内容以方便后期剪辑。

4. 节目后期

后期剪辑方面，以 1∶15 的比例将原始素材精剪为 90 分钟，并采用素人观看实况声录制的形式，使整个节目气质接近于纪录片。

随着视频制作技术的进步，当下的电视综艺节目运用新的节目制作手段和包装技巧发展出了新的节目形态，也因此加快了观众需求和审美观念的变化。近年来，不少电视综艺节目在制作和包装时将大量的卡通元素融入其中，卡通元素所具有的诙谐风趣、生动夸张、通俗易懂、时尚动感的品质，大大增强了节目的内涵和表现力，普遍受到大众的喜爱。

《爸爸去哪儿》节目增加了大量活泼生动的漫画表情和字幕等卡通元素，在片头曲、字幕、插图等后期制作中广泛运用。这些动漫卡通元素的灵活使用，给整个节目增添不少朝气，视觉上也更具新鲜感，营造出轻松愉快的节目气氛。字幕和音效设计都是该节目吸引观众的一大法宝，起到渲染亲了情绪和打造快乐气氛的效果。

5. 平台优势

在众多省级卫视中，湖南卫视一直保持着的收视率名列前茅的优势，早已为《爸爸去哪儿》打下坚实的观众基础。据 CSM 和 CTR 数据统计，截至 2013 年 9 月 26 日，湖南卫视全天收视率为 0.64，份额为 4.8%，排名省级卫视第一，全国第二，仅次于 CCTV1。按收视人群排位，湖南卫视的电视影响力也位居第二，其中以 15 ~ 24 岁人群最为突出。

《爸爸去哪儿》的成功，有部分原因应归于湖南卫视自身的平台优势，湖南卫视通过成功推出《超级女声》、《快乐男声》、《快乐大本营》、《天天向上》等节目，在年轻人中有极强的号召力，积累了大批对湖南卫视有媒介依赖的固定受众。另外，节目的档期安排在每周五晚间十点，这一时段一直是湖南卫视的黄金时间档（《我是歌手》、《中国最强音》、《快乐男声》等高收视率的节目也同样在此时段播出）。黄金时间档的安排保证了节目有相对固定的收视群体，并通过口碑传播，进一步提高了节目的收视率。

（三）多媒体整合营销

1. 多媒体整合营销宣传

《爸爸去哪儿》在 10 月首播前，除了传统的电视节目预告之外，还通过新媒体对节目进行整合营销。从 8 月开始，节目嘉宾林志颖已在自己的微博中通过照片、博文等方式，透露节目中的花絮。由于林志颖、郭涛等嘉宾自身具有号召力，产生强大的明星效应，节目播出前就让大批"粉丝"对节目有极高的期待。《爸爸去哪儿》成立官方微博之后，对节目进行大规模的宣传造势，加上湖南卫视轮番播出节目预告片，多点同时进行的整合营销让对节目本就有所期待的观众更是翘首企盼，同时也吸引了众多对节目还未关注的受众。

《爸爸去哪儿》的成功不仅得益于其对传统固有优势传播渠道和受众市场的操纵，更在于其充分利用了互联网自媒体，收获了大量网民的关注与热议，提升了节目自身的整体观看期待与内容影响力，进一步带动节目"粉丝"的狂热追捧，使得节目价值链条呈现多维发展态势。

2. 微博和电视互动增强转播效果

微博为普通受众和明星的接触提供了渠道，并在后期的反馈中起到了重要的作用。一方面，受众可以通过微博看到嘉宾分享的未播出部分的花絮，提高观看过节目的受众对节目的后续期待；另一方面，微博的转发和评论行为，作为口碑传播和人际传播的一部分也成为节目的宣传途径，并且吸引了更多的受众。有了社交网站的助推，节目的关注度和影响度就会完全不一样。

"相比传统的营销方式，微博营销的最大特点在于裂变式反应，而微博名人是这个营销的重中之重。如果微博营销可以引起爆炸般的反应，那么微博名人就是点燃这个火药桶的引线。"节目播出后，节目中的五位爸爸都通过微博与受众互动并引起剧烈反响，形成良性的传播环节，巩固了传播者和受众的关系。《爸爸去哪儿》的官方微博到目前为止已经吸引了近 466 万粉丝的关注。观众通过微博账号关注《爸爸去哪儿》，便可以看到最新的预告片花、照片和原创漫画，并且可以自由地评论、转发、点赞，阐释自己的观看心得和观点，给节目组最及时的反馈。

《爸爸去哪儿》播出后，新浪微博、腾讯微博、微信、人人网等社交媒体对其进行了十分热烈的交流与探讨。经过这些社交网络的传播，一个电视综艺节目从名不见经传变成一夜爆红，同时让原本并不是父母的观众也去关注一档亲子互动电视节目，这样大大扩大了亲子互动真人秀的受众群体范围。除此之外，社交网络的助推器功能，可以让"小众热点"变成大众娱乐狂欢，在放大节目影响力的同时，也会让商业价值无限放大。例如，Kimi 喜欢的"奥特蛋"玩具成了热门抢手的玩具。

四、品牌"去哪儿"的策略探析

《爸爸去哪儿》的热播，让国内真人秀节目看到了本土亲子类节目的曙光，也暂时让综艺节目从泛滥成灾的选秀上稍许挪移开来，并且带动了影视行业挖掘本土亲子类节目的热情。但是，能够将国外亲子节目的轻松感人风格学到家，且又深谙品牌塑造之道，并对亲子文化掌握自如的，国内能有几人？能打造出"现象级"旋风，掀起"去哪儿"狂潮的制作公司，国内又有几家？《爸爸去哪儿》的跟风者众多，但是《爸爸去哪儿》的品牌塑造模式却是不可复制的。

（一）本土化的品牌建立

与湖南卫视许多收视火爆的节目相似，《爸爸去哪儿》也并非我国原创的节目，其原版模式购自韩国MBC电视台的《爸爸！我们去哪儿？》。但《爸爸去哪儿》制作团队在尊重原版的情况下，对节目进行了"接地气"的改造及创新，这对节目的品牌塑造有着巨大的影响。

首先，在节目模式的选择上，湖南卫视选择了引进韩国MBC电视台的《爸爸！我们去哪儿？》，该节目在韩国口碑极佳，长期稳坐同时段的收视率冠军宝座，这使得《爸爸去哪儿》的节目模式拥有了先天优势。由于《爸爸去哪儿》的版权和模式都购自韩国，因此在节目制作过程中，湖南卫视负责中国版权节目的所有拍摄制作，MBC则派遣制片人和技术人员从前期到拍摄现场进行指导。这种尊重版权的意识，让《爸爸去哪儿》没有出现许多模仿节目中的"山寨"现象，节目质量相当高。事实上，每档成功的节目模式都会被视为教学案例，但要想做出好节目，真正要学习的不是某个节目的外部形态，而是它的成功制作模式。湖南卫视这种将国外节目模式整体引进的方式，让节目制作更加专业，从粗放型转向精细型，对国内节目制作理念和技术的更新起到促进作用。

其次，湖南卫视在节目模式版权引进之后，针对中国市场进行了一系列本土化的设计，使节目能迎合国内观众的心理需求。比如，原版韩国节目的节奏较为缓慢、拖沓，而《爸爸去哪儿》则通过更为丰富的环节设置和精炼简洁的后期剪辑，来加快节目节奏，使其更符合中国观众的收视习惯。在外景地的选择上，无论是北京的山沟还是宁夏的沙漠，除了作为环境要素推动节目进展和人物表现外，其独特的风景的也让观众印象深刻。在节目环节设置上，韩国版节目把明星父子带到不同的自然环境中，通过难度不大的任务设置带爸爸与孩子进行一场亲子休闲旅游。而在中国版节目里，参加节目的明星父子则被安排到更加极端、恶劣的生存环境中，通过一系列更具难度的任务设置与环节挑战，增强故事性、冲突性，突出亲子间的一对一互动，以及平时不善于照顾孩子的明星老爸面对孩子的各种状况时的手忙脚乱与窘态，体现爸爸与孩子一起变化、共同成长进步的过程。此外，在定位上更突出明星爸爸带孩子的能力，表现手法更细腻，重视父子之间的交流与互动，以探讨现代都市亲子关系中父亲形象缺失等更具中国特色的主题。睡觉前父子间的温情对话，孩子不时对父亲表达的爱意，以及父亲对孩子无微不至的关爱，节目的每个细节都透露出父子间的亲情，这让许多观众看后大呼"有爱"。一时之间，亲子话题获得了社会的普遍关注。

这种本土化的改造，一方面基于两版节目节奏与容量的不同，另一方面更是湖南卫视基于自身多年大型综艺节目制作经验，针对国内的社会文化与受众收视特点，多方考量后作出的戏剧化改动。此外，国内版节目的火热进一步带动韩国原版节目在国内视频网站上的火热，创造了海外引进版权节目通过国内的本土化改造与创新，不仅节目自身大获成功，同时又反哺原版节目收视的先例。

（二）重视提升品牌内涵

亲子关系在心理学中指的是父母与子女之间的关系，是家庭中最基本、最重要的一种关系。良好的亲子关系使成长中的孩子习得基本知识、技能、行为及价值观，促使其成功地发展各种社会人际关系；不良的亲子关系则会影响孩子的心理健康并导致问题行为的出现。因此，建立良好的亲子关系，对个人、家庭以及社会都意义重大。而在我国，现代城市人快节奏的生活方式、巨大的生活压力，都使人们变得越来越忙，回到家中已深感疲惫的他们怎会有精力和时间去关心、教育子女呢？因此，在我国，留守儿童问题、城市单亲家庭问题、城市家庭亲情缺失问题等此类亲子问题一直是社会的突出问题。《爸爸去哪儿》就刚好对上述社会焦虑问题起到了一定程度的缓解，让所有问题都集中于通过爸爸提升照顾孩子的能力来解决，为不合理的社会现实提供了一种理想化的解释，为人父母的城市人可以对照明星的行为来检讨自己的教育方式，可爱的孩子、天真的话语抚慰了城市人的孤独感。

节目中，五位明星父亲要与各自的萌娃一起，在陌生的环境中度过72

小时的"人在囧途"。父子俩在不熟悉的环境下状况百出，不断的矛盾冲突展现了星爸们的多面形象和孩子们的天真童趣，使观众捧腹大笑。《爸爸去哪儿》在无形之中激发了观众的亲子情感、引发了观众的感情共鸣，进而使观看者萌生改善亲子关系的想法。虽然节目中的五对父子的亲子关系不能代表中国所有家庭的亲子关系，但是其所衍生出来的"如何与子女进行亲子沟通"，"如何当好父母"等问题也越来越具有社会性。因此，观众们在观看《爸爸去哪儿》这类亲子节目的过程中，会潜移默化地获得亲子相处的启发，获得正确的亲子观念指导，这将会对社会有一定的积极影响。

此外，相比韩版的综艺气质，一向擅长拍摄纪录片的谢涤葵团队，也将纪录片气质和人文情怀带进了中国版。除了睡前父子温情对话的环节被放大外，节目中还加入了对人文风情的介绍。在宁夏沙漠一辑中，对植草治沙的介绍，对羊皮筏子的历史的介绍；在云南普者黑一辑中，人与自然高度融合，爸爸和孩子们受到了当地人特殊而热情的"抹脸礼"……这一切的安排，无不显示了节目组的用心，更彰显了亲子类节目的教育价值。这再次证明优秀的文化产品除了有好的形式外，还要紧紧扣住社会的脉搏。可以说，这档节目还具有意识形态功能，符合时下宣传的价值观，传递了正能量，使它不同于选秀类节目，受到官方媒体的一致好评。

（三）利用传媒扩张品牌

一个产品要塑造良好的品牌形象，离不开全面的品牌推广。在这方面，《爸爸去哪儿》的品牌推广可以说是八面玲珑，覆盖全面。

一是借助本台资源进行早期宣传与推广。《爸爸去哪儿》早期的品牌推广是借助本台资源进行有力的宣传、推介，使其内容和模式广泛、迅速地为公众所了解。湖南卫视拥有丰富的节目资源，在《爸爸去哪儿》开播之前，湖南卫视除了利用《天天向上》、《快乐大本营》进行宣传推广外，还在备受欢迎的《我是歌手》第一季即将结束的时候，通过其官方微博预告将要开拍的《爸爸去哪儿》。此外，在节目播出期间，湖南卫视还利用网络平台助推节目热度，如联合优酷网针对《爸爸去哪儿》独家上线视频互动功能，根据当期节目热门事件设立话题，目前参与投票用户超过20万。同时，优酷联合"PC端＋移动端"多平台推广，通过SNS、微博、微信等多样化手段持续酝酿并扩展节目热度。可以看出，湖南卫视充分调动本台资源，从电视台到网络，线上线下协同作战，极大地提升了节目的热度。

二是利用名人效应突破市场屏障。产品在被消费者接受和购买之前，必须先在消费者心中形成认知和信任。但在产品种类、数量爆炸的今天，消费者通过自己仅有的信息资源进行产品判断变得不再简单，因此，品牌消费成了消费者的必然选择。可以说，品牌是一种能够让消费者进行认知识别并最终获得信任的符号。《爸爸去哪儿》节目中的五对父子都是针对不同的市场需求进行定位的。节目制作组选取五个不同的爸爸形象，让观众可以将自己与不同类型的爸爸做对接，从而增加了对人物的认同感。如：田亮与 Cindy 亲密互动；郭涛以身作则的严父形象；王岳伦不会做家务，但很有责任感；张亮与孩子像朋友一般平等交流；林志颖是个照顾孩子内心感受的慈父。仔细分析就会发现，该节目成功的关键是选角得到观众的认可。因为这五个没有太多经验的明星爸爸，在带孩子的过程中遇到的问题与普通人是一样的，具有一定的普遍性。此外，明星本身就是节目的推广平台。仅"不老传奇"、永远的偶像林志颖和他细心保护、极少在媒体上露面的儿子的加入，就已成为节目的最大亮点，因此林志颖父子的出演也一直是节目推出之际宣传的重磅砝码。在节目开播前，就有很多林志颖的粉丝冲着他和小 Kimi 去观看节目，从播出效果来看，小 Kimi 果然不负众望，奶声奶气的一句"爸比"简直萌化人心，其与"爸比"林志颖在节目中合唱《十七岁那年的雨季》也一度让不少粉丝感动落泪。此外，"萝莉女汉子"Cindy、"不食人间烟火"的王岳伦、人俏嘴甜的王诗龄、模特兼大厨张亮等人，均得到大众的喜爱。各有特色的亲子组合，各自攻占其目标群体，为节目的成功立下汗马功劳。

三是利用社交媒体进行全方位营销。在《爸爸去哪儿》播出之前，观众并不清楚是哪几位明星带着宝贝参加节目，因此，网络上对参与节目的明星的揣测非常多。湖南卫视不时通过官方微博进行剧透，并且开辟相关的投票板块让网友参与投票以增强观众对节目的持续关注。《爸爸去哪儿》播出前，湖南卫视还举办了官方首映礼，让明星带着宝贝参加，并通过新浪微博、腾讯微博、微信等社交媒体与观众进行了十分热烈的交流与探讨。此外，观众还可以通过关注《爸爸去哪儿》的官方微博，获得最新的预告片花、照片，并且可以自由地评论、转发、点赞，分享自己的观看心得和观点，并及时反馈给节目组。《爸爸去哪儿》播出约一个月后，《爸爸去哪儿》微博的粉丝数已超过 200 万；节目第一季结束后，其官方微博粉丝已超过 465 万。社交网络的助推器功能让节目播出后的每一集几乎都能出现在当天的微博热搜榜上，在放大节目影响力的同时，也让商业价值无限放大。如灵水村、沙坡头、普者黑在节目播出后成了人们争相旅游的热门景点，带动了当地经济的发展；Kimi喜欢的"奥特蛋"、"小黄"等玩具也成了热门玩具。可以说，通过社交媒体的推广，节目的品牌扩张发展到了极致，使其逐渐成为人们街谈巷议的热门话题。

（四）电影升华品牌价值

亲子互动真人秀节目《爸爸去哪儿》第一期播出后，五对星爸萌娃一夜之间萌翻全国；电视版《爸爸去哪儿》第一季结束以后，节目热度依然不减。湖南卫视不可能浪费这座金矿，于是便趁热打铁推出了电影版《爸爸去哪儿》。许多中国消费者感到意犹未尽，便将对原节目的亲子情感赋予了大电影，在大电影上映期间再次掀起了"爸爸狂潮"。

2014年1月31日，《爸爸去哪儿》大电影正式公映。电影版《爸爸去哪儿》由电视节目原班人马担任主演，讲述的是五位明星带着自己的孩子，来到广州长隆野生动物园，与长颈鹿、河马、考拉等动物共度五天时光并完成相应任务的故事。拍摄时间仅为五天的电影版《爸爸去哪儿》，不得不说是马年春节的热议影片。据统计，《爸爸去哪儿》电影版首日票房就突破9 000万，刷新了《私人订制》首日8 000万的2D国产片首日票房纪录。而它的单日观影人次约为260万，单场均超过110人，两项指标均创下国产影片首日票房纪录；首日上座率也近九成，超过了《让子弹飞》81.19%的单日最高上座率；上映8天便揽入5亿元，成了春节档最赚钱的一部电影。

电视真人秀改编成电影，在国内外都是较为少见的。新兴的电影类型能否获得观众的喜爱，从电视真人秀到电影的跨越是否可行，都需要市场的检验。知名评论人韩浩月表示，虽然他个人并不能像很多观众一样懂得欣赏这部电影的欢乐和笑点，"但从市场行为来看，这是对市场分析透彻、定位准确的一部电影，它对春节档的观影需求有一定的洞见性"。中国的电影市场正在发展，需要注入更多的新鲜血液，电影《爸爸去哪儿》的大胆尝试，可以说是一次商业上的成功，同时也弥补了此类电影的空白，是从电视到电影的一次华丽转身。

《爸爸去哪儿》票房大卖，很大程度上由于其还在热度上：第一季刚播完，话题正热，又赶上春节档的家庭观影需求。因此，我们可以说，趁热上映与适时上映无疑是《爸爸去哪儿》票房大卖的重要因素。此外，其主打亲情的影片风格，也握紧了观众的心。2014年春节期间，我们可以看到电影仍然是国内外大片云集的态势，《大闹天宫》、《澳门风云》和《大话天仙》等影片汇集于此。这些影片的题材类型各不相同，大多都是以场面取胜。但《爸爸去哪儿》不同，这部电影是以温情、幽默、感人为路线，尤其适合阖家共赏。节目本身有基础，这样温情、正能量、有笑有泪的东西当然会受到欢迎。

可以说，大电影在《爸爸去哪儿》品牌发展过程中具有里程碑式的意义。湖南卫视把《爸爸去哪儿》已有的品牌优势与电影相结合，适时推出了电影版的《爸爸去哪儿》，以电视版的余温带动了大电影的发展。《爸爸去哪儿》大电影成本较低、风险较小，却获得了惊人的收益，并且成了整个产业链中举足轻重的部分，同电视版节目一样成了《爸爸去哪儿》的标志。

五、基于价值链理论的盈利模式探讨

在探析《爸爸去哪儿》的盈利模式之前，笔者首先要对产业链和价值链的理论渊源进行简单的梳理。

产业链的思想最早来自于17世纪中后期的西方古典经济学家亚当·斯密关于分工的卓越论断，马歇尔后来把分工扩展到企业与企业之间，强调企业间分工协作的重要性，这可以称为产业链理论的真正起源。1958年，赫希曼在《经济发展战略》一书中从产业前后向联系的角度论述了产业链的概念。他指出，产业链的联系可分为"前向联系"与"后向联系"。但这些关于产业链的理论都集中在宏观层面的探讨。随后，价值链和供应链理论日渐兴起。这些理论对产业链的研究起到了关键的导向作用，它们成为进一步丰富产业链研究的理论基础。

迈克尔·波特1985年在其著作《竞争优势》中首先提出了价值链的概念。他指出："每一个企业都是用来进行设计、生产、营销、交货等过程及对产品起辅助作用的各种相互分离的活动的集合。"他还指出，"任何企业的价值链都由一系列相互联系的创造价值的活动构成，这些活动分布于从供应商的原材料获取到最终产品消费时的服务之间的每一个环节，这些环节相互关联并相互影响"。对于一种文化产业而言，它的发展就是其价值链的发展，是一个价值不断创新的过程。

一般而言，产业价值链是由创作、生产、集成、流通、消费等五个环节组成的。创作即节目的内容策划、创意形成环节，这一环节是整个文化产业价值链的源头，主要增值部分就在其原创性的知识含量之中。生产即文化产品的设计和生产制作环节，在这个环节，企业将通过技术、工艺等生产流程将产品内容构想转化为产品。集成即营销推广，代理商、策划人、经纪人、传媒中介人、制作人等是这一环节的重要参与者，他们运用各种营销模式将文化产品的价值和实用价值销售让渡给消费者。流通即传播渠道，指通过电影、电视的播映机构以及报刊、电台、演出经营场所、网络运营商等渠道，将产品变成产业。没有销售或发行通路，再好的产品也变不成产业。因此，传播渠道构成文化产业价值链上的重要环节。消费是指消费者服务环节，消费者对整个价值链条具有反馈和互动作用。在此过程中，文化企业应以消费者的个性化需求为出发点，将不同的行业联系在一起，实现二次文化衍生品的生产和销售，实现文化产业跨行业多元化的价值创新，变消费经济为体验经济。

获得利润是市场经济环境下企业的主要经营目标。企业根据经营环境和自身资源，将市场、产品、服务、人力及资本等要素进行匹配组合与管理的过程和方法，就是企业的盈利模式。企业在竞争发展过程中，会逐渐形成特有的盈利模式，它能够在较长一段时间内维持稳定，并区别于其他企业，以此形成自身竞争力，实现利益最大化。对文化产业而言，其价值链上的每一个环节都能为其实现盈利。从产业价值链的角度来看，企业盈利模式主要是在创作、流通、消费这三个环节的基础上运营开发而成的，主要包含明确产品定位、资源优化整合、顾客价值认识这三部分内容。

《爸爸去哪儿》综合运用并整合了市场要素，打造了一条较为完整的产业链，这条产业链突破了电视节目在收视率和广告之间赢利的传统模式，创造性地开拓了更多的赢利点，而且使得节目的价值链环环相扣，互相增益，并在传媒市场竞争激烈的今天，逐步形成了特有的赢利结构，节目从生产到流通，再到衍生产品的开发，都是产品价值不断递增的过程。基于产业价值链的理论，本文将《爸爸去哪儿》的盈利模式归结为节目差异化定位、资源优化整合和多赢利点的消费升值三个主要特征。以下，本文尝试从文化产业价值链的角度对《爸爸去哪儿》的产品盈利模式进行分析。

（一）节目差异化定位

由于在产业价值链上的不同环节中，资源能力要求、战略重要性和利润分布是有差异的，企业可通过审视各价值链环节的差异，研究产业的价值转移规律，根据企业自身的资源把企业定位在产业价值链上恰当的、有利的位置。因此，对产品进行明确定位是企业实现盈利的第一步。对于一档节目而言，差异化定位包括两个部分，一是节目内容要避免同质化，二是要满足差异化的用户需求。

对于湖南卫视而言，其昔日在综艺节目上的王者地位，正不断遭受江苏卫视、浙江卫视等竞争对手的挑战。江苏卫视的《非诚勿扰》、浙江卫视的《中国好声音》等，都曾大获观众喜爱。面对激烈的市场竞争，市场留给湖南卫视的空间，并不像十多年前开创《快乐大本营》时那么宽松。因此，制作出能够进行差异化竞争的节目，已经成为湖南卫视巩固王者地位的关键。在2013年前三个季度的电视荧屏上，综艺领域几乎被歌唱类节目所垄断。除《中国好声音》外，《中国梦之声》、《我是歌手》、《中国新声代》等节目扎堆出现在各大卫视的荧屏上。在全民皆唱的环境下，湖南卫视在前三个季度的主打综艺节目《我是歌手》、《中国最强音》、《快乐男声》也都是歌唱类。经过三个季度的轰炸，观众在第四季度已经对歌唱类节目感到疲惫，因此，到了年末收官的第四季度，推出一档有别于歌唱类的综艺节目，成为湖南卫视的创新首选。与此同时，亲子情感、成长教育、代际沟通，一直是公众极为关注的社会问题。正是在这样的环境下，湖南卫视制作的《爸爸去哪儿》以一档亲子类节目突围了同质化严重的荧屏，并引发社会各阶层的广泛关注。

其次是满足观众差异化的需求。"以顾客为中心"是文化产品生产上的差异化定位的理念延伸。当今社会越来越朝着个性化和多样化方向发展，消费者也越来越重视服务的个人体验与感受，因此，为消费者提供个性化的文化产品和服务，能快速将具有竞争力的产品带到市场。作为综艺节目龙头大哥的湖南卫视深谙这一道理，在大批同质化的节目出现之后，其也想尝试帮观众调换口味，避免观众看腻节目。此外，随着大规模的顾客制定化的出现，节目按照观众需求进行运作的时代呼声越来越大。《爸爸去哪儿》在开播后人气一路飙升，并成为一个现象级的作品，很大程度是因为节目所展示的亲子情感、代际关系、教育、成长等元素都带来了社会各个阶层的反馈。此外，湖南卫视在《爸爸去哪儿》播出中期，还与观众进行下期环节设置的讨论，充分尊重和考虑观众的需求与期待，如"换爸爸"、"小鬼当家"等环节的增加。正因为这种"以观众为中心"的差异化定位，使节目的收视率伴随粉丝增长而不断攀升，12期节目在全国网的平均收视率为2.48，平均份额为16.37%，最高单期份额为22.45%，成为2013年度全国上星频道中收视最高的季播节目。观众对于节目的讨论范围，远远超过选秀、相亲、职场、歌舞等节目带来的单一性讨论。可以看出，差异化的定位，能为企业带来更高的边际报酬，产业递增效益明显。

（二）资源优化整合

价值链上的企业并不是独立的、分散的，而是以实现消费者需求为目标组成的综合体。通过产业价值链上内容、技术、渠道等资源的整合，能够降低企业独立研发的成本和失败的风险，同时集中企业资源于自身核心能力的提高，确立企业竞争优势。《爸爸去哪儿》以湖南卫视为强大依托，加上顶尖团队的精良制作以及多渠道的推广，实现了资源优化整合。

首先是优秀资源的引入。在确定亲子类节目的目标后，便是决定用何种方式来制作节目。当下，我国的节目模式，无非就是版权引进和自主原创两种选择。显然，湖南卫视选择了前者。从国外引进成熟节目的版权，加以本土化操作后推送给观众，是湖南卫视一贯的做法，此前大受好评的《我是歌手》便是成功案例。自主原创则是一个不断试错的过程，存在着很大的风险，但一个成熟的模式则会将风险降到最低。引进国外节目，除了买到该节目的版权和模式，还等于将节目制作的生产流程、具体环节、时间安排、人员配置乃至舞美、灯光、观众选择等一同打包购入。可以说，国外授权节目，已经可以像麦当劳、肯德基一样在全球各个地方进行标准化生产，而我们只需要根据当地的观众需求来进行本土化微调，便能开始获利。《爸爸去哪儿》成熟版权的引入，正符合目前电视台"低成本、低容错率"的发展趋势。

其次是本台资源的充分调动。除了上文提到的在传播渠道上，湖南卫视利用其本台栏目对《爸爸去哪儿》进行推广外，在内容制作上，湖南卫视也凭借其强大的人力、物力资源，高水准地完成了《爸爸去哪儿》的节目制作。在《爸爸去哪儿》之前，湖南卫视曾有一档被赞为"难得的充满人文关怀"的节目——《变形计》，是一档记录农村孩子和城市孩子身份互换的纪实性节目。而接棒《爸爸去哪儿》制作任务的正是湖南卫视《变形记》团队，他们曾制作过五季《变形计》，具有丰富的户外真人秀制作经验。在设备上，《爸爸去哪儿》与韩国配备一致，节目拍摄共有 40 多个机位，其中活动机位 20 多个，现场工作人员集体参加拍摄，包括制片、现场导演、编剧、后勤保障等共有 100 余人，后期剪辑中采取实况声录制，确保节目真实可看。正是如此庞大的摄像团队，才在三天两晚的拍摄中总共积累了 1 000 多个小时的视频素材，而这些素材最终会被剪成不到两个小时的节目。

最后是明星资源的调动。《爸爸去哪儿》的选角是节目成功的关键因素。五对父子（女）除了个性迥异、外形靓丽外，最重要的是其所带来的明星效益。在《第一次任务》中选用的演员都是普通孩子，因此节目在选角上要更为慎重，要挑选更有表现力、更能营造真人秀气质的儿童来出演，否则会因为演员不够吸引人而流失观众。而《爸爸去哪儿》中出现的是明星父子，一开始即拥有注意力资源的先发优势，比普通父子更能吸引观众的注意力。此外，比起长大成人的"星二代"出演的亲子节目《我不是明星》，《爸爸去哪儿》中五个孩子的童言童趣更能打动人心。值得注意的是，湖南卫视有很好的明星资源，它能够调动的明星资源要比其他卫视多得多，这当然得益于多年来它在娱乐节目中积累的人脉。孩子们的童趣、可爱等特质和天真自然的表现，加上明星爸爸各有各的特点和粉丝群体，他们的出演已成收视保证。

（三）多赢利点的消费升值

利用已经形成的品牌优势，打造相近或相关的系列产品，不但可以充分挖掘品牌的潜在价值，实现利益最大化，还可以通过衍生产品来扩大品牌的影响力，巩固品牌形象。因此，拓宽品牌、延伸产品、制造多元赢利点是消费这一环节十分重要的部分。

总体而言，《爸爸去哪儿》的产品收入来源可以分为三个部分：

第一层收入为广告。《爸爸去哪儿》自2013年10月播出以来，收视率不断攀升，良好的收视表现，使其在经济领域也产生了巨大影响力。最为直观的就是《爸爸去哪儿》第二季的天价冠名费，伊利以3.1亿元的天价夺得第二季独家冠名权，比起第一季的2 800万翻了11倍，刷新了《中国好声音》2.5亿元的纪录，创下了卫视综艺节目新高。另外，蓝月亮、富士达电动车、乐视，分别以7 299万元、5 299万元和4 500万元获合作伙伴和插播广告的权限。可以说，《爸爸去哪儿》在商业回报上进入上升通道，这对其进行下一步的消费拓展具有现实意义。

第二层收入为电影业。紧随电视版节目，大年初一《爸爸去哪儿》大电影上映，此后的半个多月里这部电影收获了超过7亿元的票房。5天的拍摄时间、5 000万的宣发预算，《爸爸去哪儿》大电影却创造了首日票房9 200万元，首周拿下4.6亿元（此前居首周票房榜首的是《私人订制》4.28亿元、《人再囧途之泰囧》4亿元），8天票房破5亿元，12天票房破6亿元，最终以7亿元票房收官的票房神话，并刷新了中国2D电影的新纪录。实际上，这部电影是同名电视节目的衍生品，它成功的基础是同名电视节目的成功。电影延续了同名电视节目的形态，而电视节目形成的广泛的认知基础和强烈的消费期待也在电影当中得到体现。

第三层收入为图书、唱片、游戏等衍生产品。随着"爸爸效应"的持续发酵，衍生出很多经济效应。《爸爸去哪儿》的主题曲，被唱得街知巷闻，并一直位于音乐类点播量的前列。节目中，孩子们的玩具、衣服和各类饰品也让节目外的大人和孩子们跟风购买，使得玩具企业、旅游公司、服装厂商争先恐后参与其中。节目拍摄地也因为节目的高关注度成了网络搜索热词，灵水村、沙坡头、普者黑、鸡鸣岛等原本默默无名的小角落一个个都成了热门旅游地。节目后期，周边产品更加官方化，从同名手机游戏、图书到电影，节目的衍生品也在持续发力。2013年12月6日，湖南卫视推出同名手机游戏《爸爸去哪儿》。游戏中设计的星爸和萌娃特征明显、造型可爱，游戏场景则取材于各集节目的拍摄地，玩家在游戏中扮演星爸和萌娃，完成收集蔬果的任务。据了解，该游戏上线不到3天时间，下载量已突破300万，并在作为手游风向标的苹果手机版App Store免费榜总榜、游戏榜总榜连续24天保持第二的位置。2014年1月18日，湖南卫视官方授权出版的同名图书《爸爸去哪儿》正式上市。书中除了收录节目中的点滴感动，还专门附上独家幕后采访及节目花絮。在淘宝网等多家网站预售3万多册。新书上市后两天，仅北京新华书店一家就卖出500多册。《爸爸去哪儿》凭借着超高人气，使其衍生产品亦收获了良好的市场效果。

对于《爸爸去哪儿》而言，品牌的开发和经营显得十分重要。除了广告的收益和电影的票房赢利以外，对相关产品的开发也是制造多元赢利点的一个环节。电视节目的热播，证明其品牌已初步形成，这时候就应该利用品牌原有优势，适时而动推出相关的系列产品，使这些衍生产品也可以乘着电视版节目的热风而驰骋消费市场。反过来，这些衍生产品也会使得原节目更加具有内涵，从而延长原节目的生命周期，为第二季的到来打下坚实的基础。《爸爸去哪儿》衍生产品的开发，为湖南卫视带来的是巨大的财富链。

从电视版节目的热播，同款玩具的热卖，到《爸爸去哪儿》大电影的热映，主题歌曲的热议，再到同名游戏的上线，带动亲子旅游的发展……不可否认，《爸爸去哪儿》已由一个亲子节目开始成为文化产业，并不断地扩展、丰富。

六、《爸爸去哪儿》未来产业发展的几点思考

亲子类节目的出现，让国内综艺节目的题材更加多样化。与此同时，为了以最小风险换取最大商业回报，各大卫视相继推出了各种形态的亲子类节目，使荧幕掀起了一场"拼娃"与"卖萌"大战。这种试图分一杯"亲子热羹"的状况，使亲子类节目大有取代歌唱类节目成为最流行综艺形态的架势。

黄金档出现亲子类节目扎堆现象，似乎已不可避免。湖南卫视刚从音乐节目突围的同质化问题又再次出现。许多节目打着亲情、公益的旗号，通过节目倡导社会正能量、贴近普通人的生活的动机是值得肯定的，但单一的节目形态，容易引发过度消费和收视疲劳，难以为该类节目赢得长久的、可持续的发展后劲。面对各大卫视的同质化竞争，加上"限娱令"的出台，加紧制作原创综艺节目是湖南卫视未来发展的必然之路。《爸爸去哪儿》第二季，只有在第一季所建立的口碑的基础上，不断打开思路、提升创意，在节目内容的研发上不断创新，才能巩固目前的市场地位，以优质节目甩开竞争对手。

此外，知识产权方面应该加强保护意识。当下国内的真人秀节目大多是引进国外节目版权打造的本土节目，节目只需根据时下的社会热点、观众的需求进行微调便可以在三五年内实现一劳永逸的效果。但在同质化竞争激烈的中国，大多数版权引进节目，并没有具备持续发展的基因，极容易被竞争对手抄袭、模仿。因此，湖南卫视在引进《爸爸去哪儿》的原版版权和节目模式后，还应该加强知识产权的保护意识，严厉打击山寨节目，避免优秀的节目模式被滥用，被山寨。

另外，要善于运用品牌乘法。《爸爸去哪儿》第一季在产品价值链的延伸方面做得明显不够，节目所开发的图书、手机游戏等产品都滞后于节目的播出。此外，节目的衍生产品种类明显不足，依靠单一的游戏和图书并不能完全挖掘出品牌的潜在价值。该节目所引发的社会话题较为广泛，其能带动的后续开发的衍生产品的种类应该更为丰富。节目完全可以针对幼儿市场，开发相关形象的图书、电视剧、动画片等适合幼儿观赏的形式，也可以举办具有教育意义的品牌讲座与活动。全方位的衍生产品创造，可以衍生出一个全新的品牌，在品牌建立后，更多衍生品的设计、授权就会变得水到渠成，这就是品牌乘法的意义所在。

七、结语

我国已经进入文化产业发展的战略期，在以市场为主导的同时，加大了政府扶持和引导的力度。而要实现文化产业的快速发展，势必要以内容取胜，以生产紧贴大众需求的文化产品为核心，建构不断延伸的、成熟的产业价值链，不断进行文化产业的创新，从内容、营销、经营等各个方面着力发展，从单个资源开发走向文化产业链条式发展路径。2013年热播的《爸爸去哪儿》为我国的文化产业，特别是我国综艺节目的产业链发展模式提供了一个很好的借鉴。

一要对社会议题和受众需求保持高度敏感。创新内容，关怀时事，贴近群众，并注重受众市场的反馈。

二要实现全面互动营销传播。突破单一传播路径，开拓多元传播平台，借力新媒体，运用明星效应，实施口碑营销。在创新销售模式的同时，积极与市场互动。

三要重视品牌的开发与树立。以打造品牌为出发点，注重品牌的差异性和传播的统一性，加强品牌持续化建设，实现符号价值与市场价值的紧密结合。

四要深度挖掘价值链各环节的潜在价值。善于整合优化资源，并以核心产品为传播支点，进行系统化的产品延伸和品牌渗透，充分挖掘衍生产品，形成优质产品集群开发模式。

在我国，综艺节目是市场环境下的一个产业，在市场供求杠杆的作用下，能够赢利便能够生存，不能赢利就要被市场淘汰。与此同时，它们也是政府政策引导下的产品，综艺节目的产品化，从更长远的角度讲还取决于领导人的远见和目光，领导人的战略规划，以及整个行业的探索和努力。《爸爸去哪儿》的成功既是我国文化产业发展路径的体现，也是对它的一个创新。希望在不远的将来，我们能创造出更多更好的文化产品，尽快促成中国从"文化资源大国"向"文化产业大国"转变。

参考文献

［1］王南.《爸爸去哪儿》切中了哪根脉？［J］.今日中国（中文版），2014（1）.

［2］金桂娟，周捷.季播大咖　火爆荧屏　2013年电视季播综艺节目网络传播状况浅析［J］.声屏世界（广告人），2014（2）.

［3］陆地，陈思.中国电视，你去哪儿——《爸爸去哪儿》节目热播的思考［J］.新闻与写作，2013（12）.

［4］萨其尔.《爸爸去哪儿》：跨文化传播的成功实践［J］.视听，2013（12）.

［5］郭安丽.《爸爸去哪儿》中韩版本"大比拼"各具特色［N］.中国联合商报，2013-11-04.

［6］荣光.从《爸爸去哪儿》看引进电视节目的本土化运作［J］.现代交际，2013（12）.

［7］张阳.去哪儿盈利？——《爸爸去哪儿》燃点卫视盈利新希望［J］.广告大观（综合版），2014（1）.

［8］郭新茹，顾江.基于价值链视角的文化产业赢利模式探析［J］.现代经济探讨，2009（10）.

［9］尹冰.浅析如何做好亲子互动真人秀电视节目——以湖南卫视《爸爸去哪儿》节目为例［J］.中国报业，2013（22）.

［10］王晓辉.《爸爸去哪儿》抛来他山之石［J］.文化月刊（下旬刊），2013（11）.

［11］徐安琪.社会学视角看"爸爸去哪儿"：徐安琪研究员在上海社会科学院的演讲［J］.精神文明导刊，2014（3）.

［12］魏青.《爸爸去哪儿》的娱与寓［N］.云南日报，2013-11-05（002）.

［13］祝秀.荧屏刮来"亲子风"《爸爸去哪儿》一枝独秀［EB/OL］，人民网，（2013-11-07）.http://culture.people.com.cn/n/2013/1107/c172318-23459235.html.

［14］爸爸去哪儿［EB/OL］.百度百科，http://baike.baidu.com/subview/10889450/11296903.htm.

歌唱类电视节目的突围创新之路

——以《我是歌手》为例

■ 李晓丹 李 悦

核心提示：湖南卫视《我是歌手》节目一经推出，就受到观众的热捧，是中国电视荧屏上继 2005 年草根选秀大热之后的另一种形式的歌唱类电视节目。通过国外引进与本土结合的方式，湖南卫视将该节目推向一个新的高度。《我是歌手》节目秉持着对音乐致敬的态度，以"受众主体"作为节目理念，获得了观众的热烈反响。同时，国内电视行业依赖引进"海外模式"一方面在国内赢得好的收益和口碑，另一方面也反映了我国电视行业缺乏创新意识、电视节目制作体制僵化等问题。

关键词：我是歌手 模式引进 本土化 受众主体

一、节目介绍

（一）湖南卫视《我是歌手》节目简介

1. 节目背景

《我是歌手》是中国首档顶尖歌手巅峰对决的歌唱类电视节目。作为湖南卫视"领 SHOW2013"的开篇之作，提出"非实力唱将，此地危险；非天籁之音，无立锥之地"的宣传语，集结乐坛资深唱将、中流砥柱和新生代佼佼者打造出的独一无二的顶级豪华音乐盛宴，给广大粉丝带来了不一样的视听享受，且以真诚的方式赢得了湖南卫视倾全台之力给予的支持。

节目模式源自韩国 MBC 电视台热播同名综艺节目《我是歌手》，也是韩国第一次对外输出电视综艺节目版权。《我是歌手》以季播的方式于 2013 年 1 月开始在湖南卫视周五晚黄金时间播出。

2. 播出时间

《我是歌手》第一季从 2013 年 1 月 18 日起于湖南卫视每周五晚黄金时段播出。

3．赛制设置

《我是歌手》三大核心部分，分别由歌手、专家顾问团以及听审团组成。参与的歌手是国内乐坛资深唱将、中流砥柱和新生代佼佼者。

与以往湖南卫视举办的歌唱娱乐节目不同，《我是歌手》中的专家顾问只对参演歌手的表现做点评，并不参与评分、筛选工作，节目的走向是由 500 位"知音听审团"决定的。

听审团是从众多电视观众中严格筛选出的 500 人，他们必须是具备一定音乐素养的"知音"。听审团由 5 个年龄阶段的观众组成，确保了评判人群的多样性与包容性。这样不仅基本上覆盖了所有电视观众的欣赏眼光，同时也在很大程度上尊重了音乐市场的意见。歌手倾情演唱，知音观众则仅凭借当时的听感来判断是否选择他（她），因为听审团人数庞大，并且每个人的听感都是不同的，所以票选的结果将完全无法预测，成为节目现场扣人心弦的谜题。

4．经济效益

商业逻辑是市场经济下的大众传媒不得不遵守的游戏规则，也是节目社会影响力的侧面像。广告是节目的重要效益来源，《我是歌手》的广告收入有三种形式：一是节目冠名广告。立白洗衣液成为《我是歌手》的独家冠名企业，冠名费达 1.5 亿元。二是节目植入广告。娃哈哈、中国电信等企业成为节目植入广告商，总费用近 5 000 万元。三是插播广告。这是最主要，也是变化最大的收入部分，随着节目的热播，插播广告价格水涨船高，持观望态度的企业开始蜂拥抢购，原本 8.6 万元一条的 15 秒广告，飙升至 13 万元，总决赛单条 15 秒的插播广告价格最高达到 63 万，总决赛之夜插播广告创收总额超过 5 000 万。首季《我是歌手》的总收益近 3 亿元。《我是歌手》第一季仅有 8 000 万的制作成本，却揽收了 2.2 亿元的收益。

大型综艺节目入账财富一览表

节目	平台	制作投入（人民币）	收益（人民币）	原版
中国好声音	浙江卫视	1 亿元	3 亿元	The Voice（荷兰）
我是歌手	湖南卫视	6 500~8 000 万	2.2 亿元	I am a Singer（韩国）
中国最强音	湖南卫视	1 亿元左右	5 亿元	The X-factor（英国）
星跳水立方	江苏卫视	约 1 亿元	15 秒广告 18 万元	High Diving（德国）
中国梦之声	东方卫视	约 1 亿元	未知	American Idol（美国）

（二）韩国版《我是歌手》节目简介

韩国版《我是歌手》是《我们的一夜》节目中的一个单元，简称"我歌手"，是每周由 7 名实力歌手挑战任务的生存节目。由 500 名普通观众组成的评审团评选，淘汰其中一人，再由新的歌手填补空缺。每个歌手都会配有一个艺人担任他的经纪人，淘汰该歌手的时候，艺人经纪人也跟着被淘汰。这个节目从首播（2011 年 3 月 20 日）开始就引起了巨大反响。节目结束后，比赛曲目的音源会在音源网站上第一时间出售。

这个节目严格挑选了具有很强歌唱实力的歌手们参加，让观众非常期待，但同时也存在"怎么能给这样的歌手们排名次"的批评。然而，瑕不掩瑜，这个节目还是被大多数观众给予好评。因为在现今偶像大行其道的韩国歌坛，能够让大众知道还有很多真的很有实力的歌手，展示了歌谣界的多样性，是一件很有意义的事情。该节目首播的时候获得了 11.3% 的收视率，比该时段原本的节目提高了两倍以上。李素罗唱的《风在吹》时隔 7 年后再次登上 KBS 代表节目《音乐银行》K 榜的第 15 位，接着前进到第 10 位。《我是歌手》的所有编曲费用都由 MBC 承担，因此可以确信歌手们是能够获得利益的。第一个遭淘汰的郑烨也获得了很高的人气，在节目中第一个获得第一名的歌手金范秀也获得了人气和认知度。李素罗因参与这个节目而在 KBS JOY 进行了《李素罗的第二次求婚》节目。才参加节目就被淘汰的金延宇也在随后的演唱会中破天荒卖出了 6 000 张门票，获得了人气和认知度。随着节目中歌手获得的利益越来越大，要求参加这个节目的歌手也越来越多。因节目是重新编曲其他歌手的歌曲进行比赛，编曲家也开始受人瞩目，也让大家更重视编曲，因为编曲常常会影响到名次。这个节目成了热门话题，KBS 在 2011 年 6 月创立了"偶像版我是歌手"《不朽的名曲 2——演唱传说》，但是被批评剽窃《我是歌手》。

《我是歌手》中歌手们将歌曲重新编曲演唱，在网站上第一时间公开，一时间占据了各种音源网站的前十位。《我是歌手》里的音源到 2011 年年末已创下了 500 亿韩元的收益。

二、《我是歌手》的创新之处

（一）主持人角色

《我是歌手》的节目主持人由参加比赛的歌手担任，即歌手有双重身份,第一季由胡海泉担任,第二季由张宇担任。胡海泉担任主持人略显青涩,但主持的过程中常常会给人带来惊喜。除了口误经常逗笑观众以外,他还经常在节目中自嘲。这样轻松诙谐的主持风格与平常歌唱类节目中老练的主持人相比,更让观众觉得新鲜,也能在专业歌曲演唱比赛中稍微让人放松紧张的情绪。《我是歌手》第二季节目邀请同样也是比赛歌手的张宇担任主持人,他的主持风格紧凑有序并且风趣幽默,给节目的运行起到很好的润滑作用。《我是歌手》节目开创性地邀请了并不是专业主持人的歌手担任主持人,一方面看中的是歌手自然清新的主持风格,另一方面使得作为参赛选手的歌手能够更加熟悉赛制。对歌曲的深刻解读以及对音乐的热爱亦使得歌手完全能够胜任主持人这个角色。

(二)歌手角色

《我是歌手》节目中的参赛歌手是内地以及港澳台地区华语乐坛中的资深唱将、中流砥柱和新生代佼佼者,他们都是拥有极高的音乐能力和素养并且极其热爱音乐的音乐人。让这些已到达过或即将到达歌唱事业巅峰的歌手走上舞台,面对来自同行的挑战,新老歌手同场竞技,就是这档节目区别于其他娱乐节目的重要特征,也是节目一经推出就艳惊四座、广受好评的重要原因。

因为节目竞赛歌手的特殊性,在选择选手的时候制作团队费了很多心思。如何在保证歌手演唱水平高的同时,让有一定歌坛地位的歌手能够接受竞赛淘汰机制,确实是一个伤脑筋的难题。几乎每一位参赛歌手都在采访中透露了自己内心挣扎的过程,最终内心的答案还是让他们来到这个象征着神圣音乐的舞台。参赛歌手最终能够站在竞演的舞台上,不仅证明了他们的勇气,同样也是他们实力的最好证明。每一个歌手都有自己独特的音域和个人特色,每场竞技对于观众来说都像是一场演唱会,为观众带来视觉、听觉上的双重享受。同时,歌手们丰富的人生经历,也使得他们演唱的歌曲能够扣人心弦。歌手在后台等待比赛以及观看其他选手表演的过程都被全部记录下来,这样台前台后全方位地记录歌手状态,能够通过镜头给观众传递紧张的比赛气氛,让观众感同身受。残酷的淘汰机制也让歌手充满紧迫感和压力,也是尽其所能认真准备。一次次歌唱作品的翻唱、改编、创新总给人带来耳目一新的感觉,让观众沉浸其中,更加投入关注比赛,享受音乐带来的愉悦。

（三）经纪人角色

《我是歌手》与其他娱乐节目的一个很大的不同之处是每一个歌手都有一个经纪人，这个经纪人肩负着与歌手进行沟通的任务，并且与歌手共同进退。经纪人是由湖南卫视的当红主持人担任，如第一季中就有杜海涛、吴昕、李维嘉等。他们的参与为《我是歌手》带来更多的乐趣和笑点。作为当红主持人，本来就拥有相当数量的粉丝，因此，他们的加入更是为节目吸引到更多的注意力，既给节目带来了新意，也给歌手带来比赛之外的感动和温暖，为比赛增添了温情元素。

（四）后期制作

《我是歌手》采取演播室制作的形式，采用38台摄像机全景式拍摄，开创了中国电视综艺史上第一个全景式综艺节目，即参赛歌手从进场、候场、出场，包括在后台的每一句话、每一个表情都通过镜头表现在荧幕上。舞台采用观众现场录制的形式，模拟小型演唱会的现场，给人一种亲临感、激奋感。在操作模式上，《我是歌手》总导演洪涛对这档节目的总结是：用全景纪实大片的方式来表现音乐。

长期以来，纯音乐类节目除了演唱会现场实录外，大多数都处于边缘状态，因此，需要采取强刺激的电视包装手段来吸引观众的眼球。总导演洪涛称，《我是歌手》不仅仅是一场场对决赛，更是一种"事件型的音乐"，从音乐中听出故事，用讲故事的手段来包装音乐，所以在最后呈现的节目中，不仅有歌曲的演唱，还有幕后的故事，歌手的情绪，以及专业乐评人的点评，现场观众的反应……这些共同包装了"音乐"这个核心要素。

（五）音质追求

《我是歌手》追求一流的现场音质效果，无论是节目的音响硬件设备还是音乐团队，都是国内顶尖的。第一季总决赛，还开创了娱乐歌唱类节目进驻电影院直播的先河。因为电影院的设备追求高端音质效果，这对音乐爱好者来说确实是一个不错的选择。同时，对于湖南卫视来说，这亦是一种创新的盈利方式。《我是歌手》选择了一条精英化与专业化相结合的道路，参赛者都是经过精挑细选的实力派歌手；现场的音响、灯光以及制作都堪称顶级，展现了电视节目制作的高标准和精细化，这也造成了其他卫视的危机感，纷纷摩拳擦掌想在"大片模式"上一展身手。

三、《我是歌手》成功模式探析

（一）传播学视角下看《我是歌手》的成功模式

1."使用与满足"理论

1974年，传播学家卡兹等人曾提出过人们媒介接触行为的"使用与满足"过程的基本模式，后经人补充和发展，综合提出"使用与满足"理论：①人们接触传媒的目的是为了满足他们的特定需求，这些需求和社会因素、个人心理因素有关，具有一定的社会和心理起源。②实际接触行为的发生需要两个条件，其一是接触媒介的可能性，其二是媒介印象，即媒介能否满足自己对现实需求的评价，它是在过去媒介接触使用经验的基础上形成的。③根据媒介印象，人们选择特定的媒介或内容开始具体的接触行为。④接触行为的结果可能有两种，即需求得到满足或没有得到满足。⑤无论满足与否，这一结果都将影响到以后的媒介接触行为，人们会根据满足的结果来修正既有的媒介印象，不同程度地改变对媒介的期待。

"使用与满足"理论，是把受众成员看作是有着特定"需求"的个人，把他们的媒介接触活动看作是基于特定的需求动机来"使用"，从而使需求得到"满足"。关于"使用"的概念，西方学者认为"个人的特性、对媒介的期望与感觉以及接近媒介的程度，将导致个人作出是否要使用大众媒介内容的决定"，并明确指出"这种研究方法不是把媒介信息作为起点，而是把媒介消费作为起点"。我国学者认为该理论是"研究受传者如何对待和利用媒介信息，看受传者个人接触媒介信息的动机和目的是否得到满足"，是"考察大众传播给人们带来的心理和行为上的效用"。

媒介"使用与满足"传统研究中，已经阐述了受众需求的本质以及这些需求被框定的方式。选择媒介内容的动机、内容的表现途径，以及受众评价途径指明存在一个相当稳定如一的需求结构。由经验得出，以"特定社会或心理需求"为特征的受众观念，在有关受众的"言论"中非常重要，而且这种观念对于媒介促进自身发展、提供服务以及应对竞争者来说，是很有帮助的。

受众基于自身的需求而选择适合自己的媒介，虽然这其中有来自性别、年龄、收入、受教育程度、职业、经济地位等方面的差异，但是在选择的内容上存在共性。这些共性的因素反映在接触媒介的行为上，则成为评价一个媒介信息内容好坏与否的标准。

目前的传播生态也进入了一个以受众为中心的时代。《我是歌手》娱乐节目创高收视率，成为人们娱乐的谈资，浸入人们的生活，正是体现了以受众为中心的时代发展。

2．"使用与满足"理论下的节目运行

从"使用与满足"理论的角度来看，在媒介接触条件具备的情况下，决定受众是否接触某媒介的关键是受众自身的需求有没有得到满足。《我是歌手》之所以在第一季结束之后又进行第二季的筹划和播出，不仅是因为节目本身的巨大收益，还有来自受众自身对节目的选择。节目对受众需求的满足存在以下几种类型：

（1）心绪转换效用。娱乐节目对于观众而言所具有的效用就是提供消遣和娱乐，能够帮助人们"逃避"日常生活的压力和负担，转移注意力，得到精神上的放松和休息。这是娱乐节目的普遍效用。

（2）人际关系效用。人际关系包括两种：一种是"拟态"人际关系，即观众对节目出场人物、主持人等产生一种"熟人"或"朋友"的感觉；另一种是现实人际关系，即通过谈论节目内容，可以融洽家庭关系、建立社交圈子。麦奎尔认为，"拟态"人际关系同样可以在某种程度上满足人们对社会互动的心理需求。《我是歌手》作为一档歌唱类节目，不仅通过电视传播，还通过网络视频、网站、微博、App等形式进行传播。无论是在现实空间，还是在虚拟空间，都形成了以节目为讨论话题的圈子，比如百度贴吧、微信朋友圈、微博话题等。人们就共同话题（节目、歌手、歌曲等）展开讨论，在交往中寻找知音，满足互动的心理需求。

（3）自我确认效用。即电视节目可以为我们提供自我评价的参考体系。湖南卫视以往的娱乐歌唱类节目，诸如《超级女声》、《快乐男声》等，都是一种草根歌手通过努力最终有机会获得成功的模式。在这个过程中，起决定作用的往往是专家评审。但是《我是歌手》不同，它是由早有名气的实力派歌手通过同台竞技产生淘汰和晋级，最终胜利者获得"歌王"称号。在这个过程中，起决定作用的是听审团。听审团是由500位来自不同地方、有着不同年龄、在不同领域工作的具有音乐素养的人组成的，比赛结果是由他们来投票决定的。这样的裁决方式在湖南卫视史无前例。电视受众也有自身对音乐好坏的判断，也会对歌手的唱功进行品评，而由台下的听审团行使决定权，更是对普通大众的尊重。对电视机前的受众来说，这也能使其产生一种心理上的满足。

（4）环境监测效用。通过观看电视节目，可以获得与自己的生活直接或者间接相关的各种信息，及时把握环境的变化。娱乐节目不如新闻节目对环境的监测效用强，但这并不意味着其没有环境监测作用。《我是歌手》是一档娱乐节目，娱乐信息量大且丰富。从歌手本身属性上看，他们都是早有名气的实力派歌手。在《我是歌手》第一季中，有五位受瞩目的歌手来自台湾地区。齐秦、林志炫、辛晓琪、彭佳慧、杨宗纬，他们都是出生于六七十年代的台湾歌手，通过《我是歌手》的舞台而再次影响歌坛。在《我是歌手》第二季中，来自台湾地区的有张宇、品冠、曹格。台湾声音带来了一代人、一群人的集体回忆，成为温暖人心的精神寄托。同时也可以看出，台湾的文化创意中已经没有这些过气歌手的舞台，他们正从狭小的产业空间中跃居大陆寻找新的突破。

（二）媒介经济学视角下看《我是歌手》的成功模式

1. "媒介注意力" 理论

"注意力经济" 这一观点最早见于美国加州大学学者 Richard A.Lawbam 在 1994 年发表的一篇题为《注意力的经济学》（*The Economics of Attention*）的文章中。

最早正式提出 "注意力经济" 这一概念的是美国的迈克尔·戈德海伯于1997年在美国发表的一篇题为《注意力购买者》的文章。他在文章中指出，目前有关信息经济的提法是不妥当的，因为按照经济学的理论，其研究的主要课题应该是如何利用稀缺资源。当今社会是一个信息丰富甚至泛滥的社会，互联网的出现，加快了这一进程。信息不是稀缺资源，相反，是过剩的。相对于过剩的信息，只有一种资源是稀缺的，那就是人们的注意力。加拿大传播学者麦克卢汉指出：电视台实际上在不动声色地 "租用" 我们的眼睛和耳朵做生意。

所谓 "注意力"，从心理学上看，是指人们关注一个主题、一个事件、一种行为和多种信息的持久程度。传媒对于市场的真正价值在于，它在多大程度上成为其所凝聚的那群具有某种社会行动能力的人了解、判断社会乃至作出决策、付诸实施的信息来源和资讯 "支点"。传媒的内容和广告的本质都是通过特点的传播过程凝聚社会注意力资源，再将其转换为社会行动或消费层面的影响力。

2. "媒介注意力" 理论下的节目运行

（1）借助名人吸引注意力。在节目中，歌手分别来自香港、台湾地区和内地，他们不仅拥有自己在圈子中的名气和地位，同时也拥有自己的歌迷粉丝。除了歌手之外，还有经纪人。经纪人是湖南卫视的著名主持人，也拥有自己的大批粉丝。每一个经纪人捆绑一名歌手，形成"名人效应"。通过经纪人与歌手之间的沟通交流，制造故事和噱头，形成舆论注意力。

（2）借助内容吸引注意力。《我是歌手》注重歌声的品质。这个追求不仅给受众以耳朵的享受，即欣赏音乐并产生愉悦感，还给受众以心灵上的渗透。一是精神上的放松，在高强度和高压力的工作之后，进入一个自我沉浸的状态；二是心灵上的怀旧，在演绎者和歌曲大部分都极具年代感的氛围中，给许多60后、70后带来情绪上的共鸣。

（3）借助节目制作团队吸引注意力。立白洗衣液冠名《我是歌手》，其有两个重要的判断因素：一是湖南卫视是娱乐节目的黄金平台；二是节目制作团队足够强大，总导演足够厉害。节目总导演洪涛，曾经是红极一时的《超级女声》的总导演，现掌舵《我是歌手》。节目制作团队是吸引注意力的一个重要因素。在优秀的负责人的指挥下，节目才能更好地运营。

四、《我是歌手》存在的问题探究

（一）引入"海外模式"创意稀缺

《我是歌手》第一季自2013年登陆湖南卫视后，13期节目总播放量累计接近7亿次；歌王之夜"我是歌手"微博热门话题突破1亿次；百度指数搜索"我是歌手"显示，用户关注度、媒体关注度分别达到120万、4 000万，创下同类型节目新纪录。然而，在《我是歌手》大获全胜的背后，却深刻地暴露出中国当代电视节目创意稀缺的现象。

《我是歌手》从构思、创意、嘉宾、流程、形式等各方面都是从海外直接引入的，为此，电视台也为购买节目版权花费了巨额资金。但是值得肯定的是，在引入"海外模式"的同时，制作方也有加入本国、本民族的一些文化特色以及制作人自己的创作理念和制作经验，并充分结合当前中国歌唱类电视节目面临的受众需求作出适当的变化、改造。就《我是歌手》来说，除了以顶级的乐队与音响对声音和乐曲做展示外，《我是歌手》对现场观众以及电视机前的观众的心理把握也是其成功的关键。当它把歌手现在和以前在台前幕后人们所不知的细节通过镜头展现给观众时，无意间就实现了观众角色的自我转化，让观众感受到歌手的辛酸、紧张和激动，让现场和电视机前的观众为气氛所感染，与歌手同喜同悲。这都是导演组在节目制作过程中运用自己的职业技巧和能力，凭借电视制作经验巧妙地对节目进行内容的编排和节奏的把握，让观众心理上达到平衡和满足。虽然直接引进国外的"海外模式"已取得了成功，但是成功不能复制，要想中国的歌唱类电视节目取得质的飞跃，光靠引进或模仿是不够的，必须注重学习和创新，提出符合国情、满足国内观众需求的新的模式和内容，为中国的电视歌唱类节目开拓更广阔的受众市场，不能依赖于引进海外成功成熟的模式加以改进，这样会形成整个行业的集体惰性，就更加难以创造出属于中国的原创电视节目模式了。

（二）翻唱版权问题

我国《著作权法》第三条规定，该法所称的作品，包括文字作品、音乐、戏剧、曲艺、舞蹈、杂技艺术等作品。第十条规定，著作权包括下列人身权和财产权：发表权、署名权、修改权、保护作品完整权、复制权、发行权、出租权、展览权、表演权、放映权、广播权、信息网络传播权、摄制权、改编权、翻译权、汇编权以及应当由著作权人享有的其他权利。歌曲属于著作权法所称的作品，依法享有著作权。依据《著作权法》第三十七条的规定，使用他人作品演出，表演者（演员、演出单位）应当取得著作权人许可并支付报酬。公益节目，如果未向公众收取费用，也未向表演者支付报酬的，可以不经著作权人许可，且不向其支付报酬。

选秀节目并非公益节目而是商业节目，电视台录制该选秀节目，制作录音、录像制品并播出，既是现场表演又要经过广播信号的输出，涉及复制权和信息网络传播权，因此应当取得授权并支付报酬。可见，别人的歌可以翻唱，但是未取得授权而使用别人的歌曲参加商业比赛并进行电视直播、拍 MV 等用于商业用途就造成侵权，包括在酒吧里演唱和歌手翻唱视频在网上传播等都可能造成侵权。

在《我是歌手》第一季的节目中，组合羽·泉因翻唱《烛光里的妈妈》而陷入侵犯词曲作者著作权的纠纷当中。据词作者李春利反映，节目中歌曲歌词存在 8 处修改，例如"妈妈"被改成"妈"，"女儿"被改为"孩儿"。除此之外，节目词作者署名竟然把"李春利"错写为"李春莉"，本只有李春利一个词作者，节目却在前面还署上了另一个名字。种种迹象引起词作者李春利的不满，她要求湖南卫视、羽·泉以及羽·泉的经纪公司在媒体上公开道歉，更正错误，并支付著作权使用费 20 万元。在这起事件中，湖南卫视涉嫌侵犯了《烛光里的妈妈》词曲作者的修改权、保护作品完整权；

而羽·泉涉嫌侵犯了《烛光里的妈妈》词曲作者的修改权、保护作品完整权以及表演权。

在歌唱类表演节目中，翻唱、修改词曲进行表演是司空见惯的现象。然而，由于中国目前对知识产权的保护意识较为淡薄，作者的著作权并没有得到全面、充分的保护。每一个个案的发生，都应该从中汲取经验和教训。特别是在歌唱类节目的运作中，无论是电视台还是歌手，都应该遵守著作权法，尊重作品的著作权，以正当的方式使用他人的作品。翻唱者在商业性演出中应该同著作权人订立许可使用合同，取得同意并且支付相应的报酬。

（三）盈利模式无创新

《我是歌手》在商业上取得巨大的成功，但是其盈利模式并没有得到突破性的进展。《我是歌手》的广告收入有三种形式：一是节目冠名广告，二是节目植入广告，三是插播广告。无可置疑，立白赞助商和插播、植入广告商给了节目突破性的盈利收益。作为一档收视率极高的歌唱类节目，其创造的价值远远高于其盈利收益，但是增值的部分收益并没有很好地体现出来。与同时期浙江卫视《中国好声音》不同的是，《我是歌手》里的演唱者都是圈子中有名气的歌手，并不是通过竞赛获取晋级名额的草根明星，他们在上台表演之前已有所属的经纪公司，各自公司都有其商业往来的利益纠葛。所以无法像《中国好声音》里的选手一样进行全国巡回演唱会，实现收益的增值。

在与新媒体合作方面，节目在前期推广时，除了传统的平面媒体和网络合作，还将最新锐的微信、微博推广形式纳入其中，还与腾讯合作，推出《我是歌手》QQ 空间及 App 软件，与观众进行互动。同时，在与视频网站合作方面也创造了不俗的点击量。湖南卫视与新媒体的合作开发模式并不是成熟的，但也达到了双赢的目的。之所以说不成熟，主要体现在：一是电视台缺乏技术支撑，无法实现网络部分的增值；二是视频网站缺乏跟进，无法更好更快地提供信息。这些存在的问题要求视频网站保护好内容提供者的利益，不要把报酬的天平完全倾向于网络运营商和网站自身，普通用户的利益也要得到重视。

（四）硬件设备略欠完善

此类节目，选手立足舞台，追求的却是在录音棚一样的效果。《我是歌手》节目组请来了一流的音乐团队：由香港乐团"浮世绘"的灵魂人物梁翘柏担任节目的音乐总监，调音师则是国内知名音乐人何彪，小提琴手是靳海音，键盘手是刘卓，吉他手是黄仲贤和江建民，贝斯手是单立文和韩阳。同时还配置了高端的硬件设备：在灯光、音响的配置方面，《我是歌手》选用了顶级的音响品牌设备，并且在拍摄中全方位、多角度地捕捉素材，使后期的制作更加全面、精细。但是在节目竞演中依旧出现了硬件设备欠完善的状况。例如，《我是歌手》第二季在韦唯演出时，乐队音箱设备突然中断，耳麦没有声音，导致演出中断。另一设备故障的情况也出现在第二季节目中，邓紫棋在表演的过程中耳麦出现技术故障，导致演出中断，最终技术人员上台调整后，表演重新开始。这些细节问题如果不更加注意，就会影响节目的高品质水准。演唱环节是节目的黄金部分，设备故障不仅会影响歌手的演唱情绪，还会给节目的口碑带来负面的影响。

五、歌唱类电视节目发展思考

（一）回归音乐本质，引导社会正能量

当歌唱类电视节目在全国各大电视台变换各种形式泛滥之时，娱乐性成为歌唱类电视节目的基本功能，原先依靠娱乐话题炒红节目的形式早已被观众看腻，而标榜"音乐至上"的歌唱类节目也已脱离原先的定位，让观众产生心理反感。

歌唱类电视节目的生命力在于真实，在于对音乐本质的关注。失去了对于当下生活真实的折射、对社会深层情绪和普遍心理的契合，这样的节目不会接地气、有人气。高手较量能够给观众带来非凡的视听享受，更重要的是"秀"出音乐人的才智和情感。观众从节目中能够获得真声音、真音乐的魅力，更是真实的情感诉求，向上、向善的精神追求。这是对现今电视娱乐理念偏差的纠正，为当下浮躁的电视娱乐树立了精神榜样。只有回归歌唱类电视节目的初衷跟音乐本质，才是其发展的核心价值所在。

（二）获得观众认可，增强社会影响力

以往的歌唱类电视节目都是以寻找新秀为目的，由明星、嘉宾作为评委，决定歌手的去留。如今慢慢打破原先的固有格局，邀请成名歌手同台竞技，明星不再是高高在上的感觉，而是会紧张、会激动、会被选择、会

被淘汰，一切都会真实地展现在观众面前，而决定歌手去留的权利也反转到观众手里。如此，观众的参与感、渴望被尊重的需求得到了满足，受众的主体地位得到了体现。

时至今日，受众成为媒介传播的核心要素的这一观点已经被广泛认可，信息传播完成了从"传者中心"到"受者中心"的转变。究其原因：第一，由于人们物质生活水平的提高，处于马斯洛需求层次理论较低级的生理需求、安全需求已经能够得到满足，人们对更高层次的尊重、自我实现的需求愈发强烈，自我意识逐渐被唤醒，激发追求这些需求的动机，进而影响其行为。现今歌唱类电视节目将"观众至上"作为节目理念，极大地满足了受众的需求，进而引起收视的热潮也是理所应当的事情了。第二，目前各式各样丰富的电视节目充斥各大荧屏，电视机、手机、平板电脑等各类媒介的普及，使得收看节目的渠道更加多元，受众的选择余地也是大大增加，受众完全可以根据自己的喜好来挑选自己喜爱的节目收看。受众收看行为的自主性得以充分体现，这就为受众主体、观众本位的思想提供了客观条件。只有做让人民喜闻乐见的电视节目，增加群众基础，才能增强其社会影响力。

（三）引发情感共鸣，扩大节目影响力

受众对歌唱类电视节目审美能力的发展可以分为三个层面："悦耳悦目"、"悦心悦意"、"悦神悦志"。仅仅有形式上的新颖就只能刺激受众的感官神经，只有节目的内容能够触动观众的心灵，才能够被观众真正地认同并接受，建立起受众与节目亲密的感情联络，培养出节目的忠实观众。

歌唱类电视节目要从情感共鸣方面出发，多挖掘能够唤醒观众某一段时期特殊情结的内容，这样就能够在受众心理上产生共鸣。歌手通过每个人不同的情绪表达，表达对经典歌曲的体会跟理解，可以唤起受众的美好回忆。中央电视台综艺频道的《回声嘹亮》节目就是以"向经典的文艺作品致敬"为核心，由推荐人推荐自己心目中的经典旋律和作品，讲述他们的推荐理由，用他们的声音唱响时代的旋律，表达不同人群对时代作品的不同情怀。《回声嘹亮》这个节目就非常好地达到了从受众的情感共鸣出发，勾起大部分受众共同记忆的目的，因此收到了很好的观众评价，增强了节目的影响力。

（四）整合市场资源，形成产业链模式

目前来看，我国的电视节目管理和运营模式尚不成熟，资源分布和资源管理都比较松散，还没有形成一个体系。我们可以尝试的是让一档节目在制作完成后，开发后续的衍生品，例如举办演唱会、发行选手比赛的歌曲唱片，或者推出记录选手比赛的书籍，利用新媒体的发展优势加强产业链的延伸，创造出更多的利润空间，形成适合我国的本土节目品牌。

要充分整合优良的市场资源，将从歌唱类电视节目中脱颖而出的好歌手、好歌曲推向市场，推动文化市场的发展繁荣，也要充分利用资源，促进文化的大发展、大繁荣。

（五）强化自主创新，打造本土化模式

模仿创新是目前国内电视节目最具操作性的创新之路，从全球的真人秀节目来看，已经形成了一套完整、成熟的体系。目前，国内几档成功的真人秀节目无一不是购买和移植过来的。因为在我国真人秀发展的初期，购买海外版权是利用最少的投入接触到技术核心的最快捷手段。也许要有一段时间的积累，我们才可以从模仿过渡到自主创新阶段，只有自主创新，才是最具前景的发展道路。

其实，我国电视节目依靠丰富的人力资源是很有发展潜力的，创新也非难事。江西卫视在 2006 年举办的《中国红歌会》，充分结合了江西自身这块红色革命老区的特色，不仅顺应了时代的主题，也使得已经对泛滥的草根选秀感到厌烦的观众眼前一亮。

六、总结

《我是歌手》节目的播出，构成了当前国内歌唱类电视节目的一个新特色，那就是在电视传播日益激烈的竞争中，把握住受众的心理，才能在传播市场中占有一席之地。《我是歌手》以前所未有的参赛模式为受众营造了新颖独特的收视氛围，更深层次地为音乐爱好者找回了对音乐的信仰，使得该节目在同类节目中名列前茅。可见，今后电视节目想要寻求突围和创新，需要有合理的节目定位，时刻把握社会文化发展和受众需求的新动向，这样才能有利于形成良好的节目品牌，满足受众需求。

参考文献

［1］骆俊澎. 我是歌手，我是印钞机［N］. 东方早报，2013-04-13.

［2］郭庆光. 传播学教程［M］. 北京：中国人民大学出版社，2011.

［3］蔡骐. 粉丝型受众探析［J］. 新闻与传播研究，2011（2）.

［4］麦奎尔. 麦奎尔大众传播理论［M］. 崔保国，李琨译. 北京：清华大学出版社，2006.

［5］田莉莉. 从"使用与满足理论"分析娱乐节目走红原因［J］. 广西大学学报（哲学社会科学版），2007（S3）.

［6］张雷. 注意力经济学［M］. 杭州：浙江大学出版社，2002.

［7］任珊珊. 真人秀节目的生命力在于真实［N］. 人民日报，2013-03-15.

［8］易哲.《我是歌手》一夜爆红　总导演回应节目质疑［N］. 新快报 .2013-01-21.

［9］欧阳宏生. 广播电视学导论［M］. 成都：四川大学出版社 .2007.

［10］尹鸿. 解读电视真人秀［J］. 今传媒，2005（7）.

［11］郑兴东. 受众心理与传媒引导［M］. 北京：新华出版社，2004.

论泛娱乐时代电视节目《变形计》的
创新与突围

■ 刘丹丹　袁敏嘉

核心提示：《变形计》是湖南卫视开创的一档新型的非娱乐化的真人秀节目，在关注城乡差距、阶层对立、教育分化等社会热点问题的同时，解决城市青年的成长烦恼，展示人性中的真善美，由此引发收视高潮。农村少年与纨绔富二代的七天互换，有矛盾、有反思、有关爱，节目背后是对青少年成长与命运的思考。本文主要从医治少年"都市病"，关注教育分化和融化阶层对立，大众媒介赋权下的社会责任，以及环境差异和人格塑造四个方面来分析《变形计》背后的深刻意义。

关键词：变形计　真人秀　角色互换

一、变形计——中国第一档原生态角色互换真人秀节目

《变形计》是湖南卫视重点推出的一档生活类角色互换真人秀节目，号称"新生态纪录片"，自 2006 年开播以后，截至 2014 年 1 月，共出品七季。这档节目结合当下的社会热点，寻找热点中的人物，安排他们进行互换人生的体验，参与节目的双方就在七天之中互换角色，体验与感受对方的生活。同时，节目每天全程 24 小时跟踪拍摄，粗加剪辑后原生态播出，成为我国第一档生活角色互换类节目。

作为一档在社会热点中寻找题材的创新节目，《变形计》的社会意义不言而喻。节目关注时下热点新闻，挖掘新闻中带有社会普遍意义的内涵，通过精心设计的节目形式放大这些内涵，并寻找某些热点问题的解决之道。

《变形计》秉承"换位思考"这一思维理念，而且将之推至极致。在节目中，参加者不仅要站在对方立场去设想和理解对方，还要去过对方的生活，真正体验对方世界的晴雨风云，品察对方最微妙的情绪触动。"变形"

主人公就在与相关对象的互换中，体验不同的人生，达到改善人际关系、解决生活矛盾、收获人生教益的目的。

（一）聚焦穷娃阔少社会热点

近年来，"富二代"一词在中国流行起来，指的是在父辈积累了丰厚殷实财富的家庭环境下长大的孩子。在现代化大都市里长大的富二代们，通常被贴以"纨绔子弟"的标签，依靠父辈的财富过着王子、公主般富足享受的生活，从而导致了"现代病"。而在中国的另一边，有着一群生活在大山里的孩子，他们从未见过外面的世界，他们生活之处没有汽车，没有高楼，他们每天行走在山间小道上，与父母过着朴素的乡村生活。

《变形计》针对纨绔子弟等社会热点问题，寻找不同城市中的阔少和山区里的穷娃，将来自山村的艰苦少年与纨绔不羁的城市富二代的生活进行互换，在为期七天的时间里，相互体验与感受对方的生活。现代化的都市与原始的山村，对穷娃和阔少造成与原来生活截然不同的冲击，从未想象过的世界真实地摆在他们面前，来自不同世界的孩子们将怎样面对繁华现代的都市与贫穷原始的山村之间所形成的鲜明对比……《变形计》记录下阔少经过山村洗礼后思想行为的改变，也记录着山村穷娃勤劳勇敢的优秀品质，感动着观众，是一部拥有很强人文力量的情感体验节目。变形主人公在互换角色的七天里，体验不同的人生，达到改善人际关系、解决生活矛盾、收获人生教益的目的，对现代都市孩子的教育具有强大的社会意义。

2012年起，每周三、周四晚9点20分，第五季《变形计》重新开启，定位于大型青春励志生活类角色互换纪实节目，结合当下青少年最典型、最突出的问题，聚焦都市子女"现代病"，如网瘾、厌学、脆弱、暴力、物质、冷漠等，同时，把山区孩子朴实、懂事、勤劳的优秀品质展现于受众面前，让节目影响更多电视机前的青少年，凸显节目的教育意义。

（二）节目内容节选——感动受众，触动人心，青春励志

1.《山路弯弯》

李锦鉴，城市网瘾暴力少年，会暴打自己的亲妹妹，会威胁和殴打老师，父母动用了所有关系，对学校下了保证，才让他继续留在重庆最好的中学。母亲痛苦地说道："我都跟他下跪过，我都不敢出去见人，感觉低人一等。"

可李锦鉴对父亲的满脸无奈视而不见，对母亲的声泪哭诉充耳不闻，被从学校"领回来"的他，根本没有一丝愧疚，一屁股坐到电脑前，继续玩他的打斗电子游戏，不时还说着脏话，虚拟世界的暴力与刺激让他变得乖张暴戾，让现实生活中的他变成了"魔鬼"。

镜头的另一边，山歌缭绕，清澈的河水在两岸连绵的山坡之间流淌，这就是韦志忠和韦方芳生活的家乡，这对来自广西河池的小乡村的单亲兄妹，他们的小乡村保安乡有着一万五千年的生息历史，青山、村庄、田地、农户，仿佛都定格在时间里，遗世独立，安宁静逸。韦志忠在山间大喊："大山——我爱你——"

山里孩子的生活，从小就融化在大自然里。他们的学校，是四面大山中间唯一一块小洼地，除了校园，这里再也找不出一点平地。上镇小学就建在这个小洼地里，是邻近四个村唯一的小学。孩子们很珍惜这个在大山深处得来不易的学习机会。六点半一起床，早读的声音就叫醒了整个山谷。他们没有一日三餐之分，上午十点半吃第一顿，下午五点吃第二顿。韦志忠把领到的饭分了一大半到另一个饭盒里，说着："我哥还要吃，给他多点。"学校没有多余的空地，山坡成了孩子们天然的食堂。因为没有多余的钱购买餐具，四个人得合吃一盒饭，饭盒被舔得干干净净，你一口我一口，山里的孩子们就这样学会和习惯了分享与互助。

韦氏兄妹家中还有年迈的奶奶、得了病的父亲，以及一笔还未偿还的债务。这些重担让年幼的三兄妹早早担起了家庭重任。而从小缺失母爱的他们，却更懂谦让和分享，有着这个年纪的孩子所没有的成熟与懂事，但这种懂事却让人看得心酸。三兄妹为去城市的名额相互推让，哥哥甚至怒吼弟弟；进到城市，一双在城里孩子眼中再普通不过的运动鞋，韦志忠穿了一堂课立马想到送去给另一年级的妹妹；城里妈妈给兄妹俩买衣服，小小的关心却让从小缺失母爱的兄妹俩痛哭不止，怪自己的到来给妈妈增添了麻烦；当城里妈妈生病时，韦志忠亲自为妈妈做棒团子，让城里爸爸感动落泪，没想到这么小的孩子这么懂事，如此会照顾人。如此懂事的韦氏兄妹也让观众流下了心酸的眼泪。

在另一边，李锦鉴离开虚拟世界，走进这个没有网络、没有电脑的小山村。刚来到上镇小学的他，行为毫无收敛，让人不禁痛恨他的冷漠，但得知韦家爸爸疑似患了白血病后，这个叛逆的少年却为农村的爸爸放声大哭，"变形之旅"似乎出现了一点转机。李锦鉴开始帮村民修路，拿着从未拿过的锄头，显然有些吃力，还将自己从重庆带来舍不得喝的"珍藏"——雪碧给修路的村民喝，在学校课堂上当起音乐老师和体育老师，还会向工作人员偷偷借手机给妈妈发悔改信息。当变形之旅结束之后，李锦鉴决意带韦爸爸到重庆看病，并要求第一个知道化验结果，在得知韦爸爸患的不是白血病之后，他才放心，并一直嘱咐韦爸爸以后有病一定要去看医生。李锦鉴在这趟山村之旅中，学会了承担，学会了分享，学会了关心他人。

2.《敞开心扉》

成都叛逆少年胡伟，顽劣不羁，撒谎成性，却有着极强的自尊心，在学校因为不满老师的责备，竟然手持菜刀扬言要杀死怀有身孕的女老师。父亲的棍棒曾是降伏这个叛逆少年的唯一武器，可是父亲去世后，胡伟开始变本加厉地用自己的方式表达对社会的不满。抚养胡伟的姑姑和姑父为这个孩子伤透了脑筋，不管是好言相劝还是体罚斥骂，胡伟依旧我行我素。眼看他从抽烟酗酒发展到打架闹事，派出所进去了一次又一次，绝望的姑姑决定把胡伟送去工读学校，可是胡伟仍然没有丝毫改变的迹象。这次报名参加《变形计》，姑姑其实也没对胡伟抱有过高的期望："我觉得他没有纠正过来的可能性了。"

海南五指山下的贫苦孩子王永建，不知山外世界是何模样。他的童年没有五彩斑斓的玩具，没有灿烂天真的笑容，稚嫩的肩膀承担着生活的重压，笃定的脚步丈量着希望的距离。对于这个从没有走出过大山的孩子来说，他的愿望也许只是能暂时告别难耐的饥饿，也许只是能暂时逃离繁重的家务，也许只是能见到在遥远的城市里为生活忙碌辛劳的母亲。两个少年为期七天的互换生活就这样开始了。

没有帆板、没有沙滩、没有大海，胡伟的脸上写满了失望；没有零食、没有网络、没有游戏，胡伟在初保村的第一天显然过得有些艰难。尽管与想象相去甚远，可胡伟对于接下来的六天仍然信心满满。而在大城市的霓虹光影中，我们却看不到王永建脸上流露出一丝喜悦。

繁重的修路工作终于让自诩"意志力很强"的胡伟彻底崩溃了，面对村民的说教，饥饿、疲惫、烦躁、愤怒交织成一股恨意涌上心头。胡伟丢下干活用的锄头，开始用最恶毒的话语辱骂村民，用极端的行为发泄自己的情绪。为了逃避这要命的苦差事，胡伟谎称自己得了重病。质朴的农村爸爸信以为真，倾其所有甚至不惜举债为少年治病、买药。在伟大父爱的感召下，浪子终于幡然醒悟，不仅向父亲承认了自己的错误，还主动要求从自己的压岁钱中捐出五百元帮助村民修路。

在成都，家庭的温暖却未能融化王永建坚硬的外壳。面对这个陌生新奇的世界，少年把自己紧紧地包裹起来，每一步都走得谨小慎微。惶恐的空气包围着这个敏感的孩子，让他忐忑不安，习惯了无拘无束的山里生活的少年最终选择了逃离。费尽力气追回了王永建，家人开始想方设法融化少年的自卑。鼓励的微笑，友善的眼神，诚挚的祝福，一场特别的生日宴会让王永建慢慢融入了集体，融入了家庭。王永建敞开了封闭的心扉，城市的七天生活让这个郁郁寡欢的少年收获了梦想，收获了自信，收获了成长。

《变形计》是关注社会问题、聚焦家庭教育和少年人格缺陷的一档城市富家子女和贫苦乡村孩子的互换体验生活秀节目。它的成功是公共利益和商业利益之间的磨合，是人文素养对文娱价值的征服。新颖的议题设置背后，是媒体人在媒介赋权下的社会担当和道义，是人与人之间跨越了国界、地域与家庭的温情和关爱。朴实的土地和农家人对贫富关系紧张、拜金主义和不知感恩有一定的纠偏作用。城市少年的转变，农村孩子的见识增长，两者性格反差形成的节目张力，是观众的看点和泪点所在。

二、泛娱乐时代变形计的创新与突围

（一）治疗都市孩子的"现代病"

转型时期的社会嬗变、信仰缺失引发了人格缺失，社会观念巨变引起价值失调，孩子人格失调背后也是社会人格的缺陷，这种种情况导致了城市孩子的"现代病"：网瘾、厌学、脆弱、暴力、物质、冷漠、害怕挫折、怕苦怕累……

《变形计》聚焦这个新的社会问题，用一种角色互换的创新方式让城市孩子与乡村孩子互换身份生活一周，打造出了我国第一档原生态的角色互换真人秀节目。

用来分析《变形计》成功之道的一个重要理论，就是角色理论。从角色的观点出发，来分析和研究一个人的社会行为活动，在心理学中，称为"角色理论"。角色理论主要包括角色的认知、角色的学习和角色的期待等内容。个人不是独立的存在，是通过社会关系，通过他人的行为和地位来认识自己的角色，通过扮演不同的角色，在不同的社会情境中把握自身，从而认识自我，并且在大众传媒的聚焦放大作用下，完成角色期待。

心理学家罗森塔尔曾经把期待的效果称为"皮格马利翁效应"。皮格马利翁是希腊神话中的人物。他是一个雕刻师，曾用象牙精心塑造了一个美丽的姑娘，他对所塑造的人物倾注了自己全部心血与感情，最后感动了女神阿佛洛狄忒，在女神的帮助下，他所雕刻的姑娘获得了生命。城市少年在无助的乡村环境下，主动承担责任，并且试图凭借自己的力量帮助贫困家庭减轻负担，在城市中缺乏关爱和鼓励的少年，被大山深处的乡人的信任感化，或许是乡人的无力感，或许是媒介的注意力，使城市少年在角色期待中完成了蜕变。

管理学理论中有一个蘑菇定律，是指在新人初入职时，会先让其处理一些琐碎的小事，使其在代人受过、无端指责和重复无力的环境中迅速成长。这时候的职场新人就好像一个蘑菇，必须经过足够的磨炼，变得足够强壮，才能接触到阳光和雨露。

让城市孩子去接触一个较为落后、原始的世界，而且让他们感受山村人民的艰苦生活，是希望他们在苦难中学会感恩，让他们明白磨炼是人生的财富。在《变形计》中，在这一周的时间里，这些被互换身份的城市孩子，要经历许多对他们来说相当痛苦的、从未经历过的事。他们也许要步行几小时的崎岖山路去上学，也许要提着重担子走许多公里路去县城赶集，也许要帮助村民干活等，而且他们还要忍受较为恶劣与落后的生活环境。而到最后，这些城市孩子在经过七天的山村生活洗礼后，都得到了成长。

《变形计》让这些都市孩子离开现代、离开物质，回到自然、回到原始，让他们放下自我，更关注与他人的交流与分享。

《变形计》治疗了都市孩子的"现代病"，也为当今存在"现代病"的都市孩子提供了一个思想行为教育的好榜样。

（二）关注教育分化、融化阶层对立

社会转型后的资源分配不均，导致当今社会仇富、阶层对立的情绪蔓延，展现不同出身形成的迥异命运是节目的立足点。《变形计》主人公的不同家庭背景的互换象征着不同文化系统、不同价值观念的触碰，以及不同传播语境的沟通。

山村孩子出生成长在山村里，那里没有现代化的高楼、汽车，却有干净的山林。那些生活在山林深处的孩子，小小年纪就操持家务，从小就学会了担当。没有都市孩子的娇气与自我，他们有的是一颗朴实的心灵，乐于助人、乖巧懂事。大山少年是农村孩子、留守儿童的缩影，城市少年则代表着一群有着优渥的物质环境却叛逆自我的人。节目通过展现群体中的典型人物，来关照城乡资源倾斜、教育分配不均、贫富差异悬殊等社会问题，借助大众传媒树立少年正面典型，传递正确价值观，缓和阶层对立情绪，

展现人性的美好。

每季的主旨皆为贫窘的处境教人感恩，富裕的城市开阔视野，通过定位城市家庭将湖南卫视的观众从年轻娱乐型试水到高端受众。

（三）大众媒介赋权下的泛真人秀节目的社会责任与担当

《变形计》是湖南卫视创新的一档严肃的泛真人秀节目，节目主人公的挑选以及解说词的表述都蕴含着媒体人对社会的思考、责任与担当。在泛娱乐化以及商业化的社会，大众媒介通过节目树立同龄人榜样，鼓励人积极向上。学者罗兰斯在《赋权与传播》一书中说道，大众传播的赋权作用能树立典型，激发个人积极向上的能力。赋权功能是一种动态的、跨层次的、关系性的概念体系，是一种社会互动的过程，而且，它同时涵盖了心理和行为、个体与集体的双向关系。《变形计》通过主人公在环境转变中的真诚和善良来传递温暖。

（四）从心理学角度分析，环境差异与人格塑造

大众媒介有着巨大的传播效应，个人的行为被聚焦放大，前所未有的注意力和褒奖集中在主人公身上，并使其感到快乐，大众媒体的赋权作用能唤起个人心底的纯真和善良，在社会既定的规范中学会约束自我，在观众的注视中完成对自我的角色期待。

家庭作为一个社会单位，在人格塑成过程中起着关键作用。青少年的人格是社会人格的反映，人格背后是家庭观念和学校教化的渗透。随着社会转型、信仰缺失、贫富分化和成人价值迷失等各种问题的出现，导致孩子出现人格缺陷。弗洛伊德曾说过，一切文化都沉淀为人格，每个人的成长背后都有着家庭的影子，个人负载着民族、地域和家庭的文化在不同的环境中游走。青少年的人格缺陷，是一系列因素的综合反映，缺乏安全、鼓励和接纳的环境会导致青少年的自卑和堕落，而一个充满关爱的环境则会激发他们内心的善良和纯真。性格缺陷能否在角色置换中得到改变，是我们对《变形计》这个节目的关注所在。

研究表明，基因影响着个人 50% 的性格，其他部分则可以通过环境来塑造、改变和完善。让大人束手无策的城市孩子成长问题，如网瘾、厌学、歧视、自我中心和暴躁等问题，能否在大山深处浓浓的亲情和关爱中发生转变呢？贫困家庭的少年，能否在灯红酒绿中丰富见识，找到求学奋进的

动力呢？节目通过来自城市富裕家庭的孩子和来自大山贫困家庭的孩子的互换体验，帮助解决城市少年的教育问题，同时也让农村少年扩展视野，增强自信，更展现人性中的真、善、美。短短的几天，城市少年在环境变化前后性格的鲜明对比，展现的担当和责任，贫穷孩子的真诚、懂事，都化成节目中感人肺腑、沁人心脾的力量。

西方古代哲学家亚里士多德曾论述"同情"的含义，中国古代的思想家也早就关注了"同情"的心理表现。孟子说："恻隐之心，人皆有之。"美国教育家威廉·贝内特在他编写的著名儿童读物《美德书》里，第一单元就讲同情，他对同情的解释是："如果说，勇气是当别人面对困难时与他站在一起，那么，同情就是当别人感到悲痛时与他站在一起。"

节目中我们看到的那些或暴戾，或孤僻，或乖张跋扈的孩子，可以说，他们与家长之间的沟通问题是导致他们出现心理障碍的主要原因。家庭的组织密集度和成员亲密度是关系到少年人格成长的关键因素，学校能否给学生以合适的心理辅导，是能否塑成少年健全人格的关键。

节目互换的核心在于，孩子能通过环境的改变，获得心理和行为上的改变。而城市少年是不是能在七天短暂的体验之旅后，达到人格上的美好，农家孩子能否在体验繁华之后，集中心力努力拼搏，还有待节目的进一步跟进。

参考文献

［1］变形计［DB/OL］.芒果 TV，http://so.hunantv.com/so/k-变形计.

［2］角色理论［DB/OL］.MBA 智库百科，http://wiki.mbalib.com/zh-tw/角色理论.

［3］朱瑟琳·乔塞尔森.皮格马利翁效应［M］.高榕，温旻译.北京：机械工业出版社.2011.

［4］丁未.新媒体与赋权：一种实践性的社会研究［J］.国际新闻界，2009（10）.

［5］高岚.荣格文集［M］.长春：长春出版社，2014.

［6］威廉·贝内特.美德书［M］.何吉贤，刘亮等译.北京：中央编译出版社，2001.

网络原创小说改编电影的成功之道

——以 2013 年电影《致我们终将逝去的青春》为例

■ 陈嘉瑜　黄荟云

核心提示： 2013 年网络原创小说改编电影迎来发展高潮，其中电影《致我们终将逝去的青春》取得了 7.1 亿元的票房成绩。本文以《致我们终将逝去的青春》为例，探寻网络原创小说改编电影的成功之道。分析发现，该电影取得成功的关键在于做好了六点：小说的选择、故事的改编、演员的选择、场景道具的运用、受众定位以及恰当的营销宣传手段。而该电影的成功也证明了小说改编电影可以带来电影产业和文化产业的双赢，但小说改编电影并非易事，目前中国电影在中国市场存在着盲目跟风改编的现象。小说改编电影在中国还有一段很长的路要走。

关键词： 网络原创小说　改编　电影　致我们终将逝去的青春

在中国经济步入稳定发展的阶段，由于收入水平的提升和生活方式的改变，越来越多的中国人把看电影当作主要的消遣方式。中国的电影事业也正经历着高速发展的阶段："2013 年中国的电影总票房为 217.69 亿元，其中国产片 127.67 亿元，占比 58.65%，票房过亿的国产片就有 33 部。"①从这些数字可见，中国电影事业的突飞猛进不仅体现于群体消费的增加，也在于群众对国产电影喜好程度的提升。

事实上，由于电影艺术的发展，致使电影已成为与文学齐头并进的艺术形式。近年来，电影与文学相辅相成的趋势尤为明显，叙事模式更完整的小说获得电影制作者更多的青睐，由文学作品改编而成的电影越来越多，特别是网络原创小说改编的电影，在中国电影市场的影响力也越来越大。

---

① 2013 年全国电影总票房达 217 亿　国产片力压进口片［EB/OL］. 央广网，（2014-01-07）［2014-02-15］.http://finance.cnr.cn/gs/201401/t20140107_514594516.shtml.

一、案例简介

电影《致我们终将逝去的青春》（后简略为《致青春》）改编自作家辛夷坞的同名小说，是国内著名演员赵薇执导的首部作品，由内地编剧李樯改编剧本。本片由海峡两岸演员赵又廷、韩庚、杨子姗、江疏影、包贝尔、郑恺等领衔主演，王菲演唱主题曲《致青春》。

电影讲述的是自喻为"玉面小飞龙"的郑微，满怀希冀地步入大学校园。然而，郑微心仪已久的邻家大哥哥林静，因出国留学，杳无音信。备受打击之时，郑微与室友阮莞、朱小北、黎维娟及学长老张结下了深厚友谊，在他们的陪伴下慢慢解开心结。与此同时，在一场闹剧后，郑微意外地爱上了同校的陈孝正，经历种种坎坷，郑薇终于和陈孝正在一起了。然而，因为陈孝正的敏感、自尊和贫困，他最终在毕业的时候选择了出国留学，放弃了郑微。毕业了，大学时代的好朋友也四散而去。三年后，郑微在职场的锻炼下变得成熟，许多大学好友都经历了不同的际遇，而林静和陈孝正又重新出现在郑微面前，昔日的"玉面小飞龙"面对这卷土重来的情感与回忆，作出了自己的决定。

该片于2013年4月26日全国公映，上映后立刻引发了强烈的回响，特别是广受青年群体热议，百度指数、微博指数居高不下。许多人在影片当中找回青春的记忆，回忆大学时光的点点滴滴。引人瞩目的影片反响，对应的是票房的节节高升。《致青春》首映日票房达到4 650万元，创下当时单日华语片票房纪录。该电影累计票房7.19亿元人民币，共有2 233.56万观影人次，在尤为火爆的2013年电影市场大放异彩，这是内地自1994年有票房统计以来第三部观影人次超过2 200万的电影，而赵薇也成为单片票房最高的华人女导演。在截至2014年3月23日的中国内地影史票房排行榜上（包含在中国上映的海外及本土电影），《致青春》排名票房最高的100部电影中的第9位。①

《致青春》这部由网络小说改编的电影更是走出内地，2013年6月13日在香港上映，其后更是在美国上映。2013年下半年，《致青春》在俄罗斯"中国电影节"、纽约"中国电影节"、夏威夷国际电影节、英国伦敦电影节、东京国际电影节、荷兰第莱顿国际电影节等多个国际电影节上相继展映。而在台湾2014年引进10部大陆电影的配额中，《致青春》

①中国内地影史票房排行榜［EB/OL］.深圳保利国际影城，（2014–03–23）［2014–03–25］. http://group.mtime.com/worldscreen/discussion/393036/.

亦挤进配额，获准在台湾上映。《致青春》这部电影的魅力已从中国内地延伸到更为广阔的舞台。

　　基于该片良好的口碑和出色的票房，其在国内外斩获了多个奖项。下表选取的是国内外多个较具权威性的电影奖项，以彰显《致青春》的出色成绩。导演赵薇在中国内地最具权威性的电影奖金鸡奖上，获得了"最佳导演处女作"的奖项。2013年时值台湾电影金马奖举办50周年的特殊时间，对于这部小说改编的电影来说，能获得最有价值的"最佳改编剧本奖"，可见该电影改编的成功。在2014年，《致青春》的成绩也相当不俗，华鼎奖、香港金像奖、亚洲电影大奖均有入围提名的奖项。除了上述著名的颁奖典礼以外，《致青春》还在多个国际电影节上获得奖项，如澳洲国际华语电影节、中美电影节、伦敦国际华语电影节、英国万像国际华语电影节、纽约中国电影节等。

电影版《致青春》主要获奖情况

第 29 届中国电影金鸡奖（2013）	
最佳导演处女作奖	赵　薇
最佳改编剧本（提名）	李　樯
最佳女主角（提名）	杨子姗
最佳音乐（提名）	窦　鹏
最佳美术（提名）	李　杨
最佳摄影（提名）	李　然
第 50 届台湾电影金马奖（2013）	
最佳改编剧本	李　樯
最佳新导演（提名）	赵　薇
最佳美术设计（提名）	李　杨
最佳原创歌曲（提名）	《致青春》
第 15 届华表奖（2013）	
最佳新人女演员奖	杨子姗
第 56 届亚太电影节（2013）	
最佳女主角（提名）	杨子姗
最佳女配角（提名）	江疏影
最佳编剧（提名）	李　樯
第 22 届上海影评人奖（2013）	
导演新人奖	赵　薇

（续上表）

第9届中美电影节（2013）	
最佳导演奖	赵 薇
第8届华语青年影像论坛（2013）	
年度新锐导演奖	赵 薇
年度新锐女演员奖	杨子姗、江疏影
第4届纽约中国电影节（2013）	
亚洲杰出贡献艺人奖	赵 薇
第1届伦敦国际华语电影节（2013）	
最佳摄影	李 然
最佳男配角（提名）	包贝尔
最佳女配角（提名）	张 瑶
第5届英国万像国际华语电影节（2013）	
最佳女演员奖	杨子姗
最佳女配角奖	江疏影
第5届澳洲国际华语电影节（2013）	
最佳女主角奖	杨子姗
第9届中美电影节金天使奖（2013）	
最佳影片奖	《致青春》
第10届中国电影华鼎奖（2014）	
最佳新锐导演（提名）	赵 薇
中国最佳电影音乐（提名）	《致青春》
第8届亚洲电影大奖（2014）	
最佳新演员	江疏影
最佳男配角（提名）	赵又廷
最佳编剧（提名）	李 樯
第33届香港电影金像奖（2014）	
最佳两岸华语电影（提名）	《致青春》
第21届北京大学生电影节（2014）	
最佳影片奖（提名）	《致青春》

资料来源：百度百科，http：// baike. baidu. com / subview / 1152550 / 7293261.htm?fr=aladdin；
豆瓣网，http：// movie. douban. com / subject / 6973376 / awards /.

《致青春》在票房、传播、奖项等领域多面开花。曾在多个电视台及视频网站任职的影评人刘春在微博上盛赞该作品："赵薇导演处女作《致青春》，出乎意料的好：故事饱满，情节丰富，好看；形象鲜明，人物个性突出，至少七八个角色立起来，有魂儿；叙事节奏和情绪把握控制得当，一点儿不雅，有柴；不是男女情感纠缠的小清新，而是在浪漫与灿烂背后，表述了人生的残酷沉重，有大导演的表达追求。"[①]这是对《致青春》极高的评价，也道出了该电影能够取得成功的原因。

二、案例详情

（一）小说改编潮中诞生的《致青春》

　　中国电影改编小说之旅始于 20 世纪 20 年代，鸳鸯蝴蝶派小说成为当时电影发展初期最好的蓝本。新中国成立后，由于电影编剧对优秀作品的旺盛需求，小说改编电影更加蓬勃发展。在"文化大革命"前的十七年，改编当代作家的小说风潮最盛。进入八九十年代，遭受"文革"重创的中国电影业开始复苏，对小说的改编重新活跃起来，进入了又一个改编高峰期，并且一直延续至今。到了今天，由于流行小说的高速发展，吸引了万千年轻人，一些流行度较高的作品的号召力毋庸置疑，因此近几年来越来越多的小说，特别是网络流行小说被改编成电影，并引发较大范围的社会关注。

　　据统计，从 2005 年至 2012 年，至少有 75 部华语电影改编自小说。从数量上看，改编电影总体数量上升，从 1949 年至 2004 年的 130 部到 2005 年至 2012 年的 75 部，超过此前总和的一半；从单年改编电影数量来看，除 2008 年以外，2005 年至 2012 年其他几年都保持了增长的趋势，到 2012 年数量达到 13 部，刷新了从 1949 年以来单年改编华语电影数量的最高纪录。

　　在这些被改编的作品中，经典小说成为电影的主要来源，其中广为人知的有陈忠实的《白鹿原》、王安忆的《长恨歌》等。同时也有导演改编国外小说，例如中国版的《一个陌生女人的来信》，是第一部改编自国外小说的中国电影。值得关注的是，网络原创小说的改编现象也越趋明显。2010 年，《杜拉拉升职记》电影版以白领奋斗的成功典范和独特的时尚视角，使得白领题材悄然兴起；2011 年，《失恋 33 天》这一中国内地首部为"光棍节"定制的"治愈系"爱情电影，总票房为 3.5 亿元人民币，成为当年票房市场的最大"黑马"，同时也是最卖座的中小成本国产电影。

---

　　① 刘春的新浪微博．［EB/OL］．（2013—05—19）［2014—02—15］. http://weibo.com/p/1003061662766362/weibo?profile_ftype=1&key_word=%E8%87%B4%E9%9D%92%E6%98%A5&is_search=1.

2013年似乎进入了流行小说改编电影的黄金年代，至少有14部原创青春小说被改编成电影，其中最为突出的就是郭敬明的《小时代》和辛夷坞的《致我们终将逝去的青春》。这两部电影均票房过亿，《致青春》（近7.1亿元）、《小时代》（两部合计近7.7亿元），话题热度不减。

（二）《致青春》传播状况分析

2012年2月底至3月初，媒体报道赵薇将执导开拍电影《致青春》，改编自热门网络小说《致我们终将逝去的青春》。消息报道后引发网友，特别是原小说粉丝的热议，关于演员的讨论、电影改编的批评和期待等相关帖子在百度贴吧、豆瓣等网络社交平台上大量出现。

2012年3月2日，《致青春》剧组开通名为"致我们终将逝去的青春movie"的官方微博，随后微信、人人网、豆瓣等主流社交媒体的《致青春》公共主页也全面开通。《致青春》的官方微博在一年左右的运营时间里，共吸引粉丝130 039人，总共发了微博2 683条，发布内容基本上记录了电影筹拍、开机、制作、上线的全过程。官方微博自从开通以后，日均发微博5.3条，进入推广周期以后，微博的数量急剧上升，公映当日达到了最多——50条。人人网上的公共主页也通过不断推送与影片有关的日志和图片，吸引了215 955个好友；豆瓣小站也会定期发布影片拍摄进程和拍摄花絮。通过几种社交媒体在一段时间内的反复炒作，使受众对电影本身保持关注，同时也提高电影的知名度。

通过百度搜索指数可以看到，在2012年，电影开拍的消息已引发了网友对该话题的关注。这个消息同时也引起了许多网友对小说本身的关注，不少网友纷纷表示自己开始重读这部小说，也有不少网友被消息吸引而开始阅读这部小说，新一轮的小说阅读又为影片增加了潜在的观众群体。

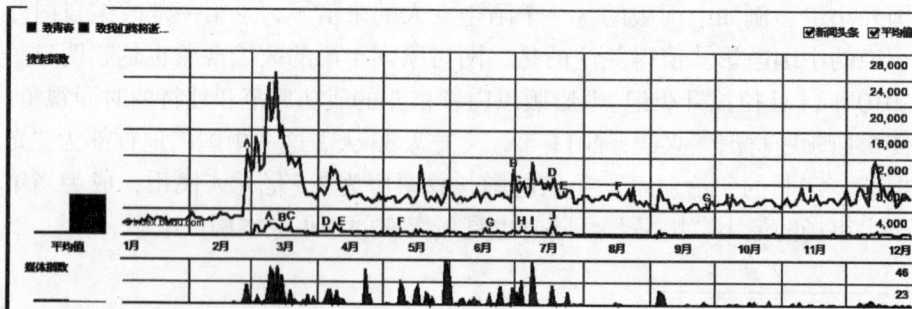

图1 2012年"致青春"、"致我们终将逝去的青春"百度指数

2013 年 4 月 13 日，《致青春》剧组在《快乐大本营》登场，为影片放映做宣传，吊足观众胃口。

2013 年 4 月 26 日，《致青春》在全国上映。这个档期虽然并非传统意义上的热门档期，但一方面可以避开暑期、春节扎堆上映的大制作电影，另一方面这个时间段临近毕业季，大学阶段即将走入尾声，大学恋情、大学怀旧等话题很热，《致青春》的放映无疑迎合了这个时间段的受众心理。有分析认为："与其说赵薇拍了一部怀念青春的电影，不如说在这个时间节点，人们需要这样一部怀念青春的电影。"[①]因此，影片一上映立即登上微博热门话题榜和娱乐新闻头条，同时引发了全民怀旧热潮。与此同时，影片官方微博开始大量转发知名"大 V"对影片的评论。导演赵薇在微博上也大力对电影进行推广，其好友圈中的"大 V"们纷纷助阵，吸引了成千上万网友的注意力。

2013 年 4 月 29 日，中央电视台 13 套对《致青春》进行了报道，随后经济频道等其他频道就《致青春》的经济效益、社会效益等进行了报道，并盛赞其为"十年来内地最好的青春片"；5 月 6 日，人民网刊发文章称《致青春》"不是好电影"，但同时也惊叹其"成功的票房"；更有《人民日报》发微博推荐《致青春》，言"勇敢一次，便有青春不腐"。鉴于中央电视台、《人民日报》的权威性和号召力，《致青春》获得了更大范围的关注和热议，不少网友惊呼：连最大的电视台、最大的党报都给《致青春》"做广告"，《致青春》真牛啊，还不赶快去看看究竟演得怎么样……[②]

在影片本身、传统媒体、新媒体的交互作用下，这股"致青春"热潮从上映前一直持续到 2013 年 5 月底，在上映一周内到达最高潮（如图 2）。

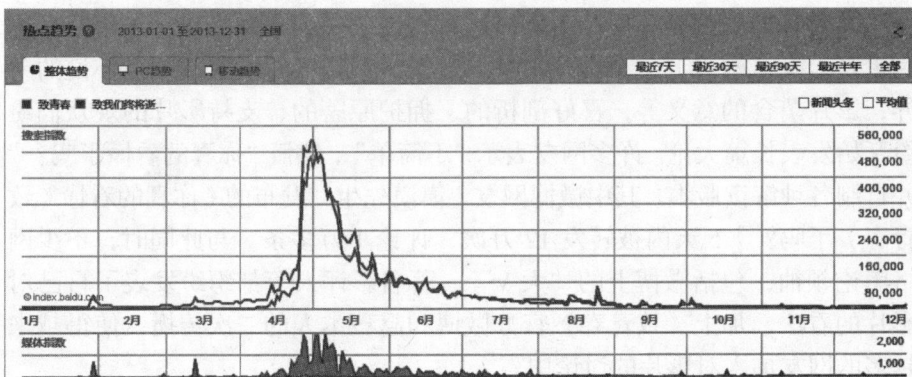

图 2　2013 年"致青春"、"致我们终将逝去的青春"百度指数

① 张俊良.《致青春》：一场引爆社交网络的周密策划［J］.记者观察，2013（6）：118~119.
② 修仰峰.对电影《致青春》的舆情分析：从众心理裹挟下，谁能幸免？［EB/OL］.网易新闻，（2013-05-08）［2014-02-15］.http://news.163.com/13/0508/08/8UBDHKNB00014JB6_all.html.

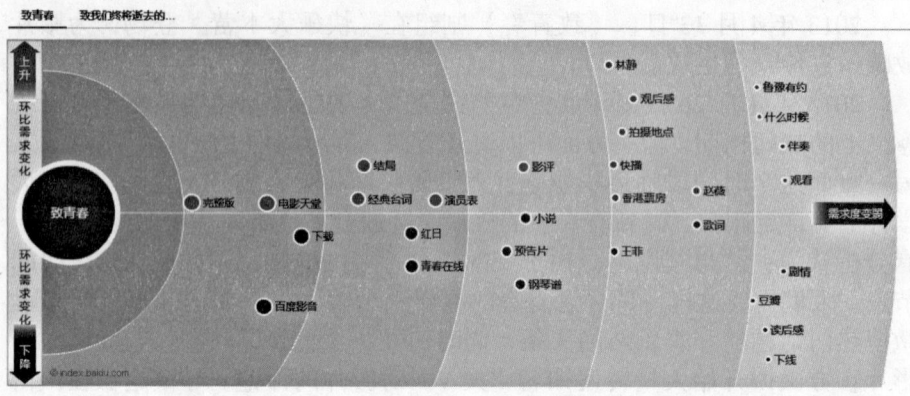

图3　"致青春"、"致我们终将逝去的青春"需求图谱

（三）《致青春》效应

有媒体戏称："《致青春》目前至少引发了三大效应——炒热了青春话题，攫取了惊人的票房成绩，另外，催胖了赵薇。"[①]从票房上看，《致青春》无疑是成功的：以6 000万元的低成本获得7.1亿元票房，同时使投资公司光线传媒股价一路狂飙，至4月26日上映之日，光线传媒的股价足足涨了7.61%，达28.41元／股。其实，除了票房外，《致青春》引发的效应主要有三方面。

1. 引发网络热议

《致青春》充分运用社交媒体进行宣传，使其未播先热；在影片播放后更是引发了网络上关于影片本身的热议，包括探讨影片改编与小说的差异，影片蕴含的意义等，喜好剖析的、拥护原著的、支持影片的观众们纷纷开始发表长篇大论。许多网友表示"不简单"，感慨"你真的看懂了吗？"并自制各种解读版本。其中微博网友"漠漠先生"发布的《你真的看懂〈致青春〉了吗？》5天内被转发12万次，评论1万多条。与此同时，不少网络舆论领袖，包括微博上的"大V"、著名影评人等都纷纷发表了自己对影片的看法，加上《致青春》官方微博和赵薇本人的二次传播，使得越来越多的网友加入对影片的讨论中。

---

① 赵薇身高体重多少？《致青春》引发三大效应［EB/OL］. 中原网资讯频道，（2013–05–06）［2014–02–15］. http://zx.zynews.com/bencandy.php?fid-38-id-106339-page-1.htm.

以新浪微博为例，"致青春"、"致我们终将逝去的青春"两个微话题分别有 57 586 544、12 028 336 个讨论，微博热词指数在播出两周内一直高达 50 000。同时，由影片延伸出的漫画、拍摄花絮等都在微博上被广泛关注。

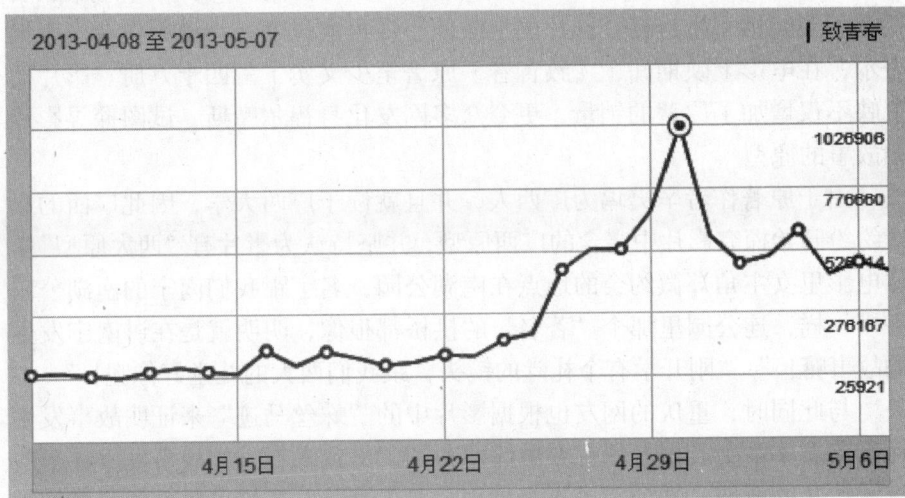

图 4　"致青春"微指数

2. 全民怀旧致青春

有网友评论"一部《致青春》，感动几代人"。作为一部颇具现实针对性的电影，《致青春》播出后引发了全民怀旧的热潮，不少网友颇为赞同影片中"谁的青春都终将会逝去"的思想。这部电影反映的恰好是 90 年代的大学生活，能够引起那个年代受众的共鸣，同时其所描述的故事又是 90 后正在经历的，因此又能引起年轻的观看者的青春情绪。

《致青春》播出后，关于青春怀旧的话题也立马成为网络热门议题，关于"×××致青春"、"×××怀旧"的消息铺天盖地。例如，微博网友"甘健-帝国蓝鹰"发微博怀念青春痘，使青春痘话题一时间成为新浪热门话题。一些网友评论道："不要嫌弃你的痘痘，这说明你正青春。"①

此外，影片中出现的 BP 机、回力鞋、梅花牌运动裤、红白游戏机等怀旧产品也开始备受关注。根据媒体数据，单就红白游戏机来说，影片播

---

① 邱灵.《致青春》现蝴蝶效应，阿豆意外走红［EB/OL］.IT168 投影机频道，（2013-05-02）［2014-02-15］.http://projector.it168.com/a2013/0502/1478/000001478929.shtml.

出后 7 天的搜索指数环比上涨 22.0%，与去年同期相比则上涨了 404.5%。梅花牌运动裤也销量看涨，印有"致青春"几个大字的文化衫也成了热销款式。

3. 寻找影片原型

《致青春》的原著小说《致我们终将逝去的青春》自 2007 年出版后就登上了畅销书排行榜，影片的上映使小说再次风靡。小说原作者辛夷坞表示，在电影上映期间，《致青春》原著至少又卖了三四十万册。影片的上映不仅增加了原著的销量，更令众多网友化身福尔摩斯，试图探寻影片中故事的原型。

由于原著作者辛夷坞为广西人，并且就读于广西大学，因此广西的影迷纷纷开始探究影片中暗含的广西原型，并坚持认为影片有"西大原型"："电影里女主角郑微约会的地点在南湖公园，名字跟我们南宁的南湖公园一模一样，连公园里那个'著名'的拱桥都很像，明明就是在讲南宁发生的故事嘛！""刚开学有个礼堂的镜头，跟我们西大的礼堂好像呢！"

与此同时，重庆的网友也根据影片中的"蛛丝马迹"来证明故事发生在重庆，《重庆晨报》的官方微博发布了"《致青春》的故事发生在重庆交大？"的微博，并列举了 5 个理由。[①] 其他南方高校也"不甘示弱"，华南理工大学的学生也列出数条证据来解释故事原型发生在华南理工大学，并特别强调故事中"芒果树下的暗恋"是发生在该校的著名景点芒果树林中。[②]

三、《致青春》改编电影的成功之道

电影版《致青春》是成功的，它不仅会永远铭刻在中国电影票房的纪录上，且更是迄今为止小说改编电影史上最为傲人的成绩之一。然而，不少小说粉丝表示，相比电影，小说所包含的情节更加丰富，人物形象也更加饱满。而电影仅有短短的 133 分钟，对此，他们质疑：电影是否能将小说庞大的内容和信息包含在内呢？电影是否能真实还原小说想要表达的意境和思想呢？这是每部小说改编电影都必有的质疑之声。《致青春》的成功，

① 李丽.《致青春》引发网友对故事原型热议：寻找广西痕迹［EB/OL］.广西新闻网，（2013-05-04）［2014-02-15］.http://news.gxnews.com.cn/staticpages/20130504/newgx51845538-7501679.shtml.
② 邝凝丹.《致青春》高校原型竟是华南理工？［N］.信息时报，2013-05-07（A23）.

有许多方面的因素，下面就通过六大板块分析这部由小说改编的电影成功的原因。

（一）小说选择：兼具较大影响力及合适时机

可以说，一部由小说改编而成的电影，最为关键的就是它选择哪本小说作为改编的蓝本。中国的网络原创小说作品如此之多，题材也相当丰富，翻拍作品的选择就显得越发重要。事实上，不是所有的小说都适合改编成电影。有的小说情节过于复杂，串联的人物线条过多，或者过于天马行空、脱离现实，就不太适合翻拍。其实，不是说这类小说不适合改编，只是改编的难度大，改得不好很容易受人诟病。就像不是所有的小说改编电影都能成为《哈利·波特》，不是所有的电影公司都能有如此大的投入和如此强的技术制作这样一部工程浩大的电影。放眼当今的中国电影界，想要拍出像《哈利·波特》那样的电影还是很有难度的。

一些专业人士认为，《致青春》的成功很大程度上与其同名小说息息相关。事实确实如此。这部电影在小说选择上的最大优势体现在两个方面：一是小说本身就有较大的影响力，二是改编的时机非常合适。由于具备以上两大优势，使得这部由小说改编而成的电影能够脱颖而出。

首先，《致我们终将逝去的青春》是知名网络女作家辛夷坞于 2007 年出版的小说。拥有 85 万微博粉丝的辛夷坞是当下最受欢迎的 80 后女作家之一，她主打青春文学，其作品均长居销量排行榜冠军位置，累计销量突破 1 000 万册，《致我们终将逝去的青春》是其代表作之一。许多人喜欢这部小说的原因在于对校园青春生活的怀念，对爱情、事业、梦想的追逐。每个人都有自己的青春年代和美好幻想，这部小说出色的地方就在于它不仅展现了青春的纯情回忆，还在情节当中隐含对现实的真实反映。综合这些特点，该小说在网络上连载时的点击率居高不下，出版后更是引发了读者阅读的热潮，后经多次印刷，还推出了精装版、电影纪念版等版本。如今，各种版本的《致我们终将逝去的青春》销量已累计超过 150 万册，可以说其人气是历久不衰的。

其次，改编的时机选择得很好。在中国网络原创小说的题材中，最受欢迎的是以"青春、校园、爱情、职场"为主题的网络小说，将它们改编成电影不仅契合电影这一大众文化的娱乐方式，更能满足广大年轻受众群体的需求。特别是，年轻人是电影行业消费的主力军，小说改编而成的电影更能迎合他们的口味，满足他们的需求。青春是永远不会落伍的旋律，

2011年上映的改编自九把刀同名小说的电影《那些年，我们一起追的女孩》在海峡两岸热映，乘着一股青春的热浪，赵薇选择这部小说无疑是相当正确的。如赵薇所言："台湾有台湾的青春，但是《致青春》是我们大陆这边独一无二、不可替代的青春！"①

（二）故事改编：忠实原著的基础上进行适当改造

改编直接影响着电影的结构和节奏，无论多好的小说作品，如果改编得不好不仅会成为失败之作，还会引起小说粉丝的围攻。就像上文提及的，电影的时间短，包含的内容少，如何在有限的时间和资源里尽量呈现最为完整的故事成为小说改编的难点。情节必须是要删减的，人物肯定是要简化的，在合理的程度上对内容进行改造，这就是改编。但是，改编并不是要改得面目全非，倘若把一个电影作品放在小说作者面前而作者自己认不出来，这样的改编作品也是失败的。改编必须保留小说的灵魂，即作者想要呈现的思想和态度，在此基础上再开始改编会更加忠实作者要表达的原意。

《致青春》的成功，不得不提的是其对小说的改编得当。毕竟小说改编电影最基本的且最有兴趣的观看者就是小说原本的粉丝。如果这部电影改编得连他们都不能接受，就更加难以吸引其他人观看。作者辛夷坞向两位电影主创提出的唯一要求就是："改编可以改动部分情节，甚至可以适当增减人物，但不要改变我这个故事试图表达的人生观和情感内涵。"②而赵薇在接受采访的时候表示，没有编剧李樯就没有这部作品。由此可见改编者的重要性，以及编剧对这部电影成功所作的贡献。不少小说粉丝在观看后说，这部电影改编的地方还是挺多的，尤其是后半部分；但尽管改动较大，还是有很大一部分人能接受这样的改编。

电影对小说最大的改编就是故事的结局是开放性的。在小说当中，放弃了陈孝正的郑微最终与林静走到了一起；电影中的郑微虽然拒绝了林静，但是也没有交代是否与陈孝正和好，给观影者留下想象的空间。电影的情节改变了作者原本的结局，当然会引发不同的声音。对于一些观看者来说，女主角没有和他们心仪的男主角在一起，不能不说是一种遗憾。然而，也

---

① 姜潇，白瀛. 专访《致青春》小说作者辛夷坞：电影和原著相似度有五分［EB/OL］. 新华网，（2013-04-28）［2014-02-15］. http://news.xinhuanet.com/newmedia/2013/04/28/c_124645361.htm.
② 飞鸟凉，波米. 从流行小说到卖座电影：直面《致青春》改编争议［EB/OL］. 凤凰网，（2013-05-08）［2014-02-15］. http://ent.ifeng.com/movie/special/zhiqingchun/content-2/detail_2013_05/08/25055661_1.shtml.

有不少观众表示，这样的结局很好，虽在意料之外，但在情理之中。在电影改编的过程中，编剧也渗透了自己的爱情观。电影里，郑微离开林静时说："我们都爱自己，胜过爱爱情。"李樯对爱情的理解更贴近现实。他觉得，所有人在爱情中都是自我的，很多人难以放下自我全心全意爱对方。这样的改编使女主角的选择得以升华，更能体现当代人对爱情的取向。

除此之外，电影改编后故事的时间点从2000年转移到90年代；男主角之一的林静人物形象弱化；郑微的舍友人数变少，而且形象塑造也有一定的改变。在电影中，为了增添故事的现实感，还增加了因家庭贫困被退学、爱慕虚荣当小三的情节。对于电影这样的变动，有的人接受，有的人反对。但是，大多数人都认为这部电影还是很能体现小说作者原本的诉求的，而且电影更具现实意义。

（三）演员选择：与原著贴近且号召力强大

一部电影的成功，不仅要有好的剧本、好的编剧、好的导演、好的团队，更要有好的演员。演员是决定一部影视作品成败的关键因素。有人说，选对演员，作品就成功了一半。事实上，人们对电影演员的要求非常高，他们必须在有限的时间内诠释好人物，透过表情和肢体展现人物的心理。特别是对小说改编的电影作品来说，许多小说粉丝都对故事中的人物有自己的理解，甚至已经在心理上对该人物定型了，选择合适的演员去贴近角色形象非常重要。

《致青春》电影成功的一大因素就是演员选择的合适，这种合适也主要体现在两个方面：一是演员气质与原著贴近，二是演员本身的号召力强。

许多电影为了保证质量，都会选择一些大牌的、演技好的演员。既然《致青春》的定位是青春电影，主演当然不会是年纪较大的实力派。赵薇导演的首部作品相当大胆，并未选择那些以样貌著称的"花瓶"演员，而是选择自己认为契合小说原型的演员。女主角选择了由新人担当，饰演女主角郑微的新人演员杨子姗长相清纯，与《致青春》的小清新风格不谋而合，通过其塑造的郑微我们似乎真的能看到那个活泼坚强的女孩。不少人质疑，赵又廷是台湾人，能否演好男主角陈孝正这样一个心理复杂的角色。导演赵薇说，她是被赵又廷骨子里的傲气所吸引，认定他就是她想要的"陈孝正"。而男主角之一的林静也选择电影新手韩庚出演，虽然演员生涯不长，但书卷气十足成为其入选的关键。除了主角的选择颇费心机外，其他配角的选择也是相当引人注目：江疏影版的阮莞气质温婉，包贝尔版的张开言行风趣，张瑶版的黎维娟个性自私，刘雅瑟版的朱小北性格直率，郑恺版的许开阳思想单纯……有人说，赵薇《致青春》的演员，有好有坏。但是，每个人都有自己的解读方式，就像一千个读者心中就有一千个哈姆雷特。从该电影较好的口碑可见，赵薇的选择还是比较契合观众对人物的想象的。

除了在演员的选择上注重与原著的契合外，出于市场的考虑，演员是否具备号召力，也成为重要的备选因素。台湾演员赵又廷曾当选金钟奖影帝，在多部电视和电影作品中均有亮眼的表现，许多影片都是口碑与票房双赢。其塑造的角色深入人心，口碑持续发酵，这些经历都为其累积了不少的粉丝。而在韩国出道的歌手韩庚在出演电影之前就有很高的人气，在年轻群体中的知名度相当惊人，其粉丝可以说是遍布世界各地。剧中主要的两位男演员拥有如此大的粉丝群体，无疑也是拉动电影票房不断高升的重要法宝。

（四）场景道具：细节打动观众

近年来，一提到小说改编电影或经典翻拍就会引发人们大量的不满，其中一个很重要的原因是导演对电影的场景和道具把握不准确，与小说本身有较大背离，甚至使用了许多错误的道具，从而引来网友的嘲讽和谩骂，不少网友甚至以发掘影视剧中离谱的场景和道具为乐。

例如，2005年红极一时的网络原创小说《会有天使替我爱你》，销量达90万册，2007年在"网上点击率最高的100本书"中排名第五。[1]该小说在2007年被改编成电视剧，但影响平平。除了缺少营销外，场景道具与原著相去甚远成为书迷拒绝观看的主要原因。有书迷批评说小说中男主角的座驾是法拉利，而电视剧中则成为自行车，这差距真让人无法接受。同样的问题也出现在《流星花园》的翻拍中，大陆版的《一起来看流星雨》中描述上层社会生活的场景与原版电视剧相比大打折扣，其中女主角"端木带我去了美特斯邦威"的心理独白被网友大肆嘲笑。

有学者指出，场景设计和道具使用在商业电影中至关重要，它们可以凸显时空关系，使电影情节更加富有吸引力。而在这一点上，《致青春》是比较成功的，它较好地重现了90年代的大学生活，从而勾起了70后、80后观众的回忆，引发了全民集体怀旧的热潮。导演赵薇在接受媒体采访

---

① 网上点击率最高的100本书［EB/OL］.哈尔滨新闻网，（2007–09–20）.［2014–02–15］.
http://harbindaily.my399.com/200709/K200709208100CF6FADDA3DC6C84022E12E7D7285.html.

时坦言："其实就是寻找很多过去的环境，寻找很多过去的场景。就是为了让很多看完电影的人，发现那些已在现实中消失的东西。我们的电影能勾起你对过往的回忆，这也是把一个仅仅发生在 2000 年左右的爱情故事变成这个有十年跨度的青春成长史的原因。"

为了能拍好这部"中国人的青春史"，力求影片能够展现年代感、充分还原那个时代的环境，电影在场景和道具上做了很多努力。影片中重现的那些校园场景早已不存在了，电影组通过恢复场景和使用道具拼成一个90 年代的大学。赵薇在采访中透露，由于年代久远，道具特别难买，于是剧组就在南京各个小区和学校门口支个摊收"破烂"。[①]导演组在道具的使用上特别细致，一些不为人注意的细节也力臻完美。例如，电影中女主角喝的青岛啤酒的盖子和现在的青岛啤酒的完全不同，那时候没有现在这样的易拉罐。但现在，那种老的易拉罐在内地已经没得卖了，剧组都是在香港买老式青岛啤酒，运到南京用来拍摄。

因为对场景、道具的重现，《致青春》成功地打出了"怀旧"牌，引起了全民集体怀旧热潮，同时引导了 2013 年中国电影市场的青春怀旧风。许多网友对影片中出现的场景和物件大发感慨，也带来了因怀旧而产生的新一轮购买热潮。

（五）观众构成：大批"潜伏"观众

许多导演喜欢把小说改编成电影，是因为小说和电影虽然是两种艺术，但却具有许多共通性。除此之外，一本经典的、流行的小说本身就有许多书迷，他们将成为电影的主力观众。因此，在中国的影视剧场上，改编经典小说或流行小说，翻拍由经典小说改编的影视剧作品（如翻拍《红楼梦》）等成为中国导演常用的手段。

近几年来，随着网络文学的快速发展，其种类不断增多，读者数量也急剧增加，改编流行网络原创小说成为中国导演的另一种选择。有学者认为，从制作、投资和收益来看，网络原创小说改编的电影多为小投资电影，影片的制作团队和演员阵容也以新生代为主，但取得的收益还是比较好的。因此，尽管改编网络原创小说的电影起步较晚，却不输于其他华语影片，主要的原因就在于有较好的受众基础，以及作品本身符合当前主要电影消

---

① 赵薇"致青春"首执导筒　学校门口支摊收"破烂"道具［EB/OL］.中国新闻网,（2013-04-19）［2014-02-15］.http://www.chinanews.com/yl/2013/04-19/4745828.shtml.

费群体（学历较高的年轻人）的心理。《致青春》的成功就是一个很好的证明。

小说《致我们终将逝去的青春》自出版后连续 7 年成为青春文学出版物销量冠军，小说各种版本的销量已累计超过 150 万册。这 150 万册被出售的小说代表着约 150 万位读者，他们都是潜在的电影观众。小说要改编电影的消息传出后，书迷中有反对者、有期待者，在他们的互相讨论以及推荐下，身边许多熟人被带动，成为新一批潜在观众。在新浪微博的搜索中可以看到，许多观众都是在身边书迷朋友的鼓动下走入电影院的。由此可见，流行的网络原创小说背后隐藏着巨大的潜在市场。

除了作为主力的书迷观众外，准确把握当下国人的心态使得《致青春》网罗了出生于 70—90 年代的受众。流行网络原创小说的书迷一般多为 90 后，这类小说改编成电影一般吸引的也多是 90 后观众。例如，同样在 2013 年获得成功的改编自郭敬明同名小说的电影《小时代》的观众群体年龄层就非常局限，多为 90 后，以初高中生居多。《致青春》的特别之处就在于，它描述的是作者辛夷坞那一代人的故事。那一代人基本上指的是 80 后：他们在世纪之交上大学，现在 30 岁上下，多为白领，正好是中国电影院里最主要的消费群体。加上电影组本身意识到当前中国几代人对青春的集体怀旧需求非常刚硬，把电影改编成适合几代中国人集体怀旧的蓝本是非常有必要的。从时间段上看，恰好是 80 后的时代；从环境设置来看，描述的是 70 后的生活；从故事设置来看，讲述的是 90 后正在经历的故事。因此，电影不仅吸引了 90 后的书迷观众，还吸引了 70 后、80 后观众。有媒体评论说：

这是一个全民怀旧的年代，经历了浮躁的年华、职场的颠簸，那些看起来拼拼凑凑的校园场景勾起心底最初的梦想，是我们心底尚未崩坏的地方……《致青春》可以说是将这副"怀旧牌"打到了极致，对各个年龄层次的观影人群都产生了特定吸引力。对 90 后来说，校园里初恋的纠结正是他们如今在经历着的，学校的场景是身边触手可及的；对如今的主流消费群体 70 后、80 后来说，影片的前后两段恰巧覆盖了他们的人生阅历，不论是青涩的初恋，还是工作后无奈的改变，无一不引起深深的共鸣。[1]

_____

① 李晓婕.《致青春》戳中全民怀旧情怀 谁的青春都终将逝去［N］.南京晨报，2013–05–08（A04）.

另外，尽管影片主要启用的是新生代演员，但两个男主角分别邀请了颇有人气的韩庚和赵又廷来扮演，两者不仅在内地拥有大批粉丝，在韩国和中国台湾等地也具有一定的票房号召力，这无疑又为电影埋下大批潜在观众，也为电影推广至中国台湾、韩国等地打下了基础。

（六）营销手段：引爆社交网络

《致青春》的成功，其营销策略起到了至关重要的作用。目前，国产影片在借鉴国外影视宣传的基础上，集合中国媒体发展的具体情况，进行了自身的探索。专业影视网站及社交媒体如微博、人人网、豆瓣等均是影片宣传的重要途径。其中微博营销被运用得最为广泛，电视剧《男人帮》、电影《失恋33天》就是成功的典例。

《致青春》制订了周密的营销和宣传方案，其制作成本和宣传共花费6 000万，高出《人再囧途之泰囧》3 500万。如此高的数额来自于投资方光线传媒为其制订的与众不同的营销方案。光线传媒拥有自组宣传系统和自组发行系统。自组宣传系统由各个影片的制片人、主编、策划组成，根据市场形成判断并反馈到具体的执行部门，使影片的宣传高效而直接。自组发行系统在全国70个票房最高的城市有发行团队，每个影院有驻站已经做了4年以上的发行人员。他们和当地媒体进行合作，增强影片的影响力，并能很好地掌握市场上影片发行的情况，设计出的发行方案能够提升电影30%~40%的票房。这样就不难理解为什么《致青春》选在4月26日这个非热门档期上映了。

同时，《致青春》制订了长期的宣传计划，官方微博在影片宣布开拍时就同时开通，与其他媒体一起定时发布信息，开启了2013年华语电影的怀旧风。《致青春》的宣传以社交媒体为主战场，同时将涉及人们生活点滴的宣传途径也囊括进去，例如在苏宁易购开展"致青春0元购"活动、渗透到热门游戏《找你妹》的关卡中等。在所有的营销手段中，微博营销的作用最为突出。

《致青春》官方微博在影片上映前14个月就开始进行宣传，使得网友对此片有了一定的认知。在这14个月中，官方微博共积累了18万粉丝，这18万粉丝就是潜在的受众。同时电影组以官方微博和赵薇的微博为核心，开展了计划周密的营销活动，大致可以分为四个阶段：一是预热阶段。官方微博通过发布拍摄花絮、与原著作者互动等形式来吸引小说粉丝的注意力，扩大影片的知名度，同时吊足受众胃口。二是前期阶段。在电影首映期后，邀请大量影片专家为电影写影评，提高影片的美誉度。三是中期阶段。官方微博和赵薇通过与微博上的"大 V"们进行互动，将观众对影片的关注推向了高潮。值得注意的是，在《致青春》的微博营销行为中，其所动用的"大 V"力量可以说是空前的。除了赵薇圈内的好友黄晓明、文章等明星外，商业圈的史玉柱、草根圈的天才小熊猫、文化界的张小娴、宗教界的延参法师都参与到此次互动中来。据不完全统计，参与此次电影微博营销互动的 24 个"大 V"们的粉丝数合计约有 3.7 亿，可见"大 V"们对提高《致青春》影响力的作用。四是后期阶段。为了保持受众对影片的关注，电影组开始利用主角赵又廷、因影片而走红的包贝尔等演员进行推广，频繁地让演员们进行微访谈，影片中的"你神经病呀"也因此成为流行语，进一步延续了影片的热度。

另外，小说改编电影本身就是一个颇受争议的话题，在电影开拍消息传出的时候，就有网友根据演员表发表了许多表达不满的帖子。在影片上映后，拥护原著的观众与支持影片的观众之间还爆发了小规模口水战，这也为影片本身增加了曝光度。而电影宣传组本身又潜意识地放大这种思想的碰撞，如早在影片拍摄阶段，原著作者就针对读者的质疑发表微博说明，无疑进一步扩大了影片的影响力。

四、对网络原创小说改编电影的反思

2013 年《致青春》的火爆，说明了网络原创小说改编电影是大有可为的，而这一产业也变成电影制作的香饽饽，许多电影人都对这一形式的作品虎视眈眈。在 2014 年，越来越多电影公司向网络原创小说下手，许多电影都选择取材于网络原创小说，改编那些经典的、为人熟知的、传播率高的小说作品。一大批网络原创小说已经策划在案或者正进行翻拍，韩寒《一座城池》已确定上映日期，九夜茴小说改编电影《匆匆那年》也正在拍摄，籽月小说的同名电影《夏有乔木 雅望天堂》更是邀请韩国演员李敏镐加盟，还有《何以笙箫默》、《那些回不去的年少时光》、《微微一笑很倾城》、《许我向你看》、《人生若只初相见》、《沥川往事》、《左耳》等数十部网络原创小说的影视剧翻拍已经在筹备，可以说，2014 年将会步入网络原创小说改编影视剧的高潮时期。

但是，随着一个产业的高速发展，必然会出现一定的问题，如果不认真反思这些问题，它们肯定会成为该产业致命的弱点，甚至会成为发展的障碍。从现已公布的翻拍消息可见，2014 年的小说改编电影必然会有一个大的迈步，然而是向前迈进走向高峰，还是面临危机陷入低谷，现在难以预测。为了更好地促进该产业的发展，业内人士必须进行深刻的反思，三省吾身找出已经存在或者可能出现的问题，想好相应的解决之策。

（一）成功并非必然：改编小说难度大

小说好看并不等于电影也一样精彩，许多由小说改编而成的作品，往往带给观众的只有失望，也有很多是寂寂无闻的上映和终映。而我们从《致青春》的案例可以看出，这部电影之所以成功，是很多因素综合影响的结果，要真正实践这样的成功之道并不容易。事实上，即使是 2013 年票房惊人的改编电影《致青春》和《小时代》，仍然有许多人发表对其失望的看法。其中最主要的原因就是对于大多数已经看过小说的受众来说，电影与小说的差距相对来说还是比较大的，电影远不如小说娓娓道来、细腻动人。这是由于受众脑海中预存的刻板印象影响了受众的感官。所谓刻板印象，即人们头脑中对某一类人或事产生的固定的、先入为主的印象。类似于这样的受众反应，即使在较为成功卖座的几部影片中也屡见不鲜。

就像前文提及，许多小说粉丝会对小说有某种定型的观点，情节改编不好、演员选择不当都容易成为引起原小说读者强烈不满的原因。一方面，许多电影公司为了增加电影的戏剧化效果而胡编乱造各种原著中没有的情节，有的可能又会因为时长的限制而进行大量的情节删减，致使故事不连贯，人物形象支离破碎。另一方面，有的电影制作公司为了追求视觉效果和票房，大量起用没有演技的美女、帅哥，但是他们单薄的演技会使电影变得幼稚，人物角色也难以逼真、形象地呈现。这些问题在网络原创小说改编电视剧中表现得尤为明显，像《第一次亲密接触》、《会有天使替我爱你》等作品都有失败的改编经历，情节不符、选角不当、基调不对使其成为网络原创小说改编影视作品的失败之作。

特别是，经典的网络原创小说改编成电影更为冒险。因为改编经典的网络原创小说，不仅要面对改编本身的难度，还要注意观众对作品的期待值。这些网络原创小说很多都是年轻受众接触过的、喜爱的，拥有大量的读者群，讲的也都是这些读者熟悉的情节。因此，要把一部网络原创小说改编成电影作品，必须谨慎衡量，注意题材选择、演员挑选、情节改编等诸多方面，在这条改编道路上有重重障碍必须跨越。

（二）切忌盲目跟风：含金量更加关键

影视产业有一个普遍规律，一旦在某些领域出现黑马，就会引来无数人的跟风追捧。早在21世纪初，选秀文化异军突起，导致各样的草根选秀节目汹涌而至；随着《宫》、《步步惊心》等电视剧的热播，又有一股穿越狂潮席卷而来；2013年《爸爸去哪儿》的高收视、高口碑，也引发了相似题材节目的爆炸性增长。网络原创小说改编电影同样如此，选择翻拍的主要原因，既是因为许多电影人看中小说改编电影这个行业的发展性，又是因为看中这部小说改编电影的市场。他们认为，具有庞大受众的网络原创小说本身就自带观影者，以现有的小说为基础不需要耗时等待好的剧本出现，而且由于这一产业在2013年的良好表现，产业的发展前景十分可观。

看好这一产业的发展前景并不代表盲目跟风。事实上，在一部网络原创小说改编前，编剧会把描写心理、烘托氛围的语言全去掉，只保留主人公和情节主线，如果具有比较鲜明的故事和戏剧冲突才会推荐。情节温和、节奏偏慢的文学作品改编难度会很大。如果盲目跟风选择一部难以改编的小说作品，很容易步入失败的境地。

此外，如果正值电视剧版和电影版的小说改编作品同时上映，也会出现两个问题：一是两个版本相互比较，二是受众的审美疲劳。如果一部电影作品改编不好，质量不高，很容易被电视剧比下去，毕竟电视剧涵盖的内容更多、情节更丰富，更有发挥的空间。而在同一部作品重复出现的情况下，必定会削薄观影的受众。很多人会觉得既然电视剧不需要收费，又何必买票看电影呢？因此，小说改编电影必须重视这一产业的含金量，这个"金"指的是电影的质量和题材的独特。井喷式的小说改编电影会导致含金量的缺失，想要在这一行业发展就必须重视这一问题。

（三）传递正确价值：电影应贴近现实

前文有提及，许多网络原创小说的内容是不切实际、天马行空的，有的小说价值观也脱离现实，只能在想象和文字中存在。电影具有视觉性，其传播效果在日益流行的影视产业中也越发明显，因而会产生更大的影响力。特别是，大多数的电影消费者是年轻人，他们倘若喜欢一个作品，就会模仿里面人物的言行举止。如果通过电影传播一些与现实不符，甚至与社会脱节的思想和情节，则必然会扭曲人们对这个社会的认知，不利于价值观的构建。如果那些无知的青年群体因为电影与小说原著的情节距离太远，不能满足其对小说改编电影情节的幻想，严重的可能会作出激烈极端的行为。

奢华的场景道具布置，随处可见演员身着大牌服饰，电影《小时代》在热映的同时，也引来巨大的争议。《人民日报》在批评《小时代》的时候提及："在中国社会物质文明日益发达的今天，文艺作品对于物质和人的关系的探索是必要的和有价值的，但探索如果仅仅停留在物质创造和物质拥有的层面，把物质本身作为人生追逐的目标，奉消费主义为圭臬，是'小'了时代，窄了格局，矮了思想。"[1]的确，郭敬明所营造的奢靡豪华不是在正常生活中轻易可见的，而这样一种对物质生活的追求，直白地说就是一种拜金主义。

如果这种不正确的思想大规模盛行，必然会导致社会价值的沦落。因此，电影制作人在小说改编电影的时候，即使是看中小说的故事情节，也不能忽略正确价值观的引导。大多数的小说和电影都是基于现实的，有的时候并不是一定要扭曲真实才能博得眼球，如果能够真实展现社会现象，更能使观看者产生共鸣，也才能获得票房和口碑的双丰收。

五、结语

可以说，小说和电影的结合是必然的。读图时代的到来对社会的冲击越来越大，人们必然会更加重视视觉上的享受。把故事情节更为曲折，人物塑造更加丰满的小说作为电影蓝本，无疑会更加吸引人。笔者认为，小说改编电影，对电影事业和图书事业来说是双赢的。两者结合所带来的反响和效应是有利于双方的，这不仅能把电影事业逐步推向高峰，在引发观众的强烈兴趣后，也可以促使观众回头去享受文字带来的乐趣。

网络小说改编电影是一个极具潜力的文化产业，电影《致青春》就是一个很好的例子。它成功地告诉电影人和制作公司，在网络原创小说改编电影的产业上，想要制作一部出色的作品需要选择合适的小说进行合理改编，演员和道具、场景的选择也要慎重，同时通过有效的营销手段命中观影人群，只有这样才能拍出好作品。

---

[1] 赵光霞.党报评《小时代》拜金　出品方称续集将展现正面价值观［EB/OL］.人民网，（2013–07–16）［2014–02–15］.http://media.people.com.cn/n/2013/0716/c120837-22217245.html.

中国不是没有好的网络原创小说，也不是没有好的剧本，缺的就是制作优秀作品的好团队。电影制作者不能把眼光固定在产业前景和有利可图上，而是要维持一份创作好作品的初心。面对如此蓬勃发展的网络原创小说改编电影产业，制作者要学会对产业进行反思，思考其出现的问题，改进种种不足之处，才能把由网络小说所改编的优秀电影呈现在观众面前，并将中国的电影事业向前推进。

参考文献

［1］曹文慧.论中国当代新生代小说的影视改编［D］.山东师范大学博士学位论文，2013.

［2］龚金平.作为历史与实践的中国当代电影改编［D］.复旦大学博士学位论文，2006.

［3］王婷.从小说到电影：2005 至 2012 年改编华语电影现象及个案研究［D］.重庆工商大学硕士学位论文，2013.

［4］李晓婕.《致青春》戳中全民怀旧情怀　谁的青春都终将逝去［N］.南京晨报，2013-05-08.

［5］卫毅.辛夷坞：意外畅销的青春［N］.北方周末报，2013-05-23（A6）.

［6］余洪.从《致青春》看小说改编成电影的得与失［J］.大众文艺，2013（16）.

［7］唐强.商业电影中场景设计的重要性［J］.电影文学，2011（9）.

［8］时光网独家对话赵薇［EB/OL］.Mtime 时光网，（2013-05-01）［2014-02-15］.http://news.mtime.com/2013/04/27/1510949.html.

［9］刘念.网络文学电影改编热的原因研究——基于近十年案例的解读［J］.东南传播，2013（8）.

［10］袁洁平.《致青春》全媒体营销揭秘［J］.中国广告，2013（6）.

［11］杨晴.从传播学视角浅析网络小说与电影"联姻"的成功——以电影《致青春》为例［J］.新闻知识，2013（6）.

第二编 动漫与游戏产业

"熊出没"，请注意

——"熊出没"现象与启示

■ 张军华

核心提示：动漫产业被誉为 21 世纪最具发展潜力的朝阳产业，但国产动漫如何发展一直是困扰业界和学界的重大难题，而随着《熊出没》系列动画的成功，该问题在一定程度上有所突破，也再次引起了人们的探讨。本文试图解析"熊出没"现象和模式，探讨"熊出没"的成功因素和争议之处，希望能为动漫产业的发展和升级提供一些启示。

关键词：熊出没　熊出没之夺宝熊兵　动漫产业　动画　动画电影

一、"熊出没"现象陈述

标题中的"熊出没"之所以不用书名号而用引号，旨在说明"熊出没"三个字已从最初的动画片《熊出没》变成了一条囊括电视动画、动画电影、图书、游戏、玩具、电子设备、主题公园等创、研、产、销一体化的产业链，形成了国产动漫的一种产业模式。"熊出没"已成为一种品牌、一种现象。

（一）"熊出没"现象发迹——动画片火遍全国

2012 年 1 月 22 日农历除夕夜 19 点 50 分，动画片《熊出没》作为春节特别节目登陆央视少儿频道，正式与全国的小观众、大观众见面，迈出了其在动漫产业中开疆拓土的第一步。

《熊出没》是华强动画精心打造的全三维动作喜剧动画片，该片用夸张的卡通手法讲述了森林保护者熊大、熊二两兄弟与破坏森林、采伐原木并占领土地开发创业实验田的光头强之间的搞笑对决。整部动画片从头至尾充满喜剧感，轻松搞笑、幽默诙谐，播出之后迅速拿下同期收视排名第一和非黄金时段收视冠军的佳绩，并在后续的轮番重播中继续保持高收视率。广东嘉佳卡通卫视、广州少儿、福州少儿、宁波少儿、湖南金鹰、四川妇儿、重庆少儿、云南少儿、安徽综艺、安徽科教、黑龙江导视、济南少儿等200多家电视台参与了播映。另外，由于在迪士尼儿童频道的播出，该动画片还收获了不少港澳台粉丝。

1. 收视火爆

几乎一夜之间，光头强、熊大、熊二火遍全国，深受小朋友喜欢。"自从看了《熊出没》，幼儿园的小朋友说话都'俺俺'的。"据相关统计，"自2012年2月，《熊出没》在爱奇艺视频网站上线至今，点击量已有72亿次，平均每天达2 400万次；而《熊出没之环球大冒险》从2012年6月上线至今，点击量已达40亿次，平均每天2 200万次。此外，《熊出没》动画片还在中国电信、中国移动等其他高点击率手机视频热播，长期占据中国动漫点击排名第一的位置"，而《熊出没》的蛇年春节特别版《熊出没之过年》在央视少儿频道播出以来，以3.85的超高收视率刷新了该频道开台以来的收视纪录。在网络上，《熊出没》从2012年春节开播至今，累计点击已有500多亿次，长期"霸占"百度"中国动漫指数"榜单之首。

2. 斩获大奖

在央视开播之前，《熊出没》就已经收获各方好评，先后获得意大利海湾卡通节、意大利Film Festival Della Lessinia、亚洲青年动漫大赛、金龙奖、金熊猫奖等诸多国内外大奖评委们的青睐，还凭借其"环保"的特色主题获得了全国绿色生态动漫作品展"最受观众喜爱动画片"奖。收视成功之后，该动画片所创造的卡通形象于2012年荣获"年度十大最佳卡通形象"第二名，动画片获得了第十二届精神文明建设"五个一工程"奖，在受到市场欢迎之时，备受各级领导肯定。2013年，其又获得了"金猴奖"动画系列片金奖和动画形象金奖、优秀国产动画片一等奖、最具产业价值影视动画形象奖等众多殊荣。

3. 走出国门

国内收视火爆的同时，《熊出没》也走出了国门。据华强动漫提供的数据，《熊出没》动画片已经销售到美国、俄罗斯、伊朗、意大利等几十个国家及全球知名的迪士尼儿童频道。迪士尼儿童频道对《熊出没》表现出了高度的品牌认可，三度与华强动漫合作，先后签约获得《熊出没》、《熊出没之环球大冒险》、《熊出没之过年》的播映版权。

（二）"熊出没"现象发酵——衍生产品集聚

《熊出没》动画片的火爆，一方面是因为产品内容优秀，一方面是营销渠道铺设的结果。然而，创作方华强数字动漫有限公司总经理、导演刘富源坦言，"铺设渠道完全是个烧钱的游戏，即使在央视这样的大平台播放《熊出没》，收益依然赶不上投入的一个零头"，"所以，做动画片是很'悲壮'的，需要理想主义情结，需要等待时机"。这个时机，就是在某个特定的时间推出衍生产品。如今，经过前期的品牌积累，"熊出没"正版授权的衍生产品已涉及动画电影、玩偶玩具、图书光盘、电子设备、主题公园专区等各种形式，"熊"已经"出没"在我们的周围。

1. 动画电影

从电视动画片到动画电影，已成为我国动画产业发展的一个模式，比如《喜羊羊与灰太狼》每年的"生肖"贺岁电影、《开心超人》大电影等。《熊出没》大电影的出现也在创作方计划之内，《熊出没》目前已出品两部动画电影：《熊出没之过年》和《熊出没之夺宝熊兵》。《熊出没之过年》并未在电影院登陆大银幕，却刷新了央视少儿频道的收视纪录；而《熊出没之夺宝熊兵》作为2014年的贺岁片则取得了巨大的成功。

《熊出没之夺宝熊兵》由深圳华强、优扬文化、乐视影业、珠江影业、卡酷卫视、航美传媒等联合出品，是国内第一部真3D卡通大电影。其于2014年1月17日登陆全国各大院线，首日票房即达3 240万元，1月19日票房达1.03亿元，票房3天过亿的速度，在国内上映的动画电影中仅次于《功夫熊猫2》，创下了国产动画片票房过亿速度的新纪录。截止到2014年2月19日，该片票房已达2.42亿元，这一成绩也将成为整个动漫产业衡量票房标准的全新标杆。而往日的常胜将军《喜羊羊》系列只有8 530万元。

2. 玩偶玩具、图书、文具

玩偶玩具、图书、文具是动画产业的重要一环，是品牌积累和商业盈利的重要模式。而"熊出没"的玩偶玩具军团阵容强大，正版授权的有百余种。

2013年9月13日至15日，在由亚洲品牌授权协会主办的深圳国际品牌授权展览会暨衍生品采购会上，"熊出没"可谓风光无限。展会上，由华强动漫自主开发或授权商生产的包含图书、音像、玩具、文具、食品、饮料、箱包、家居用品、电子设备、新媒体产品等在内的十大类共百余种产品一齐亮相，当中不仅有已获得2013年漫博会衍生品大奖的、深受小朋友欢迎的电锯、玩具枪等光头强系列玩具，还有熊大、熊二毛绒公仔等趣味玩具，以及颇为引人关注的大量益智产品："熊出没"系列益智积木，"熊出没"系列智力拼图，"熊出没"系列手工小制作，"熊出没"系列学拼音、学汉字、学英语书籍与音像制品，"熊出没"系列作业本、绘画本、文具大礼包，"光头强"动手工具箱……这些衍生品寓教于乐，数量繁多，销售火爆。

"自从买了'熊出没'中英双语教学书，小家伙学英语的劲头大了很多，实在没想到。"上海的张女士说起"熊出没"产品时，非常兴奋。网名为meng95115的家长评价《熊出没多元智能训练》："宝宝很喜欢的图书！印刷精美，学习性很强。"淘宝买家cong喜欢"熊出没"智能语音公仔："小外甥女见了很开心，又唱歌又背诗的，还说谢谢。"……寓教于乐的"熊出没"相关产品不仅收获如潮好评，销量也同步上升。北京华图宏阳图书有限公司出版的"熊出没"系列图书一经推出便深受小朋友们的喜爱。据悉，"熊出没"学拼音、学汉字等系列图书，2013年2月首批上市不久即售罄，荣登全国少儿类图书新书销量排行榜第一名，4月跃升全国少儿卡通类图书排行榜第3名，三个月内共发行21万套210万册。

"熊出没"益智积木类玩具被授权给宏星玩具也是"熊出没"品牌合作的成功典范。据《中外玩具制造》杂志2013年第二季度玩具零售调查显示，销售火热的"熊出没"玩具系列成功进入北京新中国儿童用品商店以及深圳天虹商场热卖产品榜单前10名。据北京新中国儿童用品商店王丽主任介绍，"熊出没"系列的热卖产品大约有10类，都很受欢迎。

在大型商场、玩具店和母婴店，都能见到"熊出没"衍生品在售，最新上市的"熊出没"书包、文具系列成了孩子们开学季的首选。据沃尔玛超市工作人员介绍，"熊出没"书包、文具都十分受青睐，"小朋友都很喜欢，书包啊，文具啊，这些送人最合适不过了"。为了方便人们选购，家乐福、永旺等大型卖场还特别为这些新品开设了专柜与专台，吸引了大量顾客。

3. 主题演艺

"方特欢乐世界"和"方特梦幻王国"是深圳华强集团设计研发、中国人完全自主知识产权的文化产业主题公园，被称作"中国的迪士尼"。目前，深圳华强集团在芜湖、泰安、青岛、沈阳、株洲等地建造了多个主题公园，这些主题公园和"熊出没"同属一个集团。在"熊出没"热潮之下，全国各地的方特主题公园都打造了"熊出没"主题专区，"熊迷"们可以与熊大、熊二、光头强等自己喜爱的卡通人物亲密互动，亲身体验动漫明星走出"银幕"、走进"现实"的畅快乐趣。

同时，"熊出没"也以自身超高的动漫人气拉动了方特主题公园的客流量与关注度，以最知名、高人气的动漫人物及周边特色产品，带动了方特主题公园的自主研发文化产业及旅游市场营销发展，实现了旅游产业和文化创意产业的完美融合，达到双赢的目的。

除了在方特主题公园有主题演艺之外，创作方也授权在一些娱乐节目中进行真人秀主题表演，如 2014 年 BTV 卡酷少儿动画春晚中，就有"熊出没"形象的真人演出。

4. 游戏

随着《熊出没之夺宝熊兵》的火爆，"熊出没"再发威。官方授权的由国内资深游戏研发商乐堂动漫改编开发的跑酷类手机游戏《熊出没之熊大快跑》登陆 360 手机助手后，以其超高的品质和高度还原的细节，赢得了众多玩家的青睐，上线首日下载量就突破 10 万。值得一提的是，"因其健康有趣的剧情和玩法，成为首款在央视儿童频道投放广告的手机游戏。""一旦这款游戏获得成功，低龄化特征鲜明的动漫产品覆盖不到的中青年人群也会成为整个产业链的'供血者'，他们会被吸引到主题公园里游玩，会给孩子购买公仔……这将造就新的产业链，形成互为补充的销售循环。在这个循环中，游戏可能是动漫产品的周边市场，动漫也可以被看成游戏的周边市场"。

目前，以"熊出没"为题材的小游戏数量繁多，但大多没有官方授权，相信在《熊出没之熊大快跑》之后，官方会继续在游戏领域进行拓展。

二、"熊出没"现象分析

"熊出没"现象的出现，体现了华强集团创、研、产、销一体化的产业理念，是优秀的产品和强大营销渠道共同促进的结果，从传播学视角来看，可以从传播者研究的议程设置理论、受众研究中的受众需求理论以及文化研究中流行文化、视觉文化等相关理论来考察。另外，因"熊出没"现象起源于动画片《熊出没》，因此本部分的主要分析对象为《熊出没》系列动画，较少涉及对其衍生品的考察。

（一）产品内容与受众需求

动画是一种综合艺术，是集合了绘画、电影、数字媒体、摄影、音乐、文学等众多艺术门类于一身的艺术表现形式。随着工业时代的到来，大众文化崛起，精英文化式微，动画艺术也发生了转向，其中一部分转向了流行文化，成为文化工业和大众文化消费的一部分。《熊出没》系列动画作为文化工业生产的商品之一，不但含有艺术的成分，同时又具有流行文化的特征：以商品经济为基础，以市场需求为导向。而针对目前大众对动画片的讨论而言，一般集中在"低幼化"和"语言暴力"方面。同时，根据马斯洛需求理论我们可知，当前的受众需求主要集中在动画片的思想性、娱乐性、艺术性和故事性等几个方面。尽管还存在不少争议，但整体而言，《熊出没》系列动画在创意、题材、故事等方面做了很大的努力，也得到了良好的市场反响。

1. 题材、故事与思想性

低幼化和过度娱乐是近年来我国动漫作品受人诟病的两个重要方面。低幼化因缺乏思想性、艺术性而使受众群狭小，过度娱乐则更是引起小朋友家长的担忧和反感。《熊出没》在思想性方面做了有益的尝试，获得了众多观众的支持。

《熊出没》电视动画片在题材上选择了"环保"这个人们普遍关心的话题，但并不是说教式的宣传，而是通过轻松、幽默、简单的故事来渲染，通过熊大、熊二与伐木工光头强的斗争来展现。同时，《熊出没》还传递了一种"互助的情感、追求真善美"的价值观。比如说，熊大、熊二在与光头强的对抗过程中，通过彼此之间的了解建立了很深的感情，在光头强要离开森林回家过年遇到困难之时，熊大、熊二纷纷出手相助。相反，光头强也在熊需要帮助的时候站在了熊的身边。上述故事情节发生在《熊出没之过年》中。

《熊出没之过年》将故事话题设定为中国人普遍关心和重视的春节回家过年问题，这种题材克服了低幼化问题，让更多的人关注、观看《熊出没》成为可能。在大电影《熊出没之夺宝熊兵》中，搞笑、冒险、亲子等主题被作为主打，借势网络流行语"熊孩子"，将这种老少通吃的"合家欢"题材发挥得淋漓尽致，成功突破了《喜羊羊与灰太狼》系列动画的"小手拉大手"模式，带来巨大的票房收入。

2. 角色场景设定与思想性

《熊出没》系列动画的人物设定摒弃了主角的完美主义和英雄主义情结。熊大机智勇敢，总有阻止光头强的好点子，但有时也会犯错误；熊二好吃、经常上当；光头强贪婪但多才多艺且本质不坏，不仅在性格上不完美，而且形象上也有点"丑"。这就让《熊出没》的人物和以前国产动漫的"英雄"、"美女"们有了区别，避免人物设置上的同质化和审美疲劳，让"不完美成为一种个性，反而可以给品牌带来利润"。这种不完美恰恰是真实生活的写照，反而拓展了《熊出没》观众的年龄层。《熊出没之夺宝熊兵》导演刘富源说："很多年轻观众看完电影后在我的微博上留言，说他们在光头强身上看到了自己的影子……光头强的形象来源于生活，他本质上不是坏人，而是性格中存在小缺陷、生活中也非事事如意的老百姓，他和熊大、熊二的区别代表了现实和理想的差距，熊大、熊二是两个比较纯真的人物，更像是我们的理想状态。我想这正是这部影片引起观众共鸣的原因。"

同时，在人物语言上采用了符合故事逻辑的东北腔，无形之中营造了搞笑气氛，在场景设置上，如光头强的房屋，也很有北方特色。"我们创作《熊出没》期间，创作团队多次去东北森林考察，了解当地的气候、地理环境、风土人情，掌握了大量的第一手资料。"种种前期努力让该作品非常"接地气"。

3. 内容与娱乐性

该动画片的风格就是风趣幽默，娱乐性自不必说，这里主要分析其在避免过度娱乐上作出的努力。这就是《熊出没》的自我审查。导演刘富源印象最深的一次是：在某集里出现熊大、熊二跳西班牙舞，光头强穿白色裙子戴长假发跳舞的画面。它们三个动作搞怪，所有人（注：此处指华强内部员工）都看得哈哈大笑。但是当时，"我们在道德上很难判断这是否会传递不好的价值观（光头强是男性），所以我们把一切可能会产生争议的内容全部砍掉了"。

4. 受众本位意识

施拉姆曾说：受众参与传播就好像在自助餐厅就餐，媒介在这种传播环境中的作用只是为受众服务，提供尽可能让受众满意的饭菜（信息）。这就是受众本位意识。《熊出没》在创作过程中很好地实践了这一理论。总导演说："我们每次新片投产之前，都要做测试片，不仅我们自己要看，还要送到幼儿园、小学给孩子们看，我们还要把孩子们的反应录下来，回来仔细分析。我们所有的动漫经验和艺术修养，都是为了服务观众，我们对真善美的所有思考与理解都是为了启迪孩子，而不是为了在观众面前炫耀。"于是，受众用高收视率来回应创作团队尊重市场、尊重受众的态度。

（二）精准营销与受众本位

受众本位意识的意义在于告诉传播者，传播过程中要尊重受众，尊重受众的差异，进行差异化传播。《熊出没之夺宝熊兵》的营销理念就是分析受众，尊重受众，精准营销。据《人民日报》报道，"该电影的票房大捷与其宣发方乐视影业的市场运作关系密切。乐视影业市场营销副总裁黄紫燕表示，宣发过程中的关键就在于在宣传营销中了解和尊重观众的需求"。乐视将观众分为"小手拉大手"、"大手拉小手"、"大手拉大手"三类，并在这三类人群中通过不同渠道进行营销。针对第一类儿童驱动的观众，乐视在央视少儿、卡酷等动漫频道投放了大量广告；针对第二类父母驱动的观众，则侧重于影片上映前的提前点映和口碑营造；针对第三类以年轻人群为驱动的观众，在强化线上营销的同时，也在线下投放了大量宣传资料。

针对不同特点的受众群，采取了对应的策略，因此能吸引各年龄层的观众，尤其是针对年轻人群的营销策略，更是突破了国产动漫不能吸引成年人的弊端。据了解，该片特别针对年轻人首尝"直销式预售"策略，采用具有年轻人互联网消费特点的电商平台进行销售，取得了良好的市场反应：2014年12月6日展开全网首场预售，发行方共放出5 000张电影票，活动开始5分钟后，全部电影票便告售罄。50个城市、150场，预约总数达到了117 626人。

（三）宣发营销与议程设置

随着我国电视电影产业观念的更新和发展，宣发营销成为整个行业关注的重点，这也是电影产业升级和发展的重要标志之一。利用大众传媒平台进行宣发营销，营造强大的"熊出没"拟态环境，是"熊出没"系列动画取得成功的重要法宝。从传播学议程设置理论视角来说，铺天盖地的动画轮播和宣传，为电视观众尤其是小观众们设置了了解和讨论的议题：熊出没。加上小朋友们对动画片抵抗力差和"小伙伴们"这样的群体意识和人际传播，很容易造成"沉默的螺旋"效应，再加上内容上的优质，"熊出没"就这样几乎一夜之间就火遍全国了。而这正是华强的营销策略——"霸占渠道"。

在传统媒体渠道上，华强首先在央视"狂轰滥炸"，开播首日就从19点50分开始，连播10集，之后每晚21点到22点六集连播，造成强大的宣传攻势；随后又趁热打铁，与国内200多个少儿频道合作，使动画片保持持续升温状态。这种狂轰滥炸近似"洗脑"的宣传攻势，迅速让《熊出没》成为动画片界的"当红炸子鸡"，并不断进行着品牌积累。

除了在传统媒体上有所作为之外，华强还将宣传战火引入新媒体。在新浪微博上就有"光头强"、"方特熊出没"、"方特卡通"等多个官方账号。其中"光头强"就是导演刘富源，"他喜欢用卖萌打趣的方式和熊迷们保持沟通"，让光头强的形象被年轻人接受。同时，还通过微博开展各种活动，如沈阳方特欢乐世界就发起"方特'悬赏令'抓拍光头强"的活动，微博用户抓拍户外广告、报刊书籍、卡通玩具、网络电视中出现的"光头强"形象，并与之合影，便有机会获得方特门票。这些都扩大了"熊出没"的品牌影响力，同时也加强了"熊出没"与观众的联系，为《熊出没之夺宝熊兵》的票房大捷作了很大贡献。

（四）精彩画面与视觉文化

1895 年，法国人卢米埃尔兄弟发明了电影机。1913 年，匈牙利电影理论家巴拉兹提出了"视觉文化"概念，他认为电影的发明标志着视觉文化新形态的出现。视觉文化时代的重要特征，如海德格尔所言，就是"世界图像时代"、"世界被把握为图像"。米尔佐夫在《视觉文化导论》的绪论中就提到："现代生活就发生在荧屏上……人们的经验比以往任何时候都要更具视觉性或是更加视觉化……在这个图像的旋涡里，观看远胜于相信。这绝非日常生活的一部分，而正是日常生活本身。"周宪在《视觉文化的转向》一书中这样描述这种变化："一个可以经验到的发展趋势是，当代文化的各个层面越来越倾向于高度的视觉化。可视性和视觉理解及其解释已成为当代文化生产、传播和接受活动的重要维度。"图像消费已成为我们生活的常态，电影工业除了叙事电影之外也出现了奇观电影。在叙事电影阶段，图像和画面服务于叙事；而在奇观电影中，虽然奇观也服务于叙事，但更多的功能在于创造强烈的视觉冲击，给观众带来震撼的视觉体验。

《熊出没》电视动画片是一部制作精良的全三维动作喜剧动画片，在视觉效果、画面质感、人物表情动作等方面具有很强的原创性和表现力。并且其画面服务于叙事，主要功能在于创造真实感，如森林、光头强的房屋造型以及房屋内的摆设，突显北方特色，让观众感到亲切和自然，增强了吸引力。《熊出没之夺宝熊兵》作为我国首部真 3D 动画大电影，在视觉表现力上有了更大的突破，很有国外电影的感觉，"以其较高的科技水准和工业水平，提升了观众在影院观影获得的视听享受"，进而增强了影片的吸引力。据相关报道，《熊出没之夺宝熊兵》采用了与迪士尼、皮克斯等世界知名动画公司的电影作品相当的 Maya 3D 制作技术，是目前国内科技水准和工业水平最高的动画电影。为了完善影片中的大量特效镜头，片方在核心人物、动作、环境效果等方面进行了研发创新，通过新的建模、渲染、捕捉技术，使影片的视觉效果实现了对传统 2D 动画电影的超越。

技术上的革新带来了震撼的奇观效果。蓝天白云、金黄麦田、绿色草地、湛蓝湖水、夕阳晚照等展现出了强大的色彩奇观，给人强烈的视觉震撼和心灵震撼，让人不由地思考环境保护的意义；光头强用自制飞行器带嘟嘟在天空中遨游时，以不一样的视角展现了场面奇观，给人轻松愉快的感觉；当光头强、熊大、熊二与反派在空中飞来飞去时，又利用了速度奇观，给人强烈的紧张感和刺激感。因此，精良的画面也是"熊出没"现象出现的一大原因。

三、"熊出没"困扰

"熊出没"现象表面上看风光无限，但也有一些问题困扰着制作方，这些问题同时也困扰着国产动漫的发展。

（一）质疑和批评

虽然《熊出没》创作方坚称《熊出没》是一部寓教于乐的动画片，坚持着艺术性与娱乐性的统一，传递着正面的价值观，并且也受到了各年龄层众多观众的欢迎，但还是引起了不少争议，尤其是小朋友模仿"喜羊羊"导致烧伤事件之后，人们对《熊出没》的批评也纷至沓来，《熊出没》也对台词进行了全面整改，同时增加了"动画情节，请勿模仿"的标志。

1. 语言暴力

据新闻报道，广州市民梁女士反映，动画片《熊出没》受到小朋友们的喜爱，自己六岁的儿子也很喜欢看。然而，孩子却从片中学来满嘴脏话，例如"见鬼"、"臭狗熊"、"去死"、"笨蛋"等不雅词语。"问他和谁学的，他竟然说和《熊出没》的主人公光头强学的。"梁女士随即观看了一集该动画片，"没想到仅仅十多分钟，就出现 21 句此类脏话"。"10分钟 21 句脏话"使"熊"出没在风波里，央视的《新闻联播》也指出《熊出没》存在暴力失度、语言粗俗等问题，有人撰文称"《熊出没》制造了中国动漫史上一场空前的语言艺术大观——暴力语言肆虐的温床"，但网友普遍哀叹，"按这标准，经典动画全不能看"。

2. 整人文化

除了语言暴力之外，《熊出没》被指充满了整人文化，"这些互相对骂、算计、伤害和互设陷阱的整人元素，却成了片子吸引儿童受众的最主要原因"，"该动画片处处充斥砍伐、狩猎等非法行为，各种打斗暴力行为不绝于目，体现对人或对动物的戏谑与欺侮，还有枪支滥用、武器至上等不良行为的引导"，"总是在教人怎么恶作剧"，但也有网友表示"圣斗士打死过人，哪吒自刎时鲜血遍地，《灌篮高手》更不用说了，不良少年砸篮球馆播了好多集"……诸多观点吵作一团。

面对质疑和批评，导演刘富源发了一条微博："这些天弄明白一个道理，做个动画片角色真心不容易。被人喜爱永远上不了头条，只有被人批评，俺们才能上头条。"话语之中道出国产动画的困境。分级制度又被公众拿出来讨论，但分级制度牵涉面广，分级标准和具体执行都有很多困难，短时间内分级制度恐怕不会出台。远水解不了近渴，当务之急是动画制作机构应遵守行业规范，严格制定编审准则，在创意、题材等方面进一步自律和探索，"以一种新的绿色健康的姿态面向未来"。而另一方面，社会也需要多一些宽容。深圳社科院文化研究所所长王为理在接受记者采访时表示，"我们要大力扶持优秀国产动画产品，不能因为细节的失误和不足就限制产业发展，对这些很难得出现的影响力广泛的动漫，要保持一种宽容和支持的态度"。

（二）盗版

盗版问题一直是阻碍我国文化产业发展的重大问题，"熊出没"也同样遭遇到了该问题。这主要体现在衍生品上。我们在淘宝等电商平台键入"熊出没"进行搜索，搜索到的商品铺天盖地，但大部分商品都是未经官方授权的。同时，在小游戏方面，我们在几个小游戏网站都能看到"熊出没"专题，有 600 多种"熊出没"题材的小游戏，但都没有官方授权标志。《熊出没》导演刘富源曾说："目前，市场上销售的'熊出没'玩具、文具、服装中有 50% 以上是盗版的，若反盗版力度太弱，中国动画企业赢利将面临很大困难。"

四、结语

《熊出没》系列电视动画和动画电影造就了"熊出没"现象，是国产动漫产业发展和升级的一个重要标志，并将进一步推动动漫产业的发展。《熊出没》在产品制作和营销模式上都是国产动漫的一个有益尝试和探索，并且取得了巨大的成功，对我国动漫产业的进一步发展有很大的启示。但《熊出没》最终还是没有逃出国产动漫的一些争议怪圈。接下来，如何推出受众满意、有市场赢利的作品仍然是我国动漫产业需要思考和探索的课题。

参考文献

［1］徐聪.《熊出没》："不完美"定位＋霸占渠道［N］.中国经营报，2013-04-22.

［2］彭程.《熊出没》的背后总导演丁亮谈动画创作与运营［J］.时代漫游，2013（10）.

［3］周豫，吴敏，张莹莹，郑照魁.粤产精品以情动人［N］.南方日报，2012-09-25.

［4］刘琼.深圳动画：以原创树品牌赢市场［N］.深圳商报，2013-07-31.

［5］何益，张勇庭，吴寅.《熊出没》现象与启示［J］.群众，2013（10）.

［6］迪士尼频道获《熊出没之过年》播映版权［J］.玩具世界，2013（9）.

［7］惊喜战：动画儿童电影扎堆上映，《熊出没》突出重围［EB/OL］.Mtime 时光网，（2014-02-17）.http://news.mtime.com/2014/02/17/1524165-7.html.

［8］快乐又益智《熊出没》携百余种产品亮相深圳授权展［EB/OL］.中华网财经，（2013-09-10）.http://finance.china.com/fin/sxy/201309/10/1747816.2.html.

［9］刘宇新.2013川少动漫书持续发力　《熊出没》红透少儿界［N］.中国出版传媒商报，2014-01-07（027）.

［10］左盛丹.360首发《熊出没之熊大快跑》掀起下载热潮［EB/OL］.中国新闻网，（2014-01-26）.http://finance.chinanews.com/it/2014/01-26/5784639.shtml.

［11］张书乐.动漫"入侵"移动游戏［N］.人民邮电，2014-01-17.

［12］刘阳."熊孩子"搅动贺岁电影市场［N］.人民日报，2014-01-23.

　　［13］李建彬.《熊出没》首尝直销式预售成院线黑马［N］.北京商报，2013-12-13.

　　［14］尼古拉斯·米尔佐夫.视觉文化导论［M］.倪伟译.南京：江苏人民出版社，2006.

　　［15］周宪.视觉文化的转向［M］.北京：北京大学出版社，2008.

　　［16］郑重.《熊出没》10分钟21句脏话真够脏！［J］.中国民商，2013（11）.

　　［17］新华网.新闻联播点名批评：《喜羊羊》《熊出没》暴力粗俗［EB/OL］.新华网，（2013-10-14）.http://news.xinhuanet.com/edu/2013-10/14/c_125527646.htm.

　　［18］宋磊.君看两只"熊"，出没风波里［N］.中国文化报，2013-08-28.

　　［19］翁惠娟.儿童动漫如何做到"无公害"［N］.深圳特区报，2013-10-18.

从《神庙逃亡》的成功看我国手机游戏产业的发展和未来

■ 张梦莹　卢　静

核心提示：本文从我国手机游戏产业的发展历程入手，探讨了手机游戏发展的现状和盈利方式，通过对《神庙逃亡》的个案分析，总结出手机游戏发展面临的问题，并对手机游戏产业发展的未来进行展望。

关键词：手机游戏　神庙逃亡　盈利

一、案例简介与背景阐述

（一）我国游戏产业的发展历程和现状

街机和游戏机恐怕是大多数人最先熟识的游戏产品。街机游戏始于 20 世纪 80 年代，到了 90 年代初，街机已经遍布大街小巷。那时，家庭游戏机和电脑还未普及，街机游戏成为无数玩家的最爱，也造就了那个时代街机的辉煌。随后，家庭游戏机开始走入千家万户。日本任天堂生产的红白机（即 FC，Family Computer）是最早流行的游戏机之一，不过当时中国大陆市场上的很多此类游戏机并非任天堂原装产品，而多是由国内厂商制造的仿制机或者兼容机，如"小霸王"。随着个人电脑的普及，街机和游戏机江河日下。20 世纪 90 年代，个人电脑逐渐普及，随着电脑硬件、电脑软件和互联网的发展，电脑游戏开始成为游戏产业的主角。最早的电脑没有互联网，因此早期的电脑游戏大多是单机游戏。1994 年，中国成为国际互联网的一员。2000 年之后，随着中国网络基础建设的发展和网络费用的下调，中国的网络开始普及，网络游戏开始出现。单机游戏在经历了数十年的繁荣后日渐式微，而客户端网游以其精美的游戏画面、复杂的游戏关卡、史诗般的世界观吸引了大量网民投入其中，而网页游戏也以其方便、多类别的特点吸引了众多玩家。随着开心网、人人网、腾讯等大型社交网站的兴起，社交游戏也逐渐发展起来。2009 年，"偷菜"游戏红遍全国，不过很快就开始衰退。近年来，手机、平板电脑等移动设备迅速普及，以手机游戏为主的新移动媒体终端游戏展现出强大的市场潜力。据《2013年中国互联网发展状况白皮书》显示，我国手机网民规模为4.2亿，其中手机游戏玩家已达到1.9亿，每年的用户增速超过80%。

据《2013年中国游戏产业报告》显示，2013年中国游戏市场销售收入中，客户端网络游戏市场实际销售收入536.6亿元，占64.5%，网页游戏127.7亿元，移动游戏112.4亿元，社交游戏54.1亿元，单机游戏0.9亿元。纵观中国游戏产业的发展现状，客户端网络游戏仍是游戏市场的主力军，移动游戏发展势头强劲。中国手游集团认为"端游"（即客户端游戏）代表现在，移动游戏代表未来，这已成为一个基本共识。

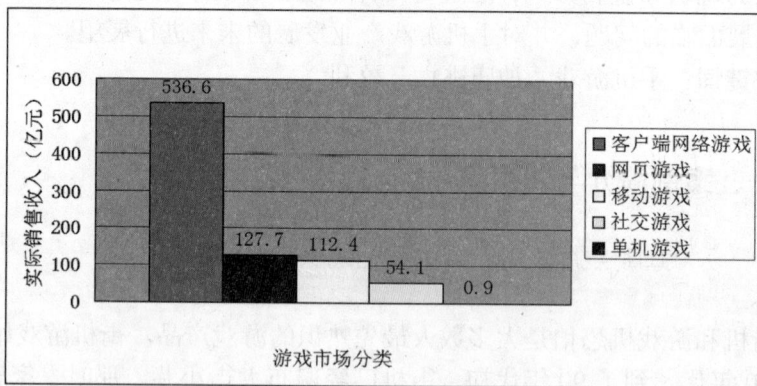

中国游戏细分市场销售收入

（二）我国手机游戏产业的发展历程

手机游戏，泛指所有在手机终端上运行的游戏。诺基亚（Nokia）是手机游戏的开创者。1998年，诺基亚6110作为国内第一款内置游戏的手机面世，内置有《贪食蛇》、《记忆力》、《逻辑猜图》三款游戏。那时的手机是黑白的，游戏的乐趣就是看着一个个像素点在移动。从那时候起，手机不再是单一的通信工具，手机游戏为用户提供了消遣和娱乐的方式。这是手机游戏的雏形——嵌入式游戏。嵌入式游戏是固定在手机上的，受手机硬件影响，且不可更换。

随后，短信游戏进入了人们的视野。短信游戏中，玩家和游戏服务商通过短信交流来进行游戏。国内最早的短信游戏是2001年6月广州讯龙科技公司在广东开通的"移动大富翁"。短信游戏是兼容性最好的手机游戏之一，只要用户的手机可以发送短信就可参与游戏。

随着 Wap 技术的发展，一种能给用户带来更多文字情节和图片的游戏方式出现了。要玩 Wap 游戏就要用手机的 Wap 浏览器输入游戏供应商的地址，浏览游戏页面，选择特定的菜单或文字，提交数据到服务器，然后浏览下一页面继续游戏。

手机游戏得到真正的发展是在平台游戏出现后。平台游戏克服了过去手机游戏的种种局限。这些平台令手机设备得以植入更加复杂的程序，从而提供丰富的画面和语音给用户，使用户拥有更好的游戏效果和更丰富的游戏选择。Java ME 作为手机游戏平台曾红极一时。Java 手机游戏的通用性强，只要是支持 Java 程序的手机都可以安装，众多手机小游戏都由 Java 开发，诸如《七夜》等一批国产优秀 Java 手机游戏曾经风靡一时。

2007 年，苹果推出首代 iPhone，它使手机游戏达到新高度。App Store 的出现，让用户能在琳琅满目的数字商店里任意挑选，也让游戏开发商有了更好的推广平台。2007 年以前，多数手机游戏开发商需要依赖诺基亚这样的大公司或移动运营商来定制游戏，而 iPhone App Store 的出现则彻底改变了这一现状，也改变了游戏市场的格局。于是，《愤怒的小鸟》风靡全球，而它的开发商 Rovio 曾经只是一个小工作室。随后，谷歌、微软、黑莓等都推出了自己的数字商店。同时，国内的运营商中国移动、中国电信、中国联通也借鉴 App Store 打造出了移动应用商店、天翼空间、沃商店，而游戏无疑是这些商店中的主流应用。《愤怒的小鸟》、《水果忍者》、《神庙逃亡》等一系列游戏所创造的销售奇迹，充分说明手机游戏"炙手可热"。

从黑白到彩色，从小屏幕到大屏幕，从单机到网游，从内置到自主下载，从按键操作到感应玩法，手机游戏在短短十多年内有了飞速的发展。即使今天的我们沉浸于《飞机大战》和《神庙逃亡》绚丽的画面中时，我们也还依稀记得初玩《贪食蛇》和《俄罗斯方块》时的如痴如醉。

（三）手机游戏产业发展现状

智能手机的迅速普及，3G 网络的快速发展，使手机游戏产业日益成为数字娱乐文化产业的主力军，成为整个中国经济中最热的一极。"金翎奖"作为中国游戏产业年度最有价值的评选活动，是行业发展的风向标，反映行业发展的趋势和格局变化。2013 年的"金翎奖"首设"玩家最喜爱的手机游戏"、"玩家最期待的手机游戏"、"最佳原创手机游戏"、"最佳境外手机游戏"四个移动类奖项，同时部分 PC 网游类的奖项或合并或取消，此消彼长间，不难看出手机游戏产业的全面崛起。

1. 手机游戏逐渐成为生活"必需品"

据工信部统计数据，2014年1月底中国移动通信用户达12.35亿，其中4.19亿（33.94%）为3G用户。庞大的手机用户为手机游戏产业的发展提供了坚实的基础，手机游戏正以其便捷性、趣味性迅速融入现代生活。现今，人们已经进入了一个碎片化时代，地铁里、公交车上、排队等候、饭前饭后，人们需要方便而有趣的娱乐释放压力、排解烦闷或打发时间，而可以随时随地开启的手机游戏正好满足了人们的需求，成为人们在零碎时间里消遣解闷的重要方式。

2. 简单、多元的游戏方式

手机游戏以放松、休闲、娱乐为目的，和电脑、掌机游戏机相比，手机游戏在操作方式和娱乐定位上都有其独特之处，它是一种"轻量化的娱乐体验"。手机游戏和以往的 PC 游戏、掌机游戏不同，它强调的是趣味性、轻松感和新鲜感，不再强调技巧性和挑战性。多年来，游戏模式都被圈定在上、下、左、右的范围内；而现在，多点触摸、重力感应等技术颠覆了以往的游戏方式，使游戏控制打破了按键的局限，给用户带来不同于电脑键盘、掌机手柄的游戏控制方式。

3. 手机游戏走向社交互动

当手机的实用性和娱乐性完美结合时，手机游戏爆发出前所未有的潜力。2013年8月，微信5.0上线，游戏模块的加入引人关注。微信内置的《飞机大战》迅速火爆起来，另一款游戏《天天爱消除》一日内下载量超过2 700万，荣登苹果 App Store 免费榜首位。这本只是两款简单的游戏，但却借助微信强大的社交平台迅速风靡。速途研究院首席分析师陈明宇表示："微信运营手机游戏的优势在于它强大的社交功能，用户可以实现与好友互动，并在短时间大量传播。微信也许将成为一个庞大的移动社交游戏平台。"微信游戏提供给用户的不仅仅是游戏本身，更重要的是提供了一个大家可以互相竞争、分享的社交平台。

（四）手机游戏的盈利模式

手机游戏的日益兴旺与其盈利模式的拓展是分不开的。目前，手机游戏的盈利模式主要是借鉴互联网游戏的成熟模式，但也有其特点。

1. 一次性下载付费模式

一次性下载付费模式往往发生在下载之前，用户通过较低的价格获取游戏的使用权。比如苹果 iOS 平台的游戏通过 App Store 下载，可以使用信用卡转账进行付费；中国移动的游戏平台拥有 2 000 多款单机游戏，其用户基本都是通过一次性付费下载获取游戏安装包。这些一次性下载多是通过游戏平台进行，如 iOS 平台上的 App Store，国内的中国移动手机游戏基地、当乐网等。而这一模式往往还涉及一次交易，即手机游戏研发厂商将产品通过授权金或是收入分成等形式交给平台运营商。在 iOS 平台上，苹果与应用程序开发商有自己的分账协议，中国移动则是在平台上推出"G+游戏包"服务，与厂商联合"认证"精品游戏并推荐到平台做推广。

这种模式多见于国外的一些版权游戏，为了获得更新更好的体验，用户会进行付费下载。但是这种模式在盗版游戏猖獗的国内市场遇到了种种困难：用户的收费习惯难以培养，加之定价过低游戏开发商利润不足，定价过高则用户的购买行为会减少。这种模式在今后的发展过程中会受到限制。

2. 增值服务收费模式

由于国内智能手机安卓系统下载 App 应用以免费下载为主，一些游戏虽然是免费下载，但会通过提供一些附加服务进行收费，比如游戏的普通版本免费但高级版本收费，一些能够给用户带来更好体验的道具收费，激活关卡的完整版收费，享受无广告版本的游戏收费等。这种模式是目前国内手机游戏中使用较多的模式，用户在下载游戏之后可以免费获得游戏的试玩体验，如果想获得更好的体验则可以选择付费后的增值服务。这种手机游戏的商业模式是模仿 PC 网游的"免费游戏"模式：免费提供完整版游戏程序下载，在游戏中通过道具收费营利。这也是目前国内手机游戏较稳定的营利方式。

3.IGA 模式

IGA 模式是指用户可以免费下载游戏，运营商通过内置广告来盈利的模式。这种模式中，没有对用户的直接收费行为，而是将营利的压力转移到其他领域。在安卓系统的平台上，由于游戏多是免费的，无法通过付费下载的方式来营利，因此游戏开发商通过与广告商合作，利用游戏本身的吸引力来吸引用户，进而吸引广告商，通过广告收入营利。这种营利方式在目前的手机游戏盈利模式中也是十分常见的，其收益也非常可观。

4. 副产品盈利模式

手机游戏通过培养一定的游戏玩家，将游戏本身转化为一种产业，进而利用游戏造型开发出电影、电视剧、动画片、毛绒玩具等产品出售，打造娱乐产业链。这种盈利模式通常建立在游戏拥有较高的知名度和固定且庞大的用户群的基础上，用户需求会向其副产品拓展。如《植物大战僵尸》除了游戏本身，已开发出相应的动画片、卡牌、玩具，甚至雕塑、电玩等副产品，利用游戏本身的口碑，通过游戏的副产品营利。这种副产品的目标消费者多是青少年，商家利用其消费心理，通过游戏拓展产品类别，这在目前的游戏产业中也非常常见。

二、案例过程及记叙

（一）《神庙逃亡》简介

《神庙逃亡》是一款跑酷类游戏，它是在只有 8 名员工，甚至没有办公室的情况下，由一对夫妻领衔开发出来的游戏。他们的游戏工作室叫 Imangi Studios。游戏的主角为一群流浪探险家，在偷取宝物后，被一群"恶魔猴子"追捕，由此引发"神庙逃亡"。玩家在《神庙逃亡》游戏中的目标是通过避开随机产生的障碍物，尽可能跑得远，并且尽可能获得更多的金币和分数。《神庙逃亡》现有众多版本，包括《神庙逃亡》、《神庙逃亡：勇敢传说》、《神庙逃亡 2》、《神庙逃亡：魔境仙踪》等。《神庙逃亡》可以说是跑酷类手游领域的开山之作。

2011 年 8 月，《神庙逃亡》在 App Store 上发布。起初，《神庙逃亡》需要支付 99 美分才能够下载。

2011 年 12 月，《神庙逃亡》成为一个免费的 iOS 应用。

2012 年 3 月 27 日，《神庙逃亡》在安卓平台上发布，三天内被下载了 100 万次。

2013 年 1 月，《神庙逃亡 2》先后登录 iOS 和安卓平台，随即引发新一轮的跑酷热潮。在 App Store 上架的 24 小时内，迅速蹿升至免费应用排行榜首位。而在上架后两周的时间里，《神庙逃亡 2》在 iOS 和安卓移动平台的下载总量已超过 5 000 万次，打破了之前由《愤怒的小鸟》创造的 35 天 5 000 万次的下载纪录。

《神庙逃亡 2》国内安卓版由乐逗游戏于 2013 年 2 月发布，发布不到一周突破 1 000 万次下载；10 个月后，这个数据增长为 1.7 亿。

2013 年 9 月，《神庙逃亡 2》博尔特 1.3 版本发布，将明星引入游戏，增加了世界上跑得最快的男人博尔特的角色。虽然跑酷类手机游戏应用不断增多，但《神庙逃亡》系列游戏还是保持了很大的影响力。

在 360 手游发布的《2014 年 1 月手游指数报告》中，《神庙逃亡 2》在 2014 年开年的手机游戏下载排行中依然高居下载量排行榜第四名。据腾讯网消息，《神庙逃亡 2》专属定制版即将登录微信游戏平台，这必将让更多的玩家了解《神庙逃亡》并喜欢上它。随着《神庙逃亡》的成功，开发商希望能把该游戏当成品牌经营，开发出不同的衍生产品。目前已经推出的除了服装产品之外，还有动漫与街机游戏，接下来还将推出纸牌游戏与书籍，将整个游戏的故事主线与背景交代得更清楚。开发商还打算和华纳兄弟集团联手打造电影版《神庙逃亡》。在 2013 年"金翎奖"中，《神庙逃亡 2》荣获"最佳境外手机游戏"奖项，《神庙逃亡》微信版荣登"玩家最期待的手机游戏"榜单。

（二）《神庙逃亡》的盈利模式

《神庙逃亡》自诞生以来不断受到国内外手机使用者的关注，由国外市场引入国内市场，由 iOS 平台转入安卓平台，由第一版不断更新，继而又推出了其他各种版本，继而又出现电脑版、电玩版，这都证明了其火爆程度。自 2011 年《神庙逃亡》上架吸引 1.7 亿用户的目光后，通过应用内付费，就已经净赚超过百万美元。《神庙逃亡 2》也在短时间内向外界展示了其巨大的商业潜力。就这款游戏而言，其主要的盈利模式是应用内付费。

在 2011 年 8 月《神庙逃亡》刚推出时，这款游戏是收费下载的。它在 App Store 以 99 美分的价格出售，虽然引起了广泛关注，却并未真正火起来。1 个月之后，Imangi 将《神庙逃亡》的商业模式更改为免费增值模式，以应用内付费的方式营利。玩家通过免费下载游戏可以进行试玩，在游戏进行中，如果玩家想获得更多人物，升级技能，或者希望在人物死亡之后继续进行游戏，获得更好的游戏体验，可以选择付费购买相应的道具。

为了获得应用内付费盈利，《神庙逃亡》需要拥有庞大的用户群，以及游戏本身对玩家持续的吸引力。从推出以来，它确实吸引了一大群玩家的目光，在短期内登上了 App Store 应用下载排行榜首位，《神庙逃亡 2》也凭着《神庙逃亡》的口碑和吸引力受到用户的关注。将《神庙逃亡》引入国内的乐逗游戏中心曾对《神庙逃亡》的用户进行过调查，结果表明，以学生为主体的玩家用户在选择增值付费时大部分会选择小于 10 元的花费，而这已足够使《神庙逃亡》获得每月 3 000 万元的收入。

从游戏体验上来说，《神庙逃亡》作为跑酷类游戏，不断向前奔跑、获得更高的分数是其让玩家爱不释手的原因。通过不断进行游戏，玩家可以获得等级提升，与其他玩家进行分数排名，或是获得新的技能，体验更多的游戏场景，加快游戏人物的前进速度，这使玩家愿意多次尝试或者付费获得更好的体验。再加之随着《神庙逃亡》的知名度不断提升，玩家愿意通过付费获得更高的积分和排名以在现实生活社交中获得更多的话题。

就增值付费模式本身而言，据 Distimo 公司发布的一份报告显示，应用内付费已成为手机游戏盈利模式中最主要的方式，其收入规模不断攀升。2013 年 2 月，美国 76% 的 iPhone 应用商店的收入来自于应用内付费，而亚洲应用内付费为 iPhone 应用商店贡献了超过 90% 的收入。

《神庙逃亡》的玩家数据分析

神庙逃亡	
年龄	
10~19 岁	20%
20~29 岁	35%
30~39 岁	30%
40~49 岁	10%
other	5%
职业	
学生	55%
IT 业	25%
建筑	8%
电信 / 网络	5%
金融 / 地产	2%
other	5%
付费分布	
10 元以下	92.56%
10 到 20 元	2.80%
20 元以上	4.64%
月收入	
3 000 万元	

同时，《神庙逃亡》也凭借其庞大的用户群正在努力开发周边产品，将营利方式拓展到其他领域。Imangi 表示，将把《神庙逃亡》当作品牌进行经营，除了陆续推出不同主题的《神庙逃亡》系列游戏以外，还将开发

出不同的相关衍生产品，目前已经推出的除了服装产品之外，还有动漫与街机游戏，接下来还将推出纸牌游戏、玩具与书籍，以将整个游戏的故事主线与背景交代得更清楚。它还与迪士尼合作，结合《神庙逃亡》的精神与迪士尼的角色，开发了另两款《神庙逃亡》的版本：《神庙逃亡：勇敢传说》（Temple Run-Brave）和《神庙逃亡：魔境仙踪》（Temple Run-Oz）。通过多方面的产品开发，以满足用户的新鲜感。以建立品牌为中心的游戏经营，是《神庙逃亡》能够不断提升其利润的重要战略，周边产品的开发与游戏本身相互促进，使其用户数量不断攀升。

（三）《神庙逃亡》的特点

1. 简单

《神庙逃亡》基本没有什么剧情，游戏一开始就是无止境的奔跑。同时，游戏操作也非常简单，该游戏采用手势操作，手指向左滑动为左转，向右滑动为右转，往上滑即为跳跃，往下滑主人公则卧倒行进。并且，当你在神庙周围奔跑时，还可以通过左右倾斜手机来收集沿路的金币。如此简单的游戏方法，无论是小孩还是老人都能迅速掌握并沉浸其中。虽然游戏中只有简单的几个动作，但出色的临场感丝毫不会让玩家感到无聊。

2. 游戏时间短

《神庙逃亡》每次玩的时间只需短短几分钟，让玩家能够充分利用碎片化的休闲时间，也让玩家能在需要工作时迅速退出游戏。游戏一启动便直接进入主题——逃亡，一路上充满挑战和紧迫感，牢牢抓住了玩家的注意力。

3. 永无止境的积分模式

从游戏机制上看，不少游戏采用关卡设置，但玩家通常在游戏通关后热度急速下降。而采用积分制的《神庙逃亡》则更能刺激玩家不断追求最高分的心理，用于分享和比拼。而且《神庙逃亡》有累计奔跑距离、收集金币以及解锁各种道具等目标和任务设置，让玩家在游戏中一步步不断挑战。《神庙逃亡》是永远不会通关的，只要你没有被绊倒、撞墙或落水等，就可以一直玩下去。不过，随着奔跑距离越来越长，角色的速度会逐渐变快，路况也会越来越复杂，最后以角色的死亡结束游戏。

三、分析及评价

（一）《神庙逃亡》在中国市场成功的原因

《神庙逃亡》的成功与游戏本身的设计以及之后的战略分不开。

1. 画面精美，操作便捷，体验感强

作为跑酷类游戏，《神庙逃亡》以其操作简单却又不乏味的特点来吸引玩家。游戏的操作很简单，并且只需要一只手就能玩。通过滑动和摆动手机来控制游戏中角色的运动，通过划屏控制角色的运动方向以躲避障碍物，并且在前进过程中收集文物、金币，获得积分和收藏品，前进的距离和收集到的金币共同构成游戏的分数。单次分数可以累计成升级分数，同时，通过完成任务升级，玩家还可以与好友比拼得分。玩家非常容易上手，只需要观看几秒钟演示便可自行体验。游戏的时间可长可短，能够快速将玩家带入游戏中，好胜心和好奇心的驱动使玩家对此游戏产生欲罢不能的体验。如果玩家想要获得更高的分数，可以通过购买钻石获取一个生命值，也可购买道具或人物获得更强的技能。作为一款3D游戏，《神庙逃亡》不仅在画面上非常逼真，而且还配有相应的音乐，制造出更加紧张的氛围，在视听体验上也足以给玩家不一样的感受。没有终点的奔跑使玩家每一次玩都会产生不同的体验感，场景的变幻、紧张的气氛能够使玩家产生重复体验的心理。

对于手机游戏而言，操作的便捷性和游戏本身的情节性是吸引玩家的根本原因，"易于上手，难于精通"是游戏设计者吸引玩家持续体验游戏的方法。唯有游戏本身吸引力和体验感兼备，才能使玩家长期使用游戏软件并主动进行口碑传播。

2. 不断更新版本，为用户提供不同的体验平台

《神庙逃亡》在推出以来不断更新系统，不仅在原有的游戏基础上增加场景、人物，美化界面，为玩家提供更新的技能体验，还随着游戏市场的拓展推出了中文版，使看不懂英文的玩家可以更好地完成游戏，并且在中国市场可能还会推出中国人物角色。

与此同时，随着触屏电子产品的发展，《神庙逃亡》在平板电脑上的体验感比手机上更强。利用鼠标键盘操作的电脑版、利用手掌滚动的电玩版不断推出，为玩家提供了全方位的体验，并使游戏的影响力持续增强。

手机游戏不仅需要对不同的系统平台进行软件开发，为了增加用户的黏性，更需要对游戏本身进行不断地更新和完善，通过短期内完善游戏系

统设置、增加道具和人物，不断带给玩家新鲜感，为游戏的传播不断注入新鲜的话题。

3. 应用内付费的盈利模式

如今的手机游戏以应用内付费为主要的盈利模式，《神庙逃亡》也不例外。应用内付费的好处是能够获得庞大的用户群，他们可以免费下载体验游戏，利用游戏本身的特性和吸引力增加用户的黏性，通过游戏的关卡和积分设置吸引玩家付费购买。相较于付费下载而言，应用内付费对于玩家下载、体验游戏有更大的吸引力，特别是在信息和网络十分发达的现代社会，游戏的更新换代速度非常快，没有一定的噱头、口碑，甚至还要付费才能下载的游戏往往会被玩家在数量庞大的游戏应用中忽略。据数据统计，《神庙逃亡》最早作为付费游戏发布的时候，它在 iPad 付费榜的最好排名是 33 名，但是自 Imangi Studios 把这款游戏由收费改为免费后，游戏的下载量便突飞猛进，在 2012 年年初达到峰值。《神庙逃亡 2》与《神庙逃亡》类似，游戏货币化进程是逐层演进发展的。相比其他付费游戏而言，《神庙逃亡》用户的消极体验要少很多。同时，在如今数字消费的时代，通过网银或者第三方支付平台进行付费成为新的消费潮流，付费的便捷性使手机游戏收费获得了更加便捷的渠道。

4. 概念营销

《神庙逃亡》的成功充分体现出一款游戏除了要在内容上有吸引力，更需要在营销上下功夫。《神庙逃亡》将游戏产品当成娱乐产品来经营推广，提出并推广全民跑酷的概念，通过写实的风格，每次更新版本都像要带领玩家开启全新的冒险旅程，带给玩家不同的娱乐享受。从冒险家到橄榄球明星再到如今的短跑冠军博尔特的无缝植入，游戏不仅带给玩家轻松、刺激的娱乐体验，更传递了一种冒险、坚持的运动精神。和明星一起跑，已经成为亿万《神庙逃亡》玩家的一种习惯。游戏官方表示，未来会持续引入体育、影视、文化名人，开启"全明星大逃亡时代"。《神庙逃亡》不仅通过概念营销获得用户的关注，同时，还利用国内玩家最喜欢的社交、分享、排行的本地化功能，在渠道上，通过玩家自发的口碑传播，以及 SNS 媒体扩散，最终降低用户成本，并且为渠道拉动新用户，形成双赢和共同增长。

5. 中国代理商的推广

《神庙逃亡》此前并未过多关注中国市场。长期以来，国内市场发行和运营的空缺，导致盗版横行。随着安卓市场日渐强势，Imangi Studios 随即与乐逗游戏合作，让乐逗成为中国地区独家代理商。为更好地迎合中国玩家的需求，代理商对原版《神庙逃亡》做了适当的改变，如将游戏包从49Mb压缩到19Mb，针对中国玩家的付费习惯修改付费方式等。在中文版引入国内市场前，各种《神庙逃亡2》的非官方版本早已铺天盖地，于是乐逗又采取了诸多清除盗版的强力措施。

（二）我国手机游戏产业面临的问题

尽管以《神庙逃亡》为代表的一系列手机游戏在中国的手机游戏市场获得了庞大的用户群和高额的收益，但从手从机游戏的总体发展情况来看，我国的手机游戏产业还面临着许多问题和挑战。

1. 游戏质量良莠不齐

因为手机游戏研发门槛较低，市场中存在许多研发实力不足的小团队或者个人开发者，大量"换皮"、"山寨"的手机游戏充斥市场，导致游戏同质化、元素单一、耐玩性低、质量参差不齐。同时，部分游戏产品被资本绑架，其研发周期、游戏内容、客户服务等存在严重缩水，产品质量无法保证。近几年来，虽然有如《愤怒的小鸟》、《神庙逃亡》等游戏风靡全球，但更多的游戏却因质量低劣或运营不善而在推出后不久便销声匿迹。

2. 盗版手机游戏猖獗

在我国的手机游戏市场，盗版现象非常严重。盗版游戏不仅推出汉化版、免费版、破解版、无限制版，甚至有些盗版手机游戏软件对游戏本身的内容作了一定的修改，将游戏中一些缺陷和限制进行调整，制作出比原游戏更完善、使用感受更佳的盗版游戏。这类游戏往往会基于玩家需要来改进，从而更加受到玩家的喜爱，对正版游戏产生了极大的威胁。免费的盗版手机游戏威胁正版游戏的赢利，在强大的盗版市场中，正版游戏的生存面临种种困难和挑战。

3. 种类固定化，剧情无新意

在手机游戏软件中，智力、策略、养成、休闲等游戏种类成为区分游戏的标准，而在每一种类型的游戏中，类似或雷同的游戏众多。在我国的游戏市场中，新颖的游戏一旦推出，便会产生众多模仿或者抄袭的游戏，这就使手机游戏市场显得非常混乱，新的玩家对游戏的辨识度不高，对游戏的忠诚度就更低了。再加上手机游戏经过多年的发展，基础的游戏类型比较固定，而游戏产业尚未得到更多的重视，手机游戏的从业人员整体素质不高，导致游戏设计上很难推陈出新，使新的手机游戏的剧情很难吸引新的玩家。

对于用户而言，新鲜、好玩、热门的手机游戏才是他们愿意关注、下载和使用的，如果游戏内容本身无法突破现有游戏的束缚，新的游戏只是在人物和画面上作出一些改变，游戏内容和剧情本身过于普通，用户是很难被这样的手机游戏吸引的，即使下载了也会很快厌倦。

4. 移动网络环境有待提升

目前，国内 3G/4G 移动网络的应用服务水平还有待提升。东部地区及中西部大城市一般拥有较好的网络基础，然而二、三线城市及农村地区则相对落后，网速缓慢，3G/4G 只是商家宣传的口号。故而，移动开发商就会严格控制 App 文件体积，致使画面、音效被高度压缩，进而影响游戏的品质。如《神庙逃亡 2》为更好地适应中国手机游戏用户的需求，将游戏包从 49Mb 压缩到 19Mb。同时，流量资费高也成为移动游戏市场发展的瓶颈，对用户尝试下载游戏或保持长时间在线构成消费障碍。

5. 手游用户付费意愿较低

国内手机游戏用户的付费习惯尚有待培养，手游用户在付费用户转换率上较低。在手游盈利模式还不清晰的当下，从吸引用户玩游戏到吸引用户付费玩游戏进而实现赢利，其间仍有一段路需要走。同时，由于手机游戏生命周期较短，开发商往往急于在短期内收回投资，导致付费点设置不合理，无法吸引用户付费。

6. 研发企业处于弱势地位

国内手机游戏渠道市场不规范导致研发企业的选择权和话语权都被削弱，网站、运营商具有强势话语权。部分渠道商唯利是图：刷榜、暗改下载量、购买流量等手段层出不穷。同时，由于用户资源被渠道掌控，研发企业则处于相对弱势的地位。2013 年 7 月，盛大以千万元预算推广《百万亚瑟王》，在营销时甩开渠道探路自营，但其模式难以被复制，手游仍无法完全摆脱对渠道的依赖。

（三）我国手机游戏产业的未来

2014 年，手机游戏的发展又迎来新的时代。根据中国互联网络信息中心（CNNIC）的调查，截至 2013 年 12 月底，全年共计新增网民 5 358 万人，其中 73.3% 是手机用户，使我国手机网民总数增至 5 亿。现在是人人都握着一部"游戏机"的时代，2014 年手游市场规模将达 200 亿元。手机游戏未来的市场潜力是巨大的，而挖掘市场潜力，争取手机游戏产业的良性发展则成为市场参与者们需要努力的方向。

1. 整合多种游戏平台，增强游戏体验感

随着触屏智能终端的不断发展，手机游戏已从 Java 平台转移到以安卓和 iOS 平台为主的智能手机平台，以及以 iOS 和安卓平台为基础的平板电脑上。电子产品的发展对手机游戏不断提出新的要求。电子产品的屏幕越来越大，功能越来越多，要求手机游戏的设计要考虑不同使用终端的体验感。画面精美、易于上手、能带来多重感官体验的手机游戏是电子产品更新换代时玩家对手机游戏提出的要求。

2. 内容创新

游戏中，包括剧情、美工设计、音乐音效和规则设定等都会影响玩家的游戏体验，给玩家带来视觉、听觉和审美的享受，并带来游戏的乐趣。目前的手机游戏市场上，游戏的概念被炒作得异常火爆，竞争也越趋激烈，但真正能留住玩家的、有黏性的、品质优良的为数不多，许多游戏都只是网页游戏的手机版。但是，内容才是手机游戏真正的生命力，并成为最终吸引用户的关键所在。一款手机游戏的市场表现取决于游戏内容是否真正符合目标用户的需求，手机游戏行业要健康良性地发展，游戏内容满足用户需求成为关键所在。对手机游戏厂商而言，开发出高品质的、符合用户需求并最终赢得用户的游戏，关键是取得第一手用户需求信息，从而有效地完善游戏产品。但目前许多游戏开发商为了争夺用户眼球，往往仅考虑游戏画面和名称等表层用户需求，通过色彩艳丽的画面或奇特的游戏名称来吸引用户，忽视了游戏内容的重要性，缺少深入了解用户需求的重要环节，这成为阻碍手机游戏市场良性、健康发展的重要原因。在今后，内容创新会成为手机游戏市场发展的关键点和赢利法宝。

3. 细分市场

随着手机游戏行业的不断发展，手机用户人数的不断增长，面对着庞大的用户群体，手机游戏已经无法满足所有人的需求，以多数用户为目标消费群的手机游戏在内容上已经难以兼顾，在未来，细分市场、细化用户会成为手机游戏新的突破口。相对而言，男性用户更喜欢画面效果较好、刺激感强的重度游戏，而女性用户则多数会选择简单轻松的休闲游戏，比如消除类游戏。此外，针对幼儿的教育、益智类游戏市场也会是手游持续发展必将关注的重点。细分市场的实质便是最大程度满足用户对手机游戏的需求，通过专攻某个领域达到使某款手机游戏在某个群体中的表现最大化，才能更好地抢占市场，获得相应的利润。

4. 优胜劣汰，进入洗牌阶段

在手机游戏市场从迅猛发展向稳步发展的渐变过程中，市场中那些盲目拼凑而成的劣质产品将被迅速淘汰。随着拥有技术开发实力和强大资金背景的大型游戏企业进入手机游戏产业，那些没有足够实力的游戏生产商以及他们的劣质游戏将惨遭挤压或淘汰。

参考文献

［1］马晓军.手机游戏——指尖上的新媒体［J］.艺术科技，2012（5）.

［2］徐春梅.手机游戏盈利模式不成熟［N］.中国经营报，2007-07-30（C06）.

［3］深入解读国产手机游戏盈利模式和市场前景［EB/OL］.网易游戏频道，（2011-01-28）［2014-02-21］.http://game.163.com/11/0128/09/6RFPBBTV00314K8I_3.html.

［4］郝智伟.乐逗的游戏法则［J］.IT经理世界，2013（24）.

［5］Jason Ankeny.揭秘美国爆红手游［J］.李桂祥译.创业邦，2012（12）.

［6］营销概念大战　《神庙逃亡2》推娱乐跑酷概念［EB/OL］.91手游网，（2014-02-28）［2014-03-22］.http://game.91.com/zixun/hangye/21659623.html.

第三编　网络与新媒体产业

微信公众账号，你值得拥有

■ 杨 熠 邓 鸽

核心提示：伴随着时代的发展和科技的进步，由腾讯公司研发的微信客户端作为功能强大的数码产品交友平台，迅速普及并汇聚了广阔的用户群体。微信公众账号作为微信主要的营销模式，更是吸引了名人、政府、媒体、企业等机构通过这一平台对其品牌进行推广。本文将分别以"南方航空"、"星巴克"、"罗辑思维"和"杜蕾斯"这四个具有代表性的案例，分析微信公众账号所具有的实际价值和潜在价值。

关键词：微信公众账号 品牌 价值 定位

一、微信公众账号概述

近几年，"微"成了一个很热门的词语，比如微信、微博、微电影等。这些"微力量"在拓宽信息传播渠道和加快信息传播速度的同时，更拉近了人与人之间的距离，逐渐改变了人们获取信息、表达信息和交流信息的方式。近几年，在微博还方兴未艾的同时，新兴的交友平台——微信也迅速走进人们的生活中，并得到较大程度的普及，尤其受到年轻一代的追捧与喜爱。

（一）微信公众账号的产生

微信是腾讯公司于 2011 年 1 月 21 日推出的一款以多媒体信息通信为核心功能的免费移动应用，是一款通过网络快速发送语音短信、视频、图片和文字，支持多人群聊的手机聊天软件，在诞生之后的短短两年时间内就得到迅猛发展。根据微信官方网站发布的信息，截至 2013 年 1 月 21 日，微信的注册用户已达 3 亿。加上功能的不断丰富，其已成为移动互联网时代重要的客户端口，未来将发展成为集媒体、工具、营销、通信、社交五大功能于一体的平台化产品。

微信公众账号是随微信公众平台出现的，微信公众平台于 2012 年 8 月 20 日推出，是腾讯在微信个人平台的基础上新增的功能板块，通过这一平台，个人和企业都可以拥有一个微信公众号，可群发文字、图片、语音三个类别的内容。微信公众账号自推出以来，受到企业、媒体、公共机构、名人明星、个人用户等的极大欢迎，成为微博之后的又一营销热地。微信公众平台有 3 万认证账号，其中超过七成为企业账号。

微信公众账号相比私人账号来说在功能方面略有不同，如：为了避免公众账号大量发送信息给受众造成干扰，限制每天只能发布 1~3 条消息，且无法主动添加好友，只能被他人添加好友。这样就给受众带来很大的自由选择性。

（二）微信公众账号的现状

微信公众账号自产生以来，给个人和企业有效地打造出了一个独特的内容发布平台，以实现和特定群体之间的文字、图片、语音的全方位沟通、互动，同时借此将品牌推广给广大微信用户，可以说是较为成功的营销路径。微信以其便捷性、即时性等优势在问世之后迅速成为用户最喜爱的移动工具，其所带来的社会影响也在不断增大。微信公众账号在给用户带来全新体验的同时，其发展过程也伴随着一些乱象和问题，这也是目前其发展现状中不容忽视的一面。

1. 微信公众账号所具优势

微信公众账号自身所具有的特征和功能，都是处于发展势头中的优势体现。它所具有的优势状况，可以从以下四个方面来分析：

首先，微信公众账号的迅速蔓延与传播基于广大的移动通信用户群体。根据《第 33 次中国互联网发展状况统计报告》，截至 2013 年 12 月底，中国手机网民规模已经达到 6.18 亿，这样庞大的用户群体给微信及微信公众账号的普及提供了巨大的受众市场。

其次，微信是"病毒式"点对点的精准传播。只要添加了微信公众账号，其所发送的消息就会自动推送到用户的客户端，实现有效传播。这样不仅提高了信息传播的接受率，且其"一对一"的对等信息交流方式又加强了与受众间的互动。

再次，通过"二维码"扫描的方式，微信公众账号可以获得明确的用户群。据 2012 年微信团队发布的官方数据，在 5 000 万用户中有活跃用户 2 000 万，而 25~30 岁用户过半，且主要是分布在一线大城市的年轻白领、高端商务人士，许多人属于时尚的 iPhone 一族。这一强大的优势使得很多企业能针对特定的用户群体推出产品，实现即时传播，形成忠实用户群。

最后，与其他媒体不同的是，微信的主要展示平台是手机、平板，这也是微信公众账号的显著优势之一。在我国，智能手机正在成为人们生活中不可或缺的一部分，而由微信公众账号推出的信息大多可以直接推送至目标用户，甚至可以得到用户反馈，提高信息传播的精准度。

2. 微信公共账号乱象和问题

由于微信公众平台的申请条件非常宽松、门槛低，且不需要支付任何费用，以致公众平台现在的持有者将近 200 万人。大量信息聚合的同时，也产生了不少乱象和问题。公众账号目前出现的乱象和问题主要是以下几点：

首先是频繁的广告推送。用户关注微信公众账号，可以查阅到自己想浏览的信息资料，但在其推送的信息中，必有一条是促销优惠的小广告，有时还被置顶，令用户不胜其烦。

其次是重名账号真假难辨。用户若搜索自己感兴趣的公众账号，经常会搜索出很多个重名账户，为找到真正想要关注的账号，不得不查看每个账户的介绍，这给受众带来相当程度上的困扰。

再次是公众账号代办费较低。在淘宝首页中搜索"微信公众平台认证"之类的信息，会发现有上百个宝贝链接。通过认证后的账户，每天可群发三次，还可以让用户快速搜索到该账户，甚至可显示在 GPS 地图上，而当中的掺水成分可想而知。

最后是虚假粉丝频现。众所周知，按微信的使用标准，公众平台只有发展到 500 位关注用户，才可申请认证。为满足这一基本条件，催生了购买粉丝的商业市场，同时形成了微信公众账号与一些企业或个人的灰色商业链。

二、微信公众账号的分类

目前，微信公众平台主要功能包括多媒体信息大规模推送、定向推送、一对一服务、多样化开发、智能服务等。结合主要内容特征和运营主体，当前的微信公众账号大致可分为媒体类、品牌类、公共服务类和电子商务类四种。

（一）媒体类微信公众账号

媒体类微信公众账号可以说是当前公众账号中活跃度较高、影响力突出的一类。它主要分为门户网站频道，如腾讯、新浪等；传统广电媒体和纸质媒体，如央视、《南方都市报》等；独立科技媒体，如雷锋网、爱范儿等。

在信息推送方面，这些账号一般每天推送一至两条图文信息，按照不同的定位，给用户呈现各具特色的资讯、报道、主题等。有的根据微信公众平台界面的特点，对原有图文进行再创新，或根据用户上网的密集期来分时段发布文章，特别是门户网站和独立科技媒体，如爱范儿、MFashion等。

而一些传统广电媒体，如央视、湖南卫视等，也纷纷运营各自的公众平台。较具代表性的是央视新闻频道，在2014年"两会"期间便开始微信的试运营，并于4月1日正式推出认证公众账号。当央视新闻频道播出微信公众账号上线的消息后，仅第一天订户增长数就超过22万，收到用户回复信息12万多条。央视新闻的传统品牌影响力与号召力，促使其微信公众账号成为最具影响力的微信公众账号之一。其每天推送图文消息两到三条，内容为当天的热点新闻，在重大事件的报道中，还加入了"微信直播"的方式重现新闻画面，让受众可以及时查阅当天的热点新闻信息，满足受众的信息需求。

总的来看，由于门户网站和独立科技媒体入驻微信公众平台的时间较早，已形成了一套较为系统、完整的运营模式，对新技术、新应用有更好的适应力；传统媒体虽然在创新方面还有很大的发展空间，不过它们对新技术的使用率也正在不断提高。

（二）品牌类微信公众账号

在微信出现后的两年多时间里，其巨大的商业价值引起了不少企业的关注，许多商家更是尝试着用不同的策略和方式，通过微信公众平台推广自己的产品和品牌。如南方航空、杜蕾斯、星巴克等都是较为典型的在微信公众平台上有着独特的品牌营销推广策略的企业。

例如，以南方航空为代表的微信公众账号，将微信与自身的客户服务系统结合起来，满足用户售前、售后的各类服务需求。点击关注南方航空的微信公众账号后，它即刻会以自动回复的形式来推送客服信息，用阿拉伯数字代表不同的业务类型，用户只需回复数字就可得到想要的信息，这是一项较为快捷简单的服务功能。南方航空同时也是国内首创微信值机服务的航空公司，随着未来的发展，南方航空将会把现有的呼叫中心与微信进行整合，推进自主服务。

还有就是以杜蕾斯、星巴克为代表，通过与用户建立亲密而深入的关系，来提升品牌形象，形成忠实客户群体的微信公众账号。杜蕾斯不像那些严肃死板的传统营销账号，而是通过微信公众平台开展有趣的陪聊策略。陪聊内容多为一些私人话题，包括爱、性等问题，都会得到真人的回答。通过这样一种特别的方式既拉近了微信公众账号与受众间的距离，取得信任感，又扩大了品牌知名度，稳定忠实客户群，吸引更多的潜在客户。

（三）公共服务类微信公众账号

如今，像政府、非营利组织、高校等越来越多的公共机构也已进驻微信公众平台。因政府机构与人民生活息息相关，加上所发布信息的权威性，因而得到了微信用户的广泛关注。此外，随着高校信息化建设的迅速发展，多数高校已建立了自己的网站，一些高校利用公众平台建立了掌上高校网络信息服务网，比以往更为便捷，受到广大师生的关注与欢迎。

公共服务类微信公众账号就其整体而言，用户关注度较为普通，且其活跃度也远远低于媒体类和品牌类的微信公众账号，但不可否认的是，它们仍然给受众带来一定程度的便利，这也是其不断努力适应新技术的表现。

（四）电子商务类微信公众账号

电子商务类公众账号主要以 B2C 电商及社会化导购类电商为主，具有代表性的有京东商城、天猫、当当网等。这些电商由于各自的服务模式不同，运营策略也各有不同。这其中，天猫可算是较为经典的一个。用户可以根据天猫微信公众账号提供的对话信息输入相应的文字，以得到想知道的信息。不仅如此，它还会给用户提供多样化的互动方式，例如文字互动、幸运抽奖游戏等，有时还会推送最新的优惠活动。

电子商务类公众账号有着潜在的发展空间，但一对一的客服如何顺利地将这些注册用户转化为订单，还是需要进一步思考的问题。

三、案例分析

在信息量愈加增多的时代里，精准化营销成为众多商家所追求的目标，这也使得微信营销难以形成一套统一适用于所有微信用户的模式。在微信出现后的两年多时间里，一些商家针对不同的用户群体，尝试以不同的策略和方式利用微信公众平台为自己的品牌进行宣传和推广，并取得了一定的成效。

（一）案例阐释

1. 南方航空微信运用

一个优质且好评如潮的航空企业，不仅在其各类设施的建设上必须合理且完善，还必须保证优质的软件服务。近年来，各个航空公司、机场、飞机制造商通过各种方法尽可能在多方面进行自我品牌的宣传，提供各种服务如微信值机、微信订票等，给旅客带来便捷的同时，也增加了航企们本身的品牌价值。微信似乎成了另一种营销手段。

而作为腾讯公众平台精品案例之一的南方航空（以下简称"南航"）微信，其宗旨则是不做营销，只做沟通和服务。

2013年1月30日，南航微信发布第一个版本，并在国内首创微信值机服务。用户在关注南航官方微信后，只需发送"值机"到南航官方微信账号上，再根据要求提供姓名、身份证号、手机号等，就可成功办理乘机手续，且用户在值机时，还可自由选取机上座位。全自助的微信值机服务实现了通过微信办理乘机手续的新型服务方式，该服务对满足广大旅客春运出行需要、有效缓解机场值机柜台工作量有着重要作用。之后，随着南航微信功能的不断开发，机票预订、办理登机牌、航班动态查询、机票验真等各种手续，受众都可通过与微信公众账号的互动交流来办理。

2013年4月25日，南航微信用户达到20万人，其中有2万~3万人通过微信绑定了明珠会员卡，还可以直接通过微信参与里程查询、里程累积等会员活动，加之微信用户量的不断攀升，这一比例还将进一步提高。这不仅意味着南航又多了一个会员沟通渠道，同时其功能也可进一步得到完善，还能够充分满足顾客需求，提供尽善尽美的服务。

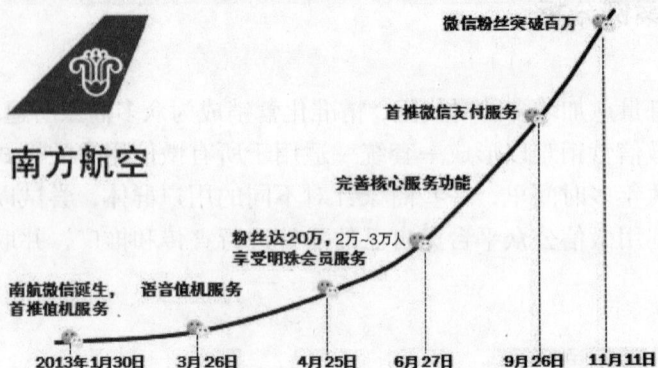

图1　南方航空微信平台发展历程图

　　微信用户发展到2亿仅用了14个月，至2013年年初就已经突破了3亿。截至2013年6月1日，南航微信公众账号已经有超过50万用户的关注，且以每天4 500~5 000人的速度增长。到2013年11月11日，南航的微信粉丝数量已突破百万大关，成为国内名列前茅的企业公众账号。

　　南航微信平台的主页简明地分为三个部分：航班服务、明珠会员和出行资讯。此外，还有一个菜单列出用户需要咨询的问题。并且，南航的微信公众账号只会出现在应出现的地方，比如说，当用户通过短信邀约或者互联网渠道办理值机时，才会提示用户关注南航官方微信号。同时，还会通过南航的官方微博、官网、机上杂志等载体进行展示推广。可以注意到的是，南航对于群发消息也特别慎重，以避免对用户造成干扰。

　　在南航微信公众平台上，一些普通的服务项目逻辑清晰地为乘客连接一路的旅程，如"票价查询—订票—购票（使用微信支付）—办理登机牌—航班动态查询"。这种全流程一站式服务让旅客不再需要搜索南航的服务热线号码或者登录南航官网就可以轻松设定自己的行程，给旅客带来巨大便利的同时，还能使旅客感受到南航体贴的服务。

　　南航微信用户只要手机登录，即可随时随地享受机票预订、办理登机牌、查询航班动态、查询里程与兑换、查询出行指南、查询城市天气、进行机票验真等以前只有在线下才能得到的服务。微信平台实现了用户与南航一对一的即时互动。

　　南航微信服务还支持文字和语音查询，《2013年微信用户行为分析报告》中指出，微信的所有功能中，93.51%的用户首选语音聊天，"说"是最便捷的信息输入方式，这也正是人性化的需求。在微信公众平台上，通过语音输入查询信息，便能立即收到智能回复的内容，像对着手机说"上海飞广州"，可以收到航班、票价等信息。也许在未来，对于个人用户，由于语音识别技术的进步，还可以开发出边说边转化为文字的输入方式，提高人机互动频率，可以真正达到智能互动的程度。

在财付通和微信官方的联手推动下，微信支付也开始迅速应用起来。为推广微信支付，南航推出了微信特惠机票，也就是说，凡是在微信公众平台上购买的机票，价格将比南航官网和手机 App 优惠 6%。此外，微信用户登录活动页面扫描二维码后，仅需花费 0.01 元体验微信支付，即可凭借微信自动下发的领奖提示信息领取限量礼品。

南方航空信息中心 CTO 龙庚曾说："从现在开始对微信说的所有话包括它所进行的业务，我们都会进行贴切分析、精准分析。微信到底要做些什么，我们会分析某一时段某一类人在干什么，通过这种方式，我们将来可能会把微信做成精准的 CRM（客户关系管理），一对一的 CRM，将来主要是通过定制的方式，还有管家式的贴身服务，比如你买了张票，以后你到了机场，我都会跟你沟通，这是我们将来的展望。""南航微信始终陪伴在身边"，在南航看来，微信承载着沟通的使命，而非营销。

早在 2009 年，南航从"以产品为中心"向"以客户为中心"转型之时，便分解出旅客出行的十二个关键步骤：制订旅行计划—预订机票—值机—两舱服务（头等舱、商务舱）—机舱服务—行李服务—到酒店—酒店入住—离开酒店—到机场—值机—个性化互动。而微信的出现可以有效完善这个服务链，通过以客户为中心的沟通和服务方式，南航微信平台不断开发差异化产品，提供个性化服务和优质的服务体验。南航微信的出现和实际运用更是让这套服务系统锦上添花，遍布世界各地的南航空姐，可以用微信告知旅客十天之内有哪些班次、什么时候有什么航班。可以说，微信已成为南航员工的一种服务方式。

目前，南航自身的内部微信已研发完毕，处于投入试运行阶段，员工绑定工号即可登录微信 OA 平台。OA、内部 IM 工具、邮件，是南航员工每天打交道最多的三个系统，此外，现在还有微信管理圈。南航很多业务部门特别是一线生产单位都在使用微信，建立了多个微信群，将员工拉进群里进行工作交流、会议通知，高层领导们经常在微信群通过文本或语音的方式，进行重要任务的安排、沟通。

南航将内部交流的微信定名为"西西"，通过与"西西"对话，空乘人员能够及时了解自己的工作任务，以及航班、机型、时间、到达—始发、岗位等具体细节和注意事项。"西西"，这一款基于微信平台开发的内部协同工具，专门服务于南航近一万名空乘人员。

由于不同机型对空乘人员的经验和资格有严格的要求和限制，人数搭配的要求也不尽相同。南航的运行排班系统，会根据几百个约束条件进行自动运算，为每一个航班匹配出最佳的飞行组成员名单——正因为如此，机长、副驾驶、乘务长、乘务员等都是被临时搭配进飞行组，而分布于全球各地的他们，事先并不熟悉。所以，空乘人员的排班与沟通需求十分重要且迫切。

2012 年 12 月，南航信息中心推出了"西西"系统——每个空乘人员只需通过手机访问"西西"，便可提前一周接到飞行任务，并通过微信平台进行互动沟通，且飞行组成员构成、航班任务、注意事项等内容一目了然，重要的信息还能够免费群发短信。

在"西西"上线之前，这一系列的工作任务安排需要机长、乘务长提前逐一进行电话沟通，费时又费力。上线半年来，"西西"已经成为南航内部评级非常高的信息系统之一。实际上，"西西"除了与运行排班系统打通外，还与 OA 系统进行了对接。空乘们用 OA 密码就可以直接登录，在未来还将逐步完善审批、报销等功能。与此同时，为了确保信息的即时到达和安全性，必要的短信确认机制还是会存在。

从南航微信平台完善的服务体系，到利用微信实现线上线下的互动服务，以及南航一贯的服务理念，造就了南航微信这一段在云端的奇迹。南航总信息师胡臣杰曾表示："对今天的南航而言，微信的重要程度等同于 15 年前南航做网站。"也正是由于对微信的重视，如今微信已经跟网站、短信、手机 App、呼叫中心一并成为南航的五大服务平台。

2. 星巴克微信运用

全球领先的专业咖啡公司星巴克携手腾讯，于 2012 年 8 月 28 日正式推出星巴克官方微信账号，为广大微信用户和星巴克粉丝创建了一种全新的人机互动交流方式。星巴克通过优惠二维码吸引受众，在除江浙沪以外的全国星巴克门店，用户只要扫描星巴克咖啡杯上的二维码，就有机会获得全国门店优惠券，成为星巴克 VIP 会员。此外，星巴克中国的微信打出"自然醒一下"这个广告语，用户首先添加星巴克中国的微信，然后随意发一个表情符号，星巴克微信就会推送他们独家的《自然醒》专辑的音乐给用户。

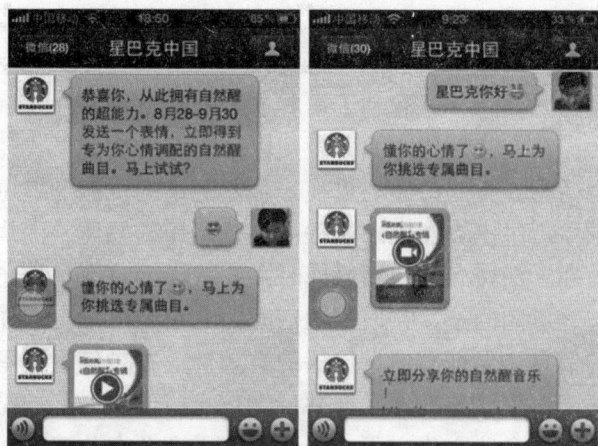

图2　星巴克官方微信与用户之间的互动

据了解，截至 2012 年 9 月 2 日，通过这次活动，星巴克中国的微信账号拥有了 6.2 万粉丝，每天平均收到 2.2 万条信息，基本以参与活动的表情互动为主。有趣的是，我们可以发现，微信还能让星巴克中国在这个圈子中建立自己的"电台"，传播自己的文化。反过来，用户可以通过关注这个"电台"，得到更多自己需要的信息，比如近段时间的打折信息、新品上货情况、店铺位置等。

微信公众账号具有巨大的发展价值，能给用户带来尽可能多的便利，遂成为继微博之后的又一大发热点。2013 年 1 月 23 日，微信拥有 3 亿用户，这时星巴克中国微信账号的粉丝已超过 40 万，互动总数已达百万次，且这些数据都在持续不断增长，并在业界得到良好的反馈。开通微信是个简单的过程，星巴克结合自身的企业特点，通过微博、星享卡会员项目、门店、平面媒体等多个渠道，将这一消息公布。

星巴克企业发展战略向来注重数字媒体与社交媒体，且其一直走在科技与时尚的前沿，身体力行，打造新鲜时尚空间。星巴克官方微信平台的建立，就是企业数字化战略中重要而坚实的一步。微信与星巴克的合作不仅破除了传统商业经营模式辐射面积小、消费者参与度不高、受时间地点制约等弊端，还具有轻松时尚、趣味性高、商家与消费者互动性强等优势，令消费者能尽享移动互联网带来的轻松、惬意。

星巴克之所以进驻微信平台，从三个方面可以找到原因：首先，在用户方面，微信用户普遍为年轻受众，这就十分契合星巴克的消费群；消费者习惯以手机随时随地接收和传递信息，这也是传统广告所望尘莫及的；消费者隶属的年轻群体勇于尝鲜，愿意接受来自新媒体的信息传播，同时他们拥有强烈的归属感，这有利于培养忠诚受众群体，并发掘潜在的顾客消费群。其次，在交流形式方面，微信以一对一的交流形式，使消费者觉得自己得到对话另一方的关注与重视，且零距离的接触形式更容易塑造星巴克的亲和形象。星巴克在推广过程中注重利用新媒体，围绕消费者打造新体验与新乐趣。消费者在使用微博时需要成天面对海量信息，容易错失重要信息，与之不同的是，在使用微信时，消费者可以有选择性地点击自己想要浏览的信息，保证了信息传播的有效性。在微信世界里，企业能够利用一对一的交流形式有效地掌握并反馈信息，使用微信，是接地气的沟通方式。最后，在企业文化方面，星巴克注重企业文化建设，其面向顾客的文化核心为"连接彼此"，进驻微信正是星巴克文化理念指导的结果与体现。

随着微信用户数量的不断增多，不少商家企业纷纷入驻微信，在微信平台中寻找商机。星巴克则发挥其强大的营销推广能力，发挥微信巨大的作用，使微信成为一块宝地。比如，在日常生活中，星巴克会定期推出以"心灵感·星享法"为主题的微信，主要向消费者告知优惠活动、新品，推荐他们购买星巴克马克杯或办理星享卡，并通过"星灵感测试"这样的趣味小活动打造独特的星巴克式体验。若遇特殊节日，尤其是具有历史文化意义的日子，星巴克会应景且突破传统地举办微活动，使消费者体验"星"乐趣。像2013年蛇年春节的时候，星巴克推出新品福满栗香玛奇朵，其微信平台则相应推出"星运到"、"福利测试"、"星历"等。其文案策划也独具特色，如：举一枚栗子，可享免费升杯；携父母到星巴克熊抱，获买二赠一优惠；情人节秀kiss，享对杯特价及免费饮品……在很多品牌还在微信平台上苦思如何进行产品营销的时候，星巴克已然成功地表现出自己在营销方面的独到之处：

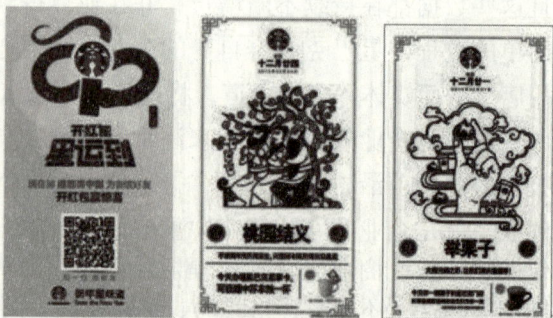

图3　星巴克通过微信公众平台推出的活动

首先，微信营销体现了星巴克坚持创新的力量。它坚信只有持续创新才能给品牌、给企业注入新的活力与竞争力。其次，这是国际品牌本土化的表现。无论是产品本身（福满栗香玛奇朵），还是文案的字里行间，都透露出浓浓的中国味，真正做到使产品层面与推广层面传递统一的诉求点。再者，星巴克通过微信与消费者交流的过程实际上是在兜售自己的品牌文化，但绝不是一板一眼地告诉消费者，而是灵活生动地将其通过措辞、策划、色彩表现出来，达到"润物细无声"的境界。最后，通过剖析可以看到，微信对于星巴克而言，是作为一个新品推荐平台而存在的，是用新媒体、新形式推广新产品，让消费者享受"星"体验、"星"乐趣。

　　一直以来，星巴克致力于提供最优质的咖啡和服务，营造独特的星巴克体验，将遍布全球的星巴克门店打造成家和办公室之外最宜居的生活空间。在星巴克看来，微信代表着一种生活方式，不但为人们提供丰富的聊天模式，更拉近了人和人之间的距离，让新时代的社交变得更自由。星巴克微信账号，秉承星巴克"连接彼此"的企业文化内涵，是促进人们真诚交流，并随时随地带来美好生活新体验和"星"乐趣的好方式。

　　3. 罗辑思维——高质量内容＋优势渠道

　　"罗辑思维"是罗振宇于2012年12月21日创建的同名微信公众账号、网络视频脱口秀以及知识型社群融合形成的品牌。其口号有"有种、有趣、有料"，"死磕自己，愉悦大家"，旨在以"身边的读书人"形象成为一代中国人的成长伴侣，引导独立、理性的思考，"在知识中寻找见识"。其微信公众账号以紧贴当下、话语风趣、颠覆常理的60秒语音和精选文章，以及同名视频的丰富内容、同名书籍的深度解读、会员制的人才集聚，在互联网视频领域独树一帜。只经营了短短一年，微信公众账号粉丝便已突破110万。

　　每天精准的60秒微信音频，带给受众一种仪式感。同时，受众还可以通过回复关键字得到"马桶文章"（早上起来坐在马桶上打发时间看的短小精悍的文章），还可收看每周一次的"罗辑思维"视频，长度为30分钟到1小时不等，还可参加线下读书会、霸王餐会等活动。在推荐文章的结尾处，由罗胖（罗振宇的花名。因为他胖胖的，大家亲切地称呼他为"罗胖"）在后面加上"罗胖曰"，红笔标注，联系当今，拓展思维。

　　2013年3月8日，网易有道云笔记选择上线仅两个多月的"罗辑思维"作为合作伙伴。"罗辑思维"微信公众账号，属于订阅式账号，每日推送语音和文章，其内容轻松但是思维独特，很有启迪性。为了增强罗胖和用户之间的沟通交流，方便人们收藏文章和推荐文章，在第19期的《罗辑思维——在一起，有后代》中，"罗辑思维"正式有了自己的第一个赞助商——有道云笔记。罗辑思维借助有道云笔记实现内容分享和管理。"罗家有女初长成"，在与有道云笔记合作之后，罗胖不仅收到了自己的第一批赞助，还为广大喜欢"罗辑思维"的朋友开拓了另外一种投稿渠道，可见通过产品聚合，产生了共振效应。

自2012年12月21日起，《罗辑思维》视频脱口秀在网上播映。作为罗胖的"罗辑思维"同名视频、同名微信公众账号以及知识型社群融合形成的品牌分支，经过一年的探索，《罗辑思维》视频脱口秀已经成为互联网上深受网友喜爱的一款自媒体视频产品，并逐渐延伸成长为全新的互联网社群品牌。《罗辑思维》和优酷网密切合作，优酷在首页推荐新一期的视频，给罗振宇带来了大量的微博和微信粉丝，而微博和微信又给《罗辑思维》的受众带来了互动的渠道，进一步加强了品牌忠诚度。视频坚持一贯的口号"有种、有趣、有料"、"死磕自己，愉悦大家"，并以其丰满的知识品质和独特的个人语言表达风格，在互联网视频领域独树一帜。在知识中寻找独立的见识，在把玩知识中寻找思维的乐趣。

截至2014年2月25日，《罗辑思维》视频脱口秀共播放60期，优酷网占所有播放网站播放量的61.6%，通过对优酷视频网站进行数据统计分析，平均每期点击量为1 211 592次，单期最高点击量为2 446 282次，总播放量达到70 272 361次。视频评论10万次，优酷评分高达9.2分。人群分布中，男士占81%，女士占19%；白领是收视人群中占比最多的；22~29岁收视人群占最大比例；本科生居多；北京市收看人数最多。[①]

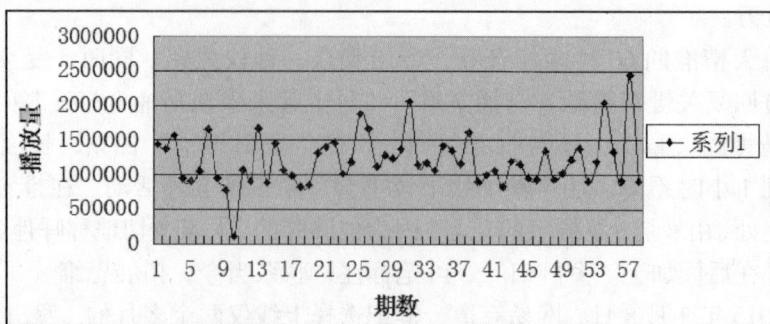

图4 《罗辑思维》视频优酷网上播放量

（注：数据来自优酷视频，截至2014年2月25日）

---

① 数据来自中国网络视频指数。

2013年8月9日，"罗辑思维"宣布启动"罗辑思维读书社群"建设，预期以10万会员为上限，首期8月9日至8月13日间推出5 500个会员账号；"罗辑思维"从2012年12月21日运营到现在，已经进行了两次会员招募，形成了从微信听众到线下活动的人力资源转移。

"罗辑思维"经营了短短一年，微信公众账号的粉丝已经突破110万。有了这么大的粉丝群体，其中不少还是铁杆粉丝，罗胖团队开始推出"会员制"计划。2013年8月，罗胖尝试第一批会员招募，推出"史上最无理"的付费会员制：5 000个普通会员，每个200元；500个铁杆会员，每个1 200元。罗振宇说："爱，就供养；不爱，就观望。"5 500人的会员招募，原本筹备了5天的销售期，竟然6个小时就被抢购一空，最后还增加了600余个名额，瞬间集资160万之多。①

2013年12月19日，"罗辑思维"进行第二期会员招募，公开表示只能使用微信支付。12月21日这一天，"罗辑思维"共招募了20 000多个会员，其中4 000多个为铁杆会员，800万元入账。"罗辑思维"第一批会员招募的方式是在淘宝拍链接，这一次则完全屏蔽了支付宝、网银、转账等支付方式，只用微信支付。原因很简单：支付宝、网银、银行转账都是过去，微信支付才是未来。未来面前，人人都要表态，都要作出选择。罗胖就用自己的孤注一掷、全情投入，选择站在微信所代表的未来一边。②

2013年10月1日，《罗辑思维》同名书籍出版。以"有种、有料、有趣"、"在知识中寻找见识"为口号，精选了视频内容，引入自己的思考，汇成了一本互联网时代对思维解读别具一格的书。《罗辑思维》30天内5次重印，③并得到马化腾、柳传志、王石、李开复、徐小平、李静、牛文文、马伯庸、姬十三等人的推荐。

对于互联网到底怎样改变我们身处的时代，罗振宇为我们提供了一种全新的思维。恐龙拖着沉重的身躯走不出侏罗纪，我们载着笨重的工业时代思维也难以跃入互联网时代壮阔的海洋。"罗辑思维"也许会是一张人生船票，可以载着人们通往自由的彼岸。

"罗辑思维"视频的卖点是"帮你读书"。这个卖点正好戳中受众的痛点：年轻、有求知的欲望，但是没有富裕时间和精力选书、读书。罗辑

① 卢松松.自媒体"罗辑思维"推出付费会员制：半天160万入账［EB/OL］.卢松松博客，（2013-08-09）.http://lusongsong.com/blog/post/708.html.

② 李靖，罗振宇.罗辑思维 罗振宇 个人"微商城"是最大看点［J］.中外管理，2014（2）：54.

③ 自媒体悄然涌动出书潮［N］.上海文汇报，2013-12-12（04）.

思维帮助受众创造了以下价值：①提高品位；②节约时间；③提供趣味。在罗振宇的概念中，人类文明在漫长的时代中都是"口语文明"，只是随着文字和印刷术的出现，才形成"书面文明"。但是互联网的普及，使得知识的传播出现从"书面文明"向"口语文明"的"倒迁移"趋势。和冷冰冰的书籍相比，口语夹杂了人格的感受因素，更有温度，传播起来也更有效率。

功能齐备也许是一些服务型微信公众账号的发展趋势，但是"罗辑思维"这一订阅式微信公众账号，在主打知识性内容推送的同时，也在将功能向服务型转变。首先，针对会员专门设立会员服务专区，分设以下服务子项——会员查询、Q&A、维权、二期会员礼物反馈。其次，为积聚在品牌下的客户提供一起交流的机会，推出霸王餐服务专区，为用户提供订桌信息查询、最新约车指南、霸王餐易到用车、霸王餐之转运套、霸王餐微信红包等服务。再次，将视频中推荐的书目，以"书单服务"的形式陈列在微信框下，方便用户随时更新自己的知识库。

罗辑思维瞄准社群场景发展，现在有两万多会员，大家可以搭起伙来创业。罗辑思维就相当于一个众筹平台，会员可以把商业计划书提出来，到这里来"上市"，你只要把利益拿出来共享，把股份拿出来分配就可以，筹到的不仅是钱，也能筹到想法和各种各样的策划，甚至第一批客户，还可以使用罗辑思维品牌。

在罗辑思维的社群里，大家互相借势、品牌输出，形成一个群聚效应，建立起新的商业生态。这意味着对创业者而言，需要换一种新的思路。过去商业生态的形成，你得有资本，投资建一个商城或电商平台，让大家到你这来做生意，形成流量；未来商业生态的形成，来自于底层的力量，是个人的集群，形成一种自下而上重新建构的商业生态。这主要集中在两

图 5　"罗辑思维"微信公众账号为会员提供"书单服务"

个方面：第一，去中心思维。比如：Google 的互联网思维体现在它是去中心、无组织的内容生产。第二，高连接。用一种方式与众人形成连接，尽可能与这个世界打通，建立起强大的连接性。在互联网上，哪怕你是个企业，这种连接要靠的也是人格化的魅力。

4. 杜蕾斯——打造"安全"和"愉悦"的性科普

杜蕾斯（Durex）品牌诞生于 1929 年，名称源自三个英文单词的组合：

耐久（Durability）、可靠（Reliability）、优良（Excellence）。杜蕾斯安全套在世界上 150 多个国家均有销售，并在 40 多个市场中占据领导地位。杜蕾斯品牌占据了世界 40 亿安全套市场份额的 26%。其每年生产约 10 亿只安全套，约占全球总量的 1/4。杜蕾斯品牌致力于让人们拥有更完美的性爱生活。通过每隔几年在全球范围内进行全面的性健康调查，杜蕾斯试图了解消费者在性健康、性教育、性态度、初次性行为等诸多方面的现状，从而提高人们的总体"性福"水平。

对于这个成立于 1929 年、占据全球 26% 市场份额的品牌来说，保持新鲜度和有创意的曝光并非难事，但真正的挑战在于，如何在媒介飞速变化的时代，将传统的品牌形象移植到网络的土壤，并且继续成长。在中国，自 2010 年起，杜蕾斯开始发力微博营销。2012 年，杜蕾斯又将眼光延伸到微信公众账号，其以服务见长，科普性和娱乐性共同推进，同时进行活动推广和产品营销。

杜蕾斯一直强调"安全"和"愉悦"的概念，在微信公众账户上，杜蕾斯沿用了在微博上已经深入人心的拟人化名字——"杜杜"，通过这一虚拟的人物与用户进行"一对一"的私密交流，贴近用户心理，缩短心理距离，同时增添欢乐气氛。

杜蕾斯微信公众账号被评为"最创新的十大微信公众账号"之一。在微信上，它自称"杜杜"，如果你运气好，说不定还能和她（他）聊聊天、讲讲笑话。杜蕾斯的微信营销创新之处主要体现在五个方面：

（1）陪聊式营销与 UGC 问答集锦，突出科普性。

随着微信开放平台提供了基本的会话功能，让品牌与用户之间能够交互沟通，杜蕾斯微信团队便专门成立了多人陪聊组，与用户进行真实对话。延续了杜蕾斯微博上的风格，杜蕾斯在微信中依然以一种有趣的方式与用户"谈性说爱"。据杜蕾斯代理公司时趣互动透露，目前除了陪聊团队，还做了 200 多条信息自动回复，并开始进行用户的语义分析研究。后来这个尝试被放弃，或许最主要原因就是用户基数太大，人力成本太高，咨询内容难以统一。

"杜杜"还在微信上推出"一周问答集锦"，通过收集整理用户与"杜杜"之间充满愉悦的对话，一来呈现轻松有趣的内容，二来引导用户多与"杜杜"交流。在功能区回复"1"，就会推送"一周问答集锦"。采用 UGC（用户生产内容）的方式，通过用户提问，"杜杜"回答，一来释疑解惑，增加科普性；二来提供合适产品，促进产品销售；三是推动新品研发，满足用户层出不穷的需求；四是提升用户信任度，加强品牌黏度。

与此同时，还推出"杜杜小讲堂"，解密性生活中的男女事，内容积极健康，可谓是给从没接受过正规性教育的中国人进行性教育启蒙。

（2）拟人化品牌营销。

"杜杜"这一人物形象的设定，明确了杜蕾斯在微信上的语言定位，从一个性知识丰富的教授角度，向用户提供从产品体验到情感解答的综合服务。杜蕾斯推出"问候"功能，向不同性别的用户问候早安、晚安。还设有各地的"乡音问候"，这些都是"杜杜"精心搜罗来的。杜蕾斯引导鼓励用户用各地方言说"早上好"、"早点起床"等早安问候语。心情不好的时候，可以向"杜杜"发送"女生哄我"、"男生哄我"、"粤语哄我"，就会有一段语音推送到你手机上。听着有感情的声音比看干瘪的文字强多了，这种人性化的体验，加深了用户对"杜杜"这一人物的亲切感，让用户觉得对面和他（她）交流的是一个心怦怦跳的人，而不是一些编译好的程序。

（3）线上助推线下销售，微信微博平台互动。

在功能区里，杜蕾斯开辟了"买杜杜"专区，推荐官方认证的购买店铺，既不怕在商店购买时"羞羞哒"，还能买到正品。

通过活动进行品牌宣传，例如此前通过微信推出活动"爱上爱爱"。"谈谈情，说说爱。2014年2月14日至2014年3月14日，用一句话讲述你曾经为爱付出的小故事（可匿名），分享到你的新浪微博等社交平台，即有机会赢取超浪漫希腊双人双飞9天7晚幸福之旅，更有机会出演爱情微电影，给你们的爱情留下永恒的纪念。"此活动也在微博上进行同步宣传。

（4）语言风趣幽默，增强娱乐性。

充分运用互联网语言，拉近与用户的情感距离，同时努力破除中国人内心对性的保守。比如在功能区内回复"5"，就能收到推送的"爱爱小知识"，杜蕾斯是这样介绍的："亲，你一定爱学习，回复'涨姿势1'或'涨姿势2'试试看，杜老湿会随机发放爱爱小知识给你，要认真听讲哦~不然，打你屁屁！"简短的一句话，就运用了四处网络语言，对其面对的主要客户来说，是很有亲和力的。

（5）品牌定位。

杜蕾斯品牌主要消费人群的特点是：白领、有品位、爱玩而不放纵、幽默而不低俗。那么杜蕾斯微信的形象就得定得比这个调子再高一些，扮演一个消费者向往的角色："他"热爱生活，爱开玩笑，认真对待爱情，暗合杜蕾斯"愉悦"而不忘"安全"的产品形象。

在与粉丝聊天的情境中，杜蕾斯就以这个人物形象出现。而在内容的把控上，杜蕾斯的核心价值定位于"爱情"，围绕正向的爱情观来发布内容，这样大家就不会觉得提到杜蕾斯会不好意思，因为内容都是正面向上的。

在策划内容的时候，杜蕾斯会找一些关键字如"两性"、"趣味"、"高端生活"等，将它们与爱情联系在一起，看看会发生什么样的"化学反应"，再慢慢地扩展直至内容变得丰满。如果用户在看过推送内容之后，脑子里仍然能浮现出"爱情"两个字，不管内容扯到多远，都算成功。

四、总结

腾讯推出的微信公众平台，提供给个人或者企业一个公众账号，以实现与特定群体的文字、图片、语音的沟通及互动，这被业界认为是腾讯对微信这一社交类产品在加强"媒体性"方面的探索。自微信公众平台于2012年8月18日开通以来，越来越多的品牌进驻。随着2013年7月微信支付开通，通过微信直接线上付钱，产品实时购买，让微信公众平台更多了一些商业气味。

纵观运营良好的微信公众账号，基本都有以下五个特点：

1. 一切从定位开始

根据用户的需求，提供服务式或订阅式账号，通过对用户需求的精准把握，推送各种服务信息或者有意思的短文等。如"罗辑思维"，经过用户调查，21~29岁的白领男士是受众中最大组成部分。罗辑思维的受众特点：年轻、网络深度用户、追求知识、追求有趣。

做好内容定位，是微信运营者最开始也是最关键的一步。其推送的信息必须精耕细作，无价值的内容、纯粹的广告推送，往往会引起用户的普遍反感。并且，内容的形成，必须建立在满足用户需求的基础之上，包括休闲娱乐需求、生活服务需求、解决问题的实用需求等。

形散而神不散，这就是定位的意义。比如，在接手杜蕾斯微博之初，马向远的团队做了很多关于品牌的研究，勾画出杜蕾斯品牌主要消费人群的特点，让"杜杜"扮演一个消费者向往的角色，"他"热爱生活，爱开玩笑，认真对待爱情，暗合杜蕾斯"愉悦"而不忘"安全"的产品形象。

同理，杜蕾斯的笑话得到很多人的回应，因为大家都知道杜蕾斯是什么，而别的账号发同样的笑话，就不见得有如此效果。很多企业在没有明确的社交媒体形象和价值观定位的情况下，就开始规划内容如何如何，或者一味模仿成功的账号，无非缘木求鱼。

2. 互联网思维打造内容产品

互联网的高速发展，缩短了人与人之间的距离；微信平台的建立，缩短了品牌与用户的距离。借助便捷高速的互联网，将品牌故事传递到每一位用户的身边，获得良好的效果，靠的是优质的内容。优质内容，浸入式体验，让每一位用户感觉自己被重视，推送"私人定制"的内容，这是微信公众账号的一大特点。同时，互联网的多文本格式，可以提供内容的多重实现方式，比如文字、语音、音乐、图片等。如"罗辑思维"提供60秒精练语音和富有哲理性的知识短文，从内在提升用户对世界的感知；再比如杜蕾斯，通过微信平台的聊天功能，一边推送"知识小讲堂"，一边解答用户的小疑问，让性科普在指间传递。

3. 培养用户感情，增强用户黏性

从营销出发，以人情结束，摒弃商业化的推广方式，反而使账号更具人性化的纯粹感觉。提供更重要的成长伴随感，这是微信公众账号的一大特点。比如南方航空的"西西"、"罗辑思维"的"罗胖"、杜蕾斯的"杜杜"，这些人性化的名字，使账号和用户交流起来，亲切感倍增。表面上看，特定时刻的新鲜创意的确能够造一时之势，比如在2011年北京大雨时避孕套当鞋套的事件传播，让杜蕾斯的名气急剧上升，但是从长远来看，品牌营销并非一日之功，水滴石穿式不间断地交流才是品牌利用社交媒体取得营销业绩的必由之路。比如，杜蕾斯的官方账号会主动去关怀粉丝，帮粉丝解决感情问题，甚至帮助他们向喜欢的女生表白。这些都表明体贴式，甚至是"一对一"的交流，更能建立起与用户之间的情感，增强用户黏性，提高用户对品牌的忠诚度。

而且，微信在培养用户对产品的忠诚度上有一定优势。第一，微博和微信的用户重叠率虽然很高，但单个用户关注的微信公众账号数量要远远低于其关注的微博数量；第二，微博粉丝本来水分就比较大，"僵尸粉"颇多，而目前微信平台上，粉丝的活跃度却比较高。针对铁杆粉丝，进行亲切的交流，培养长期的感情，是微信公众账号能够秒夺人心的优势所在。

4. 微信平台反哺网站及线下消费

通过微信平台，建立与用户之间的情感纽带，及时更新产品内容，进行私密的情感对话，有助于线下的产品营销。在微信平台上，产品与用户的沟通应多以拜访的心态，像老朋友一样，不要带有明显的功利意图，现实中的人际沟通需要真诚，虚拟平台也是一样。如此一来，弱关系也可以转化为强关系，对服务的依赖会转化为对产品的信赖。

比如南方航空，以提供便捷服务的姿态进入，通过及时提供最新的航班信息、天气资讯以及订购服务，实现从购票到登机的全套服务，增强用户对南航的好感，促使用户购买南航的机票。再比如星巴克，通过抓取用户的需求，提供"自然醒"音乐，这种体贴式服务，自然会催生用户的线下消费。

5. 平台互动，多渠道渗入

社交媒体平台是建立在广泛互动的基础上的，从微博热门话题到微信朋友圈，从微信平台到官方网站咨询，从媒体广告到线下体验……这些环节都是开放的，彼此契合的，通过牵一发而动全身之势，从一个环节打入，实现多平台多渠道共振，才是互联网时代广泛互动的脉络。而微信公众账号，借由其移动终端的途径优势，便捷联通用户，推送最新信息，实现实时沟通交流，致力于成为整个互联网平台互动的第一入口，从而使传播的效果最大化。

受众聚集起来了，而且是一群很有购买潜力的受众，营收几乎是不用多想的事情。从微博、官方网站、视频、广告等多渠道出发，全方位抓取用户的注意力，合力打造品牌的影响力，才是未来的品牌发展之道。

微信公众平台建设一年多来，出现了很多有代表性的公众账户，但是也存在一些隐患。微信公众平台的发展还有很多地方需要完善，比如安全问题、话语持有问题、第三方监督问题等。

参考文献

［1］李靖，罗振宇. 罗辑思维　罗振宇　个人"微商城"是最大看点［J］. 中外管理，2014（2）.

［2］自媒体悄然涌动出书潮［N］. 上海文汇报，2013-12-12（04）.

［3］根号玖. 从杜蕾斯、星巴克看微信公众账号的窘况［EB/OL］. 驱动之家，（2013-06-18）.http://news.mydrivers.com/1/266/266592.htm.

［4］纪晓祎. 杜蕾斯：从传统线下产品到网络个性品牌的移植法［EB/OL］. 微信啦，（2013-05-15）.http://www.weixinla.com/document/57569/.

从 MOOC 看网络公开课的未来

■ 张荣 肖乐

核心提示：网络公开课对于人们来说早已不是一个新鲜名词。通过网络公开课，人们可以享受到全世界知名大学的优质课程，国内网站网易、新浪充当着网络公开课内容提供商的角色，一些高校也有类似的精品网络课程尝试。2012 年以来，随着 MOOC 的兴起，网络公开课的发展呈现出新特点、新趋势，国内网络公开课平台的搭建也在 MOOC 浪潮的推动下，有了跨越性的进展。

关键词：网络公开课 网易公开课 MOOC 在线教育

传统的网络公开课原本是一些世界知名高校在网上提供课堂实录的录像，本着资源共享的原则，利用互联网虚拟空间，为学习者营造一个开放的知识世界。

自 2011 年我国教育部启动国家精品开放课程建设以来，在线教育发展的步伐不断加快。国家精品开放课程包括中国大学视频公开课与精品资源共享课。2011 年 4 月，网易和复旦大学合作的网络公开课正式启动，开创了国内高校开设网络公开课的先河。随后，我国的网络公开课逐渐发展壮大。

作为依托网络媒介的知识传播形式，网络公开课将传统课堂授课的传播途径与动态的网络媒介传播相结合，不再受时间和空间的限制，免费开放且没有考试和学分方面的要求。网络公开课提供了一个现成的知识库，受众可以自由选择自己最感兴趣或最需要的课程资源进行自主学习，种种优势吸引了广泛而积极的受众。

把大学课程实录放到网上是网络公开课最初的呈现形式。2010 年，网易引进国外名校公开课，让公众大规模地接触到了这种在线教育的新形式，而 2012 年兴起的 MOOC（Massive Open Online Course）——大规模在线公开课，则吹响了在线教育变革的号角，反映出网络公开课发展的新趋势。MOOC 继承了传统网络公开课开放、共享的特点，但同时，它又具备传统网络公开课所没有的，更逼真的课程体验、更广泛的机构参与、更新的盈利模式等特征。

世界范围内，MOOC 已大规模兴起，全球已经有 Coursera、Udacity、edX、Udemy、Futurelearn、Canvas Network、Open2Study 等分布于世界各国的 MOOC 平台。清华大学也于 2013 年 5 月上线了自己的 MOOC 平台"学堂在线"。通过 MOOC，我们能无障碍地学习到各国名校的优质课程。虽然 MOOC 在发展过程中还面临着许多问题，但其确实代表着网络公开课发展的新方向。利用好 MOOC，我们可以享受到一个更加优质完善的教育系统。

一、国内网络公开课

（一）案例描述：国内网络公开课

网络公开课，是指耶鲁大学、哈佛大学、麻省理工学院等世界知名高校在网上提供课堂实录的录像，以飨全世界的求知者。网络公开课本着资源共享的原则，利用网络无远近、交错相连的功能，在大学优质教学团队的主导下，通过网络虚拟空间提供公开课程。世界知名大学的网络公开课程，可称是优质教育资源对个人自修的赠礼。

2011 年，我国教育部启动国家精品开放课程建设，大规模发展在线教育。其中，国家精品课程资源网、网易、新浪是主要的国内网络公开课平台。

中国的精品开放课程旨在利用现代信息技术，发挥高校人才优势和知识文化传承创新作用，组织高校建设一批精品视频公开课程，广泛传播国内外文化科技发展趋势和最新成果，展示我国高校教师先进的教学理念、独特的教学方法以及丰硕的教学成果。国家精品开放课程包括中国大学视频公开课与精品资源共享课。

中国大学视频公开课是以高校学生为服务主体，同时面向社会大众的免费开放的课程。视频公开课主要定位于大学生科学和文化素质教育方面，形式为科学、文化素质教育类网络视频课程以及学术讲座。

精品资源共享课是以高校教师和大学生为服务主体，同时面向社会学习者的基础课和专业课等各类网络共享课程。以量大面广的高校校内公共基础课、专业基础课和专业核心课为重点，除了课程全程教学录像之外，还包括课程介绍、教学大纲、教学日历、教案或演示文稿、重点难点指导、作业及参考资料等教学资源，由上述内容共同构建出学习者在线学习和交流的网络学习环境。

与视频公开课相比，资源共享课的开放式在线互动教学更加注重学员的学习体验。这种通过实时交流、全程跟踪、层级管理、个性化服务推动网络教育由单向自学向双向互动，由以教为中心向以学为中心转变的课程，是推动教学深刻变革的有益尝试。

2010年11月1日，网易推出了"全球名校视频公开课项目"，首批1 200集课程上线，其中有200多集配有中文字幕。2011年年初，网易正式加入国际开放课件联盟，共享了许多全球名校高清的开放课程，包括相关课件的下载，其内容涵盖人文、社会、艺术、金融等诸多领域。同年4月，网易和复旦大学合作的网络公开课正式启动，开创了国内高校开设网络公开课的先河。首位走上复旦网络课讲坛的是台湾著名历史学者王汎森，其系列讲座的题目为"执拗的低音"。

作为获得中国大学视频公开课授权的独家商业门户网站，网易除了为公开课内容提供传播平台外，还参与到内容生产的环节中。网易主要推出的中国大学视频公开课不仅包含人文社科类课程，还包括自然科学和工程技术类课程。目前，网易公开课频道中国大学公开课的日均点击量在10万左右。以网易为代表的网络公开课开辟了一个全新的知识生产与传播空间，并参与知识再生产的过程。

新浪公开课，是归属于新浪教育频道的网络视频教学平台，是新浪教育频道2010年下半年至今重点打造的项目，目标是打造网络视频教学无国界分享平台，目前已拥有千余段国外高校公开课视频。与网易公开课一样，其亦是中国最早推出公开课的门户网站之一。

2011年11月，新浪和超星正式合作，推出中国大学公开课系列学术视频，清华大学、北京大学、香港中文大学、中国社会科学院等全国各大重点院校、科研机构的一线名师的500余集视频陆续上线，内容涉及各大学科门类。之后，新浪公开课频道定期同步更新超星学术公开课内容，目前已经推出100门以上的课程视频。

新浪公开课推出的课程视频，绝大多数都附上了中英字幕。在学科分布方面，新浪公开课涉及人文、历史、经济、哲学、理工、社会和其他各类学科。

2011年11月9日，国家教育部授权中国网络电视台在其主页上推出中国大学公开课视频频道。2013年以来，在政府主导下，国内一些高校和地区率先以迅疾的速度展开了网络在线教育方面的探索。2013年5月，重庆大学发起成立东西部高校课程共享联盟，目前已有19所高校加入了联盟，在交换课程、提供平台、免费上课、混合式教学、认可学分等环节开始探索和实践。2013 年 7 月，中国科技大学在全国首开在线网络公开课"文献管理与信息分析"，很快吸引了世界各地不同职业、不同年龄的 784 名学员注册参加。此外，上海理工大学 2009 年建成开放的课程资源中心网如今已经发展成为上海高校最大的拥有 2 000 多门内容丰富的网络公开课程的在线自主学习平台。

尤其值得一提的是，2013 年，清华大学和北京大学都加入了 edX 平台，并表示将很快推出面向全球的在线教育课程；紧随其后，复旦大学、上海交通大学与斯坦福大学的 Coursera 平台签订协议，承诺将提供中文或者英文课程；不久之后，上海交通大学又宣布，将与北京大学、清华大学、复旦大学、浙江大学、南京大学、中国科学技术大学、哈尔滨工业大学、西安交通大学、同济大学、大连理工大学、重庆大学等 12 所高校共建中文慕课（MOOC）平台。

（二）案例分析

网络公开课是互联网技术发展到一定阶段的成果。对网络公开课进行分析，可以发现其关键词主要有网络行为、自主、免费、名校、内容新鲜等，每一个词都与现今受众的媒介使用习惯和社会环境相契合。

1. 课堂教育与大众传播的融合

作为依托于网络媒介的知识传播形式，网络公开课将传统的课堂授课传播途径与动态的网络媒介传播途径相结合，其中既有面对面的人际传播，也有范围较广的群体传播，以及力争最大效应的大众传播。

通过大众传播渠道，网络媒介将远距离的个人课堂教育延伸为全球性的社会课堂，使得优秀的高等教育资源能够在更为广阔的范围内传播，推动高等教育加速从"精英教育"向"大众教育"转变。那些想要获得名校教育资源的学生，也可以随时随地不受限制地通过互联网络获取优质的教育资源。

更重要之处在于，公开课的内容在中国网民对传统教育功能的认知层面产生了重要的影响。正如公开课"正义"的讲授者哈佛大学教授迈克尔·桑德尔所说，网络公开课使其大脑中的知识通过网络媒介延伸至全球各地。网络公开课对教育起到的至关重要的作用，主要在于网络媒介的大众传播方式以及对传统教育的冲击。

2. 公开课内容的自主选择

互联网络普及之前，知识主要通过传统课堂教学和广播电视远程传播，传统课堂教学和远程教育的线性传播决定了作为受众的学生无法自由选择，考试和学分的压力决定了学生只能"逆来顺受"，勉强接受自身不太喜欢的或质量不高的课程。

就内容而言，与传统课堂和广电远程课堂不同的是，没有考试和学分要求的网络公开课提供了一个现成的知识库，受众可以自由选择自己最感兴趣或最需要的课程资源进行自主学习，自主制订学习计划，自我监控并反思学习过程及结果，自我评价学习成效，充分体现学习者选择和学习知识的自由。

以网易公开课的中国大学视频公开课为例，其按文学艺术、哲学历史、经管法学、基础科学、工程技术和农林医药六大学科分类，提供了十所大学的公开课程。如果说传统教育中的求知者带着获得一纸文凭的功利性动机而求学，那么对网络公开课的学习者来说，其主要动机则是对知识的兴趣和追求。

3. 受众覆盖面广泛而积极

网络公开课借助现代化的技术手段，在正规高等教育难以全面覆盖的情况下，为需要获得辅助教育及主体教育的人群提供优质的教育资源。不受时间和空间限制的特征，使其具有无限的发展潜能。

从受众的角度来看，网络公开课传播过程的非线性以及内容选择的自由性都是其吸引人的独特之处。同时，众多的资源聚合网站如网易、新浪等提供的公开课免费下载等功能，更使得知识的传播与接收突破了地点和时间的限制，受众可以随时随地进行学习。

可以说，借助网络公开课所建立起的教育体系也必然成为高等教育从"大众化"向"普及化"发展的重要推动力。同样以网易公开课为例，受众学习的动机主要是对知识的兴趣和追求，而兴趣的驱动、学习的便利以及名校的吸引力等也使得受众更加积极。

4. 网络公开课的公益性利他传播

公益性是网络公开课的核心价值。网络公开课建设的宗旨在于不以营利为目的，不向学习者收取任何费用，而以谋求社会效益和学习者的利益为重，把名校的优质教育资源通过互联网向社会大众传播。

"免费使用"的网络公开课，来自传播者的利他主义特点，为知识共享者所共有，广泛的公开课学习者可从中受益。现任全球开放课程共享联盟主席的麻省理工学院教授斯蒂芬·卡森说："大学的使命是分享知识，我们的项目正是为全世界的教育机构和个人提供帮助，让更多的人从中受益。"网络公开课通过分享知识，使优秀的知识体系在人脑中得以储存，再通过与他人交流和积累，往往会达到修复日常现实的精神层面作用。

5. 行政推动与企业助推的结合

目前，我国的网络精品课程推广主要以行政推动模式为主，但这种自上而下的行政性推动方式导致了在推广过程中的各种消极行为。企业助推模式是以大型企业门户网站的网络公开课平台来推广，在某种程度上起到一种助推作用，以改善行政推动模式的不足。这两种推广模式各有优势。

我国的网络公开课要想取得长足发展，势必要将行政推动模式与企业助推模式相结合。现今的国家精品课程资源网与网易、新浪等企业公开课平台都得到发展，待两者更为深刻地融合后，中国在网络公开课的发展道路上才能走得更远。

6. 国内公开课的现存问题及对策

目前，我国的网络公开课本身的教学水平并不是很高，与国外的网络公开课相比，差距不小。从网易、新浪等跟帖评论中可以看到，不少网友表示，与哈佛大学、耶鲁大学等国外名校的网络公开课相比，我国的公开课在硬件制作、包装以及教师的讲课方式、理念等方面都存在明显的差距。

这种种的差距也使得国内网络公开课的受欢迎程度不是特别高，点击量也没有预期的多。与国外大学的网络公开课相比，国内的网络公开课在课程管理上往往只注意课程给学校带来的声誉，而忽视了网络公开课对教师授课质量和教学水平的挑战；教学形式上依然以灌输为主，教师讲课过于刻板，师生互动程度不高。

网络观看也有自身的缺陷，对应到国内网络公开课，突出的一点就是课程视频播放的时间过长，受众观看视频需要较长时间的缓冲或下载。课程视频文件的体积过大，不利于其在网上的上传与下载，也不利于受众的观看和学习。另外，部分课程视频的画面质量和播放效果不佳，严重影响到学习者的学习兴趣。

网络公开课的核心在于教学质量，教师的教学方式非常重要，因此，改变教学方式应成为重中之重。改变教学方式，需要高校教师改变以往灌输式的教育方式，融入能深度激发学生学习兴趣的教学元素。此外，还应该重视课程视频的后期制作，充分体现出课程的现场感以及现场气氛。

（三）案例总结

知识性和便捷性是网络公开课的主要特征。网络公开课以公开的形式将知识展示出来以后，任何愿意参加学习的用户都可以自由选择学习课程。根据百度指数的统计，从检索人群的年龄来看，对网络公开课感兴趣的人群主要集中在 20~29 岁、30~39 岁和 10~19 岁这三个年龄段；按职业分布来看，前三位分别是教师、学生以及 IT 行业员工；从学历来看，本科及以上和高中分居第一、二位。

中国互联网络信息中心（CNNIC）发布的《第 33 次中国互联网络发展状况统计报告》显示，截至 2013 年 12 月，中国网民规模达 6.18 亿，互联网普及率为 45.8%。占网民数量前三位的年龄群体分别是：20~29 岁（29.8%）、10~19 岁（27.3%）和 30~39 岁（23.4%），这与上述百度指数的统计结果相吻合。也就是说，中国大陆网民的主体同时就是网络公开课的对象主体。

考虑到当下高中生和大学生的知识需求，以及英语学习的重要性，网络公开课短短两年就在国内受到热捧的原因就较为明确了。根据《南都周刊》和《中国新闻周刊》的小范围调查，网络公开课"淘课"一族的动机不外乎提高英语水平、享受知识乐趣、感受名校名师风采等。同共享行为由理念支配一样，主动享用知识也出自一定初衷，知识传播者的共享理念和受众分享知识的初衷在网络公开课平台的碰撞，推动了网络公开课的发展。

世界名校公开课的受欢迎也给国内网络公开课增加了许多压力。然而，为国内用户所熟悉的汉语语言、课程内容与文化背景，加上中国文化的博大精深、历史悠久，可供讲授的内容广泛、内涵丰富，这些都是国外名校课程所不及的。以网易为例，其包括了北大、清华在内的国内高校的数百门网络公开课，颇受学习者欢迎。

网络公开课是在信息技术日益发展的时代条件下诞生的非物质文化产物，其受益群体尤为广泛。公开课的授课方式不仅能够调动学习者的学习积极性，还有利于挖掘他们的创新能力并丰富他们的文化内涵。网络公开课成为教育发展的一种必然趋势。

随着我国对网上学习学分给予认可等有关制度的研究制定步伐的加快，学习者参与网络学习的积极性将得到更大的提高，在可以预见的未来，网络教育极有可能成为中国人接受教育的重要方式之一，这将有力地促进中国网络公开课的大规模推广和普及。

然而，如上文所述，国内的网络公开课与国外网络公开课的差异依然存在。未来的网络公开课如何进一步发挥资源整合的功能，提高网络公开课对学习者的吸引力并有效提升大学生的素质，是当前值得深入研究的问题和未来的发展走向。

二、MOOC：大规模在线公开课

（一）案例描述：全球三大 MOOC 平台介绍

MOOC 是 Massive Open Online Course（大规模在线公开课）的简称。它是一种针对大众人群的在线课堂，是一种人们可以通过网络来学习的在线课堂。MOOC 是远程教育的最新发展，它的迅速兴起，被《纽约时报》评为 2012 年横跨 IT 和教育界的革命性事件。MOOC 平台中，领军的三驾马车是 Coursera、Udacity 和 edX。

2011 年底，斯坦福大学试探性地将三门课程免费发布到网上，其中一门课程是吴恩达（Andrew Ng）教授的"机器学习"（Machine Learning），超过 10 万名来自世界各地的学生注册了这门课。网络学习者对试探性课程的广泛认可和参与促使达芙妮·科勒（Daphne Koller）和吴恩达共同创办了 Coursera。Coursera 旨在同世界顶尖大学合作，在线提供免费的网络公开课程。在斯坦福大学发布的试探性课程中，斯坦福大学前教授、GoogleX 实验室研究人员塞巴斯蒂安·特龙（Sebastian Thrun）的"人工智能导论"（Introduction to Artificial Intelligence）课程有来自 190 个国家的 16 万名学生注册参与。不久，特龙离开了斯坦福大学，并与另外两名同事共同创办了 Udacity。2012 年 6 月，麻省理工学院和哈佛大学联合投资创建了 edX，德克萨斯大学和加利福尼亚大学伯克利分校后来加入其中。

Coursera 创立于 2012 年年初，是一家营利性网站。2014 年年初，Coursera 已经和来自世界 16 个国家的 107 所大学合作，包括美国多所常春藤大学和州立大学以及世界范围内的诸多名校。目前，我国的复旦大学、上海交通大学、北京大学均与 Coursera 确立了合作关系。Coursera 为全世界的在线学习者提供包括人文、医学、生物学、社会科学、数学、商业和计算机科学等超过 20 个领域 500 门以上的课程。现在已经超过 500 万人注册了 Coursera，他们来自全球各地。

Coursera 与高校的合作模式是在双方签订协议达成共识的基础上，由 Coursera 提供技术开发和支持，各高校授课教师、团队开发和设计网络课程，共同为来自世界各地的学生提供学习服务和支持。尽管 Coursera 会为课程设计提供建议，但是"最终决定权还是在提供课程的各大学手中"。大多数 Coursera 课程都来自已有课程，比如说一门在 Coursera 上的普林斯顿课程很可能本来就是普林斯顿的一门真实课程。在 Coursera 上，修课的氛围十分类似于 Facebook：学生需要建立自己的档案，上传照片；在全球

1 400 多个城市，学生可以与其他"同学"共组学习小组，一起学习。

　　Coursera 的课程面向所有学习者免费开放，注册后就能够自由选择课程进行学习。大部分课程都有开始和结束时间，你只要在课程结束之前注册都可以进行学习，如果过了结束时间就需要等待下一轮开课。每门课程都会提前放出课程描述和课程大纲，以供学习者根据自己的需要进行选择。每周的课程都被切割成短视频，大多在十几分钟，方便学习者利用碎片化时间。Coursera 的课程评估基于测验、习题、作业的完成情况，客观题是系统自动判断，主观题会采取学生互评的方式，客观题允许多次尝试后提交答案，很多教授也允许学生多次参加测验，最后取得最高分，不过每次测验的题目都不一样。在学习过程中，学生可以通过在线论坛和学习小组与来自全世界的同学进行讨论；完成课程，通过考试后会得到一张由 Coursera 颁发的结课证书（The Statement of Accomplishment）。Coursera 还有一项收费认证服务——Signature Track。Signature Track 通过摄像头照相、打字节奏、官方身份证件来认证学习者的身份，每次提交作业时都需要进行认证，证书由课程提供大学和 Coursera 颁发。Signature Track 比普通的认证证书更具可信度和权威性，大多数课程的 Signature Track 价格为 49 美元。

　　Udacity 是由斯坦福大学教授塞巴斯蒂安·特龙（Sebastian Thrun）、大卫·史蒂文斯（David Stavens）和迈克·索科尔斯基（Mike Sokolsky）注资的一个私立教育组织，它的目标是实现民主教育。Udacity 旨在重塑 21 世纪教育，通过 Udacity 平台给各阶层想学、乐学的人带来可获取的、价格低廉的、具有高参与度的高等教育，缩小学生技能与就业所需素质之间的差距。Udacity 并没有和大学结盟，它现在有 33 门课程，以理工类为主，Udacity 上面的每一门课程都做得非常用心，包含多个单元，每个单元又包含多个知识块，每个知识块都有对应的练习，以及可以打印的、非常详细的课堂笔记。Udacity 的课程一部分由教师自行设计，一部分与 Google 或微软等公司共同设计。现在，虽然 Udacity 的课程可以免费获取，但要想获得最后的认证证书是需要交费注册这门课程的。Udacity 还提供一项免费的就业匹配计划，可以将学生的简历根据公司的招聘情况和学生的成绩发给包括 Google、Facebook、Twitter、美国银行在内的合作公司。

　　edX 是由麻省理工学院和哈佛大学在 2012 年 5 月推出的非营利性网站，截止到 2014 年 2 月，共有 32 所学校与其合作，包括哈佛大学、伯克利大学、康奈尔大学等诸多知名高校，中国的香港大学、香港科技大学、北京大学、清华大学也在其中。除了为全世界的学生提供免费课程以外，这家网站的另外一个属性则更像是大学的一个实验基地，通过学生学习过程数据的分析和研究技术在教学中的应用，探索混合式教学模式的学习效果。edX平台的特征包括：自定步调学习、在线讨论小组、基于Wiki的协作学习、针对学生的学习进程进行及时评价、在线实验室和其他学习交互工具。此平台不仅作为收集和分析学生学习过程数据的实验室，而且旨在为学生创设一个世界范围内的学习共同体。截止到2014年2月，edX上共有146门课程，涵盖生命科学、化学、计算机科学、文学、音乐等学科。在edX上完成课程同样可以免费获得结课证书。同时，edX还提供某些课程的专业认证服务——XSeries Courses，这里面的课程全部由麻省理工学院提供。

除了Coursera、Udacity、edX三巨头之外，还有Udemy、Futurelearn、Canvas Network、Open2Study等世界各国的MOOC平台。2013年10月10日，清华大学发布大规模在线课程平台"学堂在线"，面向全球提供在线课程，这是中国大陆第一个由高校主导的MOOC平台，将发布由清华大学原创以及国内外其他优质的MOOC课程。2013年5月，清华大学正式加入edX，上线后的"学堂在线"研发团队对edX上的课程进行了本土化处理，还增加了新的功能：引进edX上的热门课程并做了字幕翻译；支持多视频源，不依赖YouTube；关键词检索可以直接定位到视频中的内容；可视化公式编辑解决理工科网上教学一大难题；编程作业自动评分解决万人大课堂的评分问题。目前"学堂在线"仅有15门课程，除了"电路与电子学"由麻省理工学院提供，"计算机辅助翻译原理与实践"由北京大学提供外，其余13门课程均由清华大学提供。

（二）案例分析

作为新发展起来的网络公开课形式，MOOC继承了传统网络公开课开放、共享的特点，但同时，它又具有区别于传统网络公开课的新特征，具有更大的发展潜力。

1.与传统网络公开课的区别

与传统网络公开课相比，MOOC为学习者提供的是一种完整的课程体验。传统网络公开课就是把高校课程实录搬到了网上，在学习过程中基本没有与别人的互动。打开视频，我们像场外观众观看影片一样看老师给别人讲课，学习完毕后我们关上视频，课上的老师和同学与我无关。而在MOOC中，老师专门为电脑前的学习者录制课程视频，会依据课程内容模拟场景。例如，笔者在Coursera上学习"哲学导论"这门课时，授课老师就站在大卫·休谟的墓碑前为我们讲述他的哲学思想。在学习过程中，学生还可以与老师以及来自全世界的同学们进行互动，老师在讲课过程中会向你提出问题，你有问题也可以在论坛中提出，与同学们讨论。MOOC 还有课程开始时间、结束时间，以及测验、考试，这些是与传统网络公开课最大的区别。在 MOOC 上课，更能感受到自己是某一门课程的亲身参与者。同时，MOOC 课程视频的时间比一般网络公开课的时间短，一节课被切割成若干部分，方便人们利用碎片时间学习。

与国内外传统网络公开课相比，MOOC 不仅具有结构化的课程设计，还制订有符合网络学习者学习规律的学习计划。前者突出强调资源共享、共建；而后者通过对教学和学习的精心设计，更强调学习过程中的互动性。MOOC 不仅是学习内容和学习者的聚集，更是一种通过对共同课程的学习将教师和学习者联系起来的方式。

2. 以学习者为中心的教育

由 MOOC 的定义可以看出，MOOC 具有两个一般性特征：一是开放式获取，任何人都可以免费参与网络课程学习；二是规模可伸缩性（scalability），课程是为无限数量的学习参与者设计，具有显著的大规模性。大规模（massive）不仅是指参与课程的学生的规模较大，而且表示课程活动的覆盖面之广。课程免费，没有课堂人数限制，这样的特征让高等教育向更宽广的范围散播，只需要一根网线，就能够享受到全世界精英大学的优质课程。

MOOC 使大学没有了边界，高等教育从只为大学生服务的"小众教育"，转变为能为社会公众服务的"大众教育"和"终身教育"。亚洲第一个大规模网络公开课程是香港科技大学的"科学、技术与社会在中国"，这门课程在网上接受报名后，有 17 000 多名学生报名，报名者中，有 60% 来自美国、英国、加拿大等发达国家，其他报名者来自墨西哥、巴西、南非以及亚洲的一些中等收入国家。报名者既有年轻的，也有年纪较大的，有初学者，也有工作经验丰富的，甚至还有专家。为适应网络教学的需求，授课者努巴哈尔·沙里夫对传统课堂上讲授的内容进行了重新编排和修改，这花了他大量的时间和精力。

在传统大学课堂上，老师教、学生学，学生基本没有自主选择权，即使老师教得不好，也要硬着头皮听下去。而 MOOC 是以学习者为中心的教育，在 MOOC 平台上，学生拥有完全的自主选择权，可依据自己的兴趣和学科背景选课，上课时间自己安排，只要在截止日期前完成作业就行，发现老师上得不好也可以中途退课，并不会造成任何影响。

学生在 MOOC 的学习过程中的行为都会被记录下来，通过 MOOC 平台可以产生大量系统化的教与学数据，包括每个人从注册到每个知识点学习时间的长短和周期，提问交流的次数和内容，作业完成情况，知识点掌握情况等。通过这些大数据进行深度的教育研究，能够促进教学的改进。就像 edX 的另一个使命一样，通过对学生学习过程数据的分析和研究技术在教学中的应用，探索混合式教学模式的学习效果。

对于 MOOC 所带来的这场在线教育变革的意义，复旦大学副校长陆昉有自己的观点——并不在于校园外部的优质资源分享，而在于切实发生在大学肌理深处的"教学改革和新的教学模式的探讨"。他同时提醒："我们在推广的过程当中必须清醒地认识到，它不是简单地把一门课放到线上，也不是简单组织一下就可以了。"国内高校紧跟变革脚步，2013 年 10 月上线的"学堂在线"不仅会打造成清华大学对外的教学平台，也会成为对内的教学工具。同时，学校还会利用这个平台，开展满足个性化需求的在线教育研究和制度设计，探索建立适应终身教育体系要求的在线教育管理体系，深入挖掘用户行为数据，开展教育研究工作，优化教学内容，改革教学方式与方法，提高教学质量。

3. 终身学习者的乐园

"在 Coursera，随时随地都是学习的好时候。"这句话出自微软亚洲研究院副院长张峥，他已经告别校园 18 年。而在 Coursera，他又成为一名学生。他在 Coursera 选的 3 堂课，分别由斯坦福大学、多伦多大学和宾夕法尼亚大学的教授授课，其中多伦多大学的乔夫利·新顿（Geoffrey Hinton）教授是神经网络的顶级大师。"虽说我读博士的学校——伊利诺伊大学香槟分校也算个名校，可这些课单还是让我心里痒痒的。"张峥在他的博文里这样写道。

MOOC 的学习者来自全世界，各行各业，各个年龄层，各种学科背景。在校大学生可以在 MOOC 平台上学习本专业之外的知识，也可以加深对某一专业的理解，MOOC 的认证证书能够为简历加分；已经工作的人可以在 MOOC 中找到工作之外的乐趣，没准还能因为在 MOOC 上学到的技能而改换工作；以吸收知识为乐的人，MOOC 更是他们的乐园。

在果壳网上，有一个活跃的 MOOC 小组，截止到 2014 年 2 月，这个小组已经有 47 000 多人加入，小组成员在网络上讨论课程，共同学习，每天都有人在果壳网 MOOC 学院写课程笔记，也有越来越多的 MOOC 学习者得到了自己的证书。

"MOOC 提供者将褪去高等教育的所有浮华外衣——品牌、价格，还有设施，让我们所有人记起教育的本质是学习。"《时代周刊》记者阿曼达·里普利这样写道。在互联网如此发达的今天，与世界接轨的成本小了许多，足不出户就能听到优秀的老师授课，只要愿意学习，你就能在 MOOC 上自由自在地获取知识，享受学习的乐趣。

4. MOOC 的营利之道

MOOC 汇集了世界顶尖大学的顶尖教授，为全世界学生提供免费课程，那么 MOOC 平台的钱从哪儿来呢？ MOOC 网站的资金主要有以下一些来源：风险投资，基金会、教授和校友的捐赠，以及大学自己的投入。

截止到 2013 年 7 月，Coursera 的融资总额达到了 6 500 万美元；而截止到 2013 年 3 月，Udacity 也已吸引了超过 2 100 万美元的风险投资。Coursera 的付费认证服务 Signature Track 在短短 9 个月里为它带来了 100 万美元的收入，同时，它还在进行联结公司雇主和学生的收费服务。Udacity 也有类似的服务，2012 年年底，大约 3 000 名学生报名参加了 Udacity 的雇主联系计划，让他们的简历对 350 家公司共享。一经录用，雇主企业会付给 Udacity 一笔费用。2013 年，Udacity 与佐治亚理工学院、AT&T 公司联合推出了官方认证的计算机科学学位课程，学费仅仅是传统大学课程学费的一部分，这项合作被称作"OMSCS"，目的是更好地利用 MOOC 资源，为计算机科学领域输送高质量的人才。

一些科技公司正全力寻找合作对象，让线上课程的证书具有与传统大学证书同等的价值，如果像 Coursera 和 Udacity 这样的 MOOC 巨头能和苹果、Google 等科技巨头合作，研究出一些相关标准的话，这对高等教育的冲击将更加巨大。

作为全球最大的 MOOC 平台，Coursera 一直在尝试各种将 MOOC 课程"变现"的方式。例如，一些教育机构付费使用 Coursera 平台上的课，让它们的学生以更低的价格享受到更优质的课程；和亚马逊等网站合作，如果学生在亚马逊网站购买了 Coursera 上老师推荐的课本或者其他东西，亚马逊需要付给 Coursera 一定的费用。

付费课程、付费的认证服务，这些是 MOOC 网站的赢利点，而与公司、企业的合作也将是 MOOC 网站未来的发展方向。拥有庞大用户群的 MOOC 平台将会进行各种尝试，找到合适的、可持续的营利方式。

（三）案例总结

《纽约时报》将 2012 年称为 MOOC 之年。到 2013 年，MOOC 如海啸一般席卷全球，实现了优质教育资源的全球共享。MOOC 以其共享性、开放性、交互性等特征受到了全世界学习者的追捧，为在线教育带来了春天，也对传统高等教育产生了冲击。

传统教育与 MOOC 的交融已经开始出现。2013 年 2 月，Coursera 旗下的五门网络课程的学分获得美国教育委员会的官方认可——在授予学生学分和学位时，美国有超过 2 000 所大学参考美国教育委员会的推荐。在清华大学"学堂在线"发布的当天，参与其中的高校都表示未来基于"学堂在线"的课程学分互认能够实现。

MOOC 吹响了教育改革的号角。通过 MOOC，我们有可能建立起一个改善全球教育系统的平台，虽然其发展仍存在着许多问题。比尔和梅琳达·盖茨基金会投入了大量资金支持 MOOC 的发展，在支持 MOOC 项目发展的同时，他们提出了一些疑问：如何将 MOOC 与学校联系起来？如何确保人们在学习过程中始终保有动力？科技在其中所能扮演的角色到底是什么样的？这些都是未来 MOOC 发展需要面对的问题。同时，怎样使学习者的课程评价更加科学？怎样的发展方式能够更加可持续化？这些也是MOOC 网站在发展过程中需要解决的问题。

"高等教育的成本很高，人们持续学习的需求也很强烈，同时，教育质量也没有达到我们想要的高度，"比尔·盖茨对 MOOC 这一新生事物持乐观态度，"我认为，10 年之后，我们会真正理解如何利用它们，并且让全世界拥有更好的教育系统。"

参考文献

［1］周婷，叶静.现代网络媒介的知识传播——以网易公开课为例［J］.新闻世界，2012（6）.

［2］吴帅帅.国家精品课程行政推动与企业助推模式比较——以网易公开课为例［J］.盐城师范学院学报（人文社会科学版），2013（4）.

［3］第 33 次中国互联网络发展状况统计报告［EB/OL］.中国互联网络信息中心，（2014–03–05）［2014–03–19］.http://www.cnnic.net.cn/hlwfzyj/hlwxzbg/hlwtjbg/201403/t20140305_46240.htm.

［4］王颖，张金磊，张宝辉.大规模网络开放课程（MOOC）典型项目特征分析及启示［J］.远程教育杂志，2013（4）.

［5］老松杨，江小平，老明瑞.后 IT 时代 MOOC 对高等教育的影响［J］.高等教育研究学报，2013，36（3）.

［6］赵晓霞.MOOC 冲击传统高等教育模式［N］.人民日报（海外版），2013-06-14（006）.

［7］大学已死，大学永存［EB/OL］.果壳网，（2012-11-02）.http://mooc.guokr.com/opinion/366086.

［8］MOOC 巨头 Coursera 开始变现之路：寻求与传统教育的合作而非简单的线上化［EB/OL］.36 氪，（2013-09-13）.http://www.36kr.com/p/206206.html.

［9］夏生，程老湿.MOOC：更好和更时髦的教育系统［J］.人物，2013（5）.

［10］赵向华.国内网络公开课的今天和明天［EB/OL］.国家开放大学新闻网，（2013-09-16）［2014-02-19］.http://ouchn.edu.cn/News/ArticleDetail.aspx?ArticleId=34da22b5-f158-4121-8291-8fe13a4d9340&ArticleType=1.

［11］周妍.网络公开课与我国高等教育发展［J］.辽宁广播电视大学学报，2011（3）.

［12］韦学恩.网络公开课视频资源应用现状及对策探讨［D］.扬州大学硕士学位论文，2012.

［13］清华大学 MOOC "学堂在线" 正式上线［J］.中国教育信息化，2013（21）.

［14］陈翔.开课吧董事长方业昌：中国践行 MOOC 的门槛［J］.中国计算机报，2013（37）.

［15］王海荣，张伟.国外大规模开放教育资源设计理念及启示——基于 Coursera 平台 MOOC 课程的体验研究［J］.天津电大学报，2013，17（3）.

［16］杰弗里·巴托莱特.MOOC 的希望与困境［N］.郭凯声译.光明日报，2013-08-31.

［17］吴淑苹.MOOC 课程模式下云学习环境研究［J］.软件导刊，2013，12（3）.

［18］Laura Pappano.The Year of the MOOC［N］.*The New York Times*，2012-11-02.

［19］Steve Kolowich.How EdX Plansto Earn and Share，Revenue from Its Free Online Courses［N］.*The Chronicle of High Education*，2013-02-21.

［20］Tamar Lewin.Students Rush to Web Classes，but Profits May Be Much Later［N］.*The New York Times*，2013-01-06.

如何让传统明信片焕发新活力

——基于明信片交流网站 Postcrossing 的案例分析

■ 李 静 周 扬

核心提示：明信片交流网站 Postcrossing，通过在网络上建立一个新的平台，让来自世界各地的明信片爱好者聚集起来，互相交换明信片，交流兴趣爱好。这个网站具有及时性、艺术性、专业性、公益性、国际性等特点，但也还存在一些问题，例如网站宣传不足、用户黏性不高、用户的互动性不强等，对此笔者提出了相应的改进建议。

关键词：明信片交流 Postcrossing 平台

很多人都收到过或寄出过贺卡、明信片，应该还记得当时的惊喜和兴奋吧，但有没有人收过来自地球另一端一个素不相识的人寄过来的明信片呢？现在有一个网站，叫 Postcrossing，就是专门提供这种惊喜的平台。

一、案例陈述

（一）网站的建立

Postcrossing 由英文单词中的明信片（postcard）与交流（crossing）组合而成，该网站由葡萄牙人保罗·麦哲伦（Paulo Magalhães）创建于 2005 年 7 月，当时他还是个学生。他创建这个网站是因为他特别喜欢收到亲朋好友以及国际友人寄给他的邮件和明信片。他知道有很多人都有这样的爱好，但是没有好的办法将他们从世界各地联系到一起。因此，他产生了创建网络平台来支持这个线下爱好的点子。于是，Postcrossing 诞生了，人们可以通过它收寄来自世界各地的明信片。网站的宣言是"寄出一张明信片，收到另一张明信片，它来自世界某个地方某个素不相识的人"。其成员被称为 Postcrossers 或者 PCers。明信片到底从哪儿来，永远是个惊喜。

保罗利用业余时间建立网站，朋友们也开始帮忙，Ana设计了网站最初的logo，对于网站的名称也犹豫了很久。网站最终在2005年7月14日这天上线了，没过多久就有来自世界各地的人注册。网站的成功使Postcrossing成了媒体报道的焦点，从BBC到各国的报刊博客，保罗自己也不清楚有多少关于他们的文章。Postcrossing把世界变小了，人们在这里交朋友、学习外语、交流不同的文化。

如今的Postcrossing由一个团队来运营其网站和论坛，会收到来自世界各国的成员的意见、建议。网站同时接受成员们在资金上的支持，成员通过捐赠渠道，最低10欧元，可以一次性也可以每月或每年进行捐赠。对网站进行捐赠的成员很容易辨认，因为在他们的账号或头像旁边会有一个红色勋章图案。

（二）开始游戏以及游戏规则

Postcrossing简单地说，就是一名成员给另外一名成员寄出明信片，再等着从第三位成员那里收到另一张明信片。Postcrossing为此提供三方的地址以及交流和展示的平台，不收任何费用。任何人只要有收件地址便可注册账号。当然，购买明信片以及支付必要的邮资，是每一位用户的责任。

首先，注册成为网站用户。为此你需要提供一些信息，比如用户名、电子邮箱地址、性别（选填）、生日（选填）、语言、是否愿意私下交换明信片以及简单的个人介绍，当然，最重要的是正确的收件地址。网站根据这些信息自动生成你的主页，你可以随时对此进行编辑、修改，整个过程就像我们注册国内任何一个网站一样，不同的是你会发现自己收件地址的经纬度被可视化地展示在主页的谷歌地图上了。

之后，你就可以申请寄出一张明信片。选择"Send a postcard"，网站会随机给出一名成员的收件地址、你将寄出的明信片的ID号码（ID号码可以读出一些信息，比如CN-2014代表从中国寄出的第2 014张明信片）以及他（她）的主页链接。同时，这些信息会以邮件的形式发送至你绑定的电子邮箱。此时，你需要做的是准备一张明信片，贴上足够邮资的邮票，写上对方的地址、ID号码以及你要表达的内容，然后塞到邮筒里。

当你收到网站的电子邮件，告知你寄出的明信片已被登记时，你的地址也被发送给了另一名成员；很快你就可以在邮箱里发现一张来自美国或日本或立陶宛，甚至一个你从来没有听说过的国家的明信片。在仔细欣赏它的画面、内容、邮票、邮戳的同时，别忘了在网上登记它的ID号码。

此时，你就完成了一次发件和收件的过程。为了让游戏时时充满惊喜，网站将可抽取的地址数量和发送明信片的数量挂钩，比如，刚注册的新手可以同时抽取 5 个地址，等到成功寄出 5~14 张明信片后就可以抽取 6 个地址，如果想同时得到 12 个地址至少要成功寄出 150 张明信片……抽取地址的上限目前是 100 个。针对旅途中的意外，网站规定，60 天没有寄达的明信片将被认为是失效的（expired），默认为已登记。

（三）社区指引

Community Guidelines 是发布在官网上的对参与者的一些要求。为了让游戏进行得顺利和有趣，网站精心制定了颇为细致的规则，希望成员能够遵守。

1. 关于发送

（1）抽到地址后请尽快寄出，因为收件人正等着你的明信片。

（2）请保证收件人的地址以及 ID 号码的清晰、完整。

（3）Postcrossing 的乐趣在于收到明信片时的惊喜，所以在明信片寄达之前最好不要联系收件人。

2. 关于收件

（1）务必提供详细可靠的地址，并保证实时更新。

（2）即便收到不喜欢的明信片也请一定要登记 ID 号码，如果没有 ID 号码、ID 号码不清晰或者认为明信片的主题冒犯了你，你都可以向网站反馈。

（3）请在收到明信片后再登记，即使是发件人的要求也不要登记没有收到的明信片的 ID 号码。

3. 关于邮政

（1）寄信耗时久，会遇到各种未知的情况，所以请保证明信片的质量不至于在旅途中受损。

（2）请尊重你收到的明信片，不要把它转寄给他人。

（3）有些国家的邮政系统比较缓慢，请保持耐心，邮件若在邮寄的过程中丢失、损坏也属正常现象。

4. 关于您的账户

（1）友好相处。Postcrossing 作为全球性的社区，有许多和你想法不同的人，请保持礼貌和尊重，注意别人的文化背景、年龄、宗教信仰等。

（2）注意儿童。网站上有很多儿童用户，请注意你的措辞。

（3）简要地介绍自己。别人可以从个人简介中了解你，但是他们没有义务迎合你的喜好，所以不要强求别人寄某种你喜爱的明信片。

（4）对自己的账户负责，不要将其用于商业用途。不满 13 岁的用户请在法定监护人的监护下使用网站。一个人请不要申请多个账户。

（5）使用英文。为了让所有人理解，请使用英文介绍自己或留言。

（6）经常登录网站以保证账户是活跃的。不经常或不再使用的账户会自动被设置为休眠状态。休眠账户将不会收到明信片。

（7）保护好个人信息。发送给您的地址属于个人隐私，只能用于交换明信片，不可以与他人分享或者在网络上公开。同时也不要将包含明信片文字或者收件人地址等内容的图片上传到网上。

（8）由于度假、忙碌等特殊情况以至于无法参与明信片交流活动的用户，请提前将账户设置成休眠状态。

（9）私下交换明信片（swap）属于成员间的个人行为，Postcrossing 不对此负责，也请不要骚扰那些不愿意私下交换明信片的成员。

（四）公益情怀

1. 筹款

Postcrossing 网站曾为四川地震、LupusCrossing 等项目筹款。

2. 环境保护

Postcrossing 是一个交换明信片的平台，制作明信片需要大量的木材，书写和邮寄的过程中会消耗各种资源，不少成员对此感到内疚和不安。对于如何使 Postcrossing 的活动更加绿色、环保，网站为大家总结了一些方法：①选择 FSC 森林管理委员会认证的卡片（材质可循环使用或者取材于可持续的森林）；②重复使用信封；③使用 100% 再生纸制作的信封和书写材料；④走路或骑自行车去邮寄；⑤利用日光或室外写明信片来节省能源；⑥一次性地浸泡你的邮票，尽可能重复使用这些水；⑦不用一次性的笔等文具；⑧双面或者使用废纸打印；⑨有创意地使用旧物进行包装；⑩使用风能、太阳能、水能等可持续能源供应的电；⑪支持世界自然基金会（WWF）、绿色和平组织等环保组织。

除此之外，为了减少对环境的影响，Postcrossing 还定期向气候关怀组织（Climate Care）捐款。Postcrossing 没有足够的经济实力去抵销每发出一张明信片对自然环境所产生的影响，但是作为其中的一员你可以通过采纳上述建议，使 Postcrossing 成为一个更加环保的组织。

（五）展示

1. 图片的展示

Postcrossing 不仅是一个交换明信片的平台，同时也是一个展示成果的秀场。每一位成员都可以将自己寄出和收到的明信片图片上传至"展示墙"（Postcards Wall），按照"收到"（Received）、"寄出"（Sent）、"喜爱"（Favorites）和"受欢迎"（Popular）分类，点击任何一个成员的头像都可以在他们的主页欣赏到他们的收获。如果不知道给你的收件人寄怎样的明信片，你也可以在他 / 她的展示墙上发现一些蛛丝马迹——看看他 / 她的喜好以及他 / 她已经收到了带有哪些图案的明信片。

网站还拥有"艺术长廊"（Gallery）板块，展示所有成功交换并被上传了图片的明信片，按照国别分类。在这里你会发现明信片所具有的国家特色，比如芬兰的姆明（卡通形象）、美国各个州的地图、台湾的番薯片、中国的大熊猫等都是精彩且受欢迎的主题。

你可以在别人的展示墙或艺术长廊里将喜爱的明信片图像标记为"喜爱"，这张明信片的图像就会出现在你自己的展示墙中。

2. 国家的展示

可以说，Postcrossing 为跨文化交流作了很大的贡献。当我们进入一个国家的页面时，会看到关于这个国家的地理位置、人口及首都的简单描述，以及该国的注册成员数量（可以浏览他们的页面，前十名的 PCers 的头像和账号会单独展示），至今发送、收到的明信片数量，收到明信片数量的排名，同时附有该国维基百科的链接，在世界地图中的位置，邮局主页的链接等，可以让你简要了解一个国家最主要的信息。当然，也可以进一步浏览从这个国家寄出去的明信片，从而对这个国家的地理风貌、文化背景有一些直观的感受。

（六）数据

1. 网站的数据

截至 2014 年 1 月 22 日，网站一共拥有来自 216 个国家的 473 592 个注册用户，其中 63 602 名男性，309 276 名女性，5 473 个团体账号，95 241 个账户没有说明性别。

表 1　注册成员人数最多的前 19 个国家和地区

序号	国家 / 地区	成员人数	发送的明信片数	地理位置
1	俄罗斯	54 338	1 945 783	欧洲
2	美国	46 697	2 321 643	北美洲
3	中国大陆	44 337	961 128	亚洲
4	中国台湾	43 228	945 138	亚洲
5	德国	36 485	2 586 852	欧洲
6	荷兰	31 291	2 125 240	欧洲
7	波兰	24 466	693 667	欧洲
8	乌克兰	21 316	773 455	欧洲
9	白俄罗斯	19 244	1 015 206	欧洲
10	芬兰	16 395	1 858 502	欧洲
11	英国	9 824	452 664	欧洲
12	捷克	9 380	347 845	欧洲
13	印度	7 768	68 822	亚洲
14	巴西	7 548	244 905	南美洲
15	加拿大	6 655	367 082	北美洲
16	立陶宛	6 339	301 903	欧洲
17	日本	5 931	447 959	亚洲
18	中国香港	5 927	179 545	亚洲
19	法国	5 909	317 411	欧洲

Postcrossing 目前已经登记了 21 531 631 张明信片，在途 496 435 张，62% 的卡片被上传展示，一张明信片的漂流时间平均为 23 天，16 天是中位数。

2008 年 4 月 11 日，第 100 万张明信片交换成功。2013 年 7 月 3 日，登记第 1 800 万张明信片。

2. 个人数据

在个人主页中点击 Stats，可以查看一段时期内你个人收、发明信片的情况并有图表进行展示。同时，你还可以一目了然地看到每个月不同国家的收发情况，以及寄出、收回所需要的平均时间。

表 2　单月排名前十位的国家和地区的明信片收发情况

序号	国家/地区	发送（张）	收到（张）	平均天数（发送）	平均天数（收回）
1	美国	20	24	35	22
2	芬兰	18	5	38	14
3	德国	15	16	29	21
4	荷兰	14	27	32	19
5	中国台湾	12	8	25	42
6	白俄罗斯	10	10	35	28
7	俄罗斯	9	18	43	26
8	乌克兰	8	5	42	98
9	澳大利亚	6	1	29	17
10	波兰	6	3	33	31

（七）网站的推广

Postcrossing 目前通过其成员的宣传以及刊登广告等方式进行网站的推广。详情如下：

1. 邀请朋友加入（Invite friends）

在网站提供的页面填写朋友的电子邮箱地址，由网站发送邀请邮件，保证保护收件人的隐私。

2. 在社交媒体上添加网站的链接（Link to us）

网站提供了 4 种尺寸的横幅广告链接，包括 80×15 像素的小图标、172×63 像素的半横幅广告、300×93 像素的大型喷画、180×150 像素的方旗，用户可以将适当的链接复制粘贴到自己的博客、推特等社交媒体上。

3. 广告（Advertising）

作为一个快速成长的全球性社区，Postcrossing 拥有一个喜爱多元文化、旅行、收藏、手工艺、艺术、文具，倾向于更亲密的交流等特点的人群，其中 80% 为女性。网站对感兴趣的广告主强调了以下优势：

（1）渠道和形式。有两种渠道可供选择：第一，广告主可以通过租用横幅广告位的方式使广告在成员登录网站或者官方论坛时被看到；第二，提供赞助，将广告直接发送到目标客户的邮箱。

（2）广告对象。网站对自己的成员有明确的数据分析，可以帮助广告主选择特定的目标人群，将他们的信息包括国家或地区、语言、性别、浏览器设置、带宽等统计学数据加以分类，以根据广告主的需求寻找最佳目标客户。

（3）价值。网站提供了广告主感兴趣的数字，比如来自超过 200 个国家的47.5万名注册用户，每月40万独立访客，每月2 500万次页面浏览量。

对可以提供的横幅广告的尺寸和位置要求见下表：

表3　横幅广告的尺寸及位置

图像尺寸（宽 × 高）	位置
160×600 像素——长方形	网站的右侧边栏，出现在大多数页面，一屏显示
200×200 像素——正方形	网站主页的主要内容区域，只对登录用户可见，一屏显示，占广告印象数的 25%
728×90 像素——通栏	官方论坛的最上方，出现在大多数页面，一屏显示

横幅广告的图像要求：①所有的横幅广告图像均须经过 Postcrossing 的审核；②格式包括 JPG、PNG 和 GIF；③为了得到最佳效果，文件应尽可能地小（建议不超过 40kb）；④简短的动画也可以（不超过 15 秒）；⑤横幅广告必须能够覆盖所选择的广告位；⑥保证字体可视（比如：大小容易辨认、清晰、文本流畅）；⑦美观且有吸引力，但不影响网站的整体风格。

除横幅广告外，网站还有一种赞助商广告，其会出现在 Postcrossing 每月、每年度的电子邮件简报中。简报是直接发送到活跃用户的电子邮箱里、为每位用户特别制作的定期邮件，包含一定时期内他们账户的各种数据，通常在每月的第一天发送。

表4　赞助商广告的尺寸及位置

图像尺寸（宽 × 高）	位置
180×160 像素——长方形	左侧边栏，"赞助商"的名称之后

赞助商广告的图像要求：①所有的赞助者均须接受 Postcrossing 严格的筛选；②文本和图像与广告位相匹配；③美观且有吸引力，但不影响网站的整体风格。

4. 针对媒体

Postcrossing 网站有专门针对媒体的页面—— Presskit，该页面罗列了一系列媒体问得较多的问题，比如：Postcrossing 是什么？它是如何开始的？如何运作？玩 Postcrossing 的都是些什么人？通过 Postcrossing 发送了多少明信片？哪个国家最受欢迎？如果这些问题还不能解答你的疑惑，那么可以给他们发邮件，进一步询问。

（八）互动

1. 定期邮件

Postcrossing 会给活跃用户发送月度和年度简报，以保持和成员之间的联系，同时提醒他们别忘了继续参与活动。简报的内容主要是上个月或去年该账户的明信片收发情况，包括数量、国家、里程以及有哪些明信片被"喜爱"。可以说是一定时期内的工作总结。

2. 官方论坛

Postcrossing 的官方论坛需要另外注册账号。参与论坛的都是非常活跃的用户，他们在论坛中进行关于明信片的交流，包括举行线下的兴趣小组、见面活动。游戏中出现的问题，比如跨文化交流的问题，经常吸引来自不同国家的成员进行讨论。也有人通过论坛寻找那些忘记在明信片上写上 ID 号码的成员。同时，在论坛上还诞生了有关明信片的更加多元的游戏，比如我们将要介绍的标签和宾果。

（1）标签（Tag）。

从论坛的其他成员中去获得你想要的特定明信片的另外一种可行方法就是使用标签。目前有许多不同的标签，每个标签都有一个专门的主题，如"绵羊标签"（Sheep Tag）。一个使用者可以利用标签找到某位已经贴上标签的论坛成员，询问他的地址并寄给他与该标签主题相关的明信片。许多偏爱收集特定类别明信片的成员经常使用标签，在他们所喜爱的类别标签中参与这个明信片交换计划。

（2）宾果（Bingo）。

宾果是一种在 Postcrossing 论坛中常玩的游戏。该游戏的目的是尽可能收到来自不同地方的明信片。宾果游戏有专门的地方分类。例如，当选择玩"新西兰宾果"时，有 16 个区域在新西兰，一个使用者如果能够收到来自这 16 个区域的明信片，那么这个使用者就成功地完成了这个宾果游戏。同样的游戏也可以被用在寄出 16 个区域的明信片上。

3. 博客

在 Postcrossing 网站的博客中，记载了成员与 Postcrossing 之间发生的故事，他们的业余生活，成员组织的线下活动以及出售精美明信片的店铺，展示某些明信片主题的网站，还有关于邮票、明信片甚至邮政系统的典故等。值得关注的是，在 2014 年 1 月 2 日，白俄罗斯邮政专门推出了 Postcrossing 纪念邮票（如右图所示）；早在 2011 年 11 月 17 日，荷兰邮政也推出了 Postcrossing 纪念邮票。

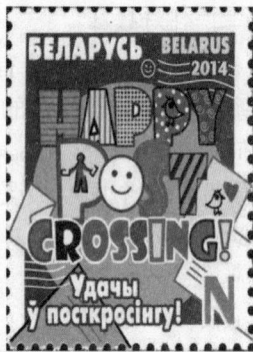

白俄罗斯邮政推出的 Postcrossing 纪念邮票

二、案例分析

（一）平台特点

有这么一批人，因为兴趣爱好跟周围的人不一样，从小便被同学、朋友当作"异类"，但是到了互联网上，他们找到了一群有着同样兴趣爱好的人，彼此成为朋友，并且组成了一个新的族群。而 Postcrossing 这类网站正是给小众群体提供了一个这样的平台。这是一个让喜欢明信片，喜欢收到明信片时那种惊喜的人聚在一起，享受共同爱好带来的乐趣的平台。另外，这个平台具有开放性、国际性、公益性等特点。

1. 开放性

互联网的特点使网站没有了地域上的限制，不需要任何注册费用，几乎没有注册条件限制，Postcrossing 将明信片的交流扩展到了全世界。开放的特性给 Postcrossing 聚集了一批来自世界各地，拥有不同文化背景，使用不同语言但同样对明信片感兴趣的人。

2. 国际性

截至 2014 年 1 月 22 日，网站已经拥有来自 216 个国家的 473 592 个注册用户。英语作为全世界使用范围最为广泛的语言，使网站得以被世界范围的人所理解，普世的审美趣味为其赢得了尽可能多的认可。

3. 公益性

网站的公益性不仅体现在其所倡导的环保的生活方式上，网站本身也在积极支持公益事业，为公益事业筹款，以实际行动为用户树立榜样，吸引同样注重环保和公益的人士。

4. 专业性

作为明信片交流平台，如果你对明信片及其相关的文化感兴趣，那么这里是你的不二之选。网站本身专注于明信片的交流和明信片文化的传递，网站的绝大多数用户也是出于对明信片的喜爱或者好奇而加入的，并且他们一直坚持参与其中。忠实用户也在参与的过程中对明信片乃至其他邮品，比如邮票、邮戳、硬币、纸品等加深了了解，甚至有进行私下的交流、互动。

5. 艺术性

明信片本身具有一定的收藏和观赏价值。通过明信片上所承载的内容，可以一窥各个国家的文化符号。这里所呈现的，不仅仅是爱好者的收藏成果，也是国际文化交流的展台，明信片的艺术感也大大丰富了网站的内涵，使其具有强盛不衰的生命力。

6. 及时性

Postcrossing 是提供服务的开放性平台，网站在客户运作、媒介运营方面拥有相对成熟的方式；结合互联网的特性，在处理用户投诉、解决用户疑问等方面具有及时性的特点。不论是用户还是媒体，与网站运营人员的交流渠道都非常畅通、简洁、方便，只需发一条信息，很快就能得到比较详细的回复。

（二）用户分析

从现有的数据来看，网站用户来自 216 个国家，主要是欧洲、北美洲以及亚洲。性别构成中约 1/5 是男性，4/5 是女性。职业主要是学生、教师、白领等领域的人群。

1. 用户使用分析

为了对网站用户使用网站的情况进行细致而详尽的分析，我们首先从用户的使用频率和深度两个角度，将 Postcrossing 的用户分为 Ⅰ、Ⅱ、Ⅲ、Ⅳ 四个等级。需要说明的是，这里所指的"用户"，都是 Postcrossing 活跃账户的拥有者，即他们至少是定期或不定期进行邮件收发的活跃账户。那些不活跃的账户我们不作分析。

（1）Ⅰ级用户。

这是较浅层的活跃账户，他们使用网站的目的仅仅在于抽地址和登记 ID 这两项最基本的功能，偶尔也会扫描上传收到的卡片。

（2）Ⅱ级用户。

他们对网站的使用包括了Ⅰ级用户的操作内容，除此之外，他们较为频繁地登录网站，浏览"卡片墙"，标记喜爱的卡片，关心自己收集的卡片数量、质量以及来自哪些国家和地区，并晒出自己的明信片。他们一般有较为详细的自我介绍，并标注了自己对明信片的喜好、失效的卡片 ID 和国家等信息。

（3）Ⅲ级用户。

这级用户对私下交换明信片感兴趣。他们不满足于每次与随机抽到的用户交换明信片，而是希望固定"片友"，进行私下交换。交换的内容也不再局限于明信片，可能包括任何邮品，甚至两人的关系还可能发展为笔友、恋人。此时的 Postcrossing 对他们来说已经相当于一个交友网站。

（4）Ⅳ级用户。

Ⅳ级用户除了活跃在 Postcrossing 网站外，他们还在相关的网络社区聚集，包括官方论坛、豆瓣小组、百度贴吧等，他们追逐由 Postcrossing 衍生出的各种游戏，并乐此不疲。

除了上述分类，我们还可以从用户接触网站时间的长短大致将用户分为新用户和老用户。

（1）新用户。

新用户是指加入 Postcrossing 不到 3 个月的用户。由于明信片的线下邮寄一般需要一周到一个月不等的时间，在一开始的 3 个月基本能够完成第一批 5 张明信片的收发。这些用户的特点是：好奇和强烈的新鲜感。他们想在明信片上尽可能地描述自己、询问他人、介绍自己新加入的事实并表现得非常友好。他们会由于渴望尽可能快地收到明信片和了解发出的卡片的信息而频繁地登录主页，有些人会因为一点点的不顺就在论坛等地抱怨、寻求解决方法或安慰。

（2）老用户。

活跃账户的老用户基本度过了新鲜期而进入稳定期，他们对明信片具有喜爱之情却不会过分热情，文字亲和而有节制，也不乏千篇一律、大同小异的内容。他们很少特地为了查看进度而登录网站，习惯了卡片被寄丢而失效的情况。他们在论坛等地扮演为新人解决问题的角色。

2. 用户需求分析

用户注册 Postcrossing 是为了满足一定的需求。对用户需求进行分析首先要认知用户的特征。这个网站本身是明信片交流网站，顾名思义，其用户都是明信片爱好者。因此，用户首先希望可以通过这个平台交换不同种类的明信片，便于收藏，满足兴趣爱好。另外，从用户的基础数据来看，网站使用人群主要是受过良好教育的知识分子，而且女性较多，这些人在社交网站上通常非常活跃，希望能够在网站上交流、分享关于明信片的话题，并通过网站结识不同地方的人。所以，用户需求主要是收集明信片，交流、分享相关信息以及结识拥有相同兴趣爱好的人。

（三）积极影响

古罗马哲学家西塞罗有一句很经典的话，"与人类生活有关的所有艺术形式都被一根微妙的纽带联系在一起"，这个纽带就是文化。Postcrossing在很大程度上为明信片文化的延续以及跨文化交流作出了贡献。

1. 对明信片文化的延续

明信片一般是用硬纸卡印制的，正面为信封格式，反面具有信笺的作用，不需要信封可以直接投寄，但是篇幅小且没有隐秘性，所以称为"明信"。明信片自19世纪诞生至今，已有近150年的历史。由于使用简便，邮资便宜，明信片曾一度深受欢迎。网络时代使明信片逐渐淡出了大众视野，但同时也使得明信片文化形成一股凝聚力，吸引了真正的爱好者。明信片已发展出各种主题、风格、材质、形状，跟随明信片一起漂流的邮戳、航空签等也成为爱好者收藏的对象。Postcrossers在满足用户趣味的同时也延续了明信片的生命。

2. 对跨文化交流的促进

（1）各个国家文化的展示。

明信片的信息承载功能使其在Postcrossing平台上成为国家间不同文化的展示工具。通过浏览不同国家的明信片，你可以发现不同国家在明信片主题、风格等方面的特色，看到不同国家自然、人文景观的差异以及对某种事物的喜恶等。

（2）扩展对世界的了解。

对世界的了解是指在了解我们自己国家的同时也了解世界上的其他国家。Postcrossing平台通过地图、数字、图表等方式直观地展示一个国家的地理环境、人口信息、国旗以及简单的问候语，告诉我们哪些东西是受到普遍欢迎的（比如中国的大熊猫和世界文化遗产，代表美国各个州的图片，台湾地形形状的番薯片，芬兰的卡通人物姆明等）。抽到不熟悉的国家或地区的ID时可能会促使你主动搜寻与其相关的信息，扩展对世界的认知。

（3）跨文化交流礼仪的培养。

移情作用在跨文化交流中的影响在网站的游戏规则中得以体现：尽可能回避有关政治、宗教等具有争议性的明信片和话题；浏览他人的简介，尽可能满足他人对明信片的需求；不寄令人感到厌烦或不适的明信片等。特别是在网站论坛派生出的私下交换，对跨文化交流的礼仪要求更高，这种礼仪也是参与者在不断地适应、磨合中培养和领悟的。

（四）不足和缺憾

网站建立至今将近九年的时间里，汇集了世界各地的跨文化交流者。可以说，Postcrossing 代表了一批基于兴趣爱好而建立起来的网站，全球化助推其成为全世界爱好者的天堂。以下提出的不足与缺憾是我们在对此案例进行研究时发现的。

1. 针对性的宣传不足

作为基于小众爱好的网站，Postcrossing 永远不可能像 Facebook 一样拥有全球为数众多的用户，所以，如何生存和维持运营是其需要考虑的主要问题。而且，Postcrossing 网站的维护也是作坊式的。目前，网站主要通过用户主动邀请朋友加入和在社交媒体上发布网站链接来进行推广，并接受热心用户的捐助。同时，通过吸引广告主在网页和邮件中发布广告以获得广告费用。另外，参与公益活动也可以起到一定的宣传作用。在公开的对 Postcrossing 创立者的采访中我们可以发现，其内容大同小异，多是对创立者、创办目的、网站玩法的简介，网站上针对媒体的也只是可以解决一些基本疑问的内容。据此，我们发现网站对自己的受众并没有作特别的细分，这样的宣传与其基于兴趣的初衷并不相符，使宣传无法取得最佳的效果。

2. 用户黏性不高

Postcrossing 的绝大多数用户具有较高的忠诚度，能够一直活跃在主页或者论坛。但是也有相当一部分用户是因媒体等的宣传而注册了网站，在新鲜感过去之后就一走了之，或者在收到明信片之后没有及时登记 ID，给其他用户带来了麻烦。对规则的遵守在网站的运行过程中极其重要，甚至可以说是网站成功运营的基石，一旦这样的规则遭到破坏，网站的生命也就岌岌可危。这也是类似的小众网站与大众的好奇心相碰撞时所不可避免的问题。所以，如何在商业化和网站自身发展之间取得一种平衡，值得思考。

3. 单一语言的交流障碍

全英文界面对于母语为非英语的用户而言，接受起来仍有一定的难度。浏览母语为非英语的国家的用户主页可以发现，他们大多为学生、教师、白领等领域的人群，而其他领域的绝大多数人则被排除在外，这其中不乏对明信片和跨文化交流感兴趣的人。

4. 网站互动性欠缺

网站的互动性需要进一步开发。如果要登录官方论坛，用户需要重新注册一个新的账号，这一方面割断了用户与网站的联系，另一方面也提高了用户的使用门槛，引起不便。另外，网站的博客以网站的视角记载着和网站相关的一些人和事，更新慢且缺少及时的互动。

三、对网站进一步改善的建议

1. 开发多语种平台，进一步降低网站入门门槛

目前在 Postcrossing 平台上可选择"是否接受国内用户的明信片"，如果仅仅使用英文页面则限制了很多非英语国家人群对网站该项国内交换明信片功能的熟悉和使用。针对母语不同的用户，可以设置多语种界面，进一步降低入门门槛。而对于更活跃的国际交流部分，我们认为对英语的简要了解则是必需的。

2. 涉足新媒体，开发 App 平台

我们在 Tumblr 上发现了 Postcrossing 的公共账号，也只是类似于微博公共账号的信息发布平台，多是明信片图案的展示。开发 App 可以使 Postcrossing 进入每一个用户的手机、平板等移动终端，方便用户接收网站信息，进一步增加用户的参与度以及网站与用户之间的交流。

3. 明确目标受众，有针对性地进行宣传

Postcrossing 可以参与到各国邮政系统或者集邮、明信片爱好者的报纸、杂志、网站及其他的活动中进行相应的宣传，与其吸引所有人的目光，不如凝聚目标群体的关注。

4. 增加网站的知识性

网站目前能够提供的仍是主要围绕着自身游戏规则的设置。若增加明信片等知识的普及和相关机构网站的链接，则可使网站更具生命力。

5. 增加网站的互动性

互动的定义是"对一种媒体的潜在能力的度量，这种潜在能力能够使用户对媒介沟通的内容和（或）形式施加影响"。具体来说，互动是指传受主客体双方之间发生的相互作用，或者是信息传者和受者之间发生的相互作用。人类在与彼此的互动中进行信息传播。所以，我们可以看出，社会互动行为是传播行为的基础，只有依靠这个基础，信息传播才能进行，否则，信息传播就很难在真正意义上实现其目的。

因此，Postcrossing 作为小众网站，如果要保持网站成员的活跃性，以及更进一步地宣传自己，则需要增强网站和使用者、使用者和使用者之间的互动性。诸如可以组织线上和线下的活动，号召喜欢明信片的人参加；在网站上提供一个更开放的平台，供网站成员进行即时交流；和其他的社交网站合作，用户可以绑定自己的账号，以便在社交网站上随时分享Postcrossing 上的信息。

四、案例总结

作为开放、简洁的明信片交流平台，Postcrossing 吸引了世界各地明信片爱好者的参与，促进了跨文化的交流。然而，网站在成长的同时也面临发展的问题。由于能力有限，在撰写案例的过程中，我们没有得到更为准确的以及我们希望得到的数据，这不得不说是一种遗憾。我们希望通过对此案例的介绍和分析，能与大家分享类似网站运营的成果。我们认为，在当今的中国，我们需要培养一种兴趣爱好并为其投入时间和精力。全球化使我们很容易发现拥有同样兴趣的人，即便分属地球两端也没关系，也一样能够交流。希望有一天能够看到更多的我们身边的普通人建立的网站在世界范围内受到欢迎。

参考文献

［1］梁索平. 新媒体时代科学传播的问题和策略研究［D］. 渤海大学硕士学位论文，2013.

［2］Postcrossing［EB/OL］. 维基百科，http://zh.wikipedia.org/wiki/Postcrossing.

"罗辑思维"与自媒体的成功之道

■ 谢秀慧　王虹婷

核心提示：本文以"罗辑思维"为主要分析对象，探讨其发展历程、现状、成功经验以及教训，并讨论其他较成功的自媒体案例：《凯子曰》、《晓说》、程苓峰"云科技"以及《苏芩女学馆》。最后，总结当前自媒体的发展情况和成功之道。

关键词：自媒体　罗辑思维　凯子曰　云科技　苏芩女学馆

一、主案例："罗辑思维"

（一）开播：从星星之火，到锋芒毕露

第一阶段：开播上线，点燃自媒体星星之火。

2012 年被 IT 界称为"微信爆发年"，各个企业、各路明星名人等的微信公众号如雨后春笋般崛起。而在这一年的 12 月 21 日，传说中的世界末日，资深自媒体人罗振宇与独立新媒体创始人申音合作打造的知识型视频脱口秀《罗辑思维》在优酷开播，罗振宇开讲的第一课是《末日启示，向死而生》。源起于 2012 年年末的末日炒作，各大纸媒、新媒体、电商都就末日这一话题展开各类活动。罗振宇从此类现象展开讨论，讲述了商家炒作背后的利益动机，又旁征博引各种名人名言以及自己的见闻，充分发挥了本人所说的"死磕自己，愉悦大家"的精神。

同一天，该节目的同名微信公众号开通运营。此后每周更新一期，分享内容涉及文化、书籍、历史等，节目最初定位为"罗胖读书"，之后"罗胖"的名头渐渐响起来。

2013 年 3 月 29 日，"罗辑思维"与有道云笔记合作，使有道云笔记成为其第一个合作赞助商，其专属的页面——note.youdao.com/luojisiwei 于 3 月 29 日上线与公众见面。有道云笔记为公众账号提供了个性化命名的账号，账号持有人可以对内容进行管理和编辑。

2013年5月24日，应亚太经合组织（APEC）青年创业家峰会的邀请，罗振宇在峰会上发表演讲《这一代人的怕与爱：悲催的人生需要解释》，讲述年轻人刚刚走入职场，面对微薄的收入、高企的房价、公务员的诱惑、父母的干涉，以及快速变化的世界，应该如何面对刚刚真正开始的人生。

第二阶段：壮大粉丝群，蓄势待发。

2013年8月9日是中国传统节日七夕，"罗辑思维"推出了被称为"史上最无理"的付费会员制。罗振宇在微博发起了一项会员和铁杆会员募集活动，募集5 000名会员及500名铁杆会员，前者需交会费200元，后者1 200元，期限均是两年。会员权益包括会员专属号码、神秘礼物、罗胖好书或者电影分享、会员专属座位等。在招募会员的时候，罗振宇甚至并没有给他的会员任何承诺和特权，仅仅说只是一种更密切的联系。然而，5 500个会员名额却在短短的6个小时内宣告售罄。160万元通过支付宝、银行等多个渠道汇入指定账号，轻松进入罗胖腰包，甚至活动截止后还有人试图继续汇款，罗振宇的团队不得不发微信劝阻。罗振宇承诺，会员享有以下权利：①拥有一个专属会员号码和一份神秘礼物；②优先参与"罗辑思维"线下各种奇思妙想的活动；③以"罗辑思维"朋友圈的名义找各种商家占便宜。

第三阶段：线上线下结合，自媒体锋芒毕露。

2013年10月1日，罗振宇根据网络视频内容整理出书，书名为"罗辑思维"，首印20万册。该书出版30天内就重印5次。年末的最后几天，罗振宇马不停蹄四处赶场签售。

2013年12月21日，《罗辑思维》开播一年后，这档视频脱口秀节目在优酷上的点击量已经破亿，每周一集的脱口秀视频总计6 000万人次观看，即单集的平均点击量超过百万，而"罗辑思维"在微信公众平台上的订阅量也在其生日这一天突破110万。

2013年12月27日，互联网知识型社群"罗辑思维"成功进行了第二次社群招募，号称"史上最无理的会员召集"，唯一通道是微信支付，一天之内轻松募集800万。

2014年1月21日春节前夕，主讲人罗振宇就向全国各地的餐馆老板、老板娘发出了鸡毛信，召唤有爱的餐馆为"罗辑思维"2.5万名会员及百万粉丝提供一顿霸王餐。这是一场史无前例的互联网实验。然而，在短短一周内，报名要求"进贡霸王餐"的餐馆数量之多、手笔之大，超乎想象。经过激烈角逐、重重筛选，最终，来自27个省的88个城市的272家餐馆通过了罗胖团队的审核。

2014 年 2 月 25 日，新媒体行业组织"新莓会"，在"智见未来——第四届中国数字杂志盛典"现场颁发了由百位新媒体管理精英投票选出的年度自媒体推荐大奖，"罗辑思维"榜上有名。

（二）罗振宇：坚守的工匠

每天增加近 4 000 名粉丝，每个月增加近 10 万粉丝的"罗辑思维"，正在以极快的速度席卷覆盖范围更广的微信用户。可以说，"罗辑思维"是罗振宇基于对媒体业未来发展趋势的判断而进行的一次先锋试验。"罗辑思维"的微信每天早晨都发送一条语音，几十万用户都会准时收到一条新鲜出炉的微信，内容是故事、科学、文化、历史，甚至心灵鸡汤，可以说包罗万象。据笔者统计，这些微信最早发出的时间是 6∶20，最晚的时间是 7∶56，大部分内容集中在 7∶00 左右发出，而且 7∶00 前发出的居多。从这些非常枯燥的数字里面，可以看出罗振宇的工作量及毅力。据相关报道，每天定时发送精准的 60 秒微信音频，这绝不是一般人能做到的。据说为了这 60 秒，罗振宇嘴皮子翻飞的时候，眼睛死死地盯着秒表，有一次一条微信整整录了 28 遍才过关。问起为什么每段音频都要刚好 60 秒，罗振宇的回答是："这是一种工匠精神。"这正是《罗辑思维》呈现给受众的对其口号"死磕自己，愉悦大家"的诚意和坚持。

罗振宇选择在早上 7∶00 左右发送微信消息有两个原因。第一，罗振宇要"抢全国人民上厕所的时间"，希望借此吸引每一个潜在受众的眼球。第二，绝大部分媒体记者做不到如罗振宇这样，日复一日地每天早上 6 点钟起床。每日的坚持和死磕是为了唤醒尊重。[①]同时笔者认为，"罗辑思维"每天早上发送 60 秒音频的时间点选得非常恰当，是当今忙碌社会中一位职业人难得的在家中的休闲时间。有时间、有心情、有无线网络，那么就保障了罗胖的产品在微信公众账号达到相当高的到达率的同时，有了非常高的阅读率，并且可以通过回复关键词的情况监测内容的受欢迎程度，然后及时作出调整。

腾讯董事会主席马化腾评价："《罗辑思维》是个很有意思的节目。我们平时从各个方面获取信息和知识，但获取后怎样吸取营养呢？得到什么收益呢？《罗辑思维》常给出一个令人耳目一新的角度，让你受到启发。

---

① 刘媚琪. 罗辑思维创始人罗振宇：找到匠人精神［EB/OL］. 一财网，（2014-01-13）. http://www.yicai.com/news/2014/01/3352650.html.

你未必全部赞同它的观点，但它眼界之开阔、思路之新颖对我们肯定是有帮助的。"

我国著名企业家柳传志认为，一个现代文明社会的公民应当具有独立思考的能力，应当具有自我反思的能力，应当具有与主流世界对话的能力。《罗辑思维》点滴传递的正是这种现代公民精神，而这种精神才是孕育"中国梦"的温床。

（三）"罗辑思维"为何成功？

总的来说，"罗辑思维"自媒体成功的原因有两大方面：外部环境和内部因素。

1. 外部环境：互联网行业风生水起

互联网行业从最初的门户网站、BBS，到后来的博客、SNS、微博，再到今日如火如荼的微信，越发显示出其强大的影响力。与其说互联网行业开始冲击传统行业，不如说互联网行业将整合信息，打破传统行业信息流通不畅的局面。

马云曾在一次演讲中表示：互联网已经改变了音乐、游戏、媒体、销售和金融等行业，未来互联网精神将改变每一个行业，传统企业哪怕还想不出怎么去结合互联网，也一定要具备互联网思维。

简而言之，互联网思维是对信息传输效能的提升。而自媒体，可以说是互联网思维发展至今的一个突出代表。"罗辑思维"之所以成功，在于其成功地利用了互联网新媒体的高效快捷传输优势，打造了极具个人风格的品牌，俘获了一批小而精的拥趸，联合了一群志趣相同的自由人。

2. 内部因素

（1）从人员来看，罗振宇的团队建设有方。

《罗辑思维》之所以能在众多网络自媒体脱口秀节目中脱颖而出，跟主持人罗振宇本身所具有的人格魅力是分不开的。纵观大众传媒和网络新媒体平台上的各种脱口秀节目，无论是1996年《实话实说》的崔永元，还是2010年《壹周立波秀》的周立波，以及新上线不久的《凯子曰》、《晓说》等，从脱口秀栏目的名称上就可以看出主持人在脱口秀节目中占有的重要地位。优秀的脱口秀主持人换一个媒介平台可能依然可以活得很好，但一个优秀的脱口秀栏目若换了一个主持人，那结果很可能就大不一样，《实话实说》的兴起与衰落正证明了这点。在优酷视频中，罗振宇说话的音色、语调、节奏，以及表情、动作都让人感觉自然而舒服，这是他多年修炼而来的功力。罗振宇放低姿态，用知识、阅历、人脉将"罗辑思维"运营得风生水起。

　　"自媒体的最终本质，是个人魅力和人格的传播，这也是我没有英俊的面庞和好听的嗓音，还是坚持每天向粉丝发送信息的根本原因。大家认可的是我本人。"罗振宇在 2013 年数字阅读创新论坛暨新媒体产业对接会上曾这样说过。打造自媒体，就是要打造自己的魅力人格，把媒体变成"魅力人格体"，把读者变为粉丝。那究竟什么才是魅力人格？用罗振宇自己的话说："任何具备独特性格、个性、魅力的符号，我们都可以称之为魅力人格。"①脱口秀的节目主持人不同于娱乐节目主持人，年轻和容貌都不是必要元素。就像资深主持人杨澜所说："主持人是最无法包装的。"对于主持人形象的塑造，不能仅仅局限在表面的修饰，更要注重内涵的提升。很多脱口秀节目的衰落，正是因为缺乏能够"镇住场子"的主持人。众所周知，美国电视界选择主持人，看重的往往不是一个人的容貌和仪表，而是他 / 她的学识、阅历以及社会影响力，无论是奥普拉·温弗瑞还是拉里金，都拥有以自己的名字命名的电视脱口秀节目，足见主持人对于一档脱口秀节目的传播力和影响力的重要作用。

　　在《罗辑思维》节目里，罗振宇拥有清晰的人格魅力。"清晰的人格，带来吸附。"罗振宇说，"过去，电视台这样的传统媒体，总是认为内容为王，而内容是不能带来吸附的，在一个过量供给的市场上，价值是没有用的。""我不会像传统媒体人那样笔耕不辍，是因为视频的人格更加清晰。"对于罗振宇来说，他做的不是一个内容产品，而是一个清晰的人格。②

　　除了主持人个人的人格魅力，罗振宇还积极寻找优秀人才。申音和吴声就是其中的重要代表人物。申音是《创业家》杂志前主编和联合创始人、NTA 创新传播机构创始人，在收到罗振宇的邀请后也加入了《罗辑思维》的制片队伍。吴声是电子商务和互联网研究专家，目前担任商务部中国电子商务委员会执行秘书长，也兼任《罗缉思维》总顾问。2014 年 2 月 24 日，罗振宇又在微信中发出"一起来当罗霸王"的招聘，寻找微信运营人才、社交媒体运营人才、客服达人、市场经理和会议经理。"不拘一格降人才"可以说是"罗辑思维"团队的理念。

---

　　① 李燕.罗振宇给自媒体圈带来一次高潮？！［EB/OL］.虎嗅，（2013–12–28）.http://www.huxiu.com/article/25504/1.html.

　　② 冯寅杰.罗振宇　逻辑之魅［J］.南方人物周刊，2013（45）.

（2）从受众来看，《罗辑思维》有着明确的受众定位。

罗振宇在"罗辑思维"微信公众账号上明确提出："我们想要打造的是一个有灵魂的知识社群，一帮自由人的自由联合。《罗辑思维》寄托着我们对知识、对自由、对未来、对独立的向往，承载着我们对爱智求真、积极上进、自由阳光、人格健全的公民社会的责任。"可见，在主创团队心中，该节目的目标受众是一群有着独立思考能力的互联网群体。具体而言，《罗辑思维》所面向的受众是活跃于互联网、拥有一定知识储备、有着独立思考能力的都市白领和青年学生。正是基于这种明确的受众定位，《罗辑思维》获得了越来越多的关注，节目在优酷网的点播量已经破亿，微信公众账号的微友也人数庞大，其正逐渐成长为互联网知识型社群品牌。

（3）从内容来看，《罗辑思维》的内容生产具有很强的独创性。

首先，内容有亮点：有种、有趣、有料。

"有种，有趣，有料"，这是罗振宇为《罗辑思维》总结的内容亮点。他在节目中所开列的书单确实很"有种"，比如《路易·波拿巴的雾月十八日》、《罗马人的故事》、《乌合之众》等书，都是严肃的学术经典。可罗振宇却拒绝学究式的照本宣科，而总是能找到"有趣"的切入点。他在节目中教男孩如何追女孩，却出人意料地推介了学者姜奇平的作品《互联网的女性主义特征》。如此"高大上"的解读，自然让观众感觉"有料"。

笔者认为，互联网时代，正是新的网络求知欲支持着《罗辑思维》的日渐流行和火爆。知乎与虎嗅、果壳等知识观点类网站的兴起不过是近几年的事情，有了人人网和微信的社交网络铺垫，公共讨论的习惯正逐渐变得自然，人们由迷信权威转向追求多样性。上网不再只是消遣，而是生活的一部分，并为这种思考方式提供信息资源。罗振宇认为，在互联网时代，因为信息流通的海量性，文字已经越来越没有吸引力。没有人会去阅读皇皇巨著，人们需要的是一个可信任的人来传播知识。[①]《罗辑思维》正是基于这种互联网时代背景下求知欲日渐升温的现象而大获成功。

其次，内容个性、自由、开放。

与电视脱口秀节目相比，网络自媒体脱口秀栏目在内容上显得更个性、自由和开放。电视脱口秀节目的内容往往要经过审核，许多不宜在电视上公开播出的内容都会被砍掉；网络自媒体脱口秀的内容则相对自由、开放，比如《为泡妞成功而读书》、《剩女照亮未来》、《逃离北上广的另类解读》、《你的女神你不懂》……这些看上去难登大雅之堂的"思维"节目，虽然

---

① 冯寅杰．罗振宇 逻辑之魅［J］．南方人物周刊，2013（45）．

另类，却吸引着大量的用户点击观看。上海知名作家夏商评价说，《罗辑思维》每一期节目都各有特色，但总体来说就是"角度刁钻，功课准备充分，具幽默感"。节目中罗振宇用他渊博的知识储备娓娓道出各种"奇谈怪论"，确实让人眼前一亮。

最后，内容具有时效性。

据笔者观察统计，《罗辑思维》的话题来源紧密结合一些特殊的节日，如上线第一天是 2012 年 12 月 21 日，传说中的世界末日，罗振宇开讲的第一期就是《末日启示，向死而生》，该期节目分为"末日是一个笨谜"、"向死而生的境界"、"人类灭亡于电子游戏"三个部分，主持人——为观众娓娓道来，而在 3 月 8 日妇女节这一天，开讲的话题则是"剩女照亮未来"。应景的话题也是《罗辑思维》能在短时间内抓住受众眼球的法则之一，这一做法不仅增强了节目内容的贴近性，让受众大赞"接地气"，也在不知不觉中使观众与节目之间形成一种"约会"的意识，有助于培养受众对节目的忠诚度。短短的半年时间，数十万的罗胖粉丝们养成了一种每天收听 60 秒音频、每周看《罗辑思维》视频的习惯。

（4）从形式上来看，多平台同步互助，大胆探索新媒体。

网络技术的发展，使得人们进入了移动互联时代。各种网络社交平台，将现实社会中人们的关系转移到手机上，使移动终端成了新的社交节点。人们从单纯地、麻木地全盘接收媒体信息转变为以微博传播为主，主动"拉取信息"，再到以微信为代表的基于"强关系链接网"的虚拟与现实的"无缝对接"。[①]自媒体依托于互联网技术，扎根于普通公众，区别于传统媒体。在互联网时代，微博、微信、轻博客、新闻客户端、视频网站等各种媒介终端层出不穷，对于自媒体人来说，愁的不是无处选择，而是无从选择——究竟选择哪种媒介才能尽可能地扩大自己的影响范围呢？《罗辑思维》借助文字、语音和视频三种脱口秀方式三箭齐发，形成三位一体效应。

（5）线上打造影响力，线下变现。

在这个公众影响力已随移动互联网转移的时代，知识精英是如何将影响力变现的呢？总结"云科技"的营销之道，就是线上打造影响力，线下变现。前期阶段利用公众账号和微博，做好免费的优质内容传播，这是打造线上传播力和影响力；线下变现，则是开展讲座、做培训、做顾问，甚至为产品代言。程苓峰在一篇博文中指出："为什么人人都在写微博，获

---

① 吴琼.微信的传播学思考［J］.北方传媒研究，2013（5）.

得注意力，制造影响力？因为注意力和影响力可变现，可以变成'任何东西'。"程苓峰靠自媒体营利，创下3个月赚足20万的奇迹，他能取得如此成就，一是因为他有广泛的人脉，二是因为他在互联网行业浸淫多年，对行业非常了解，对行业的各种产品也非常敏感。此外，他在微信这一自媒体平台上开了风气之先，抢了头彩。"凭借微博、微信这些社会化媒体平台让个人直接获得自己的用户，而且能帮助好内容扩大10倍、100倍传播"，程苓峰认为，传播力的增加，能带动传统媒体的广告市场向这个新领域转移，即使转移的数量有限，也已经足可养活一定规模的自媒体人。

"罗辑思维"团队透露，除了当前的"霸王餐"等活动外，会员内部还有相关的活动，比如相亲、做服务以及行动策划。所谓行动策划，比如，有些会员想去旅游，只要有企业愿意出钱，就可以策划组织一次类似"霸王餐"的活动。

"罗辑思维"的主编杜若洋曾谈到，现在"罗辑思维"是优酷视频+微信+微博的"三平台"运作，且微信与微博这两个平台的粉丝并不重合，每个群体都是相对独立的。"未来我们会推出自己的App，进行产品化运作，形成传播链条的闭环。比如，我们会建立社群，目标是读书人，为他们提供交流的平台，这将是对于很多高端品牌都非常有价值的一个群体；同时我们会进行会员化运作，打造全新的传播模式。"[1] 就目前来看，《罗辑思维》视频节目多由网络终端发布，微信音频则通过移动终端发布，粉丝既可通过电脑端又可通过移动终端等各种平台参与互动。优酷上视频节目的播出并不仅仅停留在网络上，而是汇聚不同平台的优势进行整合传播。信息的发布、传播及传播者、接受者的互动都将通过各个平台间的信息传输来实现。

罗振宇一直强调，互联网印证了马克思的"自由人的联合"的思想，并且认为互联网将改变人类的协作方式。在"罗辑思维"的运营上，除了和优酷网、有道云笔记合作外，罗振宇还充分利用App、微信、微博这样的新媒体来发展自身。值得一提的是，虽然"罗辑思维"App的尝试遭遇了失败，但随着微信崛起并逐渐取代微博的地位，罗振宇又大胆利用微信进行创新试验。在招募"罗辑思维"第二批会员时，罗振宇完全屏蔽了支付宝、网银、银行转账等支付方式，只用微信支付。有评论就称："支付宝、网银、银行转账是过去，微信支付才是未来。未来面前，人人都要表态，都要作出选择。罗胖就用自己的孤注一掷、全情投入，选择站在微信所代

---

① 苏落，路小南，沈鑫．背书自媒体［J］．成功营销，2013（6）．

表的未来一边。"①

（四）"罗辑思维"失败的教训

在某次访谈上，作为"罗辑思维"团队成员之一的申音谈了"罗辑思维"的五个失败教训②：

（1）没想清楚就做 App。

2012 年，"罗辑思维"团队找了最好的制作团队，投资做了 App。但是后来每往前走一步，就越发觉得其实根本不需要 App。

申音是这样解释的："用户想要得到的东西在微信上全部能得到，没有理由再去下载一个 App。有数据显示，微信现在已经占据了大家使用手机时间的 80% 左右，而绝大多数的 App，即使下载后都很少打开。"

"罗辑思维"做 App 的投资成为"沉没成本"，微信公众账号已经成为"罗辑思维"的主战场。

（2）不理解合作平台的逻辑。

诸如百度、腾讯、搜狐这样的平台发展到现在已经很大、很成熟了，"罗辑思维"团队依附在优酷网，同时也给优酷网增添了一定的价值。问题在于，一旦"罗辑思维"团队在自己的视频里面放广告，就触犯了平台的利益，导致合作要暂缓、暂停。申音总结，平台和"罗辑思维"团队可以互利共赢，这其实是当下合作的最好方式。

（3）患上"第二产品综合征"。

"《罗辑思维》其实就是一个产品，而产品讲究天时、地利、人和。尤其是围绕人来构建一个产品，其实真的是一件非常辛苦的事情。"申音认为，复制经验做另一个产品的复杂程度其实远远超出想象，这其中包括对人的理解和对产品的理解。申音这样总结："我们不要一下子做很多事情，而是尽可能在一个事情上多琢磨一点。"

（4）要自由，不要捆绑。

"罗辑思维"开始是"一个明星 + 一个经纪人"的模式，这种模式是工业时代的模式，彼此捆绑，希望用一种契约的方式稳固双方的关系。然而，明星和经纪人互相抛弃的现象也很常见——如果明星不够努力，会被经纪

---

① 路边社. 罗胖为什么只用微信支付招募"罗辑思维"会员？［EB/OL］. 虎嗅，（2013-12-28）［2014-02-25］. http://www.huxiu.com/article/25523/1.html.

② 申音. "罗辑思维"的五个教训［EB/OL］. 网易财经，（2014-03-14）. http://money.163.com/14/0314/07/9N9G7KCA00253G87.html.

人抛弃；如果明星太努力，会把经纪人抛弃。因此，"罗辑思维"团队开始了新的合作模式的探索。

"罗辑思维"一直强调自由人的自由联合。只有大家觉得自由的时候，彼此间的连接才牢固；如果大家觉得不自由，就没有安全感，彼此的连接就会变得很脆弱。

（5）妄念太多。

"罗辑思维"团队中，吴声、申音和罗振宇三个"最强大脑"一直在探索新的想法，希望能不断作出突破，然而人力、物力及资源的分配，都会决定所做事情的限度。

申音认为，自己必须知道自己的限度在哪里，"知止而后定，知道定的人才会安，知道安的人才能静，静了以后才能思考，思考以后才能有所得"。消除妄念，回归初心，才是《罗辑思维》的受众所希望的。

（五）从学科角度分析《罗辑思维》

（1）从传播学看《罗辑思维》：意见领袖。

传播主体的可信度对传播效果有着很大的影响，传播学者拉扎斯菲尔德曾在《人民的选择》一书中提到"意见领袖"这一概念。所谓"意见领袖"，就是在人际传播网络中经常为他人提供信息、意见、评论，并对他人施加影响的"活跃分子"，是大众传播效果形成过程的重要中介。[①] 由他们将信息扩散给受众，形成信息的二级传播。在《罗辑思维》中，主讲人罗振宇在某种程度上可以看作是"意见领袖"的化身。作为一档读书分享脱口秀节目，罗振宇归纳他看过的书，变成观点传播出去。每一期节目中，罗振宇对观众侃侃而谈，从历史到经济到管理，涉及天文地理，这些"有料"的传播内容让受众受益匪浅并深感折服。当然，罗振宇的"意见领袖"地位之所以能在受众心中屹立不倒，与他在传媒行业的资深从业经历是密不可分的。

罗振宇能如鱼得水般游走于各领域，得归功于他自我总结的"U盘化生存"方式：自带信息，不装系统，随时插拔，自由协作。从华中科技大学新闻系毕业转战北京广播学院电视系；2007年到2010年期间在中央电视台担任《对话》、《经济与法》等栏目制片人，尔后他看到身份的局限，离开了央视；三年自由职业者，担任《决战商场》、《中国经营者》、《领

---

① 郭庆光.传播学教程［M］.北京：中国人民大学出版社，2011.132.

航客》等电视节目主持人；三年后的 2012 年年底，他开创自媒体《罗辑思维》，并成为这档脱口秀节目的主讲人。

（2）从社会学看《罗辑思维》：网络社群。

《罗辑思维》的火爆程度令人称奇。该节目第一季共有 58 期，每期节目的点击量高达 120 万人次，每天参与互动的网友多达 20 万人次。目前，"罗辑思维"的微信公众账号订阅量已突破 136 万。当外界对于"自媒体"的营利前景还存在颇多疑虑时，就在 2013 年下半年，"罗辑思维"先后发起两次付费会员招募活动，第一次仅用 6 小时就收取会员费 160 万元，第二次则在 24 小时里收取会员费 800 万元。这种商业盈利模式是如何创造的呢？笔者认为这跟"罗辑思维"在网络社群的成功打造是分不开的。

所谓互联网社群，又叫网络社群，是从"社群"这一社会学概念发展而来的。社群，即社会群体，它指的是"由两个或两个以上的具有共同认同和团结感的人所组成的人的集合，群体内的成员相互作用和影响，共享特定的目标和期望"[①]。从这个定义出发，我们便不难知晓，所谓网络社群，是指通过网络这一介质而集合在一起的人们。迅猛发展的互联网为人们提供了新的交往环境与空间，人们进入其中进行互动的时候，网络社群便产生了。它包含在整个互联网社会之中，可以是现实社群的延伸，也可以是现实社会正式组织的延伸，甚至可以是完全基于网络而形成，不需要以现实社会中的人际交往为基础，这是典型的网络社群。[②] "罗辑思维"创始人之一的申音谈到，互联网产品是成长型的，节目的成长与用户的增加形成良性循环，成为一个社群，同时用户再反馈内容给节目，并且网络相对自由的生存空间以及脱口秀节目的核心自由表达，这二者使得自媒体有助于推动社会的人性化发展。

就"罗辑思维"而言，其想打造的是互联网知识型社群，也就是说，罗振宇和申音想要集结的是有一定知识追求和独立思考能力的互联网用户。通过对这群用户的集结，一方面培育节目忠实的受众基础，另一方面，逐步形成知识型社群的构建和扩容。可以说，"罗辑思维"的微信公众号就是其欲构建的社群的重要载体，是属于"罗辑思维"社群的"公共领域"。

正是因为有了成熟的社群基础，"罗辑思维"才能在 2013 年的两次付费会员招募中取得突破性的成功。第一次是 2013 年 8 月，罗振宇在微

---

① 戴维·波普诺.社会学（第 10 版）［M］.李强译.北京：中国人民大学出版社，1999.
② 周健，徐成华.网络社群的社会组织特征浅析［J］.淮海工学院学报（社会科学版），2011（5）：122~126.

博发起了一项会员和铁杆会员募集活动，募集5 000名会员及500名铁杆会员，前者需交会费200元，后者1 200元，期限均是两年。5 500个会员名额在短短6个小时内宣告售罄，160万元轻松进入罗胖腰包。同年12月，"罗辑思维"又发起了第二次会员招募活动，一天之内通过微信支付轻松募集800万元。

取得这样的成绩不得不说是源自于"罗辑思维"成功的网络社群构建，因为许多互联网用户打心底里喜欢这个主讲人、这档节目，因此他们才愿意掏腰包，花钱来做"罗辑思维"的会员，甚至是铁杆会员。从这个维度上说，"罗辑思维"已经初步构建了自己的互联网知识型社群。

（3）从营销学看"罗辑思维"：实现知识精英商业化

自媒体商业化后，知识精英可以专注于内容的生产和研究，而不去仰仗体制的包养。"需要说明的是，这些广告并不是我找来的，全都是'守株待兔'式地等到的，这证明人们对于我提供的内容还是高度认同的，某种意义上来说，这也证明了自媒体的价值逻辑：提供真正有看点的内容。"[1]程苓峰在接受《中国经营报》采访时如是说。对于"云科技"的成功运营，程苓峰是这样解读的，"商业化模式一旦走通，能激励更多自媒体生长，百家争鸣，才会打破垄断，相互制衡，才可能有舆论之透明"。

二、自媒体子案例：《凯子曰》、《晓说》、"云科技"、《苏芩女学馆》

（一）子案例一：《凯子曰》

1.节目内容及定位

2013年3月14日，中央电视台主持人王凯通过微博宣布了从央视辞职的消息。同年8月23日，其自媒体节目《凯子曰》正式上线，节目定位于刚刚面临中年危机的职场人。在王凯看来，进入30岁后，"职场社会就像一棵爬满猴子的大树，向上看全是屁股，向下看全是笑脸，左右看全是耳目"。王凯通过讲述历史上的名人故事，他们的生老病死、爱恨情仇，希望借此给那些刚刚面临中年危机的职场人解压舒张。

《凯子曰》上线的第一期节目反复录了很多次，主题从最初的"离职"

---

① 屈丽丽，汪静，邓喻静.自媒体，你能走多远［EB/OL］.中国经营网，（2013-04-13）.
http://www.cb.com.cn/deep/2013_0413/460187.html.

调整到最终上线的"出轨挡不住"，节目在不断的自我否定中最后尘埃落定。与《罗辑思维》类似，《凯子曰》也是一档脱口秀形式的自媒体视频节目，目前主要通过视频网站、微信、微博等渠道进行传播。第一期节目《出轨挡不住》在国内某视频网站上线不足一周，点击量便突破了 50 万。自 2013 年 8 月 24 日该节目于微信上线以来，在一周多的时间内便收获了 2 万多订阅用户，相较于此前自媒体品牌的用户累积速度，这个成绩可谓上佳。除了脱口秀《凯子曰》，王凯的自媒体品牌序列中还有一档《凯叔讲故事》，以王凯讲童话绘本的音频形式在网上传播。

《凯子曰》节目开播之后，从《凯子曰》第一期的受众调查数据上看，王凯基本上印证了自己之前的想法：受众中 40% 是白领阶层，40% 是公务员，22~29 岁的占了 40%，30~40 岁占 40%。受众调查也从另外一个角度印证了社会压力的巨大，以及多数年轻人正面临中年危机的提早到来。

王凯进入自媒体一行与罗振宇也有很大关系。在《凯子曰》上线前，罗振宇就给王凯"吹气球"，说程苓峰自媒体卖广告一卖就卖了 150 万元。据说，当时王凯内心自我填补了一下："我一央视主持人，也算是名嘴了，量级可能会更高吧。"后来，王凯就把央视的工作辞了，开始做《凯子曰》。王凯辞职之后，卫视节目邀约不断，自媒体项目也做得像模像样，还跟申音合作，在新成立的独立新媒体公司下对自媒体进行整体运营规划。

2. 从《凯子曰》看自媒体

关于自媒体，王凯曾发表过这样的看法：人人皆媒体，媒体就是人，人就是媒体，媒体已经不是平台了。平台就在你自己的手里，个人进入这个平台和大的组织进入这个平台，渠道没有任何差别，有可能台阶不一样，个人可能走得或慢或快，但自媒体比的不是快慢，比的是时间，比的是谁能坚持更长时间，谁更有魅力。

可以说，王凯的观点与笔者对"罗辑思维"成功的剖析不谋而合。王凯强调人格，然而"罗辑思维"的成功，或者说自媒体的成功，不仅仅因为人格，还有很多其他的因素。笔者前文已经做过具体分析，此处不再赘述。

从总体来看，《凯子曰》在知名度上远不及《罗辑思维》那么高。在笔者看来，《凯子曰》比起《罗辑思维》定位更加小众而具体，并且，《罗辑思维》是自媒体第一家，而《凯子曰》基本没有更创新的引爆点，基本是模仿《罗辑思维》的思路在运营，自然不如《罗辑思维》出名。归根结底，自媒体成功与否跟人有很大关系。可以说，罗振宇、王凯、程苓峰都是自媒体领域的探索者。最初王凯之所以做自媒体，也与罗振宇的"教唆"有关。

（二）子案例二：《晓说》

1. 节目内容及定位

《晓说》是一档为高晓松量身定制的视频脱口秀节目，也是中国第一档全自由发挥的知识类名人脱口秀。由优酷携手音乐人高晓松跨界打造的"中国版奥普拉脱口秀"，犀利幽默地解读历史与热点，以"侃大山"的形式，即兴说历史、评人物、论文化、谈热点、看世界，打造视频化的"高晓松专栏"，让历史、军事、文化等枯燥话题变得生动有趣、通俗易懂，每期节目的话题都深受网友追捧和热议。该节目自2012年3月起每周五早8点于优酷视频准时播出，每集节目时长20多分钟，目前35期总播放量达到8 300万次，创下网络播放奇迹，并且输出到高铁、民航客机、高速大巴以及浙江卫视等全方位视频媒体播出，创下多项纪录，培养了百万高素质的"晓说迷"。该节目还引发了名人脱口秀热潮。

来自优酷的统计数据显示，《晓说》第二季自2013年4月上线至2014年2月6日，节目总播放量高达2.25亿次，集均播放量488万次，单集最高播放量818万次。目前，《晓说》已与浙江金华电视台、江苏国际频道、人民电视海南视窗频道建立起固定合作关系，每期节目会随着优酷的更新也在这些平台定期播出。可以说，《晓说》率先完成了网络自媒体脱口秀的首度逆袭。

《晓说》每期节目虽然仅20多分钟，但内容涉猎广泛，奥斯卡、汉人无音乐、郑和下西洋、青楼、镖局、美国社会、欧洲杯、朝鲜战争、科举制度等包罗万象，带给观者全新的视角与观点。节目话题也深受网友追捧和热议，如揭秘"奥斯卡 Club 游戏规则"，评解"汉人无音乐"，还原"军阀宫心计"，趣谈"美国交规那些事"，分析"美国社会毒瘤"等，谈论的都是当下人们关心的热点事件，具有很强的时效性，并且提出了新颖的观点，言语大胆犀利，抓人眼球，以独特的视角对事件进行了全新解读。

2.《罗辑思维》与《晓说》的对比

从主持人、定位、粉丝等方面看，《晓说》和《罗辑思维》有很多共同点，比如主持人极具个人魅力，节目定位人群清晰，粉丝多为高素质人群。

然而相对来说，罗振宇明显是更加商业化和有着更大野心的自媒体人。高晓松出身名门，阅历丰富，做自媒体的出发点和罗振宇并不完全相同。罗振宇现在还处在创业的亢奋期；而高晓松当过歌手，经历过酒驾被判六个月拘役，人生起伏更加明显，心态则更加顺其自然，因此在自媒体的运营上也显得不那么功利。就高晓松来说，自己做《晓说》，并不想卖弄口才学识，也不觉得应该将节目做得多风生水起，只是纯粹的分享，和观众聊聊自己的一些经历和见解。

（三）子案例三："程苓峰—云科技"

1. 节目内容及定位

自媒体账号"程苓峰—云科技"（后改名为"孕峰"）主要针对互联网业界从业者，内容以互联网技术产品、商业模式、江湖故事和原创解读为主。从 2012 年 9 月程苓峰创建"云科技"后，每天发布一到两篇文章，目前已经得到近 4 万名高端用户的关注，其中不乏 IT 企业的老板以及投资人。加上其腾讯微博粉丝超过 56 万，新浪微博粉丝超过 16 万，这也让程苓峰有底气对外宣称影响人群超过百万。

2013 年 1 月 28 日，在独立运营 5 个月后，程苓峰以"1 天 1 万，5 天 3 万"的价格出售"云科技"微信公众账号的广告位。广告发出后两小时便敲定电商唯品会 1 万元的广告费，成功接下了第一单。接着，瑞库德猎头、金山猎豹浏览器、UC 优视、小米、野火视频、6 间房等广告商纷至沓来。21天后，程苓峰通过微博发布信息："第一批已有 9 单广告，到手 13 万元，足够在中国任何山清水秀的偏远僻静的小镇生活了。"2013 年 4 月 14 日，科技自媒体运营者程苓峰在接受《中国经营报》采访时称，他的自媒体"云科技" 3 个月赚了 20 万。

2. 从"程苓峰—云科技"看自媒体

"程苓峰—云科技"自媒体的定位清晰准确，这是其成功的重要因素。同时，把关人程苓峰对稿件的质量要求在其账号拥有一定影响力之后并没有下降，反而是拒绝投稿偏多。对此，程苓峰解释："没有拒绝的标准，如果能把这一标准说出来或写出来，那么媒体的创作就会变成流水线，那就不是让读者喜欢的稿件。创作其实是一项主观性很强的工作。"

（四）子案例四：《苏芩女学馆》

1. 节目内容及定位

《苏芩女学馆》是知名情感作家苏芩联合搜狐打造的一档面向都市女性的视频自媒体节目，每周一期，教你用好女人的天生优势。其"苏芩女学馆"是目前国内最受欢迎、流量最大的情感交流空间，吸引超过 6 亿人次访问，备受年轻受众追捧。《苏芩女学馆》节目上线第一天，在没有搜狐首页和搜狐视频重推的情况下，播放量已近百万。

作家苏芩长期以大视角关注女性发展，关爱女性成长，为女人立言，其作品《七天女学馆》在中国两性情感领域引起了轩然大波。随着网络和媒体的不断报道，苏芩的新书及言论如重磅炸弹投入金融危机下人们的生活中，在数百万网民的热议下引发了中国当代的"新女学思潮"，并迅速扩展为一场"新女学运动"。

2. 从《苏芩女学馆》看自媒体

《苏芩女学馆》在视频自媒体上的尝试首先是选对方向。目前，针对女性的自媒体节目还很匮乏，《罗辑思维》、《凯子曰》、《晓说》以及"云科技"多是对准男性观众，而《苏芩女学馆》主攻女性观众市场成就了这档自媒体脱口秀节目。去男性化思维的节目让受众更明确，而女性对感情问题尤为敏感，这使得这档节目的传播效果非常理想。加上搜狐新闻客户端提供的包含视频、直播间、刊物的自媒体产品服务，帮助《苏芩女学馆》覆盖了多个维度的女性粉丝，这种玩法算是在《罗辑思维》基础上的又一次进步性的尝试。①

另外，《苏芩女学馆》的出现隐约预示着自媒体正从粗放型的模式向复合型发展，单纯的文字自媒体很难更上一层楼。如果没有借助其他新媒体平台，微信自媒体在推广环节难以走得更远。自媒体人向平台靠拢是一个趋势，平台提供技术、流量，是自媒体孵化器，有实力的自媒体人会得到平台的推荐。可以说，自媒体未来的博弈，会在"魅力人格体"与运营平台之间进行，而不是传统媒体。②

三、总结：从"罗辑思维"等自媒体看自媒体的成功之道

由于博客、微博、共享协作平台、社交网络的兴起，每个人都具有媒体、传媒的功能，因此衍生出了"自媒体"的概念。也有人提出，自媒体不只是媒体现象，早已升级为商业现象。人们通过互联网形成自组织，该社群孕育了自商业。③

---

① 王利阳.《罗辑思维》等自媒体是怎么玩的［EB/OL］.快鲤鱼，（2014-01-07）［2014-04-01］.http://www.kuailiyu.com/article/7030.html.
② 王利阳.《罗辑思维》等自媒体是怎么玩的［EB/OL］.快鲤鱼，（2014-01-07）［2014-04-01］.http://www.kuailiyu.com/article/7030.html.
③ 王冠雄."罗辑思维"估值1亿刺激了谁［EB/OL］.网易财经，（2014-01-02）［2014-04-01］.http://money.163.com/14/0102/10/9HJ07ID100253G87.html.

以下，笔者将从四个方面，总结自媒体的成功之道。

1. 用户：定位小而精

传统媒体对应的是读者，而自媒体对应的则是用户。对于这两个词的区别，"罗辑思维"团队成员之一的申音认为，"传统媒体的目标受众是面目模糊的，年龄、地域、收入、职业等都是传统媒体想象出来的，他们本身并没有接触到这部分想象中的人；而自媒体不一样，用户有血有肉、有哭有笑，在社交互动中摸得到心跳。从想象读者到凝聚用户，《罗辑思维》正在做一次大胆的尝试"[1]。

不同于以报纸、电视为代表的大众传媒"大而杂"的特点，自媒体的典型特征就是"小而精"。而这一特征要求自媒体产品必须有明确、精准的受众定位，否则它就将淹没在风起云涌的自媒体大潮中。罗振宇对于类似《罗辑思维》这样的网络产品在受众市场中的定位有自己的见解，他认为自媒体和大众媒体在受众方面走了相反的路。大众媒体拼命降低门槛，抓住更多的人；而自媒体吸引趣味相投的人，用趣味把人群分割。[2]比如，电视台的传统逻辑是进行收视要素的叠加，为了争取最大规模的受众，其节目呈现必然会相对复杂，这导致一些小众却有刚性需求的节目没有存身之地。在罗振宇看来，互联网恰恰是一个受众细分的平台，"只要你立起来，趣味相投的人自然就会吸附过来"。也正是因为这个缘故，他才能在短时间内收获足够庞大的"铁粉"。[3]

除此以外，"罗辑思维"团队也很注重与用户的互动。《罗辑思维》一书的出版是在内容生产与用户互动过程中自然延伸的产物，书中不仅有《罗辑思维》视频的文字整理，更加入了大量用户的评论，不管是辩驳、支持还是补白，都是"罗辑思维"所重视的，没有用户参与，《罗辑思维》最多算是半成品。通过出书，更多之前不了解"罗辑思维"的人成了他们的粉丝。

2. 传播：打破单向传播

自媒体最大的贡献就是削弱了传统媒体对舆论的统治力，从以往的以单向传播为主逐渐转向双向传播。在公民思考能力越来越高的今天，传统媒体的可信度不断下降，同时民智不断被激发，已经从"听"到"想"又

---

① 出品人自述：罗辑思维的秘密［EB/OL］.搜狐网，（2013-10-23）.http://it.sohu.com/20131023/n388776780.shtml.

② 谭辛.罗振宇：新媒体不再内容为王 而是人格为王［EB/OL］.人民网，（2014-02-24）.http://culture.people.com.cn/n/2014/0224/c172318-24450496.html.

③ 韩亚栋.罗振宇：文化灵魂要追赶上时代［N］.北京日报，2014-02-27（12）.

发展到"说"的高度。过去，大众只是听媒体说，后来开始对媒体说的内容进行判断，而现在已经到了自己说、自己判断、自己选择的时代。有学者称，这是"人人时代"，甚至因为技术门槛的降低，"全民记者"的时代已然来临。

2013年是自媒体的成长年，2014年或将会进入成熟年。或许也可以这样说，这是一个人人都是自媒体的时代，但长尾理论也预示着，绝大部分自媒体人都是那个长尾。

3. 多变：参与者和形式日新月异

传统的工业社会一切都是中心化的，许多人说"罗辑思维"这样的自媒体是粉丝经济，但是互联网时代的一大特点就是去中心化。去中心化之后便没有了所谓的粉丝经济，只有所谓的社群经济。社群经济的底层密码就是让一群协作成本更低、兴趣点更相同的人结合在一起，共同抓住互联网时代赋予的机会。

从一定程度上看，自媒体行业的参与者出现了诸多变化。从最开始的个人，到团队，再到现在的平台，自媒体正在走职业化的发展道路。另外，还有 We Media 联盟这种自媒体抱团玩法和"罗辑思维"的团队玩法，以及搜狐自媒体、百度百家等平台玩法。[①]

自媒体行业从最原本的文字玩法进化到了视频玩法。这个发展过程与媒体行业的演进过程有相似之处，都是从最基本的文字媒体开始，之后向广播媒体、电视媒体进化。自媒体的形式也从最初的微博发展到当下功能强大的微信。

微信方兴未艾，其功能从语音、文字、朋友圈到后台和支付都在一步步完善和成熟。可以预见的是，微信在未来还会有更大的发展潜力。

4. 联结：做出一剑封喉的东西

"'罗辑思维'要做的是一针捅破天的东西，或者说是一剑封喉的东西。"这是"罗辑思维"团队成员之一申音所说的。

互联网的精神是分享和联结，然而真正发挥作用的是人，是通过互联网聚集起来的一批人。腾讯做社交产品并不赚钱，然而它赚钱的途径却与其社交产品密不可分，比如会员、音乐绿钻、QQ秀红钻等，都是通过社交这个东西来挣钱。自媒体正在慢慢形成自己的一个社群，也许这个社群暂时还不起眼，然而终有一天，这个社群会爆发出巨大的能量，发挥其巨

---

① 王利阳.《罗辑思维》等自媒体是怎么玩的［EB/OL］.快鲤鱼，（2014-01-07）
［2014-04-01］.http://www.kuailiyu.com/article/7030.html.

大的作用。微信的强关系、强到达、强交互这三点构成了社交网络的原点，所以"罗辑思维"两年轻松坐拥 6 亿用户，所以先知先觉的 IT 界、企业都蜂拥而上去做微信公众号。①

当然，也有人指出，自媒体现在面临的问题是，自媒体人容易故步自封，缺少与外界的沟通和交流。因此，"把网络上知名的自媒体人组织起来，建立起一个联盟，并制定一定的规章制度，规定每个成员必须在自己的自媒体平台里分享其他所有成员的文章，实现流量、粉丝的互通"，通过这样的联结，自媒体自然会强势发展起来。②

正如罗振宇所说："过去的一切都不值得你再留恋了，一切继承的经验，都不值得你再去学习了，勇敢地向前冲，这就是我们的理念。"互联网技术引发的底层基础的革命，将会摧毁、重构传统社会现在看到的一切现象。而它将怎样改变我们身处的时代，自媒体无疑为我们提供了一种全新的思维。

恐龙拖着沉重的身躯走不出侏罗纪，现代人载着笨重的工业时代思维也难以跃入互联网时代壮阔的海洋。自媒体或许是张人生船票，通往自由的彼岸。

参考文献

［1］冯寅杰. 罗振宇　逻辑之魅［J］. 南方人物周刊，2013（45）.

［2］吴琼. 微信的传播学思考［J］. 北方传媒研究，2013（5）.

［3］苏落，路小南，沈鑫. 背书自媒体［J］. 成功营销，2013（6）.

［4］郭庆光. 传播学教程［M］. 北京：中国人民大学出版社，2011.

［5］戴维·波普诺. 社会学（第 10 版）［M］. 李强译. 北京：中国人民大学出版社，1999.

［6］周健，徐成华. 网络社群的社会组织特征浅析［J］. 淮海工学院学报（社会科学版），2011（5）.

［7］韩亚栋，罗振宇：文化灵魂要追赶上时代［N］. 北京日报，2014-02-27（12）.

---

① 王冠雄. "罗辑思维"估值 1 亿刺激了谁［EB/OL］. 网易财经，（2014-01-02）［2014-04-01］. http://money.163.com/14/0102/10/9HJ07ID100253G87.html.

② 打造强势自媒体，每个月认识一个知名自媒体人［EB/OL］. 卢松松博客，（2014-02-10）［2014-02-25］. http://lusongsong.com/reed/939.html.

自媒体推动下的自商业发展

■ 杜雨潇

核心提示：本文从自媒体的发展和平台特点等方面，探讨了自商业在新媒体时代取得成功的原因，主要从自媒体的特点和受众群体的认知，以及新媒体与传统媒体的融合方面来讨论。

关键词：自媒体 自商业 网络传播

自媒体的定义是由美国的谢因·波曼与克里斯·威理斯两位学者提出的，他们认为，"We Media"是"普通大众经由数字科技强化、与全球知识体系相连之后，一种开始理解普通大众如何提供与分享他们本身的事实、他们本身的新闻的传播途径"。随着信息技术的发展与信息化程度的提高，BBS（电子布告栏系统）、Podcasting（播客）、Blog（博客）、Microblog（微博），SNS（社会性网络服务）以及 Group Message（手机群发）等向普通大众提供分享他们本身的事实、新闻的途径的自媒体平台大量涌现，私人化、平民化、自主化的传播者们通过这些平台随时随地用文字、声音或图像在互联网上传播信息，信息被自由的传播者随意传播，影响力迅速攀升。

自媒体，即私人化、平民化、普泛化、自主化的传播者，以现代化、电子化的手段，向不特定的大多数人或者特定的个人传递规范性及非规范性信息的新媒体，也叫"个人媒体"，包括 BBS、Blog、Podcasting、Group Message 等。自媒体的出现源自互联网，个人通过博客、微博、微信公众账号等平台发布信息，涉及各个领域，特点是发布流程短、言论空间大、内容不受限制且具有个人风格，形式上以文字+图片为主，体裁可以是新闻、评论、小说，也有媒体人尝试做独立 App 应用。近日，知名 IT 评论人士、"云科技"的发起人程苓峰对外宣告："云科技"推出微信广告，报价为一天一万，并向中国乃至全球业界开售。

一、自媒体平台崛起

"不知道从什么时候开始，每天一刷朋友圈，就是各种'卖东西'了。""微信达人"小妮说，跟一些营销账号相比，朋友圈的这些生意经并未让她产生反感：如果有需要，朋友的东西是可以放心买的，几乎是福利了。据了解，随着博客、微博、微信等自媒体的流行，个人通过这些自媒体获得的影响力开始了"变现"的进程。"自商业"，这种时髦的赚钱方式正在兴起。

"超赞！老公很激动！谢谢你的用心！""蛋糕超级美，我在我们小区群里做了很多宣传哦！""明天做慕斯杯么？"一个名为"樱桃–cake工作室"的微博下总是有很多类似的留言和互动。没错，这是专门销售各种创意甜点的私人微博，拥有 3 000 多个粉丝，订单排到了数月之后，这让博主马静（化名）每天忙得不可开交，而她温馨的小家也成了烘焙坊。

和大多数女孩子一样，马静对甜品有着天生的"崇拜"："一见到超萌、超好吃的点心，我就会兴奋得想扑上去！是个十足的'甜点控'。"马静告诉媒体记者，她对甜品超级敏感，上学的时候她就曾寻遍合肥大街小巷找甜点吃，"当时的想法就是要吃遍各式各样的甜点"。上班之后，合肥的甜点显然无法满足马静的"高需求"，"市面上的甜点都过于程式化，一种新式样出来后，大家都会模仿"。

之后不久，她便买了一台烘烤箱，开始尝试着做自己想吃的甜点。马静也不知道，这台烘烤箱竟成了她"自商业"的开始。

能亲手设计和制作甜点，马静很兴奋，"开始搜集各种甜点的资料，包括制作的配方、样式和设计等"。马静告诉记者，那时她在一家企业从事与电子商务有关的工作，但业余时间的学习，让她的手艺进步很快。

再后来，马静开始将自己的作品与家人和朋友分享，"没想到第一个慕斯会让他们抢着吃"。马静采纳了朋友的建议，针对他们的口味设计不同的甜点。朋友们还建议马静在淘宝开店。"我当时觉得不可思议，自己玩玩还可以，真要面对客户估计有困难，关键我也是有工作的人啊。"马静说，刚开始顾虑还很多，但能与更多人分享自己的成果，觉得挺有成就感。

2011 年，马静开始在淘宝网尝试卖自己的甜点，"那时我还是边工作边利用业余时间打理一下，订单量一般，时间不紧不慢，兼职的状态让生活过得很愉悦、充实。"

然而，这种"愉悦的生活节奏"，在 2013 年 3 月被微博打乱。

"原来我还有休息的时间，现在朋友基本不可能约到我，一天到晚忙不停。"马静在微博上传的作品图片被朋友转发、被客户推荐，"开始是每天增加几十个粉丝，后来都是上百的增长，订单数也突飞猛进"。

面对这突如其来的火爆，马静选择了辞职，全身心地投入到自己的"甜点事业"中去。马静告诉记者，目前，订单已经排到一两个月以后了，"微博粉丝3 000多个，都是一些老客户，彼此都非常信任。价格虽然贵些，但客户就是买个放心"。

目前，为了保证产品质量，马静的甜点还仅限合肥市区内配送，"现在还是自己制作自己送，忙不过来的，只能往后延期或者推掉"。

"我觉得，信任是自商业和其他商业模式最大的不同。"马静说，即使再忙，晚上她都要上微博浏览、回复客户的评论。目前，马静已开始经营微信账号，"关于下一步的发展，我还没想好，但只要做好现在，肯定会有新的机会出现"。

自媒体开始为外界所熟知，始于2012年9月程苓峰在微信上开设的"云科技"走红。2012年8月，曾担任某门户网站科技总监的程苓峰发微博称将专职做自媒体。2013年年初，他又宣布，以自己为主笔的"云科技"推出微信广告，报价为每天1万元和3天5万元，向中国乃至全球开售。此后不到两个月，他就做了10单生意，入账13万元。利用个人媒体阵地，在微博、微信、各家阅读器有超过100万的用户订阅。在广告营销更加讲究细分人群和互动传播的时代，微信只针对手机用户，精准性更高，与用户的沟通更直接，互动性更强，拥有的用户越多，能取得的传播效果越好。"云科技"以图片加链接的形式，将广告附在其微信公众账号和其网站上发布的文章的末尾，很小的投入，收获却是实实在在的人民币。至此，广大优质自媒体也大可用开放、透明的方式挣到适当的收入了。

微博作为Web2.0的产物，属于博客的一种形式，但单篇的文本内容通常限制在一定范围内（国内通常为140个汉字），用户能够通过微博融合的多种渠道包括网页、手机、即时通信、博客、SETS社区、论坛等发布文字、图片、视频、音频等形式的信息，具有内容碎片化、使用便捷、传播迅速、交互性强等特点。

2010年被称为中国微博元年，微博以迅雷不及掩耳之势火速蔓延，"碎片化"的信息渗透到社会生活的众多领域，掀起了中国社会信息传播的"微博热"。中国互联网络信息中心（CNNIC）2011年1月发布的《第27次中国互联网络发展状况统计报告》显示，截至2010年12月底，我国网民规模达到4.57亿，其中，微博用户规模达到6 311万，使用率为13.8%，手机网民中手机微博的使用率达 15.5%。国内处于行业领先地位的新浪微博和腾讯微博，注册用户数均已超过 1 亿。一种传播媒体普及到 5 000 万人，收音机用了 38 年，电视用了 13 年，互联网用了 4 年，而微博（指新浪微博）只用了 15 个月。

"微博是'广场'，微信是'会所'。微博通过转发和评论可做到即时新闻的横向大范围传播，微信则更适合精准内容的点对点传播，两者各有千秋。"黑石网创始人刘瑞刚说。在他的牵头下，黑石网这个自媒体小团队汇集了一批门户网站的科技记者，每天通过微博、微信等方式对互联网的热点事件进行点评。

二、自媒体平台的特点

从自媒体发展的特点可以看出，自媒体除了"向大众提供分享他们本身的事实、新闻的途径"之外，按照参与、使用主体的不同以及所代表的观点立场的不同，还存在着或为政府与他人发表言论的他媒体，或具有中立的论坛性质的平台媒体。虽然不管是自媒体或其他媒体平台，都只是一种功能的划分、归属的界定，但自媒体显著的自由话语权意味着自媒体所储备的和将爆发的传播力量。正如尼尔·波兹曼提出的"媒介即隐喻"理论。其认为麦克卢汉所说的"媒介即信息"不如说"更像是一种隐喻，用一种隐蔽但有力的暗示来定义这个世界"。自媒体的出现，就是一种新的力量的隐喻，一种新的技术背景下的新信息传播方式的变迁，而"一种信息传播方式所带来的社会变迁，绝不止于它所传递的内容。其更大的意义在于，它本身定义了某种信息的象征方式、传递速度、信息来源、传播数量以及信息存在的语境"。

在数字媒介环境下，"节点"（Humanode），即"人"（human）与"节点"（node）的组合，界定在互联网媒介环境下以人为传播主体的节点，是通过数字互动媒介接收和发送信息的媒介用户，以及与用户捆绑在一起的一体化的信息。这样，拥有了"随时、随地、随性"特征的信息分享模式，将大大激发节点的活力和创造性，加强节点之间的交互程度，加速网络媒介上信息的流动。

自媒体的核心功能即"潜传播"下即时信息的发布与获取。自媒体作为大众传播的新产品形态，也发挥着大众传播的多项功能。同时，自媒体作为像大多数互联网新产品一样、围绕某一核心功能推出的产品，随着使用的深入，一些以核心功能为基础的延伸功能以及某些附加功能也被开发出来，使得自媒体网络产品的功能越来越完善。但发挥其最大张力的核心功能是信息的发布与获取，有了这一功能，人们可以随时分享信息而摆脱有线的控制。

亚马逊网上书店、iTunes音乐商店等企业商业模式的成功证明了网络经济的"长尾理论"。长尾理论（The Long Tail）是网络时代兴起的一种新理论，由美国人克里斯·安德森提出。长尾理论认为，由于成本和效率的因素，当商品储存、流通、展示的场地和渠道足够宽广，商品生产成本急剧下降以至于个人都可以进行生产，并且商品的销售成本急剧降低时，几乎任何以前看似需求极低的产品，只要有卖，都会有人买。这些需求和销量不高的产品所占据的共同市场份额，可以和主流产品的市场份额相比，甚至更大。这些由许许多多小市场聚合成一个大市场的营销模式，称为"长尾模式"。在网络时代，由于关注的成本大大降低，人们有可能以很低的成本关注正态分布曲线的"尾部"，关注"尾部"产生的总体效益甚至会超过"头部"。与"沉默的螺旋"理论相似，该效应也描绘了由少数人经过群体传播或人际传播的方式吸引更多人的现象，也就是说，网络销售是降低自身成本和风险的最佳选择。

三、现状研究

新的媒体环境正在逐渐形成，新媒体自身正处于迅速发展的过程中，新媒体时代的营销传播模式尚不成熟。但是即便如此，新媒体还是为整合营销传播的发展带来了前所未有的机遇。新媒体使品牌传播和品牌建构更加精准有效。新媒体的"精准"，使得它可以大胆地宣布"按效果"收取广告费用，这在传统媒体的品牌传播中几乎不可为。越来越多的企业开始选择新媒体，也是因为传统媒体的广告效果实在难以评估。传统媒体在线上线下结合进行品牌宣传这方面，远远落后于新媒体。企业选择新媒体构建品牌，新媒体在帮助企业构建品牌的同时，也越来越多地参与到企业的决策和经营当中。在未来的新媒体品牌构建整合策略中，我们将越来越多地看到这一情形的发生，有学者称之为"新媒体与电子商务的融合"。新媒体使得企业与消费者沟通的互动性增强，有利于取得更有效的传播效果。在这个崇尚体验、参与和个性化的时代，毫无疑问，新媒体营销迎合了现代营销观念，与消费者的沟通更加便捷，更容易构建关系营销，使得精确营销和数据库营销成为可能，消费者的个性化需求容易得到满足，从而获得更好的营销传播效果。

四、结语

　　中国国内现已有约 5.64 亿网民和 11.46 亿手机用户，内容生产的"零门槛"使每个人都可以进入全民记者和人人传播的领域。在重大自然灾害或意外情况发生时，第一时间内我们的很多消息也都是从当地网友的图片或者他们发布的文字当中获得的。其实这个人人传播的领域，广义地理解，即人人都可以是自媒体。其实，越来越多自媒体的出现，也促使人们思考得越来越多，尤其是思考自媒体对传统媒体人的冲击是否过大。国内早期的微博产品没有找到有效的盈利模式，从目前微博的发展速度和影响力来看，其巨大的商业价值已经毋庸置疑。目前，微博上已经出现了一些商业广告，通过广告扩大盈利成为微博的一种探索，此外，向特定用户收费、提供增值服务、与搜索合作营利、品牌推广、虚拟交易、社交活动与游戏都成为正在探讨的盈利点。微博盈利模式的影响因素包括用户规模，用户活跃程度，微博产品的成熟与完善，与其他互联网产品及渠道的融合等。作为一个开放的互联网平台，微博整合了众多的互联网产品，这决定了微博对盈利模式的探索将是多元的，这种探索很可能延续以往的发展路径——借鉴国外的经验，如 Twitter 的盈利模式。

　　资深媒体人、传播专家罗振宇指出："自媒体不是一个传统媒体对面的东西，它是传统媒体上面长出来面向新时代的那个果实。所以并不存在自媒体与传统媒体之间对攻的现象。它们是在一个互联网的基础技术平台上共存的两个物种，构成一个生态环境。虽然生态之间有竞争，但生态之间合作要远远大于竞争。"不过，自媒体的盈利模式不仅仅是广告，微博的兴起为其他媒体提供了更大的可能性，在微博和微信平台也相继出现类似人人小站、分享淘宝链接或者私房菜扫描二维码等。业内专家表示，目前自媒体赢利的可能通道还有付费阅读、收取会员费等。此外，还有注意力和影响力变现带来的线下收益，比如举办活动和讲座等。但是大家也普遍表示，现阶段更多的还是在尝试，寻求平衡点。要想给自媒体找到一个清晰固定的商业模式，尚需时日。

参考文献

［1］胡霞利，杨俊．自媒体流行推动"自商业"兴起　网络社交达人生意渐火［EB/OL］.安徽网，（2013-12-08）.http://www.ahwang.cn/anhui/20131208/1335850.shtml.

［2］谢耘耕．中国社会舆情与危机管理报告2011［M］.北京：社会科学文献出版社，2011.

［3］喻国明，欧亚，张佰明，王斌．微博：一种新传播形态的考察——影响力模型和社会性应用［M］.北京：人民日报出版社，2011.

［4］代玉梅．自媒体的传播学解读［J］.新闻与传播研究，2011（5）.

［5］费磊．"自媒体"营销风生水起　粉丝也能变现成"收益"［EB/OL］.央广网，（2013-09-07）.http://china.cnr.cn/xwwgf/201309/t20130907_513534448.shtml.

互联网时代 UGC 的勃发与社区精神

■ 李染梦

核心提示：从百度贴吧的兴旺到 SNS 的发轫再到知乎的火爆，滥觞于网络论坛的 UGC（User Generated Content，用户生成内容）正成为互联网内容生产的主流方式。法兰克福学派学者哈贝马斯、芝加哥学派学者杜威，都曾就媒介构建公民社会的"社区"及"公共领域"以促进民主民治的发展作出过论述。如今，从互联网 UGC 社区的发展来看，似乎印证了先贤们关于"社区"的构想。本文以哈贝马斯的公共领域及杜威的社区精神为理论基础，对当下 UGC 的勃发进行学理的探讨，并深入研究 UGC 与 PGC（Professionally Generated Content，专业生产内容）各自在互联网时代的可能，以期对先贤们以媒介构建社区和以社区构建民主的设想作出有力的回应。

关键词：社区　SNS　民主　公共领域

一、UGC 的火爆

1. 贴吧

贴吧是百度旗下以搜索引擎为入口，基于关键词而建立的主题交流社区。它利用百度搜索引擎大量的用户群，把对相同关键词有兴趣的用户聚集到一起，以用户自主发帖为内容生产方式，形成讨论社区。作为历经中国互联网历次升级的大浪淘沙后依然屹立不倒的中文社区，百度贴吧现在的生命力无疑是旺盛的：6 亿注册用户，450 万个贴吧，日均话题量近亿。与同为 UGC 的人人网、新浪微博等 SNS 社区话题量萎缩的现状相比，百度贴吧的现状无疑令人惊叹。那么，其长盛不衰的法宝究竟是什么呢？

（1）基于搜索引擎的广大用户群及开放的关键词。

作为中国互联网搜索引擎的绝对巨头，百度将搜索引擎与贴吧联通，使搜索相同关键词的人通过引擎进入相同社区。这样的用户进入模式首先以强大的搜索引擎用户基数保证了贴吧的用户数量，其次又由于用户自发的兴趣而保证了贴吧讨论内容的深度与广度。

（2）贴吧内部完善的等级制度及奖励机制。

作为当前最大的中文社区，为了增强社区内部的用户黏度与活跃度，贴吧设有明晰的等级制度及奖励机制。每日签到的用户可以获得相应积分，连续签到或发帖还可获得额外奖励，一旦获得贴吧管理员或吧主地位，还可号令全吧成员对其他贴吧进行攻击与讨伐。由此可见，一个成熟、稳定、活跃的社区，强大的用户群是基础，完善的等级制度是激励，而在兴趣的激励下所产生的内容，则是王者。

（3）产品的包容性和适应性。

若按照参与程度将中国互联网用户进行分类，可以分为三个类型：组织者、参与者、旁观者。在这三者的数量对比之中，旁观者的数量最多，组织者的数量最少，参与者的数量居中。而约为网民总人数10%的互联网组织者生产了约90%的互联网内容。百度贴吧作为国内唯一一款三种用户能够共存并和谐共处的互联网产品，三种用户都能在贴吧中找到相对应的角色并享受良好的用户体验。

2. 人人网

人人网的原型为校内网，是以同学关系为核心关系链进行关系扩散的互动平台。随着校内网改名人人网，公司决策层意图将同学关系链延伸到毕业之后的社会关系中，但此尝试失败，校内网风头不再，财务上连年亏损，内容上节节败退，UGC生产模式受阻，内容产生量较2009年火爆时期下降了70%左右。

为了挽救业绩颓势，人人网开始在其功能上加入新的产品模块，如轻博客功能的小站、游戏、团购等，但这对挽救其在UGC浪潮中的颓势却只是杯水车薪，成效寥寥。

3. 微博

2010年被称作中国的微博元年，微博信息流以爆炸式的形态在中国互联网界横冲直撞，以Twitter为原型的微博采取了名人明星攻略，首战告捷，明星战略使新浪微博获得了第一批用户。随后，由于微博极低的信息发布门槛，裂变式的传播效应，很快便形成了全社会"人人微博"的态势。

微博兴起后，有评论者认为这标志着草根时代和自媒体时代的来临，认为微博消除了大众传播长久以来传、受权利不对等的状况，因此，微博将成为UGC模式的典范、公共事务的"桃花源"。

但在互联网历代产品升级的洪流中，微博却越发地继承了新浪的媒体基因，微博平台上用户的话语权鸿沟逐渐生成并显现——新浪微博平台上的信息流主要为线下本身已经占据话语权优势的用户，如社会名人、权威媒体等，普通用户虽然能够发声，但缺少听众，意见也难以得到讨论和回馈。因此，微博由理想中的平等对话，变成了各个"大V"和主流、权威媒体的"借尸还魂"，权威声音得到了又一种传播途径，至此，新浪微博平台用户活跃度逐渐降低，大众用户逐渐向微信朋友圈等更为私密、封闭的关系链平台转移。

4. 知乎

知乎在其百度百科的词条里这样写道：一个人大脑中从未分享过的知识、见解、判断力，总是另一群人非常想知道的东西，知乎的使命就是把人们大脑里的经验、知识和见解搬上互联网，让彼此更好地连接。

知乎是一个高品质的问答互动社区，与国内其他网站社区不同的是，知乎追逐的并不单纯是用户量或信息量，而是高水平的提问及高质量的回答。因此，知乎前期采用的是邀请码注册方式，通过控制数量的方法积累了大量高素质的用户及高品质的问答，并通过"知乎日报"等形式将这些高品质问答在其他渠道上加以传播，吸引了大量关注和赞赏后，开放了自主注册，注册用户在一个月内由40万激增到400万。

与其他平台注重排位、身份不同，知乎是一个不强调用户个人的社区。它没有奖励机制，没有升级系统，甚至在提问时，不会显示提问者的信息。知乎是"内容为王"的代表产品，它仅以某条问答的质量高低和被其他受众认可的程度作为评判其价值的标准，并以此决定帖子的排列顺序。可以说，知乎做到了在众声喧哗的互联网时代回归内容本质，因此受到了许多素质较高的网民的追捧。

在奖励制度缺失的情况下，知乎用户为何乐于在社区内进行知识、经验、判断力的分享，究其原因，也许有二。一是源于人与生俱来的社会性因素。杜威将语言视作人与生俱来的天赋，而语言为人的社会性创造了可能。具有了社会性的人类天生合群，并渴望得到其他社会成员的认同。根据马斯洛需求层次理论，知乎用户多为低级需求得到充分满足的人群，由此，以知乎为平台能够实现自我和得到社会认同，无疑是满足受众自身需求的。此外，知乎开放注册前期所形成的严肃、认真、高品质的问答环境，也为后来的用户营造了良好的社区氛围。

5. 赫芬顿邮报

赫芬顿邮报（The Huffington Post）被称作互联网第一大报，2011年1月，它的独立访问量达到了2 800万次，而纽约时报当月的访问量是3 000万次。2011年，赫芬顿邮报的访问量首次超越了纽约时报。它以互联网为载体，用 6 年的时间，达到了纽约时报百年才有的高度，正可谓是 6 年战胜了 100 年。

赫芬顿邮报是建立在社区模式上的新型媒体。它仅有极少量的雇员，却拥有众多高质量的博客写手、专家、演员等内容生产者，这些内容生产者生产的内容包罗万象，从天文至地理、从经济到政治，他们生产出的内容可以不经过编辑审核便发表到网上，由阅读受众的"挖"和"埋"决定其在版面上的位置。赫芬顿邮报还拥有众多的公民记者和受众记者，任何读者只要发的消息新鲜有趣，就可能被大家挖上头条。新媒体观察者胡泳把赫芬顿邮报的生产模式称为同心圆模式。他认为，高水准的博客作者是网站的核心部分，其任务是拓展网站的深度，公民记者则是外环，他们负责扩大网站的广度，而最外环的则是网站的读者，他们通过"挖"和"埋"与作者进行互动。用上文提到的互联网用户分类标准来看，赫芬顿邮报也是将互联网内容生产者、参与者、旁观者完美结合的网站之一。

二、案例分析

哈贝马斯、杜威等终身关注社会民主进程的学者早已在其著作中对其心中的公共领域作出过论述。互联网时代的社区虽然建立在虚拟的数字世界之上，但其许多精神内核，在先贤的众多论述中，依然有迹可循。

1. 哈贝马斯的公共领域

哈贝马斯曾这样定义公共领域，他认为公共领域首先指的是我们社会生活中的一个领域，某种接近公众舆论的东西能在其中形成。该领域需要保证向所有公民开放，公民以不受限制的方式进行协商，并且以一种团体的方式行事。也就是说，对于涉及公众利益的事情，公众有聚会、结社、发表意见的自由。而对于工业时代后的公共领域，哈贝马斯认为，由于大众传媒日趋逐利、屈从于大众流行文化，因此出现了社区的衰退。可以说，哈贝马斯对于技术演进带来的媒介升级，以及媒介对社会的构建作用，基本持悲观态度。

2. 杜威的"社区"

杜威的名字总是与芝加哥学派联系在一起。尽管学界对杜威与芝加哥学派的所属关系依然莫衷一是，但不可否认的是，杜威关于传播媒介与社会的思想是芝加哥学派传播思想的重要基石。

芝加哥学派形成于美国社会的大变革时期，工业化进程的加快使美国的移民潮、城市化加速，城乡矛盾、种族差异、文化认同等问题加剧。杜威认为，工业化前的社会具有原始社会的淳朴，以人际交往为主的传播方式构建了关系密切、交流融洽的社区，亲密的交往关系构建了大的共同体，使人们能够参与公共事务的解决。但工业化的进程破坏了原本亲密的人际交往，以之为基础的大共同体也随即消失。不过，杜威对科学进步所带来的传播技术的演进抱有乐观的态度，并且赋予现代传播技术"重建"的希冀——他希望把传播媒介作为连接各大城市人民的纽带，使民主的共同体得以重建。

杜威认为，我们当下的生活，本质上是一种协作性的活动。有效的民主来自于反复的讨论，而其根源，则来自于邻里相处的社会。杜威看重在讨论中专家的意见，但这并不代表他将专家放在高于群众的位置上。他认为专家的意见应作为群众活动的参考，而最终的选择，还是应由人民在生活实践后自行作出。

三、民主理论视野下网络社区的建构

综上所述，哈贝马斯共同社区有以下几个条件：一是自由开放的公共空间，二是人际间平等的交往方式，三是对公共事务的深度讨论。而日趋兴盛的基于互联网的 UGC 社区可以看作互联网时代社区精神的产物。

1. 互联网时代降低了参与门槛

随着全球互联网时代的到来，即使数字鸿沟依旧存在，但基本的互联网设备的可获得性已大大提高。因此，互联网社区对社会公众的开放性基本一致，这降低了人们加入网络社区的门槛，为更多的公众加入网络社区提供了物质基础。

2. 社区的形式使深度交往成为可能

不同的网络平台通过成员的交往和奖励机制形成了一个具有共同文化、共同气质的社区。社区文化、奖励机制等对社区成员形成了一定的群体压力及群体动力，为了获取群体成员的认可及赞同，社区成员积极地对相关议题发表自己的意见并形成讨论，讨论中，共同意见得以形成，群体文化和群体气质便从中显现。百度贴吧孕育了中国社会的草根文化，先后铸造了"回家吃饭"、迷文化等一系列文化现象；新浪微博则以其特有的媒体基因，以及裂变式的传播方式成了众多新闻消息的传播源头。

3. 协作成了互联网发展的潮流

从目前的发展趋势来看，崭新的互联网产品都是以 UGC 为内容生产的主要来源。互联网的魅力就在于聚合大众的力量，这种力量足以战胜任何一种社会主流权威。互联网产品，已经由提供服务向共享信息偏移，信息的交换和共享将成为互联网产品发展的一大潮流。

四、社区的倒退及大众文化的冲击

1. 大众文化的内容侵蚀

由于自媒体时代信息发出的门槛降低，网民人数急剧膨胀，一方面网民个人的文化水平、政治素养参差不齐，一方面互联网信息传播的碎片化特点，塑造了互联网空间浮躁，表层，追逐暴力、色情、爆炸消息的价值取向。互联网空间缺乏有效的价值引导，判断一则信息、一个观点正确与否不是以其是否具有科学性而是以持此观点的网民数量多少为标准的现象不在少数。

此外，由于互联网具有匿名性，对不负责任的言论难以进行追责，部分网民因追求刺激而虚构信息，导致了互联网信息鱼龙混杂、真假难辨，对互联网传播信息的价值造成了较大影响。

最后，由于互联网媒介属性的限制，受众们养成了碎片化、表面化的阅读、思维习惯，这样的思维习惯与民主进程中所需要的深刻与严谨注定不相适应。

当某一场合的成员具备个人个性消失和感情思想都在关注同一件事这两个特点时，这些成员就构成了共同的群体。学者古斯塔夫·勒庞（Gustave Le Bon）并不认为群体的智慧是成员智慧的综合或平均数。他认为，由于人性本能的放纵、群体情绪的相互传染以及群体的暗示作用等原因，群体的判断能力和决断能力不但不会上升，反倒会下降直至趋于原始和野蛮。

2. 社区精神内核的倒退

尼尔·波兹曼（Neil Postman）在其著作《娱乐至死》中曾经提到 19 世纪美国社会交往的独特社区形态——演讲厅。演讲厅起源于学园运动，是一种以传播知识为目的的成人教育形式。几乎每个村庄都有自己的演讲厅，在这些演讲厅内演讲的人中有当时一流的知识分子、作家和幽默家。他们的演讲论据清晰、条理明确、逻辑严密，理解这些演讲，不仅需要长时间保持注意力集中，更需要极强的逻辑分析能力。尼尔·波兹曼认为，这源于 19 世纪前 50 年美国流行的铅字媒介赋予了人们理性、客观、富有逻辑的思维方式。而反观现时的网络社区，大多数是因兴趣而聚集的网络群众，对公共事务的关注少之又少，这一方面由于先进的媒介技术使网络受众在一定程度上丧失了思考能力，另一方面也由于当下诸多更符合人类本性的娱乐活动如暴力、黄色信息等吸引了本该关注公共事务的受众的注意力。

3.PGC 的"借尸还魂"

人们一方面为因先进的媒介技术而产生的网络社区削弱了传统传播方式中"传—受"关系的不平等而拍手称快，另一方面却忽视了由于听众间的不平等性，部分在传统"传—受"关系中占有优势地位的传者披上新的媒介形式的外衣，潜入了新的网络平台社区，且其本身所具有的专业性使其发布的信息质量明显高于其他新生传播者，由此，旧时代的传播秩序又在新的传播时代得到延续。所谓 UGC，其实很可能是 PGC 的"借尸还魂"。UGC 生产机制形成的传受平等局面又被打破了。

五、UGC 和 PGC 的博弈

在人们普遍认为 PGC 是旧的传播时代具有话语权的传播者"苟延残喘"的大背景之下，关于 UGC 和 PGC 哪个才是互联网产品发展的主流的讨论之声不绝于耳。但我们没有注意到的是，没有任何一位用户是所有领域的全才，某一领域的专家同时也是另一领域的用户，且 UGC 时代还会产生大量的网络噪音。以目前 UGC 较为成功的网络产品知乎来看，内容为王的社区概念无疑是值得肯定的，只有高质量的内容才能得到全社区的赞同。

此外，笔者认为，新旧媒体时代的传受关系并没有得到根本性的颠覆，因为决定优势地位的，从前不是 U 也不是 P，现在依然不是 U 也不是 P，决定话语权的，从来都只是渠道。占有渠道和媒介优势的人，能轻而易举地将 U 塑造成 P，从而获得话语权的优势，而 UGC 时代的来临，只是使 U 成为 P 的可能性相对增加。

因此，无论是 UGC 还是 PGC，都没有完美诠释社区精神。真正的社区精神，应该将评判的标准交还到大众的实践之中，无限地缩小某些渠道的话语权赋予功能，将传者和受者的中间环节最少化，回到杜威所期待的面对面交往般的大共同体中去。而互联网全球化进程的深入，无疑将助力我们减少"传—受"之间的中间环节，加快符合社区精神的平等的共同体的到来。

参考文献

［1］沃尔特·李普曼. 公众舆论［M］.阎克文，江红译.上海：上海人民出版社，2006.

［2］詹姆斯·坎贝尔. 理解杜威［M］.杨柳新译. 北京：北京大学出版社，2010.

［3］郑杭生. 社会学概论新修（修订本）［M］.北京：中国人民大学出版社，1998.

［4］胡翼青.再度发言——论社会学芝加哥学派传播思想［M］.北京：中国大百科全书出版社，2007.

第四编　旅游文化产业

冯小刚电影公社的"乌托邦之梦"

■ 马笑天　王星榆　戴维嘉

核心提示： 随着影视基地旅游项目的发展，我国有越来越多的影视城开始选择"影视拍摄＋影视旅游"的经营模式，打造既能娱乐、度假，又能感受电影文化的全方位度假区。"观澜湖·华谊·冯小刚电影公社"就是由冯小刚、观澜湖集团、华谊兄弟传媒共同打造的全球首个以导演名字命名的电影主题旅游项目。本文将介绍国内外同类型的影视基地旅游项目，将其与冯小刚电影公社进行对比，分析冯小刚及其电影对项目的影响，并总结冯小刚电影公社的突出特点及面临的挑战。

关键词： 冯小刚电影公社　影视基地旅游　华谊　观澜湖

2012 年 5 月 24 日下午，著名导演冯小刚、观澜湖集团主席兼行政总裁朱鼎健、华谊兄弟传媒集团董事长王中军三人召开新闻发布会，宣布成立合资公司，打造中国最具特色的电影旅游商业项目"观澜湖·华谊·冯小刚电影公社"，共同打造全球首个以导演名字命名的电影主题旅游项目。

2012 年 10 月 20 日，"观澜湖·华谊·冯小刚电影公社"在海口举办了奠基仪式。该项目位于观澜湖海口国际高尔夫度假区，总投资 55 亿元人民币，规划控制面积 1 400 亩，建筑面积 950 亩。"观澜湖·华谊·冯小刚电影公社"以《一九四二》、《唐山大地震》、《非诚勿扰》等冯氏经典电影场景为建筑规划元素，呈现 20 世纪一百年间中国近现代城市街景的风貌与变迁。一期项目中的"温故 1942"街区，将再现电影《一九四二》中的陪都重庆，形成民国建筑风情一条街（1912—1949 年）；苏式建筑风情一条街（1949—1979 年），再现《唐山大地震》场景；当代贺岁电影风情一条街（1979—2012 年），模拟"非诚勿扰"系列片和贺岁系列片场景。此外还包括社会主义风情街、南洋风情街等。该项目致力于打造综合娱乐商业街区，将有明星物品店、怀旧时光老物件商店、明星字画廊、电影主题婚纱摄影店、非诚勿扰精品酒店、天下无贼火车餐厅等。此外，还拟建设 5~6 座专业级的影视拍摄棚及配套地产设施。

一、国外影视旅游模式的成功案例

影视基地旅游，在国外被称为"电影引致旅游"（movie induced tourism 或者 film induced tourism），是影视拍摄基地与旅游的交叉项目，属于文化旅游的产物。人们的旅游经历日益丰富，单纯的自然景观和人文景点已不能满足现代旅游爱好者的需要。随着对旅游品质要求的不断提高，旅游者希望能通过更多的感官刺激和身体实践获得更加深刻的旅游体验。体验式的旅游逐渐发展为一种趋势，为影视旅游基地的发展带来机遇。

影视城的成功开发主要表现在三个方面：一是影视城主题的创意，独具个性、特色鲜明的主题创意是影视城发展的基础；二是影视城的区位环境，影视城的内部空间构造、外部交通环境、其他配套设施的建设都应以旅游者的需求为标准；三是影视城的管理模式，影视城的开放以及吸引剧组进行拍摄的良好协调等都有助于影视城赢利及后续开发。

Riley 和 Van Doren 探讨了电影作为一种旅游促销手段的特性和优势，以美国影片和澳大利亚影片为例，说明了电影对旅游者到访拍摄地的推动作用。Tooke 和 Baker 就英国的电视剧对旅游业的影响进行了一系列调查，发现被调查的 4 部电视剧在播出后，拍摄地的客流量均有大幅度上升。Riley、Baker 和 Van Doren 收集了大量的数据，对 12 部知名的美国电影进行数据处理，以这些影片放映前的 10 年期间和放映后的 5 年期间拍摄地的游客接待量为样本，建立线性趋势曲线，进行定量研究，从而得出结论，认为影片对拍摄地旅游的影响至少持续 4 年，其效果能够使拍摄地的游客量增长 40%~50%。值得一提的是，他们所选的 12 部影片遵循了以下 4 条原则：①所选影片是否获得票房上的成功，这是电影能否吸引大量观众到拍摄地去旅游的先决条件；②影片本身是否具有与可进入的拍摄地相关的显著吸引力；③能否获得拍摄地有关游客接待情况的数据，这些数据是否易于分析；④拍摄地是否记录了影片放映前有关该地的游客接待情况的数据，因为对影片放映前后的数据进行比较是非常必要的。这些原则增强了有关电影促进旅游的定量研究的说服力和可操作性，也成为今后进一步研究的可借鉴之处。如 1977 年电影《第三类接触》（*Close Encounters of the Third Kind*）的成功，使其拍摄地——美国俄亥俄州魔鬼谷的旅游人次在一年内上升了 75%；电影《廊桥遗梦》（*The Bridge of Madison County*）播出后，其拍摄地——位于麦迪逊的廊桥成为许多新人举办婚礼的地点。

现代意义上的影视类主题公园最早起源于美国的迪士尼乐园，它是迪士尼公司根据其影视作品开发出来的。影视旅游的正式开端始于 1963 年，其标志是环球影城系列的第一个主题公园好莱坞环球影城的建成。在随后的几十年里，世界各地影视主题公园的建设风起云涌。到 2014 年，全球最著名的影视旅游产品包括 6 个迪士尼乐园、11 个迪士尼主题公园，以及 5 个环球影城主题公园。

好莱坞环球影城以其好莱坞著名的影视主题而闻名于世，环球影城中有诸多再现电影场景的游乐项目，还有特色鲜明的商店、影院、餐厅等，更有著名的 City Walk。环球影城游览项目是对其电影中经典剧情的二度创作，如《E.T. 外星人》、"侏罗纪公园"系列、"木乃伊"系列、"终结者"系列等。根据原有电影中惊险、刺激的片断设计，改造成游览项目，使游客既可以感受到原有剧情的再现，又能参与其中、体验到高科技的魅力。比如，经典项目侏罗纪公园就是让游客乘坐电影中出现的小船穿越热带雨林，沿途会有突然出现的飞禽走兽及体型庞大的恐龙，让游客体验到侏罗纪时代的惊险刺激。改编自《未来水世界》的项目，则把电影中的飞机、快艇变成现实，以真实的飞机掉落起火、爆炸和枪战为震撼性的表演内容。

1955 年第一座迪士尼乐园建成，迪士尼乐园的特点是将在迪士尼动画片中出现的虚构人物场景、色彩、魔幻主题等与游乐场的设施相结合。1971 年全球最大的迪士尼乐园在美国的佛罗里达州建成开放，这座奥兰多迪士尼世界包括 7 个风格迥异的主题公园、6 个高尔夫俱乐部和 6 个主题酒店，并且还在不断加入新的主题，2011 年在电影《阿凡达》大获成功之后，迪士尼邀请导演卡梅隆参与其中，在奥兰多的迪士尼世界建设阿凡达主题游乐区，再现电影中的潘多拉星球。1971 年之后，迪士尼乐园在世界各地开始兴建，1983 年亚洲第一个迪士尼乐园——东京迪士尼乐园开放，1992 年巴黎迪士尼乐园也正式投入运营，2006 年亚洲第二个迪士尼乐园在中国的香港地区开放，2011 年上海迪士尼乐园也开始投入建设。

迪士尼乐园将深受观众喜爱的动画内容，设计成一个个可以参与、互动的游乐场景。在这里你不仅可以重温迪士尼动画片中的场景，还可以与喜爱的动画人物一起玩耍。不论是青年人、中年人还是老年人，都能回到单纯美好的孩提时代。迪士尼造就了这样一个如梦境般的空间，它的建筑不亚于巴黎、纽约、伦敦等任何一个世界著名城市，它的游乐项目针对的群体是不分年龄的，游客可以全家参与和共享。它还提供饮食、购物、电影观看、展览、度假、酒店住宿等配套服务。迪士尼的动画为迪士尼乐园提供主题内容的建构和有效的宣传方式；迪士尼乐园的观众为动画带来了新的票房收入；纪念类产品的售卖又为迪士尼动画的衍生产品提供了独特的销售方式。如此互为内容和市场的主题公园产业结构就形成了。不论是迪士尼乐园还是环球影城，都已经实现了从文化创意产生到产业化机制阶段形成的链条式的转换。

二、我国影视城的兴起与发展

20 世纪 80 年代末，我国影视基地开始建设，其最初目的是方便影视拍摄，但在发展过程中因其盈利模式的制约，不久就不约而同地选择了"影视拍摄 + 影视旅游"的经营模式，这也是我国影视旅游主题公园的开端。经过一段时间的发展，国内已经建成了包括无锡影视基地、横店影视城在内的百余家影视城。在激烈的竞争环境中，各影视基地都开始积极地增强核心竞争力，形成优于竞争对手的核心资源和能力。

影视城是指在影视作品拍摄期间因剧情需要而建成的人造景观，包括建筑、街道、场地、布景，还包括道具、人物的服装、饰物等，是将原本在荧幕上的空间还原到现实当中。影视城主要有以下几个特点：一是时空的同步化，在影视城中，不同时间、空间的场景结合在一起，构成了跨越古今的空间环境。二是多风格建筑群的呈现，影视城中的建筑汇聚了不同时代的中外建筑风格，在这些建筑上烙下了不同文化的时代印记，使旅游者穿梭其间可以体验到东西交融、时光穿梭的视觉震撼。三是多主题的表演互动，依托不同主题的影视空间，设计还原影视作品画面的表演，让旅游者体验戏中人物的生活。我国于 1987 年在江苏省无锡市兴建了第一个影视拍摄基地——中央电视台无锡影视基地，该影视城坐落于美丽的太湖湖畔，占地面积近 100 公顷，可用太湖水面积 200 公顷。主要旅游景点有唐城、三国城、水浒城。随着在此拍摄的《水浒传》、《三国演义》、《武则天》等电视剧的热播，无锡影视基地吸引了大批观光旅游者。此后，一大批影视基地在我国各地如雨后春笋般建设起来。发展到现在，我国著名的几个影视基地包括：横店影视城、无锡影视基地、上海影视乐园、中山影视城、长影世纪城、北普陀影视城、同里影视基地、象山影视城、镇北堡西部影视城、焦作影视城和涿州影视城。

（1）横店影视城，位于浙江省东阳市横店镇。这里是亚洲最大的影视拍摄基地，已有 500 余部影视作品在横店取景拍摄，有"东方好莱坞"的美誉。其为国家 AAAAA 级旅游区，现已建成广州街、香港街、明清宫苑、秦王宫、清明上河图、梦幻谷、屏岩洞府、大智禅寺、明清民居博览城等

13 个影视拍摄基地和两座超大型的现代化摄影棚。

（2）无锡影视基地，位于风光旖旎的江苏省无锡市太湖之滨，是一个隶属于中央电视台的影视基地，始建于 1987 年。由三国城、水浒城和唐城三大景区组成。其为国家首批 AAAAA 级旅游景区，拥有大规模的古典建筑群体。影视城内部的所有建筑均由专家考证设计，真实再现历史背景下的建筑风貌。

（3）上海影视乐园，又称"车墩影视基地"或"松江影视基地"，以老上海风情场景著称。这里有十里洋场的繁华，也有石库门里弄的市井。乐园有有轨电车和黄包车，走一走 20 世纪 30 年代的南京路、老上海传统街道、石库门里弄、苏州河驳岸、浙江路钢桥，还可见到天主教教堂、中世纪酒庄，以及英、法、德、西班牙、挪威等国风格的欧式建筑。

（4）中山影视城，围绕孙中山先生的生平而建，集中反映了孙中山先生领导的中国民族、民主革命的进程。影视城包括中国景区、日本景区、英国景区、美国景区。走进中山影视城，除了能全面而详细地了解孙中山的革命足迹之外，更能寻觅到不少民国题材电视剧中熟悉的场景。

（5）长影世纪城，是我国首家电影制片工业与旅游业相结合的电影主题公园。特效电影是长影世纪城最具特色的旅游娱乐产品，在长影世纪城园区内，设有 3D 巨幕、4D 特效、激光悬浮、动感球幕、正交多幕等五个特效影院。将当今世界最先进的特效电影汇集于一个园区内，这一点连好莱坞、迪士尼都没有做到。它被人们誉为"世界特效电影之都"。

（6）北普陀影视城，距故宫直线距离约为 16 公里，城中有红楼梦园、北普陀寺等古色古香的建筑，还有蒙古茶包、天桥把式、乔装聚首、绣球临幸等传统民俗文化活动；明清古镇三街一村、书画院、陶艺馆，以及松、竹、梅三园则更具中国传统文化特色。

（7）同里影视基地，位于江苏省吴江市，整个同里古镇就是一个天然摄影棚，具有得天独厚的水乡风貌，又保存了大量完整的明清建筑。古朴的小镇、宁静的深宅和长长的石板路，影视基地就是古镇本身。基地建筑依水而立，这里有"东方小威尼斯"之称。

（8）象山影视城，主要由大门广场区、村街作坊区、墓府山洞区、庄园湖塘区、店铺城宅区五大景点区域组成，诠释着宋代古建筑艺术风格。象山影视城的拔地而起和电视剧《神雕侠侣》的拍摄密不可分，一进影视城仿佛就踏入了武侠的世界，古战场、作坊区、村街区、归云庄、活死人墓、陆家庄、襄阳城、蒙古包等八大景点各具特色。

（9）镇北堡西部影视城，距宁夏回族自治区银川市约 35 公里，是在一个原始古堡的基础上修建而成的。镇北堡西部影视城以其古朴、原始、粗犷、荒凉的风格，成为贺兰山东麓风景旅游景观。镇北堡西部影视城"借影视艺术之体，还民俗文化之魂"，现已逐步成为中国古代北方小城镇的缩影。

（10）焦作影视城，以春秋战国、秦汉、三国时期文化背景的仿古建筑群著称，主要景点由文化广场区、周王宫区、市井区、楚王宫区、古战场区等多处影视拍摄景观组成。宏大的基地规模和丰富的拍摄场景吸引了国内影视导演们纷纷率剧组来焦作影视城取景拍戏。

（11）涿州影视城，是体现汉代、唐代和明清时代风格的景点，其中最宏伟壮观的当属铜雀台景点，集亭、台、楼、阁、廊、桥、院、阙于一体，气势雄伟。

三、冯小刚及其电影对影视城的影响

对比"观澜湖·华谊·冯小刚电影公社"与其他影视基地可以发现，除了配套设施齐全之外，冯小刚电影公社最大的卖点就是冯小刚和他的电影。冯小刚是当代中国最负盛名的导演之一，他的作品风格以京味儿喜剧著称，他擅长拍摄商业片，在业界享有"贺岁片之父"的美誉。冯小刚的影片虽然在国际上获奖不多，但他的贺岁电影已经形成了一个中国电影品牌，为新时期中国民族电影的商业化，走出了一条票房冠军之路。1990 年，冯小刚与郑晓龙联合编导的第一部电影《遭遇激情》就获得中国电影"金鸡奖"最佳编剧等四项提名。2004 年，冯小刚执导改编自赵本夫同名小说的电影《天下无贼》，国内票房为 1.2 亿元。2006 年，执导电影《夜宴》，影片脱胎于莎士比亚的名作《哈姆雷特》，国内票房为 1.3 亿元。2007 年 12 月，他执导的电影《集结号》上映，取得 2.6 亿元的票房成绩。2008 年 12 月 18 日，他执导的电影《非诚勿扰》在上映 19 天后，票房迅速突破 3 亿元，冯小刚个人作品的票房总和已经达到 10.32 亿元，成为中国首个作品票房过 10 亿元的电影导演。2010 年上半年，冯小刚执导的电影《唐山大地震》上映 25 天票房超过 6 亿元，下半年其执导的《非诚勿扰 2》上映，该片上映 20 天内票房就突破 4 亿元。

冯小刚 2013 年的影片《私人订制》首日票房超过 8 000 万元，创下华语片首日票房最高纪录，总票房达到 7.19 亿元，名列华语片影史票房第五位（排名前四位的分别是《人再囧途之泰囧》、《西游·降魔篇》、《西游记之大闹天宫》和《十二生肖》），并且超过《唐山大地震》的 6.73 亿

元票房，成为冯小刚电影作品中票房最高的一部。至此，冯小刚17年拍摄的14部电影共获得票房32.47亿元，成为国内电影票房最高的导演。可以说"冯小刚"三个字已经成为电影票房高的保证。

当然，对于这个主题园区来说，冯小刚最重要的影响力在于他的电影中嵌入式广告所带来的电影旅游，对于宣传旅游地点、提升地区形象能起到巨大作用。电影旅游是指"电影、电视、文学作品、杂志、唱片、录像等加强了游客的感知，给游客留下了深刻影响和心灵震撼，诱发旅客到影视拍摄地进行旅游活动"。在美国，电影旅游的概念早就深入人心。像环球影城、迪士尼乐园等，都因为《E.T. 外星人》、《星球大战》等影片的拍摄吸引了不少注意力。"虽然拍电影并不是为了吸引大众到拍摄地区参观，但是好的影片却在客观上加强了外景地的吸引力，在电影放映期间和以后的一段时间里为当地旅游业增加了收入。"就如电影《非诚勿扰》中葛优的那句台词"西溪，且留下"，让杭州西溪国家湿地公园一下子成了网络上的搜索热门关键词，搜索内容包括门票、交通、别墅、景点介绍等。无数游客都是看了电影《非诚勿扰》后才知道杭州还有这样一个景点的。

冯小刚拍摄《非诚勿扰》时在西溪湿地选择了三处外景地：一处是秋雪庵附近的芦苇荡，一处是深潭口，还有一处就是西溪创意产业园的别墅。《非诚勿扰》上映后，"养在深闺人未识"的西溪湿地一时名声大噪，《非诚勿扰》剧组使用过的游船——电影中舒淇与方中信乘坐过的游船瞬间身价百倍，它已不再承担迎送游客的任务，而是专门停放在取景地作为景点供游客留影。可以说利用一部电影，冯小刚让所有看过《非诚勿扰》的观众重新认识了杭州这个"世界休闲之都"。"甚至可以将《非诚勿扰》当作一次绝妙的旅游营销，按照《非诚勿扰》的票房估算，已经有40多万人次看过了这个'杭州形象片'。"杭州的旅游景点，不再只有《新白娘子传奇》中披着传奇色彩的断桥、西湖、雷峰塔等地方。自此，西溪湿地成为杭州又一个举世闻名的代名词。

《非诚勿扰2》对海南旅游的推广以及海南形象的构建也体现了冯小刚的巨大影响力。除了石梅湾海港、亚龙湾热带天堂森林公园、过龙江索桥、鸟巢度假酒店作为《非诚勿扰2》的主要取景点，亚龙湾成为2011年春节许多旅客三亚游的热点区域，引得不少人慕名探访之外，电影中随处可见的展现海淀溪、世纪大桥、椰树摇曳的街道等美景的镜头也为观众描绘了一个碧海蓝天的绝美城市，让海南的美更加深入人心。由此可见，冯小刚的电影由于画面精美，剧情吸引人，在电影营销的过程中不仅赢得了票房，更成功地推广了旅游文化。国内优秀的电影导演有很多，但是所拍摄的电影中的取景地对旅游有强大的推广力，能够吸引大量观众的，冯小刚绝对是其中的佼佼者。我们可以明显看出，冯小刚导演的电影在吸引观众参与电影旅游方面所展现出的巨大魅力，这也是冯小刚电影公社选择冯小刚的一个重要原因。

发展电影旅游项目，其实质就是发展一种文化主题游。参照国内同类型的其他影视基地，可以发现这一类型的产业之间最大的竞争点在于其中的文化内涵，以及这些不同的文化内涵所带来的不同特点。我国的影视城一直存在主题单一、特色不明显、规划设计水平偏低等问题。但是，作为一个主题旅游园区，真正决定其旅游文化能否得到提升的因素，就是能否具有鲜明的特色，以及具有创意的主题。对于冯小刚电影公社来说，能够体现其核心竞争力的部分，就是将冯小刚电影公社与其他同类型的影视主题园区区分开来，也就是做一个拥有自己独特的电影文化的旅游区。冯小刚电影公社作为全球第一个以导演名字命名的影视基地，它的主题就是冯小刚的电影，它的特色就是冯小刚电影中的建筑、场景等。从《唐山大地震》到《非诚勿扰》，再到《一九四二》，这些极具人气的电影将会使一大群曾经被电影情节所感动，为电影中的场景所着迷的观影者对冯小刚电影公社产生巨大兴趣。吸引游客通过这种旅游的形式，将影片中或惊险，或震撼，或浪漫的种种场面体验一番，这种独特的体验将会是冯小刚电影公社能与以往的电影旅游项目区别开来的最明显特征。

与此同时，建立一系列与电影相关的配套设施，也将完善冯小刚电影公社的特色产业链。华谊公司将冯小刚电影公社定位为一个包含娱乐设施和度假生活的，可以让观众感受电影、娱乐、中国建筑历史演变魅力的度假区，将冯氏经典电影场景作为建筑规划元素，聚集不同品牌和特色的餐厅、购物城、电影院、咖啡屋、酒吧、精品屋、精品酒店等，将一个世纪中国的转变融合其中，集建筑旅游、电影旅游、商业旅游于一体。通过这一系列的设施，游客在冯小刚电影公社可以完整地体验到电影中人物的生活情境。这些设施全方位满足旅客的多种需求，打造了一个真正的冯小刚电影世界。

作为一个主题影视城，冯小刚电影公社还有一大优势就是它优越的地理位置。对位置重要性的关注，在国外对主题乐园的区域位置研究里早有呈现。McEniff 研究发现，想要引起旅客的游览欲望，主题公园的位置不能太偏僻，一般必须在 2 小时内的自驾车，或 3~4 小时内的公共交通所能到达的范围内，或是距交通主干道 15 分钟车程内，由此可以看出一个合适的地理位置对于主题公园的重要性。同样，一个合适的区域对发展电影旅游更是有着至关重要的影响。例如，好莱坞环球影城就因为坐落于洛杉矶，拥有多样化的地形地貌、旖旎的风光、明媚的阳光海滩等，非常适合电影拍摄、旅游、休闲和娱乐。这种合理的区域地理位置给它带来良好的人文条件及便利的交通，吸引了大量的电影公司聚集好莱坞，引发群聚效应，进一步推动了环球影城的发展。如今环球影城已经发展成为世界上最大的电影、电视制片基地以及以电影题材为主的主题公园，每年吸引世界各地2 000 多万名游客来参观游玩。

冯小刚电影公社建立在海南省海口市，海南作为中国旅游的标志性旅游目的地之一，四面环海、气候宜人，其独特的地理位置、良好的气候条件、丰富的自然资源及人文景观，使其在国际上享有较高的知名度和美誉度。同时，海南以旅游业为龙头的现代服务业高度发达，成为支撑海南经济发展的主导产业，在政策方面享受多项政府给予的优惠待遇。优良的服务业环境和政府部门的支持也带来了优质的配套设施。海南独特的地理位置所带来的优良的气候条件，吸引了大量的剧组选择冯小刚电影公社作为拍摄地。而冯小刚电影公社所建立的包含不同年代风格的建筑也给电影电视的拍摄带来了便利。两者的相互作用将进一步带动电影公社的发展，并推动海南旅游文化更进一步发展。反过来，这些发展还会带动周边的设施建设，也将解决冯小刚电影公社发展中配套设施项目存在的问题，如景区布局不合理、环境差、接待能力不足、配套设施不完备等。可以说，冯小刚电影公社选择建在海南，让它相对于同类型的影视基地拥有了更大的优势，同时也促进了海南旅游业的发展，形成一种双赢的局面。

四、冯小刚电影公社的特色

如果把冯小刚电影公社单纯地看作一个商业旅游项目，它的确呈现了一个完整且成熟的全产业链商业运作模式。首先，冯小刚电影公社位于海口这个全国闻名的旅游胜地，其地理位置的优越性是不言而喻的。其次，冯小刚、华谊兄弟公司、观澜湖集团的三者结合，形成了一个三足鼎立的局面，无疑成为这个商业旅游项目最强大的后盾。再次，电影和建筑这两大元素是冯小刚电影公社鲜明的标签，两者都具有很强烈的符号性色彩。

1.立足海南，辐射全国

从冯小刚的电影《非诚勿扰 2》及 2013 年上映的贺岁喜剧《私人订制》中可以明显地发现，冯小刚导演对海南这个旅游胜地青睐有加。电影当中有多处镜头就是在海南取景完成的，电影出色地向观众展示了海南秀丽宜人的美景，令大批观众对海南心驰神往，带动了一部分海南景区的发展。而冯小刚电影公社的投资方之一——观澜湖集团，也是中国休闲产业的领航者，拥有全球唯一的大规模火山岩高尔夫球场群和火山岩矿温泉主题公园。作为中国最大的 SPA 水疗中心的观澜湖海口国际高尔夫度假区等项目的开发都来自观澜湖集团。可见，他们在发展休闲旅游业方面有非常丰富的经验。再加上海南是全国闻名的旅游胜地，旅游业是海南发展的支柱型产业，它有着丰富的自然资源和迷人的风光，吸引着来自世界各地的人们来消遣度假。特别是近年来全民掀起了赴海南度假的热潮，北方的人们也热衷于在冬季赴海南避寒，海口、三亚都是人们的必到之处。冯小刚电影公社建立在海南的省会海口市，海口具备优越的交通条件和政策条件，它可以实现以点带面，影响整个海南省的旅游行业。同时也可以实现立足海南、辐射全国，通过海南旅游业的影响力，吸引全国各地乃至世界各地的人们前来海南旅游，特别是吸引那些热爱电影、喜爱冯小刚电影的观众。这些因素促使冯小刚电影公社成为一个新兴的旅游热门景点。

2．三足鼎立，实力雄厚

冯小刚电影公社是由冯小刚、华谊兄弟传媒公司、观澜湖集团三者合力共同打造的。一个是中国著名导演，一个是中国大陆知名的综合性民营娱乐集团，一个是最早倡导发展休闲这个全新的朝阳产业的集团，他们在各自专注和发展的领域均占有一席之地，实力自然不可小觑。他们共同打造的是一个集建筑旅游、电影旅游、商业旅游于一体的产业项目，带给人们的是一种令人眼前一亮、耳目一新的感觉。首先，作为导演的冯小刚，其名字就是一个"金字招牌"，他的作品风格以京味儿喜剧著称，擅长拍摄商业片。近年来，他执导的《天下无贼》、《夜宴》、《集结号》、《非诚勿扰》、《唐山大地震》等影片都入围票房"亿元俱乐部"，获得了良好的口碑，产生了巨大的商业效益。"冯小刚"这三个字背后隐藏的巨大名人效应可见一斑。以他的名字所命名的电影公社，是他以往在电影方面所取得的辉煌成就的一个缩影，也展现了他深入挖掘电影背后所存在的商业价值的野心。

其次，华谊兄弟传媒公司是中国最知名的综合性娱乐军团之一，其投资及运营领域涉及电影、电视剧、艺人经纪、唱片、娱乐营销、时尚产业，且取得了傲人的成绩。华谊兄弟公司的旗下有冯小刚、滕华涛、张纪中等著名导演，还有李冰冰、苏有朋、姚晨、陈楚生等国内一线演员及歌手。华谊兄弟公司投资的电影作品如《没完没了》、《功夫》、《天下无贼》、

《夜宴》、《风声》、《全城热恋》、《西游·降魔篇》均取得了相当优异的票房成绩。此次积极投资冯小刚电影公社，不仅显示了华谊兄弟公司在娱乐产业领域拥有的极为雄厚的实力，也表现出了华谊兄弟公司向全娱乐产业链模式迈进的决心。

最后，观澜湖集团作为我国最早倡导发展休闲产业的集团，迄今为止已经形成了一个世界级的高尔夫和多元休闲产业群。其产业群跨越深圳、东莞、海口三地，形成了集运动、商务、养生、旅游、会议、文化、美食、购物、居住等为一体的国际休闲旅游度假区，而且其已引入和举办超过百次的国际赛事及交流活动。因此，观澜湖集团是休闲产业的典范，其在发展休闲产业方面有着相当丰富的经验，其良好的管理模式、卓越的运营水平和严格的操作水准如果运用到冯小刚电影公社的运作与发展上，一定会起到锦上添花的作用。

3. 电影建筑，两大符号

电影和建筑无疑是冯小刚电影公社的两大象征性符号，电影代表了其深刻多元的文化内涵，建筑代表了其追溯历史的脚步。从电影角度看，冯小刚电影公社是为数不多的以"电影"为主题的旅游商品项目，这里不仅包括了经典的冯氏电影，也包括了正在茁壮成长的中国电影。冯小刚电影公社的主体设计中，特别安排了冯氏贺岁片情景区这一区域，这不仅让游客有机会可以在此重温经典的冯氏电影，也是一种对冯小刚为中国电影所作的巨大贡献的尊重。此外，整个项目拟建5~6个专业级的影视拍摄棚及配套地产设施，其中包括全球最大的8 000平方米摄影棚。这一举措可以吸引越来越多的电影剧组进驻拍摄，具有很强的可持续性发展意义，也开辟了中国电影未来发展的新道路。从建筑角度看，冯小刚电影公社以冯小刚系列贺岁电影场景为建筑规划元素，主体规划为1942民国风情街、南阳街、社会主义街、冯氏贺岁片情景区等，呈现了20世纪整整一百年间，不同时空转换下的中国城市街区风情，完整展现了20世纪中国城市街区建筑的演变史。从这一规划就不难看出，冯小刚电影公社追溯历史、回望历史的脚步，带有浓重的复古色彩。

五、冯小刚电影公社面临的挑战

目前，无论是在国内还是国外，影视基地都如雨后春笋般出现，有的影视基地历史悠久、声名远播，有的影视基地优势明显、经验丰富，有的影视基地形式较为新颖，正在谋求发展之路……而冯小刚电影公社要想在影视和旅游相结合的商业项目这块大蛋糕上分得一杯羹，必须努力排除一些不利因素的影响，积极应对来自各方面的挑战与难题。

1．地域的局限性

冯小刚电影公社坐落在海口，这一特殊的地理位置虽然具有优越性，但也决定了其发展具有一定的局限性，具体表现在气候和交通两个方面。首先从气候角度讲，海口地处琼州海峡南岸，位于海南岛北端，属于热带季风气候，有明显的热带景观风情。这就对电影故事发生的背景地有一定的要求，像《非诚勿扰》、《私人订制》这种类型的电影比较适合在此拍摄，但是像《可可西里》、《红高粱》等具有特定地域要求的电影，可能就无法在此完成拍摄了。此外，每年海南的4—10月是热带风暴和台风活跃的时期，其中8—9月最多发。此外，5—10月为雨季，9月为降雨高峰期。这样的气候也不利于电影剧组长期驻扎在此进行拍摄，恶劣的天气会对电影拍摄造成很大的困扰，耽误电影制作的进度。

其次，从交通角度讲，海南省以琼州海峡与广东省划界，西临北部湾，与广西壮族自治区和越南相对，除了广东、广西等地可以通过火车、汽车、轮船等交通工具抵达海南，大部分省市的人们还是需要通过乘坐飞机这一交通工具抵达，这就无形中增加了电影剧组的成本。因此，如果电影剧组选择在海南拍摄，必须有雄厚的资金投入才能方便剧组人员前来海南。地域的局限性是客观存在的，冯小刚电影公社必须清晰地认识到这一点。气候是不可抗拒的因素，但交通因素可以通过发挥电影拍摄剧组人员的主观能动性来完善和解决，而随着我国交通领域技术的迅猛发展，未来内陆地区的人们到海南岛可能会有更加便利的交通方式。

2．同行业的竞争力

刚刚诞生的冯小刚电影公社面对着来自同行业多方的压力，一方面，传统影视基地如浙江横店影视城、上海影视乐园等方兴未艾，它们同样具有雄厚的实力。一大批杰出的影视作品诞生其中，这个条件将会吸引一批影迷选择它们。而且由于运作时间较长，这些影视城也积累了良好的口碑，是游客在选择电影旅游时重点考虑的对象。另一方面，一批新兴的影视基地正悄然建立。环球影城即将落户北京，上海东方梦工厂、上海迪士尼乐园、无锡万达文化旅游城和青岛东方影都在建设之中。来自西方，已经有成功经验并且也具有鲜明特色的影视基地很有可能转移一大批游客的注意力。在中国将变成"全球娱乐中心"的态势下，传统的影视基地有着稳定的运作能力和丰富的运作经验，具备一定的口碑。新兴的影视基地在地理、投资、人员、号召力等方面自然也有其与众不同的优势。面对洋品牌和本土品牌的双重夹击，冯小刚电影公社要想在电影娱乐产业中求得生存发展，必须出"奇"制胜。至于"奇"在何处？这就需要冯小刚和他的团队在实践中不断地摸索，走出一条冯小刚电影公社的特色道路。

3. 运营的难题

冯小刚电影公社能否顺利地运营？大众是否买账？它能否成为华谊兄弟公司新的持续盈利增长点？这些都需要看其后续的运营能力。海南的业内人士蔡至喆曾表示："现在电影公社对于很多人而言有一定的新鲜感，但还是要看日后能否持续、良好地运营下去，因为后期有些规划跟客栈、酒店有关系。估计要看到效果还要五年时间。"可见，其对冯小刚电影公社的未来发展持客观的态度，并没有因为冯小刚的名人效应而盲目乐观。冯小刚电影公社的项目运营以商铺经营为主要收入来源，会引入500多个商家，包括餐饮、娱乐、购物等。可见商铺的经济效益与冯小刚电影公社的运营好坏直接挂钩。更有业内人士表示，冯小刚电影公社更多地被视为观澜湖海口度假区的商业配套，其盈利前景取决于整个度假区的经营状况，而一旦度假区的经营出现问题，仅凭冯小刚的招牌能带来多少附加值还是存疑的。这就说明了观澜湖集团的发展状况与冯小刚电影公社的发展是息息相关的，两者相互联系、相互影响。冯小刚电影公社的每个环节紧密相连，一个环节运营不善就会导致另一个环节发展不利。所以，良好的运营是冯小刚电影公社持续发展的重要保证。

六、结语

事物的发展肯定要经历一个过程，冯小刚电影公社作为一个新兴的事物，我们对于它的未来发展应该秉持一个客观的态度，给它足够的发展空间，乐见其成。我们期待冯小刚的影响力，结合华谊兄弟公司在娱乐行业的雄厚实力和观澜湖集团在休闲产业领域卓越的运营能力，使冯小刚电影公社成为中国具有代表性的电影主题旅游商品项目。

参考文献

［1］Riley R.W. & Van Doren C.S.. Movies as Tourism Promotion: A Pull Factor in a Pull Location［J］. *Tourism Management*，1992，13（3）.

［2］Tooke N. & Baker M.. Seeing is Believing: The Effect of Film on Visitor Numbers to Screened Locations［J］. *Tourism Management*，1996，17（2）.

［3］Riley R.W.，Baker D. & Van Doren C.S.. Movie Induced Tourism［J］. *Annals of Tourism Research*，1998，25（4）.

［4］John McEniff.Theme Park in Europe［J］.*Travel and Tourism Analyst*，1993（5）.

［5］刘滨谊，刘琴. 中国影视旅游发展的现状及趋势［J］. 旅游学刊，2004，19（6）.

［6］郭文，王丽. 影视型主题公园旅游开发"共生"模式研究及其产业聚落诉求——以央视无锡影视基地为例［J］. 旅游学刊，2008，23（4）.

［7］周晶. 电影外景地的旅游吸引力［J］. 陕西师范大学学报（自然科学版），1999（S1）.

［8］徐文潇."西溪，且留下"——《非诚勿扰》拓展景区旅游营销新空间［N］. 中国旅游报，2009-02-02（05）.

旅游产业案例分析
——厦门、洛阳、开封、济南

■ 白 蕾 付 翔 王 晓 李 梅

核心提示：近些年，旅游产业作为文化产业的一大分支，发展势头迅猛。其发展不仅带动了旅游地区及周边地区的经济、政治、文化发展，还为我国不断提高综合国力、巩固国际地位贡献了力量。本文将对厦门、洛阳、开封、济南四个地区的文化旅游产业进行有针对性的分析，就其现状、存在的问题及其发展前景，给予深刻而全面的探讨。

关键词：旅游产业　文化旅游　厦门　洛阳　开封　济南

一、厦门篇

近年来，厦门市文化产业的发展势头良好，文化产业在厦门市经济社会发展中的地位得到了显著提升，其中数字内容与新媒体产业发展尤为迅速。文化产业领域不断取得新进展，新事件、新业态、新模式不断涌现，一批又一批领军人物大胆探索、敢为人先，引领厦门文化产业的发展。2013 年厦门市文化产业总产值超过 1 000 亿元，增加值超过 260 亿元，占厦门市 GDP 比重的 8% 以上。

文化赋予旅游灵魂，旅游提供文化表现载体。旅游业与文化创意产业在深度融合中，旅游的优势渐渐体现在文化资源的厚度上，文化的优势也渐渐体现在旅游内涵的深度上。文化创意产业已成为厦门市经济发展中成长性最好、最具活力、可持续发展的新兴产业。目前，厦门市已逐步形成包括传媒、印刷复制、图书发行、动漫游戏、文化旅游、文化娱乐、文化会展、古玩与艺术品产业等门类比较齐全的文化产业格局，创意设计、影视动画、文化旅游和数字内容等四大产业集群初步形成，而目前发展最好的为旅游产业。

厦门人居环境优美，碧水、蓝天、绿树、红花，素有"海上花园"之美誉，拥有国家园林城市、中国优秀旅游城市、国际花园城市、联合国人居奖等众多桂冠，优越的自然环境吸引了国内外大量文化创意人才聚集。

厦门是一个滨海城市，海洋优势较为明显，可深化开发几大旅游资源：一是结合鼓浪屿申遗进程，将鼓浪屿发展为一个集合人文历史资源与自然资源优势的独特创意岛；二是开发环岛路、五缘湾的旅游资源地带，发展沙滩运动项目、水上游乐项目，扩大厦门—金门旅游规模，充分挖掘这一条"世界上最美的海滨观光休闲大道"的旅游价值；三是结合中山路等老街，开发休闲旅游的浪漫街；四是开发岛内外山地资源，与农家乐、户外拓展项目相结合，融合"跨岛发展·全城 5A"的旅游发展战略。

1. 文化创意产业激活鼓浪屿的复兴之路

早期，鼓浪屿以"国家重点风景名胜区"为唯一的发展定位，被赋予单纯功能的风景旅游区，没有认识到文化旅游景区与社区功能的双重属性，必然导致一系列的政策偏差。2003 年成立鼓浪屿—万石山风景名胜区管委会，撤销鼓浪屿区政府，将区政府的部分行政管理职能划归思明区政府，形成二元的管理体制，导致管理职能不顺畅；人口和产业的"减法"破坏了鼓浪屿的社会人文生态平衡，使社区功能逐步萎缩与弱化，民生基础设施供给不足，越来越不适合居住，人口结构老龄化和贫民化非常严重；而人口外迁、社区功能的萎缩与弱化，使文化名人和承载文化的原住居民迁离鼓浪屿，"琴岛"听不到悦耳的钢琴声，成了到处叫卖海鲜干货的"海鲜岛"；岛上大量优秀历史建筑空置致使其逐步破败与荒废，历史建筑风貌日渐消失殆尽，鼓浪屿的百年历史积淀及其深厚的人文内涵正一步步走向消退与丧失。

鼓浪屿的根本问题在于"人文内涵的消退"，鼓浪屿的本质是一个人文社区，鼓浪屿只有作为有人居住和使用的特色社区，才能获得更好的发展，它的独特魅力才能长期得到保持，背离了人文社区的功能属性注定会走向衰败。

鼓浪屿适合发展什么样的产业？什么样的产业能迅速提升鼓浪屿的人口结构与人文内涵呢？答案是文化创意产业能使鼓浪屿走上复兴之路。文化创意产业将音乐、视觉艺术、文学、出版、传媒等市场化和产业化机制引入鼓浪屿文化资源的传承与挖掘中，这些机制极大地提高了鼓浪屿文化资源的整合程度，塑造"文化圣地，艺术殿堂"的新名片，重塑鼓浪屿的品牌价值。

（1）文化创意产业促进鼓浪屿"创意生活圈"的形成。

大量创意阶层（人才、组织）在鼓浪屿聚集，同时各种思想、观念交汇，相关要素自然会相互交织成无形的网络，形成鼓浪屿"创意生活圈"。随着鼓浪屿"创意生活圈"的新城市生活风格的塑造与时尚文化的传播，区域内将形成吸引创意阶层的地方品质，这种区域内的独特品质与生活风格将会逐渐引领厦门的风尚与潮流。

（2）创意阶层的聚集与人文社区的重建。

文化创意产业的发展促使鼓浪屿成为厦门新的活力中心，成为福建省乃至海峡两岸"最具品位、规模和影响力的文化艺术创意地标之一"，必将吸引越来越多的创意阶层和知识人才在鼓浪屿集聚，鼓浪屿的人文内涵可以得到迅速提升，使其成为独具魅力的"有人居住和使用的特色社区"。重构鼓浪屿的人文社区功能，让鼓浪屿从如今的"被观看、被陈列的风尘女子"重生为"生产有效文化的才女佳人"。

（3）文化创意产业与历史建筑遗产的保护和利用。

"古建筑保护的最好方式，就是使用它"——英国保护规划手册以这样一句话开头。拯救鼓浪屿历史风貌建筑的方法，就是给那些老房子找到合适的新主人，让岛上的历史风貌建筑重新焕发魅力和活力。艺术岛的规划建设将对鼓浪屿历史建筑进行适应性再利用和维修，"老瓶装新酒"赋予历史建筑一种新功能，同时，也保持其历史风貌特征。这样既能唤起人们对鼓浪屿历史记忆的元素进行保护的意识，保护其文化价值，又能改变其主要使用功能，使其适应现代生活及视觉艺术产业发展的需要，让使用它的人能够得到它的使用价值。只有让历史建筑得到合理、妥善的运用，才能真正赋予它们新生命。

2. 从厦门马拉松赛看体育旅游产业

根据国际体育旅游委员会公布的数据，近几年世界范围内的体育旅游产值已占旅游业的 30% 比重，已发展为现代旅游业的重要组成部分，对区域经济发展和产业结构调整，起到非常重要的作用。随着时代的发展，体育旅游向文化休闲、健身、疗养、欣赏、体验等旅游的文化本质发展。体育旅游文化是体育旅游者以体育活动为核心，以文化内在价值为依据，以体育旅游为主体，以体育旅游产品为媒介，以游客行为的互相作用为基础的文化现象和文化关系的总和。

2003 年至今，厦门市已成功举办了 11 届厦门国际马拉松赛，每年都吸引全球众多国家和地区的数万名运动员参赛。而厦门国际马拉松赛大部分赛道就是依山傍海、风景如画的环岛路。环岛路被称为"最美赛道"绝对不为过。

厦门马拉松赛作为体育旅游的一个重要组成部分，在未来仍有十分巨大的潜力。把握好体育旅游产业的发展方向，立足厦门本地区的资源特色，挖掘包含地理景观、水域风情、历史文化遗址遗迹、城市与建筑等在内的文化内涵，激发人们探知、体验、了解地方文化的兴趣，产生求新、求异的旅游动机。厦门应重点开发闽南体育文化游、海滨休闲度假游、自然生态游、工业园区高新科技游、乡村采摘游和开展大型体育旅游等活动。除了举办厦门国际马拉松赛之外，还要适时承接国内外高水平的体育赛事，引进网球、高尔夫球、帆船、帆板、游艇、铁人三项比赛等国内外顶级赛事落户厦门。发挥厦门发展赛艇、划船、帆船、沙滩排球、垂钓、高尔夫球等活动的资源优势，精心包装厦门国际马拉松赛，开发观音山、五缘湾、环岛路、鼓浪屿海滨浴场等地的体育旅游资源，建立国际一流的游艇俱乐部、水上运动俱乐部等。扩展横渡厦金海峡游泳节、风筝节，打造体育旅游文化的差异性。围绕旅游绿色发展战略目标，在知名的景点（如鼓浪屿、植物园、园博苑、白鹭洲音乐广场公园）附近将山水风光、传统文化民俗风情（工夫茶茶艺表演、搏饼、拍胸舞）与现场表演等方式相结合，这起到了客源共享、资源互补的作用。整合相关旅游单位，联合开发体育旅游客源市场，推动体育与文化、体育与旅游、体育与环境保护的相互联动，通过挖掘整理如钢琴、划龙舟、拍胸舞等有一定历史的体育文化活动，接纳游客参与互动，体验底蕴浓厚的体育旅游文化内涵资源，满足不同层次游客的体育旅游要求。

3. 未来发展

加快文化创意产业政策研究，进一步细化在税收、土地、工商等方面的优惠条件，完善知识产权保护，鼓励创新，提升自主创新能力，积极引导社会资本介入创意产业，多渠道筹集创意发展资金。另外，尽快建立和完善产业发展的公共平台及产业配套的相关体系机构，加大文化创意产业项目的引资力度，吸引产业链上下游相关文化创意企业进驻厦门，形成良好的产业生态，不断丰富文化创意产业的内涵和扩展其外延。

建造宽松的生活和工作环境，着力引进和培养各类创意人才。发挥厦门大学、集美大学等众多高校创意产业学科建设的优势，推动理论教育和实践培训相结合。支持创意产业劳动技能培训机构的发展，完善社会培训网络。积极吸引和聚集国内外的人才，为厦门文化创意产业发展提供智力支持，着力优化文化创意人才队伍结构，把文化产业人才纳入厦门市高层次人才引进相关政策文件的适用范围之中。积极举办各种大型创意展览，为文化创意人才提供一个相互交流的平台。

发挥对台优势，加强区域间文化创意产业交流，合作发挥"五缘"优势（地缘近、血缘亲、文缘深、商缘广、法缘久），以及"先行先试"政策优势，设立两岸文化创意产业示范园区，由两岸文化机构共同发起规划投资和招商，创新园区运作和管理模式，吸引两岸著名的文化创意企业和知名工作室来厦门开设分支机构，从事两岸文化创意产品设计与研发、展销，传统工艺的传承与合作开发，两岸文化创意展会的合作与推广，以及两岸文化创意产业人才的培训等，架构两岸文化创意产业合作链条，推进两岸文化创意产业的深度对接，体现厦门文化创意产业发展的区域特色。

二、洛阳篇

（一）中国洛阳牡丹文化节简介

"花开花落二十日，一城之人皆若狂。"中国洛阳牡丹文化节前身为洛阳牡丹花会，始于 1983 年，2010 年 11 月，经国务院、国家文化部正式批准，升格为国家级节会，更名为"中国洛阳牡丹文化节"。中国洛阳牡丹文化节是一个融赏花观灯、旅游观光、经贸合作与交流为一体的大型综合性经济文化活动。它已经成为洛阳发展经济的平台和展示城市形象的窗口，是洛阳走向世界的桥梁和世界了解洛阳的名片。它是以花为媒，发挥历史文化、牡丹文化、旅游资源、工业和科技等综合优势，促进改革开放和经济社会发展的一项创新性举措；它是充分发挥洛阳历史文化优势、区位优势，将资源优势转化为现实经济优势和旅游经济优势的成功实践。

（二）洛阳牡丹的历史文化背景

洛阳是我国著名的历史文化名城，人文资源占旅游资源总量的 80% 以上，可以说洛阳旅游的特色、品位和吸引力完全植根于洛阳的历史文化。

1. 洛阳的历史文化

文化人类学的观点认为，文化的本质内涵是自然的人化，文化的生成机制离不开自然环境或地理环境，文化又是一种社会的产物，其生成机制植根于社会环境之中。作为文化旅游节会，洛阳牡丹花会是特殊文化生态环境的产物。

洛阳处于黄河中游的南岸，河南省的西部，因地处洛河之阳而得名。又因其"居天下之中"，素有"九州腹地"之称，优越的地理位置和适宜的气候，使洛阳自古以来就是中华文明的重要发祥地之一。清朝陈心传赞美洛阳为"天心地胆之中，阴阳风雨之会，四通八达之所，声名文物之区"，精辟地描绘出洛阳的天然形势和人文风貌。"永怀河洛间，煌煌祖宗业"，南宋诗人陆游的这句名诗道出了河洛之间这块土地在中华民族发展史上的重要地位。据考证，洛阳（今洛阳市区范围）从最早建城至今已有 3 000 多年的历史，"崤函有帝皇之宅，河洛为王者之里"，河洛地区居"天下之中"，山川险固，经济繁荣，文化发达，能够控取四方，洛阳自然成了历代帝王建都筑城的理想的地方。奴隶社会和封建社会时期，洛阳曾长期是我国的政治、经济、文化中心。

2. 洛阳与牡丹的历史渊源

言洛阳，必说牡丹。洛阳牡丹人工栽培始于隋朝，盛于唐朝，"甲天下"于宋朝，至今已有 1 400 余年的历史。"洛阳地脉花最宜，牡丹尤为天下奇"，其"牡丹城"的美名来源于一段和女皇武则天相关的传说。相传，武则天有一次想游览上苑，便专门宣诏上苑："明朝游上苑，火急报春知。花须连夜发，莫待晓风吹。"当时正值寒冬，面对武则天甚为霸道的宣诏，"百花仙子"领命赶紧准备。第二天，武则天游览花园时，看到园内众花竞开，却独有一片花圃中不见花开。细问后得知是牡丹违命，武则天一怒之下便命人点火焚烧花木，并将牡丹从长安贬到洛阳。谁知，这些已烧成焦木的花枝竟开出艳丽的花朵，众花仙佩服不已，便尊牡丹为"百花之首"。"焦骨牡丹"因此得名，也就是今天的"洛阳红"。这段传说也成就了洛阳"牡丹城"的美誉。

北宋欧阳修《洛阳牡丹记》记载当时洛阳牡丹名品达 24 种。北宋后期周师厚、张峋等记载洛阳牡丹则达 120 种。每年清明前后，牡丹姹紫嫣红，开遍洛阳城，城内变成"国色天香"的海洋，富贵的姚黄、典雅的魏紫、一瓣二色的二乔、高贵的黑花魁、几近透明的夜光白，争奇斗艳，香飘四处。可谓"唯有牡丹真国色，花开时节动京城"。可见当时洛阳牡丹盛极一时，规模为全国之冠，而且栽培技术日臻完善，洛阳人通过引种、嫁接、播种、药培等多种培养方法，使洛阳牡丹无论在品种数量的增加还是花形、花色的变化方面都达到了相当完美的程度。宋代以后的几百年间，洛阳历经战乱，地位衰落，洛阳牡丹也伴随着时势变迁，屡经盛衰，到民国年间，只残存了 30 多个品种，数量不足 1 000 株。

直到新中国成立后，洛阳牡丹重获新生。1959 年，周总理视察洛阳时说："牡丹花是我国的国花，她雍容华贵，富丽堂皇，是我们中华民族兴旺发达、美好幸福的象征，要赶快抢救。"牡丹从此确立了其在华夏文明史上的重要地位，从而开辟了洛阳牡丹发展史的新纪元。今天，牡丹花色甚丰，有白、红、粉、黄、紫、蓝、绿、黑及复色等 9 个色系，国内外品种近 1 000 种，洛阳再次成为我国乃至世界范围内牡丹的栽培种植中心之一。每到 4 月，成千上万的国内外游客聚集洛阳，一睹牡丹的风采。

（三）洛阳牡丹花会的发展历程

洛阳牡丹花会在全国是起步较早、规模较大、坚持较长久的品牌节会，是全国著名的四大地方节会之一。1982 年，洛阳市正式将牡丹定为洛阳市"市花"，并将每年 4 月 15 日至 25 日确定为洛阳牡丹花会会期。这一具有深远历史意义的决定，被誉为"中国花事史上的一大壮举"，从此掀开了繁荣洛阳牡丹、振兴洛阳经济的篇章。

1983 年，首届洛阳牡丹花会开幕式在王城公园广场举行，花会接待了来自 7 个国家和全国 22 个省、市、自治区的游客 250 万人次。

1984 年的第二届牡丹花会，规模超过了首届花会。据统计，花会展出牡丹 213 个品种，共 20 多万株，接待来自 15 个国家和地区以及全国 28 个省、市、自治区的 300 多万名游客，显示了洛阳牡丹花会非凡的号召力。4 月 22 日花会高潮时，仅王城公园的游客就达 30 万人之多。

1988 年第六届牡丹花会，观赏牡丹已经达到 250 万株，300 多个品种，是几届花会中牡丹品种和数量最多的一届。据不完全统计，10 天花会，美国、日本、英国、苏联等国和港澳台地区及国内 20 多个省、市、自治区来洛阳赏花观灯的游客有 320 多万人次，数量又一次超过以往各届。

1991 年第九届牡丹花会前夕，河南省省委省政府决定加大洛阳牡丹花会的能量和作用，把洛阳牡丹花会更名为"河南省洛阳牡丹花会"，形成"洛阳搭台，全省唱戏"的崭新模式，把洛阳牡丹花会作为全省对外开放的窗口，推动全省的经济发展迈上一个新的台阶。

1993 年第十一届花会期间，市里根据形势的发展，把灯展再次安排在公园举办，将其完全推入市场，参展单位因此既有了门票收入分成，又通过彩灯广告增加了收入。后来，洛阳市灯展办尝试着组织彩灯外展，经济回报逐渐提高。

1999 年，洛阳市几家公司借助牡丹花会的商机，举办了一台名为"星光灿烂牡丹城"的大型商业演唱会，在洛阳引起了很大的震动。这台晚会的轰动效应并非来自明星大腕的倾情演绎，而是"花会搭台，企业赚钱"的新模式。这也成为花会走向市场的重要标志。

从 2002 年第二十届牡丹花会开始，洛阳牡丹花会逐渐走向成熟。从第二十三届花会开始，牡丹花会会期调整为每年的 4 月上旬至 5 月上旬。花会会期大大延长，使"花开花落二十日"成为现实。延长花会会期是明智之举，从此洛阳牡丹花会从最初单纯的赏花活动，发展成为集赏花、观灯、旅游观光、经济贸易、对外交流和文化体育活动于一体的大型综合性文化活动，在全国众多旅游节会活动中脱颖而出，令人印象深刻。

（四）洛阳牡丹花会成功的原因分析

据不完全统计，改革开放以来，全国各地陆续举办的旅游节会有几百个之多，然而能持续举办并蓬勃发展的旅游节会却少之又少，大多数旅游节会在举办几届后就处于举步维艰的境地。在全国各地众多旅游节会活动如昙花一现般悄然消亡时，洛阳牡丹花会却越办越火，越发蓬勃，其原因值得深思。

1. 洛阳十三朝古都的深厚历史文化底蕴

旅游节会活动必须以一个地区深厚的历史底蕴及与其相适应的人文环境为依托才能具有旺盛的生命力。从中国第一个王朝夏朝开始，先后有商、西周、东周、东汉、曹魏、西晋、北魏、隋、唐等十三个王朝在洛阳建都，拥有 1 500 多年建都史，是中国历史上建都最早、朝代最多、历时最长、跨度最大的城市，"普天之下无二置，四海之内无并雄"。先后有100 多个帝王在这里指点江山，"若问古今兴废事，请君只看洛阳城"，在 1 500 多年的都城史页里，记载着历史变革和时代更迭，涵纳着无数王侯将相和风流人物。洛阳文化底蕴深厚，"河图洛书"被称为中国先民心灵思维的最高成就，以此为代表的河洛文化更被奉为中国文化的源头。老子首创道教于此，佛教首传于此，中国最早的大学——太学始建于此，《汉书》、《资治通鉴》修成于此，指南车、浑天仪等科技发明诞生于此，中国古代思想、教育、史学、科技等方面的重大成就大都与洛阳密切相关。此外，这里还是著名的丝绸之路的东方起点，贯穿南北的京杭大运河的中心所在。

作为古都，历史给洛阳留下了众多的文化遗产，如夏、商、周、汉魏、隋唐五大都城遗址，世界最大的皇家石刻艺术宝库——龙门石窟，中国第一古刹白马寺等举世闻名。荡荡十三朝的历史风烟，绵绵五千年的文化积淀，使洛阳成为华夏文明史的缩影，千百年来的兴衰荣辱，致使洛阳城有着其他都城难以比拟的辛酸和无奈，退却了帝都的光环，洛阳城在中国历史上的地位仍赫然可见。这里钟灵毓秀，人文荟萃，鸿生巨儒、翰墨精英灿若繁星，永载史册。独一无二的城市特征成为牡丹花会经久不衰、旺盛发展的保证，对牡丹花会客源市场的培育与扩大具有不可替代的作用。

2. 牡丹文化独具魅力

牡丹文化源远流长，千百年来，许多文人学士挥毫泼墨，运用各种艺术形式抒发对牡丹的热爱之情，使更多的人投入表达对牡丹的喜爱与崇奉的各种活动之中。以牡丹为题材的各类文化艺术品以及与牡丹相关的习俗活动，从古到今都熠熠生辉，展示着别具一格的牡丹文化魅力。

花姿——国色天香，艳而不俗。牡丹作为观赏植物，枝繁叶茂，花容端妍，花色绚丽，品种众多，是我国的传统名花。它聚天地之灵气、日月之秀色、万卉之资韵而艳冠群芳，素有"花中之王"的美称。综观中国花谱，佳葩三百六十余种，无一可与牡丹伦比。牡丹雍容华贵、艳而不俗、柔而不媚。诗人李正封诗云："国色朝酣酒，天香夜染衣"，唐皇极为赞赏，从此"国色天香"亦成了牡丹的又一雅号。

花意——雍容华贵，繁荣昌盛。周敦颐在《爱莲说》中提到，"自李唐来，世人甚爱牡丹"、"牡丹，花之富贵者也"。牡丹以它特有的富丽、华贵和丰茂，在中国传统意识中被视为繁荣昌盛、幸福和平的象征，自古以来就深受人们喜爱。从衣冠服饰、生活器具到亭台楼阁，几乎渗入了生活的方方面面。古往今来，吟诵牡丹的诗句、描摹牡丹的书画不知几何。司马光在《洛阳看花》一诗中曾这样描述："洛阳春日最繁华，红绿荫中十万家。谁道群花如锦绣，人将锦绣学群花。"

花品——坚贞傲骨，不畏强权。历代文人墨客对此评价极高，认为牡丹是"不独芳姿艳质足压群芳，而劲骨刚心尤高出万卉"。欧阳修在《牡丹序》中也说："天下真花，独牡丹耳。"该书注释："所谓真，犹正也，与邪相对。"牡丹不趋权贵的"焦骨精神"历来为世人所称颂。牡丹不畏淫威、不畏权贵、不为困苦逆境所折服的品性，正是中华民族铮铮铁骨和浩然正气的写照。正因为如此，世人对牡丹更加偏爱，赞之为"劲骨刚心"、"焦骨牡丹"，亘古通今，洛阳牡丹牵动人心、名甲天下，也在于此。

3. 成功的运作模式

最初几届洛阳牡丹花会在运作上以行政指令为主，资金面临枯竭，部分活动因不切市场要求而表现不佳，几欲停办。近年来洛阳主办牡丹花会，遵循市场经济发展的规律，逐步跳出官办节会的单一模式，走上了市场化的道路。经过多年的探索，"政府搭台、社会参与、市场运作、共同受益"如今已成为当代牡丹花会的发展模式。大型旅游节会活动是经济活动、文化活动和旅游活动的大组合，是个系统的工程，做好联办单位和参与单位的组织工作，非常重要。在牡丹花会的筹办过程中，洛阳市市政府充分发挥宏观管理的职能，专门成立了花会领导小组，设立花会办公室以统筹全局，研究花会方案，确定活动的时间、地点、活动内容、组织方法、经费匡算、应急方案，使承办工作有条不紊地进行。洛阳市旅游、园林、工商、交通、城管、公安等部门的充分配合加强了城市综合治理能力，为花会创造了良好的环境。花会期间，各区县、各部门、各企业甚至各类民间团体都主动承办文化经贸活动，形成了"市区联手、条块合作、广泛参与、多元化投资"的格局。

除此之外，其成功的宣传策略也值得称道。旅游节会活动的成功与否，在很大程度上取决于其宣传推广工作是否到位。在每年牡丹花会举办之前，洛阳市要对花会进行全方位的宣传报道，通过电视、电台、报纸等多种媒体，展开密集的宣传攻势。节会活动中的现场采访，节会活动后的跟踪报道等对于扩大旅游节会活动的社会影响和经济效益极为重要。在互联网时代到来之后，洛阳市还不失时机地建立了牡丹花会的专题网站，通过互联网发布各种信息，大大拉近了牡丹花会和国内外旅游者的距离，开创了全新的宣传手段。

（五）小结

洛阳牡丹花会长盛不衰，不仅对洛阳市的文化产业、牡丹产业、旅游业、城市建设、对外开放功莫大焉，而且其成功举办为我国其他地区举办旅游文化节会提供了一个可靠的范例，有以下几点可供借鉴。

1. 结合地方资源，深挖历史文化内涵

旅游节会活动应反映主办地传统的独特魅力和文化意境，挖掘深层的文化内涵和历史渊源，既要凸现民族文化精神，又要体现时代风尚。洛阳特殊的地脉、文脉孕育了国色天香的牡丹和多姿多彩的牡丹文化，这是牡丹花会在洛阳得以成功举办的基础。放眼我国部分地区举行的旅游节会，立足点不是利用本地所特有的资源，而是为办会而办会，毫无根据地移花接木，牵强附会地"造节"，忽视本地的资源特色和优势，这是很多地区旅游节会活动寿命短浅或效益不好的首要原因。

2. 把握时代脉搏，彰显地方文化创意

创意是旅游文化节的灵魂，主题是否有新意决定了旅游节会能否成功。既要充分彰显地方文化内涵，又要与时俱进，不断更新、完善，这样旅游节会才具有生命力。洛阳在举牡丹花会时，非常注意把握时代脉搏，如第

二十四届牡丹花会以弘扬牡丹文化为主线，以"构建和谐社会、节约型社会"为主题，将办好花会与改革节会模式有机结合，与实施工业强市、旅游强市战略有机结合，形式新颖，反响不俗。相反，那些内容重复、单调乏味、毫无新意的旅游节会无法吸引观众。因此，如何有新意地彰显地方文化是今后办好旅游节会应该着重研究的方向。

3. 面向市场，科学运作，合理安排

政府干预过多是当前我国旅游节会活动的主要问题之一，大多数的节会活动仍由政府部门牵头主办，按行政方式运作，较少考虑由企业承办。早期洛阳牡丹花会的举办就是这种纯粹的政府行为，政府大包大揽，负面影响极大。后来洛阳市政府调整运作机制，总结经验，逐步性地举办。旅游节会活动蓬勃发展需要面向市场，遵循市场规律，用产业化形式运营节会活动，吸引有实力的企业和媒体参与，多方筹措资金，形成"以节事养节事"的良性循环模式。旅游节会活动涉及面广，考虑因素繁杂。节会前期策划是重中之重，并且要反复商议和论证，使策划方案具有可操作性。各部门分工到位，各司其职。活动结束后还需要进行全面的绩效评估，根据资金运作、主题创意等情况，总结各个环节在策划运作方面的得失，为下一次旅游节会活动做准备。与洛阳牡丹花会相对严谨周密的规范化运作相比，当前，我国部分地区举办旅游节会总是出现"节会年年办，机构回回变，人手届届换，运作效率低"的状况，主要原因之一就是缺乏专门的组织机构，缺乏科学的方案和规范性的运作，表现出明显的不确定性和随意性。

三、开封篇

（一）开封市文化旅游产业发展现状

近年来开封市文化旅游产业一直蓬勃发展，已经形成了几家以市场为导向的、颇具规模和实力的、具有地区影响力和全国影响力的文化旅游企业，文化旅游产业在 GDP 中占有越来越重要的地位。

开封是一座具有悠久历史的文化名城，迄今已有2 700多年的历史。战国时期的魏国，五代时期的后梁、后晋、后汉、后周，北宋和金均定都于此，素有"七朝都会"之称。开封具有"文物遗存丰富、城市格局悠久、古城风貌浓郁、北方水城独特"四大特色。同时，开封城下还叠压着五座城池，其叠压层次之多、规模之大，在中国几千年文明史上是绝无仅有的。在世界考古史和都城史上也是独一无二的，被著名历史地理专家、中国古都学会会长朱士光教授誉为"活的化石"。目前，全市有文物保护单位238处，其中北宋东京城遗址、开封城墙、铁塔、延庆观、山陕甘会馆、繁塔、焦裕禄烈士陵园7处文物被列为全国重点文物保护单位，省级文物25处，国家AAAA级旅游景点4处。龙亭湖风景区被评为全国创建文明风景旅游区示范点，包公湖景区被评为"河南省文明风景旅游区"。名胜古迹、人文景观以宋代特色为主，元、明、清、民初各代特色齐备，史有"一苏二杭三汴州"之说。开封市区分布着包公湖、龙亭湖、西北湖、铁塔湖、阳光湖等诸多湖泊，水域面积达145公顷，占老城区面积的1/4，是著名的"北方水城"，享有"一城宋韵半城水"的盛誉。

开封是"宋文化"的发源地，从宋代勾栏瓦肆中流传下来的各种民间艺术，对中原文化产生了广泛而深远的影响。作为"戏曲之乡"，开封是豫剧"祥符调"的发源地。作为"书画之乡"，宋代时这里诞生了"苏、黄、米、蔡"四大书法派系，现代开封书法绘画不断创新，有国家级书法家协会、美术家协会会员近两百人，开封翰园碑林已成为集诗、书、画、印于一体的艺术宝库。作为"盘鼓艺术之乡"，开封盘鼓参加了香港、澳门回归和新中国成立五十周年的庆典活动，并多次在全国民间艺术大赛中夺得金奖。作为"菊花之乡"，这里诞生了世界第一部菊艺专著，种菊、赏菊的历史超过1 600年，有"汴菊甲天下"的美誉。在1999年中国昆明世界园艺博览会上，开封菊花一举夺得四个第一名，确定了"开封菊花甲天下"的地位。目前，开封菊花花会已成为河南省一年一度的重要节会。作为中国五大名绣之一的汴绣，以其独特的针法成为中国工艺美术的精品，在2004年8月法国巴黎举办的汴绣展上引起轰动，展现了中国传统工艺的博大精深。开封是荟萃南北精华的"豫菜"的发祥地，饮食文化具有"名店、名吃、名产"的特色，素有"中国烹饪始祖"之称的伊尹就出生于开封。

目前，开封市有文化产业单位7 137个，艺术表演场所6个，各类群众艺术馆、文化馆14个；广播电台2座，广播人口覆盖率达到95.2%；电视台1座，电视人口覆盖率达到94.89%；全市报纸总发行量1 782万份，总印张数26 015千印张。

随着郑开大道的正式通车，"郑汴一体化"进程加快，从而为开封文化旅游业的发展提供了新的机遇。首先，"郑汴一体化"为开封文化旅游业的发展提供了交通优势。四条公交线路的相继开通，为外地游客来汴旅游提供了便利，一个小时内的车程使本市的文化旅游资源不再"偏僻"。

其次，"郑汴一体化"为开封提供了丰富的客源。郑州地处交通要冲，随着中部崛起战略的实施，来往于郑州的客流量必将大增，带来丰富的旅游客源。再次，"郑汴一体化"为开封提供了资源整合的契机。以嵩山少林寺为代表的自然景观，以河南博物院为代表的历史文化资源等均有望成为本市文化旅游联合的对象。最后，"郑汴一体化"为开封文化旅游业确定了区位优势。在中原城市群中，无论是沿黄旅游黄金带的建立，还是开封作为郑州文化旅游休闲区的定位，均为开封文化旅游业明确了发展方向。

（二）清明上河园的旅游文化品牌发展之路

1. 品牌形成

清明上河园是以宋朝著名画师张择端的著名画作《清明上河图》为蓝本，集中再现原图风物景观的大型北宋文化民俗主题公园。它用巧妙的创意把《清明上河图》活化，按照图中所表现的北宋东京的社会、经济、民俗、风物等诸多方面，策划了宋文化广场、民俗街、宋代科技馆、水车园、趣园等反映北宋历史文化和民俗风情的项目；同时引进北宋以来流传在民间的手工艺，恢复传统的民间建筑及民间作坊，如绣鞋坊、织坊、年画坊、汴绣坊等；在街巷中摆放了吹糖人、捏面人、糖画等手工摊点，以精湛的民间手工艺让游客流连其中，亲身体验和互动；同时，把从宋朝开始流传至今的民间艺术如盘鼓、踩高跷、杂耍、斗鸡等引进园内定时表演，并创编出一批反映宋朝风情的如《王员外招婿》、《梁山好汉劫囚车》、《东京擂台》等游客参与性、观赏性较强的剧目；而且园内的所有工作人员统一穿着北宋服饰。这些策划和安排让游客一步入清明上河园就有"一朝步入画卷，一日梦回千年"之感。

清明上河园自 1998 年 10 月开业以来，经过七年的不断完善和发展，已经成为中原旅游线上的一个重要景区。七年来，清明上河园共接待中外游客 500 多万人次，旅游总收入超亿元，上交国家税收 1 000 多万元，2004 年进入开封市纳税企业 50 强的行列，取得了较好的经济效益、社会效益和环境效益。2001 年被评为国家 AAAAA 级旅游景区（点），2003 年被《中国旅游报》评为中国旅游知名品牌，2004 年荣获全国文明风景区示范点称号。

2003 年景区开始策划建设清明上河园二期项目，在原有项目的基础上扩张规模，增加产品结构。二期项目占地 249 亩，总投资 2.6 亿元，建筑面积 2.3 万平方米；产品增加了古代娱乐项目和温泉疗养项目，将《清明上河图》向城内和皇家园林延伸，充分展现北宋东京汴梁城的繁荣昌盛。清明上河园从单一的观光型景区向集休闲、观光、度假、娱乐于一体的旅游景区发展。

目前，清明上河园二期部分景区已经正式向游客开放，二期景区全面开放后，这个景区将分为民俗文化、市井风情，皇家园林、古代娱乐两大主题区，不但能改变景区原有的观光产品性质，使之向休闲度假产品性质转化，同时将大大推动景区的产业化发展的进程，其收入结构将发生重大改变，门票收入占整个收入的比重由80%降至60%左右，非门票收入比重上升，尤其是购物和娱乐收入将逐步成为景区收入的主要来源。

2. 清明上河园旅游文化品牌存在的问题

尽管随着清明上河园二期工程策划、建造和开放，其景区类型和盈利模式得以优化，但是仍然存在着一些问题，这些问题将影响其创收和可持续发展。

（1）盈利模式单一。

我国的主题公园虽然起步较晚，但是起点颇高，成功的典型不少。然而，我国的主题公园普遍存在盈利模式单一的问题，有很多主题公园几乎都是以门票收益为单一收入来源，清明上河园也不例外。

一般来说，主题公园的收入来源主要有门票收入、餐饮住宿收入、景区内的房地产开发、景区节庆活动的商业赞助、旅游纪念品的出售以及对景区内居民提供的公共服务等。清明上河园作为一个宋文化民俗主题公园，其盈利模式却几乎只有门票收入这一种，园中没有大的购物商店，并且产品特色不突出，即使是非常具有开封特色的汴绣，也是开封各个景区都有的，园中游客参与性项目开发不够。

（2）文化特色不突出。

清明上河园以《清明上河图》为蓝本，如实地再现了北宋汴梁城的风物景观、历史文化、科技民俗，其文化特色就是生动、有个性地再现了宋文化，但作为南宋都城的杭州城内的宋文化主题公园——宋城也是如此。景区应该看到，作为北宋都城的开封，经济发展、城市环境、客源市场等各方面都落后于杭州。所以，要想让清明上河园在与宋城的竞争中获胜，景区应该考虑到这个景区所处地区的地理位置与经济发展以及周围的旅游吸引物所带来的影响，所以在规划发展清明上河园的时候不应该仅限于生动的再现，而应该用更加独特的手法和方式，创造出更富有特色的、在国内乃至世界上独一无二的清明上河园。过于坚持原来所设想的文化特色，反而会导致景区的衰退。

文化是一个主题公园的核心，所谓主题公园就是一个文化企业，主题公园是以一种独特文化为核心，围绕这个核心向游客提供一系列相关服务的旅游企业，简单来说，主题公园就是一个销售文化的企业。清明上河园的核心文化是"宋文化"和"宋民俗文化"。但是清明上河园景区在"突出"文化上做得并不好。要加强游客参与性，让游客在参与游戏活动中加强对项目内容的理解，这就是活动编排应该注意的。园中的活动对宋文化的表现太少了，即使有一点也是糖人一类的，至今仍存在的民间文化、高尚的宫廷文化几乎没有体现出来。

（3）经营管理不科学。

从景区的规划和开发来说，在清明上河园的建园之本《清明上河图》中，城镇中建筑房屋颇多，而清明上河园在建园的时候过于注重对图的重现，而忽略了在建好那么多建筑房屋后，它们在园中所扮演的角色，那么多街巷，究竟有何作用，景区管理人员在这一问题中并没有合理规划，以至于园中商店和饭馆的布局散乱，游客在园中游览时，一边进入商店购物，一边要赶着到下一个节目点观看节目，结果是节目没有看完全，购物也没有充足的时间。既不利于游客安排游览和购物时间，又不利于增加园中购物收入。如果这些问题不解决，那么园中投资的回收将会是一个大问题，还会造成土地、人力资源的浪费。

同时，旅游景区的发展最需要的是旅游人才，旅游景区之间的竞争归根到底是人才竞争。清明上河园经营管理不当的关键就在于其经营管理人员的水平不够高，或者是没有一定数量的经营管理人才。招揽人才是件难事，要想留住人才更加不容易。人才的欠缺和人员素质低的问题如果不解决，必将导致以后经营管理不善，从而引发各种问题。

（4）宣传促销力度不够。

开封作为全国优秀旅游城市，清明上河园作为国家 AAAAA 级风景名胜区及《中国旅游报》评选出来的中国旅游知名品牌，其知名度很高，但是在中国知名度比清明上河园更高的风景名胜区数不胜数。我国近几年每年都会评选出十多个优秀旅游城市，现在国内的优秀旅游城市有几十个。所以，真正能吸引游客的并不在于景区所挂的牌，而在于它的旅游资源对游客吸引力的大小。由于旅游产品不可移动性的特点，决定了必须要将旅游者吸引到旅游目的地才能使旅游产品的价值得以实现。所以，景区投其所好的宣传促销是吸引游客的重要途径。清明上河园只在旅游报纸杂志上刊登有关景区的照片、介绍景区情况是不够的，非旅游专业的人一般是看不到这些专业刊物的，要想吸引更多的游客，就要在更多潜在游客经常会看到的地方进行宣传促销。

（三）开封旅游城市建设新方向

1. 灵动宋都——水城

开封水域面积占市区总面积的13%，是名副其实的"北方水城"，有黄汴河、惠济河、广济河、利汴河"四河"，以及潘家湖、杨家湖、包公湖、铁塔湖、阳光湖"五湖"。但是长久以来开封市政府并没有充分利用这一天然优势，疏于管理，造成河道堵塞、湖水污染严重。为了改变这一状况，开封市实施了"景区水系改造工程"。到目前为止，此工程已基本完工。但是，"景区水系改造工程"只是迈出了打造水城品牌的第一步，接下来最重要的是水质改善，河道两岸建筑的拆迁、改建及环境的整治。河道两岸应建一些仿宋建筑，并将其设置成茶楼、饭馆等，另外还应布置花草树木景观带。

2. 廉洁宋都——包公

包公在中国家喻户晓，他是"为官清廉"的代名词，无论在古代还是现代，他都受到人民的崇敬。包公也是开封府的名片，而开封府则是开封的名片。开封打造包公品牌应以"包公文化"为依托，目前开封只有极少数商品运用了包公品牌。"包公文化"主要体现在："兴利除弊、勤政亲民、力除贪腐、疾恶如仇"的包公政绩；"清心、洁身、立德"的包公人格；"公平、正义、执法如山、惩恶扬善、心理平衡"的包公精神。在当今国家力求建设"廉政政府"的背景下，通过开发旅游大力弘扬"包公文化"，既能把握住时代脉搏，又能给开封人民带来实实在在的经济利益。开封府和包公祠是"包公文化"的物质载体，这两大景区体现其文化的方式应各有分工，开封府重在展现府衙文化、宋代官场文化，而包公祠则应集中展示包公生平事迹。在打造包公品牌的过程中应大力借助文化传媒的力量，提供一系列的优惠政策，如引进几部以包公事迹为题材的电影或电视剧在开封拍摄，强化人们对开封及包公的认知。

3. 幽香宋都——菊乡

开封种植菊花已有一千多年历史，菊花以独特的风韵成为古城的象征，"菊花花会"也正朝着国家级盛会靠近，开封作为"菊城"逐渐叫响全国。开封要成为公认的"菊乡"，还应做以下努力：首先，在"菊花花会"举办前应进行强势的媒体宣传，先提高其知名度，花卉展览应与开封民俗结合，花会期间还应增加一些精彩纷呈的演绎活动，尤其是游客参与性强的活动。其次，菊花与节气相结合。"重阳赏菊"是中国人民的传统风俗，菊花与传统风俗相结合更能增强人们的心理认知，激发旅游动机。再次，开发菊花的药用和食用价值。对菊花进行深加工，使之成为旅游商品，如菊花茶、菊花酒、菊花枕等，还可将菊苗和菊花结合开封当地美食制成"菊花宴"，也可以做成风味小吃菊花包子、菊花饺子等。另外，菊花应与人的操守、品格相结合。自古以来菊花就是花中"四君子"之一，它凌霜盛开的傲骨是高洁情操、坚贞不屈品格的象征。最后，无论是城市街道绿化还是公园花卉种植，都应以菊花为主打，凸显菊城特色。

4. 吃货宋都——食府

开封饮食文化在全国有一定影响力，除了闻名的开封小吃还有豫菜。在北宋时期开封的饮食服务业和烹饪技巧已经有了较大发展，形成"会寰区之异味，悉在庖厨"的鼎盛景象。开封名菜是在开封独特的地理环境与长期历史文化积淀中形成和发展起来的，既是开封饮食文化的代表，又能充分展示豫菜的魅力。要对开封名菜实施系统开发，建设一些代表"官、商、民"不同饮食文化的特色菜馆，打造与众不同的饮食品牌。

基于开封城市旅游目前的发展水平和发展阶段，尤其是河南"三点一线"沿黄旅游线的确立和"郑汴一体化"战略的实施，开封与邻近城市之间合作应成为主旋律。

四、济南篇

济南，是山东省的省会城市。北连首都经济圈，南接长三角经济圈，东西连通山东半岛与华中地区，是环渤海经济区和京沪经济轴上的重要交汇点。作为山东的政治、经济、文化、金融中心，济南不仅有着深厚的文化底蕴，流淌着古都的血脉，也因境内泉水众多，被称为"泉城"，素有"四面荷花三面柳，一城山色半城湖"的美誉，是中国首批优秀旅游城市，也是史前文化龙山文化的发祥地之一。

近年来，国家大力发展文化产业，出台了一系列保护文化产业尤其是文化创意产业的政策，有利于其更快、更好地发展。济南作为环渤海地区的重要省会城市，也将文化产业作为其经济发展体系的重中之重。随着文化产业规模不断扩大，文化市场繁荣活跃，初步形成了以动漫游戏产业、民营出版产业、文化旅游产业、影院产业、休闲健身产业为代表的产业链，呈现出多种经济成分共同参与、竞相发展的文化产业新格局。

自 2008 年起，济南市财政每年安排 2 000 万元作为文化产业专项资金，支持创意产业和产品开发、支持有市场发展前景的文化产业项目及支持产业链条的形成。济南市采取项目补助、股权投资、贷款贴息、奖励等四种形式，重点支持动漫、数字等新兴文化产业项目，并且充分利用资源优势，大力发展文化旅游等文化产业项目。2012 年济南市文化创意产业实现增加值 330 亿元，占 GDP 的比重为 6.83%。

济南市应该利用资源优势，充分并合理地将其人文历史资源和自然资源相结合，大力发展文化旅游这一文化产业项目。就目前来看，可深化开展的旅游资源如下：

（一）普及"泉"文化的泉城游

泉城济南，泉群众多、水量丰沛，被称为"天然岩溶泉水博物馆"。济南城内百泉争涌，分布着久负盛名的趵突泉、黑虎泉、五龙潭、珍珠泉四大泉群，在 2.6 平方公里范围内的老城，基本上是现今游船环城一圈的区域：从黑虎泉出发，经泉城广场—西门—五龙潭—大明湖公园北侧—老东门—青龙桥，密布着大大小小 100 多处天然甘泉，汇流而成的护城河流淌到大明湖，与周围的千佛山、鹊山、华山等构成了独特的风光，使济南成为少有的集山、泉、湖、河、城于一体的城市，自古就有"家家泉水，户户垂柳"、"四面荷花三面柳，一城山色半城湖"的美誉。

值得一提的是，以趵突泉为首的四大泉群均分布在泉城广场（市中心）的附近，游览线路十分便利快捷。近些年，为了迎合国家大力发展文化产业的大趋势，泉水景区也融合了济南当地的特色，并在此基础上创新，开发新颖点去吸引更多的游客。就"天下第一泉"趵突泉来说，一年一度的特色文化活动也成了吸引游客的制胜点。

趵突泉的灯会由来已久。每年于农历正月初一举办，持续一个月，已成为泉城济南一大文化品牌和冬季旅游的主打项目，有"不到趵突泉观灯不算过年"之说。

菊展也是趵突泉的特色品牌之一。初寒乍暖，泉城最好的菊花汇集到风光秀美的趵突泉。万菊盛开，姹紫嫣红，各种菊花造型无不显示着时代特色和浓郁的生活气息。菊展棚内，菊花和山石、书画相映成趣，如同艺术精品展，令人叹为观止。

每年在众泉齐涌、泉水旺盛的九月下旬举办趵突泉水文化节。一般持续十天左右。趵突泉水文化节内容丰富，活动精彩。戏曲演唱、民俗活动、书画展览、趵突泉行为戏、杂技等文化艺术吸引了大批游客前来观赏。

除了四大泉群之外，周边还分布着另外六大泉群：济南东郊白泉泉群、章丘明水的百脉泉泉群、历城彩石的玉河泉泉群、历城柳埠的涌泉泉群、长清万德的袈裟泉泉群和平阴洪范池泉群。以上十大泉群均属广义的"济南泉群"。这一内容丰富、历史悠久的以"泉"为主的文化旅游，可谓是济南休闲旅游的一大亮点，可让游人尽情地感受一把老舍笔下老济南"泉水叮咚"的特色。

（二）历史人文游尽显特色

1. 山东博物馆

山东是中华文明重要的发祥地之一，有着悠久的历史和灿烂的文化。早在四五十万年前的远古时代，这片土地上就生活着与"北京人"同时代的"沂源人"。山东地区新石器时代的遗存十分丰富，以"后李文化—北辛文化—大汶口文化—龙山文化—岳石文化"为代表的新石器时代文化发展谱系脉络清晰，说明这里也是中国古代文明的重要起源地之一。

山东博物馆于2010年迁入位于经十东路的新址，而建筑上也格外讲究，不仅吸引了众多外地游客，还吸引了许多"老济南"前来观看。大厅正中央的白色大理石台阶肃穆庄重，左右两侧耸立的18根直径2米、高28米的圆形立柱，擎托着偌大的空间，立柱下部镶嵌着精美庄重的商代饕餮纹饰，柱头顶端饰以祥云浮雕，经顶部灯池的渲染，显出向上延伸的视觉效果。

大厅顶部的装饰设计同样精美绝伦，一块面积为300余平方米的晶莹剔透的墨绿色玉璧悬贴在顶部中央，其造型源于曲阜鲁国故城出土的战国玉璧，具有浓郁的东方文化色彩；玉璧的形状又恰好照应了"天圆地方"的设计思想，玉璧中部的圆孔对应着穹顶透光部位，自然光由此投射下来，营造出逾越时空、亦真亦幻的美妙感觉。

展厅内包含了沂源猿人化石，大汶口陶器、玉器等器具，龙山文化的黑陶，夏商时期的青铜器以及孔子文化大展等。丰富而庞杂的内容、悠久而深蕴的历史，把我们从现代大都市济南带到了古代，感受它独一无二的历史厚重感。

2. 芙蓉街

芙蓉街是济南的一条百年老街，也是久负盛名、享誉齐鲁的小吃一条街。

芙蓉街因街间有"七十二名泉"中的芙蓉泉而得名，其最早的历史可以追溯到金元时期，至明清时达到了鼎盛。芙蓉街最初是经营文房四宝、古玩字画、乐器、文教用品和印刷的文化街，后来开始向文化、商贸并行的方向发展，并逐渐繁荣起来。游人现在看到的芙蓉街，是 2001 年济南在保护原来老街建筑风格的基础上重新整理兴建的。街上的院落，还是红砖墨墙、中规中矩的四合院，看似一副不起眼的样子，但细细数来，其实每一座院落几乎都有一两百年的历史。

芙蓉街中老济南风味的小吃可谓数不胜数，有老济南风味的鲁菜、香酥不腻人的油旋、健康营养的甜沫、香味溢满巷的烤红薯等。走进去，不仅能品味老济南的特色美食，更能体会老济南的风土人情。它是繁华的，又是沧桑的；是热闹的，又是幽静的。就像济南这座城市，将古朴与现代融于一体；就像济南人，在匆匆忙忙的现代生活中，依然保持着温厚与淳朴。

3. 大明湖

大明湖闻名遐迩，游客众多，每年接待国内外游客约 200 万人次，在济南诸公园中最多。其历史悠久，景色秀美，名胜古迹周匝其间，湖畔有历下亭、铁公祠、南丰祠、汇波楼、北极庙和遐园等多处名胜古迹，其中历下亭、铁公祠为国家级文物保护单位。尤其是大明湖乃繁华都市之中的天然湖泊，实属难得。

早在唐宋时期，大明湖就以其撼人心弦的美景而闻名四海。"蛇不见，蛙不鸣，久雨不涨，久旱不涸"为大明湖的"四大怪"。2009 年，大明湖荣膺中国世界纪录协会"中国第一泉水湖"称号。

随着改革的深入发展和旅游业竞争的日趋激烈，大明湖公园的领导者们团结务实，开拓进取，利用自身优势，举办多种活动，提高知名度，增强竞争力和吸引力，并逐步形成传统。例如，大明湖中新建了百米喷泉、水幕电影和江北第一大兰花培育基地兰岛，使大明湖风光更加绚丽多彩。荷花展、民族风情节、书画展览馆等成为大明湖的特色项目，也成为吸引游人的法宝。

4. 千佛山

千佛山古称历山，又曾名舜山和舜耕山。千佛山是泰山的余脉，海拔285 米，占地 166.1 公顷，距市中心 2.5 公里，位于济南市中心南部。与趵突泉、大明湖并称"济南三大景观"。

千佛山的景观众多，包括万佛洞、千佛崖、观音园、兴国禅寺、黔娄洞、公园内、龙泉洞和弥勒圣苑。作为济南名山，这里不仅风景秀美、佛光灵验，而且时常举办各种特色活动吸引游人前往。比如，为了积极响应文化旅游的号召，千佛山相亲会分别在每年三月初三和七夕节举行，该活动是由《生活日报》联合济南相亲网、济南电视台都市频道、共青团济南市委、济南市妇联等单位主办，千佛山景区承办的大型公益活动。自2005年至今（2013年）已举办六届。再比如，一般在二月初二、三月初三、九月初九举行的千佛山山会，每次为期7~15天不等，期间有相声、锣鼓和戏剧表演以及各种小吃、实用物品展销，是休闲娱乐的好去处。

（三）小结

目前，我国旅游业正处于加快发展的关键时期。作为省会城市的济南，交通便利，经济发达，人文景观和自然景观丰富，在发展旅游上有自己的优势，近几年也取得了一定的社会效益和经济效益，在国内旅游界占有了较重要的地位。济南被评为"中国优秀旅游城市"，但是仍然存在一些亟待解决的问题，如旅游环境较差、宣传经费不足、旅游项目贫乏等。针对这些问题，济南市政府应该尽早着手，尽快得出应对政策，以便于济南旅游形成品牌推广至全国，更快更好地跟上文化创意产业的大发展趋势。

五、结语

我国地大物博，旅游资源丰富，随着社会的不断发展和生活水平的稳步提高，人们对于旅游的需求也会越来越旺盛。这就需要我们结合中国传统文化和现代文化的发展，对旅游资源进行深度开发，打造成熟的旅游文化品牌，调整产业结构，推动整个旅游文化产业的可持续发展。

旅游品牌的形成不能一蹴而就，它需要有高品质的景区（景点）、高质量的服务、高素质的目的地居民及其他良好的自然和社会环境等作支撑。要达到这些要求，则需要城市在旅游发展过程中进行长期改进和积累，而城市之间的竞争与合作是实现上述要求的重要途径。以城市为单位加强旅游竞争与合作，一方面可以通过优胜劣汰的方式为游客提供更优质的服务，实现旅行过程中的满意度最大化；另一方面可以减少城市间外部摩擦，通过整合城市间的旅游资源，共同打造旅游精品线路，提高城市旅游的内部服务水平。

城市旅游品牌的塑造是一个长期的过程，并且有可能随着内外环境的变化，导致旅游品牌的吸引力下降，这就需要对原有品牌进行联想、延伸和扩展。所以城市旅游品牌的塑造和管理是一个动态过程，需要与时俱进，但无论怎样，都要围绕城市独特的地域文化资源这一核心。

参考文献

［1］杨会宾.洛阳市文化旅游产业发展的战略思考［D］.山东大学硕士学位论文，2009.

［2］刘凤梅.开封市文化旅游资源开发研究［D］.河南大学硕士学位论文，2011.

［3］马静.旅游者跨文化旅游行为比较研究［D］.东北财经大学博士学位论文，2011.

［4］阎宏斌.洛阳近现代城市规划历史研究［D］.武汉理工大学博士学位论文，2012.

［5］颜文华.洛阳旅游业的现状与发展对策［J］.洛阳师范学院学报，2003（6）.

［6］贾鸿雁.牡丹文化及其旅游开发［J］.北京林业大学学报(社会科学版)，2009（2）.

［7］叶林海.厦门体育旅游文化产业发展与探究［J］.体育科学研究，2010（1）.

［8］陈岗.旅游文化：文化整合的过程与结果——文化整合的视角看旅游文化［J］.桂林旅游高等专科学校学报，2004（6）.

［9］付邦道，吴翔.开封旅游形象的传播策略[J].南阳师范学院学报(自然科学版)，2004（12）.

［10］孙丽萍.厦门旅游海峡品牌引客来[N].厦门日报，2011-02-14(6).

［11］徐丽霞，帕尔哈提·艾孜木.浅谈开封旅游发展问题及其对策[J].新疆师范大学学报(自然科学版)，2006（3）.

［12］吴海.济南市旅游资源开发研究［D］.山东大学硕士学位论文，2006.

［13］耿娟娟.历史文化名城旅游竞争力研究［D］.广西师范大学硕士学位论文，2008.

［14］邓婷.体验经济视角下开封文化旅游资源开发模式研究［D］.燕山大学硕士学位论文，2013.

［15］孙春兰.山东省文化旅游产业集群研究［D］.中国海洋大学硕士学位论文，2013.

［16］陈冉.济南市旅游业发展动力机制及其模式分析［D］.中国海洋大学硕士学位论文，2012.

区域文化视野下的荆州文化发展探究

■ 张光照　蔡博瀚

核心提示：随着我国文化发展上升到国家战略层面，各地文化事业和文化产业的发展正如火如荼地进行，区域文化作为实现我国"文化强国"战略的重要组成部分而备受关注。本文在区域文化和文化经济学理论视野下，在分析湖北省荆州市文化发展特征的基础之上，进一步探究荆州文化内涵和文化发展模式，以期更鲜活、更深入地把握区域文化发展的本质特征。

关键词：区域文化　荆州　文化遗产　文化产业

荆州地处江汉平原腹地，其悠久的历史积淀一直都享誉湖北。楚文化与三国文化是荆州文化的两大来源。荆州是国务院首批公布的国家历史文化名城之一，先后有20代楚王定都荆州，长达411年。此外，在荆州及其周边地区还有大量的三国文化遗迹，在罗贯中所著的《三国演义》一百二十回中，有七十二回写到荆州，荆州由此被世人所知。

一、区域文化的概念及竞争力

1. 文化的一般含义

文化是一个中国自古就有的词汇，为"文治教化"之意，汉典中对它的解释是"人类所创造的财富的总和，特指精神财富，如文学、艺术、教育、科学"。在西方语言中，"文化"（culture）的含义是耕作，后引申至精神领域，美国传统词典的解释是"通过社会传导的行为方式、艺术、信仰、风俗以及人类工作和思想的所有其他产物的整体"。文化的概念极为广泛，因此有广义文化和狭义文化之分，广义文化包括物质文化、制度文化和精神文化；狭义文化主要是指精神文化。

从最为一般的意义上讲，文化是某个人类群体世代相传的整体生活方式。它的内容相当广泛，衣食住行、工作休闲、文学艺术等各方面都蕴含着文化的因素。从本质上来讲，文化构成了人们的主观价值判断，人们无论是进行生产、交换、分配还是消费活动，都需要一个特定的价值体系来帮助判断决策。

因此，文化的内容包括价值信念、伦理规范、道德观念、宗教信仰、思维方式、人际交往方式和风俗习惯等。文化有四个构成因素，即引发因素、认同因素、固化因素和传承因素。

2. 区域文化的含义

"区域"这一概念最早出自地理学家之口，而自 20 世纪初以来，包括经济学家、政治学家、社会学家等在内的学者纷纷涉足对"区域"的研究。广义的区域至少可以分为泛区域、国家和亚区域三个层次；狭义的区域则指的是亚区域，即可以根据政治、经济、文化、地理等相似性标准，能够区分另类区域的标准以及内部固有的混合特色标准进行划分。本文中的区域指狭义上的区域。

人类总是在一定的空间范围和一定的自然生态环境中生活，通过采集、耕种、制作、思考等广义的文化活动，在某些共同地理环境中形成具有相同价值判断的文化，这便是区域文化。区域文化是文化的空间分类，是类型文化在空间地域中以特定人群为载体的凝聚和固定。文化的影响范围有明显的地域性，而同一个大文化体系可以分为若干个亚文化体系，每个亚文化体系又可以分为若干个子文化体系。

春秋战国时期，周王室的统治近乎崩溃，诸侯国各自为政，在语言文字、风俗习惯、政治方式、经济措施、交通形势等方面，存在诸多差异，形成了植根于不同历史渊源背景和地理环境的各具特色的文化。李学勤综合文献研究和考古研究的成果，认为春秋战国时期带有明显地域特色的文化大致可分为七大文化圈，即中原文化圈、北方文化圈、齐鲁文化圈、楚文化圈、巴蜀文化圈、吴越文化圈和秦文化圈。

也有人把中国文化大体上划分为北方文化和南方文化，北方文化的主体是黄河文化，南方文化的主体是长江文化。黄河文化中，主要包括西域文化、关东文化、三秦文化、燕赵文化、齐鲁文化、三晋文化、中原文化等。长江文化又可以进一步划分为吴越文化、徽州文化、荆楚文化、巴蜀文化、台湾文化、岭南文化、湖湘文化、赣鄱文化、滇文化、黔文化、江淮文化、桂文化、闽越文化等。

由此可以看出，虽然我国区域文化有很大的差异，但其起源有相似的因素。一般来说传统区域文化起源于地理、历史和政治等因素，区域文化研究就是研究文化原生态和发展过程中以空间地域为前提的文化分布状况。它将具有相近生存方式和文化特征的集结作为单独的认识对象，然后进行历史学和文化学的分类和归纳，从而重建历史时期的文化景观。

3. 区域文化产业竞争力

要实现区域文化的繁荣，就必定要拉动区域文化产业的发展，其核心在于竞争力。一个区域的竞争力的强弱取决于多个要素的综合表现，固有资源、区域环境、行政规划、政策战略等都是衡量的重要指标。而区域文化产业竞争力则包括区域文化产业结构竞争力和区域内各个特定文化产业竞争力。根据学者花建的概括，整体创新、市场拓展、成本控制和可持续发展这四种能力是区域文化产业竞争力的体现。

要素禀赋（factor endowment）是指一国或一地区拥有的各种生产要素，包括劳动力、资本、土地、技术、管理等生产要素的数量。根据赫克歇尔（Heckscher）和俄林（Ohlin）的理论，正是由于要素禀赋的差异，国家和地区间的贸易才得以流动。历史的积淀不仅仅只是摆设，更是财富。区域的文化产业发展，离不开对自身所拥有资源的开发利用，一个区域坐拥一种特有文化，即取得对其他区域的比较优势，这种差异与优势，对产业竞争力的形成有着至关重要的作用。

然而，事物的发展并非静止不动和停滞不前的，科学和技术的进步、人才和资本的流动等因素，无不在考验着区域所拥有的比较优势。为了维持比较优势，获得比较利益，区域文化产业应当着力提升自身的核心竞争力。根据美国学者加里·哈梅尔和C.K.普拉哈拉德的"核心竞争力"理论，比较优势、文化价值观和战略选择是决定文化产业核心竞争力的重要因素。一个区域的文化产业发展，离不开在遵循当地文化传统和意识形态的基础上，对自身拥有的文化资源进行深度发掘。

文化，除了具有人文气息和历史意义之外，其商品属性也不容忽视，它在满足精神需求、实现审美功能上，很好地体现了使用价值。苏联和东欧的经济学家自20世纪70年代便开始关注文化的经济性问题，在当代，文化也在社会经济活动中扮演着重要的角色。但是人们在谈论文化时，往往只偏重它的精神价值，而忽略了文化所能创造的物质价值，文化产业若不能为区域带来经济利益，实现经济创收，单凭一腔热血对文化遗产进行保护，难免力不从心。

美国学者迈克尔·波特在研究国家竞争力时，提出"产业集群"（industrial cluster）的概念。在他看来，"集群是某一特定领域内相互联系的企业及机构在地理上的聚集体"。产业的集聚是为了更好地提高生产率，为企业创造利润。因为地理位置上的联系，区域的文化产业集聚有着天然的优势，文化资源彼此之间存在共通性，产业链的形成条件相对而言不太苛刻，集群效应更容易产生。

二、荆州文化的历史、内涵

四大文明古国，中国、古埃及、古巴比伦和古印度都是建立在大江大河之畔的农耕文明古国。这其中只有中华文明是迄今为止没有衰落的大河文明。中华大河文明由黄河文明与长江文明组成。中华大河文明是以西安为中心、以秦文明为代表的黄河文明圈和以荆襄文明为中心、以楚文明为代表的长江文明圈，他们生生不息，对中华文明乃至世界文化产生了深远的影响。

荆楚文化历史跨度大、涵盖范围广。在荆州形成并创造辉煌的楚文化，其代表性成就，通常归纳为"六大支柱"：青铜冶铸、丝织刺绣、木竹漆器、美术音乐、老庄哲学及屈骚文学。事实上，以荆州为国都的楚国，其制度文化、水利建设，包括对数学、物理、天文的探索等，也著称于世。

了解一个地方的文化，必先了解其历史。楚族是一个多灾多难的民族。自夏商以来，他们经常遭到周围强邻的打击，百姓流离失所，辗转迁徙。大约在商代晚期，他们迁到了丹水流域，在躲避殷人锐利兵锋的同时，战战兢兢地维持着自己的生存。

周武王入侵南方，楚人在首领熊丽的带领下，再次背井离乡，举部南迁渡过汉水，来到荆山，在密林深处暂时安顿下来。然而，即便是生活在这个荒僻陌生的地方，楚人的心里仍旧忐忑不安，担心周人随时可能发起征战。周成王时期，历史终于垂青楚人，这就是楚国的熊绎受封。据《史记·楚世家》记载："熊绎当周成王时，举文武勤劳之后嗣，而封熊绎于楚蛮，封以子男之田，姓芈氏，居丹阳。"熊绎，熊狂之子，祝融氏分支鬻熊一支的后裔。

熊绎受封，源于周王室内部一场戏剧性误会的发生和消解。周武王去世后，年幼的太子诵继位为周成王。成王年幼，便由叔父周公旦主持朝政。有一次成王久病不愈，周公旦来到河边剪下自己的指甲向河神祈祷，希望自己能替成王担当神灵的惩罚，周公旦的这番举动感动了史官，他把这件事刻在甲骨上，收进保存档案的"记府"中。成王长大亲政后，有忌恨周公旦的奸臣进谗，污蔑周公旦有不轨之心。成王信以为真，意欲惩治周公旦，周公旦无奈之下逃到楚人之地去避祸。后来，成王偶然在"记府"里看到周公旦向河神的祷文，大为感动，猛然醒悟，遂将周公旦从楚地接回。周公旦避祸的这段日子，楚人把他视为上宾，殷勤接待，悉心保护，这使周成王和周公旦十分感动。加之楚人先祖鬻熊，曾受聘为周文王的老师，周武王、周成王都向鬻熊咨询国是。出于多重感激，公元前 1042 年，周成王在大封诸侯之时，破例授予楚人首领熊绎"子男"之爵位，并将楚人当时已占据的土地作为俸禄食田正式封赏熊绎。楚国至此得到周王室的正式承认。

周成王岐山会盟诸侯时，也邀请了楚君熊绎参加。周天子盛情款待宗姓国和姻亲国的诸侯，对于楚国，只是安排熊绎去负责看守祭天的燎火，也没有得到应有的赏赐。周王朝的不公平待遇，激发了楚人奋发图强的斗志。楚君熊绎带领楚人"筚路蓝缕，以启山林"，此后 17 代楚国国君将"筚路蓝缕"（艰苦奋斗）的精神不断发扬光大，至楚武王熊通时，渐显大国气派。

楚国经济发达、文化鼎盛的时期，始于楚武王之子楚文王时期。公元前 689 年，楚国迁都郢都，即今天荆州的纪南城，其后 20 代楚王在此定都 411 年。后来诸侯之间互相倾轧，秦国将领白起拔郢，楚国最终灭亡。秦始皇即使统一了中国，也很快就被楚人后裔灭掉。陈胜、吴广、项羽、刘邦都是楚人，所谓"楚虽三户，亡秦必楚"。

楚国对华夏文化的贡献，还有兼采夷夏、海纳百川的开放创新精神。楚国能够从一个方圆不过百里的蕞尔小邦，发展成一个"带甲百万，地方五千里"的泱泱大国，与其特有的文化密不可分。楚国在扩张的时候，对于被灭之国，处置方式是"迁其公室，存其宗庙，县其疆土，抚其臣民，用其贤能"。加强的是政权的统治，对于文化则持保留、吸收、融合的态度。

荆州是一片神奇的土地，这里曾孕育了一个方圆五千里、雄踞八百年的古楚之国，曾诞生了春秋五霸之一的楚庄王、世界四大文化名人之一的屈原，还有老子、庄子等灿若繁星的人物。很多学者认为，源远流长、博大精深的楚文化，作为长江文化的代表，与黄河流域的宗周文化，共同铸造了先秦华夏文明的辉煌，与古希腊文化一道从不同方向登上了世界古文明的光辉殿堂，比肩屹立于世界古文明之巅，荆州亦被称为"东方的雅典"。以楚文化为突出代表的荆州文化遗产对华夏文明的贡献和影响就在这里。

三、荆州文化的发展现状和具体发展措施

1. 深化体制改革，建设"美丽荆州"

不像发达国家的文化产业市场化那样，我国文化行政部门长期以来全权管理各地文化资源，文化传播事宜也由国家文化团体等事业单位负责。相较始于 2008 年的大部制改革，荆州文化体制改革相对滞后。荆州文化体制改革的提法是"文化与广电整合"。在实际操作中，围绕建设综合文

化行政责任主体，把过去文化局和广电局的职能全面整合，同时建设文化市场综合执法主体。过去文化部门更多的是为传统文化服务，而广电部门能为文化工作提供更多的社会服务方式。文化与广电整合，将对公共文化服务形成整体力量，形成新的优势。广播电视也属于大文化范畴，它们进入市场更早，市场观念更强一些。两个部门整合后，公共文化服务职能更全，力量更强，同时也将促进文化产业更快发展。

当然，体制改革重在职能转变，还有事业单位分类改革，人事、收入分配、社会保障制度改革、转企单位建立现代企业制度、成为合格的市场主体等，都要迅速跟进，这样才能改成合力、改出活力，才能在今后的探索实践中，不断放大改革效应。

"美丽荆州"是荆州市民的期盼和梦想。和谐荆州、幸福荆州、生态荆州等是"美丽荆州"的内涵，但人文荆州是基础，市民的文化修养、文明素养是基础。提高修养、素养的首要途径是加强公共文化服务，保障基本文化权益。从现阶段来讲，看电视、听广播、读书看报、进行公共文化鉴赏、参与公共文化活动是人民群众的基本文化权益。设施建设、公共文化服务虽然整体上已普及覆盖，但保障水平并不高，并且随着经济社会的发展，基本文化权益的范围将不断扩大，要求将不断提高。加强公共文化服务、保障基本文化权益、文化惠民，将只有起点，而没有终点。

通过发展文化的努力，以及内化于心、外化于行，就会有更多高素养的市民在发展文化的引领下，共同致力于荆州的振兴，"美丽荆州"也就不再是那么遥远的目标。

2. 夯实文化底蕴，传承文化遗存

荆州是楚文化的发祥地、三国文化的中心，文化底蕴深厚，其拥有的丰富的非物质文化遗产资源为人所津津乐道。比如，荆州曲艺代表之一鼓盆歌，于2006年入选国务院公布的《第一批国家级非物质文化遗产名录》；2008年6月，荆州的传统戏剧荆河戏和传统音乐马山民歌又分别入选国务院公布的《第一批国家级非物质文化遗产扩展项目名录》和《第二批国家级非物质文化遗产名录》等。通过近年来对非物质文化遗产的普查，到目前为止，荆州申报列入国家级非物质文化遗产项目7个、省级非物质文化遗产项目28个，评定市级非物质文化遗产项目46个、县级非物质文化遗产项目154个。在已公布的1 219项国家级非物质文化遗产项目中，荆州有7项，相对较多。荆州拥有众多的非物质文化遗产，这与荆州悠久的历史和灿烂的文化是分不开的。

非物质文化遗产是一个国家和民族、一个区域和人群共同的血脉与根魂，不能独享，需要保护和传承。荆州在非物质文化遗产生产性保护方面，做了以下几个方面的工作：

一是市县两级政府和文化部门大力发掘荆州的文化遗产。荆州文化遗产虽然已有很多项被列入四级保护项目名录，但发掘的力度还远远不够。列入项目对非物质文化遗产本身就是一种保护，如果连项目都没列入，人们就不知道其是不是遗产，也很难进行有效的保护。在非物质文化遗产生产性保护方面，市县两级政府和主管部门的认识都达到了一个新的高度。

二是形成可持续的传承机制，进行生产性保护。非物质文化遗产传承人当中，有的人把所掌握的技艺当作生存方式，有的人把祖传下来的技艺当作生活乐趣，这就存在不稳定和不可持续的隐忧。要形成一种可持续的保护传承机制，首先是观念要转变。在手艺人的传统观念中，生怕手中的技艺传给别人后会对自己的谋生产生影响，这是很现实的问题，也可以理解。但从文化的视野、保护传承的角度来讲，门户之见应该摒弃。对于手艺人这种个体劳动者来说，他们的手艺和创意是生产的核心，从产业化和市场化的角度来讲，如果他们的劳动产品能够顺利进入产业链，与市场经济挂钩，甚至形成规模的话，不仅有利于手艺人自身生活水平的提高，也有利于对技艺的保护。

三是确定各级文化遗产的具体保护方案。荆州政府对县级的文化遗产保护工作提出了具体指导性意见，进一步完善项目，明确代表性传承人。重点支持国家级和省级项目，包括项目资金申请，生产性保护指导，保护、传承、展示平台建设等，荆州市文化局等相关部门制订了具体方案，并正在实施。

目前，荆州正在建设"非物质文化遗产传统手工技艺及民间美术生产传承基地"，就是为了探索生产性保护路径。只有生产才能产生效益，只有有了效益才能尽到保护的责任，激发传承的热情。并且，正在筹备建立地方戏曲传习所，以民歌、民间舞蹈、民间艺术等表演类的非物质文化遗产项目为重点，保护和传承，同时配合荆州的旅游开发，努力打造成具有荆州特色的演艺产品。

四是扩大传承人群，提高传承人的社会地位。与相关学校沟通衔接，组织非物质文化遗产项目代表性传承人在学校开班或巡回讲课，目的是让非物质文化遗产被更多的人认识，培养更多人的兴趣。非物质文化遗产的传承不指望通过几个班、几堂课就有一批人加入非物质文化遗产生产性保护传承行列。但只要坚持不懈地传授，传承人与学生互相拜师收徒，总会有同学产生兴趣，并将其当作追求，这样传承人的队伍就会越来越壮大，传承的基础就会越来越牢固。

文化遗产保护的重要性毋庸置疑，另外我们还应该明确，文化遗产的服务对象首先是当地人。如果荆州当地民众的生活中到处有非物质文化遗产的影子，文化也成为日常生活的有机组成部分，那么在传承和保护文化遗产过程中所面临的问题将不再棘手。文化遗产的服务对象其次是国人和其他国家的人。传媒在引导社会潮流和锻造品牌口碑中起着独特而重要的作用，无论是杭州西溪湿地因为电影《非诚勿扰》的热映而一夜扬名，还是台北故宫博物馆借助宣传片、纪录片、流行音乐和影视作品进行多重宣传和品牌打造，我们都可以看到现代传媒业的社会影响力和在文化产业中起到的积极作用。文化遗产要获得可持续保护，体现经济价值，除了法规政策的出台实施，更要通过现代传播手段让区域文化成为中国文化乃至世界文化的重要一员。

3. 借力先天优势，力推文化产业

文化底蕴的深厚是一个地方文化发展的基础和一个先天的优势条件。历史文化底蕴越深厚，现实文化发展期待就越高。荆州文化深厚，但文化产业发展怎么样？文化产业的发展是否与其历史地位相称？

荆楚文化概括地讲，包括楚文化、三国文化、水文化。荆州要建设特色文化城市，是突出楚文化特色，还是三国文化、水文化特色？文化资源相对匮乏的地方，一个传说就可能发展成为一种高效益的旅游文化。而文化资源丰富的地方，就面临着多种选择，有选择就会有分歧。而对于如何选择，大家各有各的观点和理由，取舍两难。

一个地方文化事业的繁荣、文化产业的发展，由多方面的因素所决定。根据当地文化根基和底蕴，传统文化要借助现代手段，也就是人们常说的"传统文化、现代表达"。引领风尚是文化作用的首要体现，实现引领，必须充分发挥创造力和想象力，通过创新、创意、创造，在服务人民的同时，引领社会生活。创意无论对于哪个产业来说，都是推动其发展壮大的重要利器。20 世纪 60 年代以来，发达国家和地区逐渐由生产社会向消费社会过渡，人们对文化的质量和创意的要求也越来越高。随着社会生产力的提高，人们对创意产业的概念已逐渐变得不再陌生，任何的新创意、新发明、新思路都可以纳入创意的范畴。

文化属于上层建筑，依靠并决定于经济基础。楚文化曾经的繁荣，也是和当时的经济发展分不开的，没有经济发展的支撑，就不可能产生灿烂的文化。楚式漆器、青铜器为什么能达到这么高的水平？它首先是基于当时发达的生产力。

市场经济时代，文化发展要转变观念，既要把文化当作一种事业，还要发展文化产业，激发文化的生命力和发展力。中国特色社会主义事业的总体布局，从二位一体到五位一体，文化（精神）和经济不可或缺、互为支撑。靠投资可以把企业做大，靠人才可以把企业做强，靠科技可以把企业做新，只有靠文化，才能把企业做长。文化不仅靠其他生产力来支撑，也需要产生生产力来发展文化自身。比如非物质文化遗产的保护，政府很重视，也给予扶持，但不可能包办，能够进行生产性保护传承的项目，要走产品化、产业化的路子。唯有如此，传承和保护才有原动力，传承人才有主动性。传统意义上的文化产业，往往具有强意识形态功能，文化产品被当作纯粹的精神产品，但如今只讲究人文和艺术的创造已远远不够，科学技术的运用和市场经济的介入才能为文化产业的发展提供坚强的后盾和助推力。如果仅仅是把它当作一种责任和义务，传承人是感受不到乐趣和希望的，保护传承也难以为继。

据了解，2013年荆州市围绕新闻出版、广播影视、文化旅游、文化艺术、文化信息传输、文化创意等重点行业开展招商，年内全市文化产业招商引资实际到位资金力争达到26亿元，到位实收注册资本金达到3.5亿元。

4. 城镇化进程，建设与保护并举

在城镇化过程中，荆州因为大量的文化遗存面临保护传承的问题，挑战巨大。文化的生命力在于多样性、特色化。城镇化是必须面对的阶段和过程，在这个过程中，如果所有城镇的风格是一样的，展示的外部形象是大同小异的，就失去了文化的灵性，就湮灭了文化的多样性，就没有了自己的特色。因此在这个过程中，一定要切实加强文化遗产的保护，这是保护文化多样性的问题，也是保持城镇生命力和长久活力的问题。

城镇化包括城市化和乡镇化，涉及农村人口转移的问题。国务院批复的荆州城市建设总体规划，要求通过人口疏散，加强对名城组成部分之一的荆州古城的保护。荆州古城共4平方公里，现有居民11万人，按照荆州市政府的古城保护人口疏散计划，要疏散出去5万~6万人。

古城的保护不是要完全恢复它过去的本来面貌，在保护古城的过程中，如何才能真正保留一座历史文化名城的内涵是荆州社会各界热烈讨论的话题，人口疏散是一项很重要的保护措施。对于疏散的人口应该实现什么样的发展，城市新区域如何形成新的文化特色，这都是正在研究的问题。对于历史文化名镇、名村也是如此，在城镇化的过程中，它们受到的冲击可能更加直接，它们更需要特别关注。

荆州市文化局局长贺洪文认为，荆州在城镇化过程中，要始终牢固树立并不断增强文化遗产的保护意识，加强保护工作，才能在城镇化过程中，不失去文化特色，把文化遗产保护好，并传承下去。以前说"小城故事多"，把控不好就可能既失去"小城"，也淡忘了"故事"，而这个"故事"就是"小城"在人民群众当中一种文化的体现。

5. 促进资源开发整合，文化旅游展翅腾飞

荆州文化具有多元性，专家学者对荆州文化的发展重心应该是楚文化还是三国文化各抒己见。荆州发展文化旅游应该摆脱原有的"几选一"的束缚，重新定义和总结荆州文化特性。基于以上考虑和国家文物局对荆州的全新定位，荆州应该以发掘特色文化资源为重点，对其文化资源进行整合保护和开发利用。

《三国演义》中借荆州、守荆州、袭荆州、失荆州的故事引人入胜，一说起《三国演义》，人们会想到荆州、关公。关公事业最辉煌、美德展示最全面的时期正是他镇守荆州的十年。

关羽的"忠义仁勇"为历代世人所推崇，诚信被商界奉为信条。"仁、义、礼、智、信"被儒家尊为人伦典范，是民族的文化认同，它们在一定意义上能强化并凝聚民族精神。关公文化最重要的价值在于中华民族共同的"忠义仁勇"的伦理道德与价值观。而"荆州关羽传说"则是将关公精神人性化地传承下去的典型事例。近年来，荆州市非物质文化遗产保护中心及荆州市群众艺术馆，为保护三国及关公文化遗产，已完成"荆州关羽传说"和"荆州三国故事"的申遗工作，且两者已列为省级非物质文化遗产保护项目。

关公文化是荆州文化"走出去"的代表。围绕关公文化，荆州正在打造关公文化旅游景点和文化旅游设施，打造全球朝觐关公的圣地。为了让关公的美德传扬天下，让其对当下社会的教化作用更大，荆州正在倾全力做这方面的工作，以把"关公文化"的名片打造得更好，传递得更远。

一个地方的文化旅游发展与很多因素有关，旅游的目的不一样，旅游的定位也不一样，要把这些内容整合起来综合考虑，有的人喜欢人文旅游，有的人热爱自然风光，有的人想探险猎奇。纵观世界大河文明的保护情况，我们会发现，主要大河文明的代表性文化载体都先后被列入世界文化遗产名录，可是具有高度历史、人文和学术价值的楚文明载体却无一进入世界文化遗产名录。这既是一大遗憾，也是一个重大的机遇。

荆州的旅游以人文旅游为主，兼顾自然风光游。厚重的历史和灿烂的文化是荆州先天的条件，荆州正在加大对旅游资源的开发和投入。荆州要走出产业结构失衡、文化产业发展不利的窘境，就要把握"十二五"国家

提倡大力发展文化产业的战略机遇，以文化产业为向导，以申报世界文化遗产为契合点，依托历史资源、生态产业和文化产业，跨越式发展第三产业的区域文化经济社会模式。

2010 年 3 月，湖北省政府与国家文物局在北京就共建大遗址保护荆州片区签署合作协议。根据协议，至 2015 年双方将加强协作，整合资源，突出重点，以楚纪南城为核心，同时涵盖八岭山、熊家冢、雨台山、天星观、马山、青山等古墓群和龙湾遗址，全面推进荆州片区大遗址保护工作，努力将其建设成为我国南方大遗址保护重要示范区和鄂西生态文化旅游圈文化中心。

"北有兵马俑，南有熊家冢。"秦始皇陵兵马俑早已名扬天下，而新近发掘开放的熊家冢楚王车马阵却鲜为人知。熊家冢位于荆州市，离楚国故都纪南城遗址约 26 公里，是迄今为止发现的规模最大、规格最高、布局最完整的楚国高等级贵族墓葬。作为中国春秋战国时期南部疆域最大、实力最强的诸侯国——楚国的王陵，其宏大的规模气势和待解的王朝秘事，同样令人惊叹和好奇。

与秦始皇兵马俑相比，楚王车马阵是真车真马殉葬，年代上比秦始皇兵马俑要早 200 多年。就目前发掘的情况看，仅熊家冢一号车马坑，共埋葬 43 乘车、164 匹马，车辆分为礼仪车、战车、辎重车、配件备用车四种，保存状况完好，从马的骨骼来看，选用的是上等良驹。这些殉葬马的排列姿态整齐、生动，富有画面感。除车马遗存外，车马坑里还发掘出大量的玉片、串饰、甲胄等。"天子玉路，以玉为饰"，目前全国各地发掘的战国车马坑，包括秦公一号车马坑，虽都是"诸侯大路"，却从未见到玉饰，因此熊家冢的埋葬品更显罕见。

《逸礼·王度记》记载："天子驾六，诸侯驾五，卿驾四，大夫三，士二，庶人一。"这说明古代乘车制度有严格的等级划分。然而，熊家冢墓地一号车马阵发掘出来的"天子驾六"级别的马车就有 3 乘，这是当时礼崩乐坏，还是墓主"违规配车"，还有待研究考证。湖北一些地区有俗语称"不服周"，来源是楚王"问鼎中原"，引申为"不服气"的意思，从中也体现出了楚人"敢为人先"的一面。

今天的荆州，坐拥丰富悠久的优秀文化资源，无论是在推广营销上还是在保护传承上，这座历史古城都还有很长的路要走。在数字化时代，荆州区域文化产业面临着挑战，也看到了契机。创意品牌的打响，经济效益的提升，在依托荆楚地域文脉的基础上，将资源优势转化为产业优势，同时还要兼顾文化遗产的保护，荆州的政府和人民任重道远。

如今，大遗址保护荆州片区项目的建设，体现了国家对荆州区域楚文明的重视，也显示了楚文明在中华文明圈中的重要地位，这实际上为荆州的发展和振兴提供了难得的历史机遇。

参考文献

［1］胡惠林.区域文化产业战略与空间布局原则［J］.云南大学学报（社会科学版），2005（5）.

［2］张光照.荆楚遗韵 文化荆州——专访荆州市文化局局长贺洪文［J］.文化月刊，2013（7）.

［3］何勇强.区域文化研究中的若干问题——以浙江文化研究为例［J］.浙江社会科学，2008（4）.

［4］傅才武，叶鹏.基于创设世界文化遗产的文化旅游产业开发模式：以湖北省荆州市为例［J］.中国文化产业评论，2012（2）.

［5］吴杰，黄永锋.荆州市文化体制改革和文化建设综述［N］.荆州日报，2011–10–24.

［6］王健.区域文化研究的理论与实践论略——"汉代徐州区域文化研究"课题的方法论思考［J］.徐州师范大学学报（哲学社会科学版），2002（1）.

［7］吴义能.区域文化对区域经济发展影响研究［D］.华中师范大学硕士学位论文，2006.

［8］吴小如，刘玉才，刘宁，顾永新.中国文化史纲要［M］.北京：北京大学出版社，2007.

［9］管宁等.区域文化：资源保护与产业开发［M］.镇江：江苏大学出版社，2012.

［10］马萱.我国区域文化产业竞争力研究［M］.北京：社会科学文献出版社，2011.

［11］左尚鸿，张友云.荆楚国家级非物质文化遗产［M］.武汉：湖北人民出版社，2008.

第五编　其他文化产业

大黄鸭创意巡展

——向世界出发

核心提示：自 2007 年第一只"大黄鸭"诞生以来，霍夫曼带着他的作品从荷兰的阿姆斯特丹出发开始全球巡展，截至 2014 年 1 月，大黄鸭先后造访了荷兰的阿姆斯特丹、法国的圣纳泽尔、澳大利亚的悉尼、日本的大阪与中国的香港和北京等多个国家地区的多座城市。憨态可掬的大黄鸭引爆了受众的"萌点"，其在所到之处都受到了很大的关注，不仅传统媒体纷纷报道，更是在微博等新媒体上形成轰动效应。大黄鸭不只是作为公共艺术，更为当地的旅游及零售业带来了极大的商业效益。

本文以大黄鸭全球创意巡展为例，立足于"大黄鸭"的文化产品意义，从文化产业的角度分析大黄鸭的宣传策略和传播途径，以及所创造的商业价值与公益价值等。希望能给国内文化艺术的产业化，以及如何创造更高价值以启迪。

关键词：大黄鸭　全球巡展　文化产业　品牌　效应

2013 年 5 月，一只巨型黄色橡皮鸭出现在香港维多利亚港两岸，引发各地游客争相前来参观并合影，众多明星也纷纷亲自到现场合影留念，引发网络热议。而同年金秋，大黄鸭"进京"。在近 2 个多月的时间里，这件由荷兰艺术家弗洛伦泰因·霍夫曼（Florentijn Hofman）创作的大型公共装置艺术作品，吸引超过 300 万人参观，向人们充分展示了这件创意作品的魅力，也生动地阐释了创意可以创造无限价值。大黄鸭不仅带来巨大的参观人流量，还带动了包括门票在内的旅游、零售、餐饮、游船以及大黄鸭衍生产品售卖等相关消费。大黄鸭何以成为"吸金鸭"？除了鸭子本身萌态十足和专门的营销团队外，还有哪些值得我们探讨和学习？

从 20 世纪 90 年代起，文化创意产业在全球范围内迅速崛起，被认为是继高新技术产业之后的经济发展又一个新增长点，逐步成为一些发达国家和地区最重要的战略性支柱产业。①

一个成功的文化创意产业项目，离不开四项内容：文化、资本、营销和管理，内容是核心，资本是基础，营销是保障，管理是后盾。而大黄鸭全球巡展是全球创意产业方兴未艾之势的一个缩影，这只神奇的鸭子，超越了国界和语言的障碍，拥有全球众多的粉丝，创作者所赋予的文化内涵和创意理念，在世界各地巡展的有效宣传营销和良好的资本运营与管理功不可没。"大黄鸭"被媒体评为整个 2013 年十大文化关键词②之一，成为一个标志性符号，它所引发的社会效应和商业效应至今依然在蔓延。这只黄色橡皮鸭早已超越一件玩具或者一件大型公共装置作品的含义，成为一件具有极大影响力的文化产品，唤醒了人类关于童年、关于怀旧的共同的情感文化。

一、案例简介及背景

大黄鸭（Rubber Duck）是由荷兰艺术家弗洛伦泰因·霍夫曼以经典浴盆黄鸭仔为造型创作的巨型橡皮鸭艺术品系列。内地网友称之为香港小黄鸭，香港媒体称之为巨鸭。先后制作多款，其中一只是世界上体积最大的橡皮鸭，尺寸为 26 米 × 20 米 × 32 米。

自 2007 年第一只"大黄鸭"诞生以来，霍夫曼带着他的作品从荷兰的阿姆斯特丹出发，截至 2014 年 1 月，大黄鸭先后造访了 11 个国家地区的 17 座城市。大黄鸭在所到之处都受到了很大的关注，也为当地的旅游业及零售业带来了极大的商业效益，被业界称作现代时尚设计与旅游观光业相结合的成功典范。霍夫曼把大黄鸭设计成一个旅游观光产品，并且可以在全球进行巡展。在巡展中，通过买断或授权一定期限的方式，授权某一地方展出及打造衍生产品，这样，就在全球各巡展地形成了一个文化产业链条，全面开发出大黄鸭的商业价值。

2013 年 5 月大黄鸭在中国香港之行后，亚洲地区有 300 多家机构向它提出展览申请，其受欢迎程度可见一斑。而这股"全城追鸭"的风潮更是从香港蔓延到内地，继而成为 2013 年 9 月开幕的"2013 北京国际设计周"的一大金色招牌。在京短短 52 天的旅程中，大黄鸭带动了两个园区包括门票在内的旅游、零售、餐饮、游船以及大黄鸭衍生产品售卖等相关消费，

---

① 窦新颖.大黄鸭引发创意产业热［N］.中国知识产权报，2013–12–27.
② 大海，文青.2013：十大文化关键词［N］.团结报，2013–12–21.

共"吸金"两亿元①。

文化产业项目的关键在于前期的创意策划，需要扎实、内涵丰富、有吸引力的文化艺术内容，这实质上是一种"文化资本"，只有质量上乘的文化资本才能吸引外在的金融资本注入。所以，文化创意产业项目无一不需要文化层面的支撑，艺术性、创新性等是基本前提。大黄鸭的设计者霍夫曼作为世界知名艺术家，2000 年从荷兰艺术学院毕业后，到柏林攻读硕士学位。由于在艺术学院读书时他对公共艺术非常感兴趣，但类似广告牌、建筑物等元素会影响艺术品的展示，所以霍夫曼喜欢把作品做得非常大，比如最大的只大黄鸭高达 26 米。

一只游在水面上的巨型橡皮鸭，为什么能够征服全球的观众？也许是由于其简简单单的情感表达：童年记忆中的小鸭子，简单、快乐、温暖、陪伴，这反而能引起不同文化背景、国家、年龄层次的人们的喜爱，产生共鸣而具有很强的传播性。每次大黄鸭都会引来当地粉丝的疯狂追捧，给人们带来惊喜和欢笑，极大程度上实现了艺术家创作的初衷——橡皮鸭作为在世界各国人的童年中均有出现的形象，可以治疗大家的心灵，放松心情，无国界之分，不歧视任何人，也不带有任何政治内涵。②而大黄鸭这种"治愈系"的形象，无疑就是它内在的"文化资本"。

尽管大黄鸭受邀来到全球各大城市，但霍夫曼有自己的原则：每只大黄鸭都要由他亲自授权，必须在当地制造，从不离开水面。霍夫曼表示："全球的水体就是一个巨大的浴缸，我们需要保持简单。"许多商家曾将大黄鸭视作完美的广告牌，欲将自己的商标印在上面，但霍夫曼一一回绝，即便是展览的主办方也不例外，这保证了艺术的单纯性。正是艺术上的创新和设计师的严格把关，为大黄鸭的全球性火爆打下了基础。

而关于大黄鸭的创作灵感来源众说纷纭。有传言称霍夫曼设计大黄鸭的灵感来源于鸭子舰队的故事：1992 年，一艘从中国出发的货轮打算穿越太平洋抵达美国华盛顿州的塔科马港，但途中遇到强风暴，一个装满 2.9 万只浴盆玩具的货柜坠入大海并破裂，里面的黄色鸭子、蓝色海龟和绿色青蛙漂浮到海面上，形成了一支庞大的"鸭子舰队"，从此随波逐流，从中国漂洋过海到了美国和英国海岸。故事虽然很美好，但霍夫曼对此坚决否认，他表示创作大黄鸭真正的起点源于从荷兰画家的风景画里看到一只鸭子。2001 年，"橡皮鸭"在他的头脑里仅是一个概念，经过 5 年时间

① 窦新颖.大黄鸭"靠什么拉动消费两个亿［N］.中国知识产权报，2013–11–01.

② 冯文雅.大黄鸭已"休息好"何时复出看香港天气［EB/OL］.新华网，（2013–05–21）.
http://news.xinhuanet.com/gangao/2013–05/21/c_115849665.htm.

的"孕育"才最终诞生创作大黄鸭的想法。但是这个中国"鸭子舰队"的故事经过微博、微信等新媒体病毒式的传播，已在很多受众脑海里留下了深刻的印象，也从一定程度上促进了大黄鸭的品牌形象传播。

　　大黄鸭带动了所在城市的旅游观光业和零售业，而人们对大黄鸭的热爱与有关大黄鸭的媒体报道也引发一连串的"大黄鸭"效应，对餐饮、淘宝网购、移动终端游戏等行业都产生了巨大的品牌联动作用。比如，在大黄鸭于香港维多利亚港展出期间，周边饭店推出大黄鸭咖喱饭，供不应求，成功借大黄鸭赚足人气。而在淘宝网上搜索"大黄鸭"，除了卖出数以万计的版权未知的大黄鸭公仔，还有整套的锅碗瓢盆、生活用品乃至婴儿的纸尿裤等，都因为被冠以"大黄鸭"、"正版"、"香港代购"、"进口"等字样卖得火热。

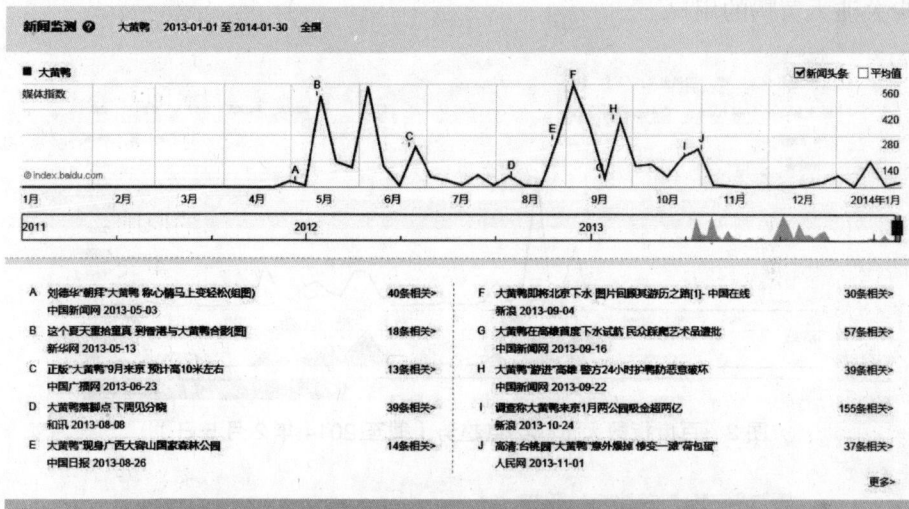

图1　百度指数关于大黄鸭的新闻监测

　　根据百度指数趋势研究（图2）显示，大黄鸭从2013年1月1日至2014年2月5日，在全国范围内网络上的搜索指数（用户关注度）和媒体指数（媒体关注度）居高不下，且两者基本同步。2013年5月15日到达第一个高峰，搜索指数为23 864；在2013年6月5日到达全年最高峰，搜索指数为49 259。这段时间也是大黄鸭于香港维多利亚港展出的时期，可见大黄鸭香港一行彻底引爆了舆论热点。2013年6月以后，虽然关注度随着香港展览的结束而有所下滑，但是从同年8月开始至11月，大黄鸭在

北京园博园和颐和园的展出及各种如设计周组委会组织中国鸭迷会、10 月
26 日举行的万人送别大黄鸭等活动引发的话题，使得百度指数显示一连出
现三个小高峰，网络上的用户关注度和媒体关注度一直在延续。

根据百度指数搜索大黄鸭所显示的地域分布（图 3），根据百度可供
选择的时间段（2013 年 9 月 1 日至 2014 年 2 月 5 日），可以发现国内关
注度最高的地区是北京，接下来分别是广东、浙江、山东、江苏、河南、
河北、天津、上海和福建等，可以发现主要为沿海地区。

根据百度指数搜索显示的关于大黄鸭的搜索的用户兴趣（图 4）分布
主要为影视 fans、吃货达人、综艺达人和网络小说迷。

进一步搜索关注大黄鸭的用户人群属性（图 5），可以发现男性比例
高于女性，20~29 岁、30~39 岁这两个年龄段共占比例为 76%。其次是 19
岁以下的年龄段，占 14%。而 40~49 岁年龄段和 50 岁以上年龄段也有不
少关注大黄鸭的用户。

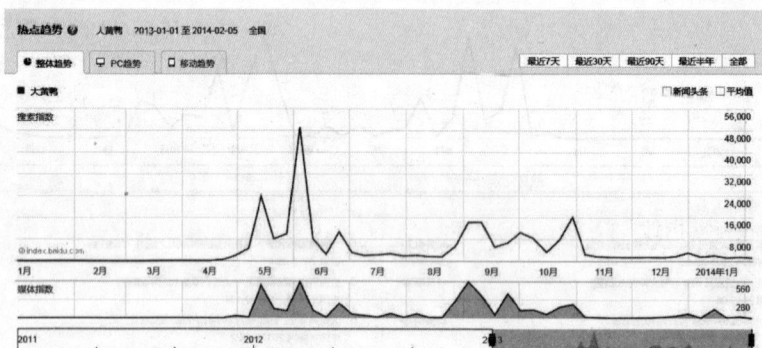

图 2　百度指数大黄鸭热点趋势（截至 2014 年 2 月 5 日）

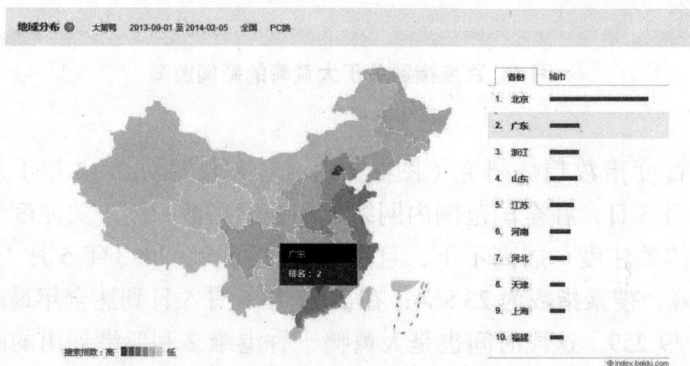

图 3　百度指数关注大黄鸭的地域分布（2013 年 9 月 1 日至 2014 年 2 月 5 日）

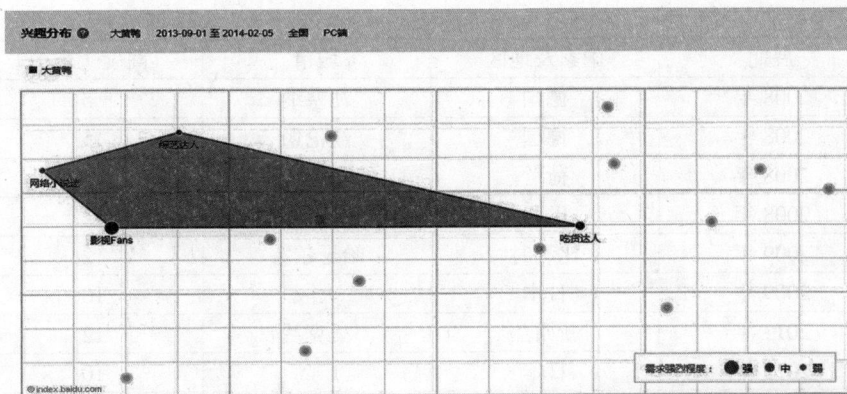

图4 百度指数关于大黄鸭的搜索的用户兴趣分布（2013 年 9 月 1 日至 2014 年 2 月 5 日）

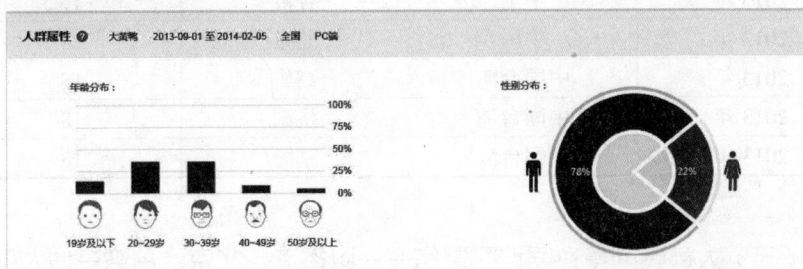

图5 百度指数关注大黄鸭的人群属性（2013 年 9 月 1 日至 2014 年 2 月 5 日）

二、案例发展详情

（一）大黄鸭创意巡展全球扫描

凭借简简单单的造型，憨态可掬的大黄鸭红火了整个 2013 年，赢得了男女老少的心，并迅速引爆了网络讨论的热潮，"大黄鸭"的创意巡展是一次向世界传播爱与美好的过程。2007 年，大黄鸭率先在荷兰展示，此后陆续在欧洲、美洲、亚洲及大洋洲等地展出。

大黄鸭全球巡展年表

展期	国家及地区	城市	高度（米）
2007 年	荷兰	阿姆斯特丹	5
2007 年	法国	圣纳泽尔	26
2008 年	荷兰	阿姆斯特丹	5

（续上表）

展期	国家及地区	城市	高度（米）
2008 年	德国	瓦塞纳	5
2008 年	德国	纽伦堡	5
2008 年	荷兰	鹿特丹	5
2008 年	巴西	圣保罗	12
2009 年	比利时	哈瑟尔特	12
2009 年	日本	大阪	10
2011 年	新西兰	奥克兰	12
2012 年	日本	广岛	10
2012 年	英国	伦敦	10
2013 年	澳大利亚	悉尼	15
2013 年	中国	香港	16.5
2013 年	中国	北京	18
2013 年	中国台湾	高雄	18
2013 年	中国台湾	桃园	18
2013 年	中国台湾	基隆	18

（二）大黄鸭创意巡展地区聚焦——以香港、北京、台湾三地为例

1. 香港展览

（1）国际化都市，免费开放迅速凝聚人气。

在国际艺术界，装置艺术作品很流行。这种作品有种表现手法是将人们熟悉的实物放大或缩小，形成一种反差，使其更具有视觉冲击效应。大黄鸭的核心创意和表现形式在于巨型鸭体结合大型水面形成的独特视觉体验，水面也是设计中重要的一部分。在巡展授权中，霍夫曼对放置大黄鸭的水域有明确要求：项目选址应具有典型、代表性的城市景观，具有较为旷阔的水域和岸上参观区域以保障艺术效果。[①] 经过充分考察，大黄鸭在中国的首次亮相设立在香港的维多利亚港。香港作为国际化的大都市和港口城市，无疑是进入中国第一站的最佳选择。而这次活动，主要由香港著名的购物商城海港城承办。大黄鸭要在香港人口密集的公共场所展示，只要向香港政府海事处提出"浮动构筑物许可证"的申请即可，程序非常简单。

---

① 窦新颖."大黄鸭"：让创意变生意，向生意要效益 [N].中国知识产权报，2013-09-13.

申请完成后，海事处向申请人发出许可证，总费用仅为 160 港元。

香港之行为大黄鸭成功进入中国市场，进一步提升其知名度夺得开门红，是一次极其成功的商业运作。2013 年 5 月 2 日，大黄鸭正式在维多利亚港下水，开始了为期一个多月的香港之旅。这只身姿浑圆的大黄鸭在香港的首秀引得数以百万计来自世界各地的游客争相前往维多利亚港观赏留影。维多利亚港密密麻麻排满了人。据不完全统计，每天约有 30 万人前去观看大黄鸭。

（2）海港城黄鸭效应与网络热议。

事实上，这只巨型充气橡皮鸭赴港巡展所引发的关注和轰动远远超出主办方海港城购物中心的预期，游客追捧大黄鸭的热潮也为商家带来了无限商机。海港城内的餐厅也借此噱头，在每张桌子上都放上一个鸭子形状的餐牌，甚至遍布香港的各大餐厅都纷纷推出了与"大黄鸭"主题相关的食物，如早茶时间的鸭子造型点心或者晚餐时间的大黄鸭咖喱饭。而小鸭曲奇饼、小鸭意粉餐等也大受当地市民和游客们的欢迎。

图 6 大黄鸭与颇具创意的大黄鸭咖喱饭

而尖沙咀周边也多了不少商店、小贩向观赏大黄鸭的游客兜售版权未知的玩具版小黄鸭，不少商贩接受当地媒体采访表示进货太少，不够卖。一些婚庆公司甚至还安排情侣来此拍摄婚纱照。

由于霍夫曼在各展出地都有合作团队，会根据不同地域和文化背景进行授权巡展，开发衍生产品种类，此次香港之行也打造了一批贴近当地特色的衍生产品。大黄鸭展出期间主办方除了举办相关活动外，这批包括食物、精品在内的衍生产品也广受公众欢迎，而售卖所得全数捐给慈善组织。大黄鸭登陆香港，不少旅行社推出了"赏鸭团"，普通旅行社在大黄鸭来港期间，接待量是平时的两三倍。

不仅是简单的围观，大黄鸭每一次变换姿势，比如错装、放气，或者在不同方位拍出的照片都能引发网友们的众多神配词，其中"愚蠢的人类"反响最大，当日微博转发超过 4 万次。

图 7　网友的神配词"愚蠢的人类"

图 8　为了观看大黄鸭而拥挤的人潮

2013 年 5 月 14 日，大黄鸭倒下了。传闻是被扔烟头导致破损泄气。"大黄鸭倒下"随即被网友们纷纷讨论，不少网友把大黄鸭倒下的照片放到新浪微博、Facebook、Twitter 等社交平台上以表达对大黄鸭的关心。随后主办方表示，并非鸭子本身出现漏气问题，而是"拖走做常规检查"。21 日，大黄鸭恢复展览，重新出现在维多利亚港。

（3）内地各商家借机营销，大黄鸭成最大噱头。

大黄鸭游港期间，备受追捧的香港"黄鸭"也"火"到了内地，成为各大品牌的营销噱头。一大批和大黄鸭相关的商品应运而生。"香港小黄鸭"、"荷兰霍夫曼"等词语更被网络上众多的儿童玩具卖家嵌入商品标题。以香港 Semk 旗下经典产品 B.Duck 为例，据 5 月 2 日—6 月 6 日期间淘宝搜索指数以及成交量数据显示，单单搜索品牌"B.Duck"的就比往年同期上升 4~5 倍，成交量在高峰期甚至比往年同期高 6 倍。定价为 80 港元的现场纪念版"小黄鸭"，推出当天就被卖家在网上推高好几倍价格，扇子、钥匙扣等小黄鸭周边产品也被哄抢一空。

由于香港大黄鸭备受欢迎，天津、重庆、杭州、上海、武汉等地先后出现"山寨缩水版"黄鸭；广州南沙、大学城，佛山等多处楼盘也相继摆出充气黄鸭；长隆水上乐园更借着儿童节大推"小黄鸭空降长隆"的噱头，"六一"当天放出大批橡皮鸭与游客同乐；作为玩具制造大省的广东，黄鸭玩具的订单多不胜数。

2013 年 6 月 9 日午夜到 6 月 10 日凌晨，大黄鸭访港之旅结束，告别香港，在海港城展开的回收过程历经 5 个小时。

轰动香港全程的大黄鸭热潮，引起了香港政商界、学术界的深思，各方关注的焦点主要集中在：香港应当如何培养创意人才，刺激创意产业发展，并由此形成新的支柱产业，继续带动香港经济向前迈进。①

2. 北京展览

（1）古老城市与时尚设计碰撞，引发"看鸭潮"。

"2013 北京国际设计周"主宾城市荷兰阿姆斯特丹赠送的"大黄鸭"在京短短 52 天的旅程中共"吸金"两亿元，这两亿元并不是大黄鸭直接产生的，而是在京展出期间，其带动的两个园区包括门票在内的旅游、零售、餐饮、游船以及大黄鸭衍生产品售卖等相关消费额的总计。展出时间设在九月到十月，恰逢中秋、国庆双节，正值北京的旅游旺季，组委会和园区策划举办的多种形式的创意活动，让"看鸭潮"持续升温。

每年北京国际设计周，主宾城市都会送来一份赠礼，比如 2011 年伦敦赠送的公众装置艺术品"诗之椅"，但在京展出都没有取得像此次大黄鸭这样的轰动效应。

2013 年 9 月 6 日，这只神奇的鸭子终于"游"到了北京园博园，仅 9 月 7 日至 8 日两天，参观游客就有 11 余万人次。大黄鸭安置在园博湖靠近喷泉的位置。大黄鸭在北京展出首日就"水土不服"，鸭子不但打了蔫，扁阔的鸭嘴也变成了尖鸡嘴。网上传言鸭嘴裁片接错，才使阔嘴鸭变尖嘴

---

① 吕锦明．"大黄鸭"香港大热　两地创意产业大有可为［N］．证券时报，2013-05-17．

鸡。这一事件引发了众人调侃，网络热议纷纷，使大黄鸭进一步得到关注。7日，大黄鸭重新焕发光彩，不但身形饱满，嘴也成为名副其实的鸭子嘴。

大黄鸭入驻园博园的半个月里，参观量超过百万人次，连园博园官方微博也承认，大黄鸭的加盟让这处新景点的人气超过了故宫。园博园结合园区特色和节目特点，举行了千名儿童在画布上立体涂"鸭"等群众性文化活动。大黄鸭入园后，每天的花车巡游也会增加鸭形玩偶与游客们互动的小游戏，给大家带去更多惊喜和快乐。

2013年9月26日至10月26日，大黄鸭从园博园转移至颐和园。"颐和园版"大黄鸭与"园博园版"一模一样，都是18米高，外观上也与之前展出的无异。大黄鸭安置在十七孔桥东桥头向北30米处的水域，靠近昆明湖东岸，位于文昌阁、八方亭和铜牛之间的三角区域内，距岸边约30米远，鸭头朝向八方亭和铜牛之间的方向，背后是万寿山。

9月27日是大黄鸭"游"到颐和园的第二天，创造了3.5万人次的参观纪录，比去年同期增加了55%。10月2日至5日，连续4天，颐和园的日游客量都超过了10万，创造了颐和园历史上的最高纪录。大黄鸭在园博园展出期间参观人次超过100万，在颐和园展出期间参观人次则创造了令人惊讶的新高峰，超越200万，比上年同期增长30%。

（2）巨大参观量拉动园区周边消费。

巨大的参观流量带来显著的经济效应，除了公园门票外，还带动了园区内及周边衣食住行等各方面的消费。其中，仅大黄鸭的衍生品销售额就达到700万元。展出期间，大黄鸭衍生品之一的橡皮小黄鸭在北京销量近5万只，其中带有设计者签名的全球限量版5 000只，普通版小黄鸭4.5万只。而在香港展出时，小黄鸭衍生品只卖出了几千只。[①]

10月27日下午，大黄鸭北京之行即将结束之际，颐和园的昆明湖边，仍然有许多游客在抓紧时间与大黄鸭合影留念，岸边的衍生品售卖小屋前也挤满了游客。标价299元的限量版小黄鸭已售罄，只剩下极少量标价99元的普通版小黄鸭及印有大黄鸭图像的水杯和手机外壳等商品。据园方统计，这一天，有近7万名游客来送别大黄鸭。

除此之外，在展览期间，不少北京当地餐饮企业也做起了"鸭"文章，全聚德作为首批与大黄鸭北京巡展签约的合作方之一，围绕大黄鸭为消费者献上了一场饮食和文化、时尚融合的盛宴。全聚德望京店还在9月1日推出了"品全聚德烤鸭，看北京大黄鸭"系列活动，邀请广大消费者一同

---

① 窦新颖."大黄鸭"靠什么拉动消费两个亿［N］.中国知识产权报，2013–11–01.

品鸭、赏鸭及制作美味面点小黄鸭。

（3）专业的营销团队。

从大黄鸭的引进、具体活动策划、新闻宣传营销，到各部门之间的工作协调等，设计周组委会都有一个专门的营销团队在运作。大黄鸭还未抵达北京时，大黄鸭的营销团队已经为它举办了多场新闻发布会和媒体见面会，如设计者与媒体见面会，安排国内外媒体采访，并及时公布展出动态，扩大新闻宣传报道范围。

同时为了强调大黄鸭的公益色彩，设计周组委会还组建了专门的粉丝团——"鸭迷会"，邀请演员成龙担任主席，歌手林依轮担任会长。"鸭迷会"提出"关注成长，为爱而设计"的主张，邀请明星、名人、设计师参与倡导全社会关注孩子的健康成长，也号召孩子们更多地理解"爱与被爱"，关注城市与环境。词作家王平久、作曲家赵兆义务创作了主题歌《北京童谣》，"鸭迷会"会长、歌手林依轮也义务参与了歌曲的录制，他们都希望用自己的努力为爱而设计，为爱而付出。

展出期间，营销团队也运用网络工具聚集人气，在官方网站、官方微博及微信及时发布大黄鸭的最新动态，引导公众热议话题。设计周与新浪网合作发起"跟鸭说再见"微博话题，网友可以将自己拍摄的"大黄鸭"图片发布到新浪微博并参与话题互动，组委会邀请大黄鸭设计师霍夫曼来对这些照片进行评选，吸引更多的观众参与到互动中来，进一步凝聚了大黄鸭的网络人气。

大黄鸭离开之前组委会还启动"告别北京倒计时系列活动"。10月26日，在颐和园八方亭广场举行了一场大黄鸭告别北京的活动。霍夫曼、成龙、林依轮等设计师、娱乐明星与观众上万人一起与大黄鸭告别，吸引众多受众关注。在北京期间，大黄鸭尽享国际巨星待遇。

设计周组委会经霍夫曼授权，开发了30种大黄鸭的衍生产品，包括橡皮小黄鸭、环保袋、贴纸等。而在衍生品的售卖方面，设计周组委会打造了通畅的供货渠道，积极和大黄鸭的制作厂商沟通，确保大黄鸭周边衍生品的数量和品质，并且同时开通线上和线下的购买渠道，以便受众订购。不仅如此，设计周组委会还通过官方网站、官方微博、微信公众平台等渠道及时公布正版大黄鸭的售卖信息，推进衍生产品的销售。

大黄鸭设计本身的品质，简单快乐的主题切合了大众的心理需求，同时大黄鸭北京之行还要受益于之前香港行的热点效应。香港之行吸引了公众的广泛关注，更引起了大家的期待，所以大黄鸭亮相北京，极大地满足了游客的消费预期，形成观看热潮。

而在宣传上，此前"中国小黄鸭漂洋过海"的故事增加了大黄鸭的故事性、传奇性，拉近了大黄鸭与中国观众的距离。而在选址上，园博园、颐和园代表中国古老设计智慧，与充满现代设计理念的大黄鸭进行了一次"对话"，具有话题性。

3. 台湾展览

2013年9月，象征"和平、幸福、快乐"的大黄鸭从香港、北京一路"游"向台湾，逗留高雄、桃园、基隆三站，一共展出4个月。在高雄光荣码头、桃园地景艺术节，大黄鸭一现身就掀起一阵旋风，每一站都吸引超过百万人次参观，堪称"人气保证"。

（1）为高雄创造10亿新台币商机。

2013年9月19日至10月20日，大黄鸭在高雄港光荣码头展出。大黄鸭停泊在爱河出海口，也就是真爱码头和光荣码头之间的海域，四周是高雄发展亚洲新湾区的重心，世贸会展中心、海洋流行音乐中心、高雄市图书总馆都围绕在这个海域周边。海面上停靠多艘邮轮，也是爱河太阳能船、观光邮轮航程的起点，海域旁有宽广的陆地空间可供游客观赏。展出不久便吸引数十万赏鸭人潮。国际媒体如美联社、《华盛顿邮报》等对此都有报道。大黄鸭亮相台湾高雄市仅5天，高雄市光荣码头天天人潮满满，连非假日都涌进6万人，5天内赏鸭人数累计达41万人次，一周内参观人数累计突破70万人次。

虽然"大黄鸭"原创者霍夫曼坚持观赏活动不收费，引进大黄鸭的高雄市政府也宣称没花半毛钱，都是由赞助厂商"认养"来完成大黄鸭制作及承办活动的。但据估计，整个制作及活动约需花费1 200万元新台币，加上民间投资黄金鸭抽奖活动、山寨版大黄鸭等赠品，总计约投资2 000多万元新台币。

但是投资相当值得，大黄鸭旋风席卷高雄。大黄鸭相关商品热卖，正版、山寨版都得以热销。光荣码头周边饭店住房纷纷推出"小鸭港景房专案"，业绩提高两成，附近饮料店业绩也暴增。大黄鸭的正版商品抢手，每只399元新台币，限量1.8万只的塑料大黄鸭4天内全部卖光，每组199元新台币的2 000组胶带也被抢购一空。仅此两款衍生产品销售额就达到758万新台币。除了塑料大黄鸭不再引进，其他官方版纪念品都在赶工生产。①而山寨版也借助大黄鸭的风潮获利，100多元新台币的鸭子第一天

---

① 王芬. 台湾版大黄鸭引41万人潮　附近店家业绩暴增 [EB/OL]. 中国新闻网,（2013-09-25）. http://gb.cri.cn/43856/2013/09/25/6671s4265321.htm.

热销 3 000 个，300 元新台币的绒毛鸭每天可卖 300 多只。山寨大黄鸭充斥在饭店、百货公司、餐厅、面包店、公车、轮船、捷运、出租车上，连儿童医院都送黄鸭铅笔、贴纸给看病的小朋友。

高雄市政府新闻局长赖瑞隆说，大黄鸭的展出让高雄的能见度继亚太城市高峰会议、世界运动舞蹈大赛后，继续站上国际舞台，对城市营销有很大的帮助。①大黄鸭新闻跃登国际媒体，还包括美国之音、美国广播公司、《彭博商业周刊》等境外媒体，报道内容都是 "Thousands welcome giant floating yellow rubber duck to Taiwan"。大黄鸭成功将高雄市的知名度再次推向国际。展览期间为高雄带来近 10 亿元新台币的经济效益，无形的城市营销宣传效益更是无法估算。

（2）大黄鸭桃园破裂引发网友调侃。

2013 年 10 月 26 日至 11 月 10 日，大黄鸭配合桃园地景艺术节在桃园后湖埤展出。2013 年 11 月 1 日，在桃园展示的大黄鸭，在充气时遭瞬间强风袭击，造成鸭身破裂。很快便有好事者表示"哀悼"，并为鸭子设置灵堂。网友戏称，"黑发人来送黄毛鸭吧"。大黄鸭的灵堂照瞬间红遍互联网，一幅大黄鸭端坐在中国传统的悼念大厅中、一名年轻男子与一名年轻妇女默哀的搞怪图片，上传到 Facebook 后仅 6 小时就获得了 6 500 个"喜欢"。不仅台湾网民纷纷关注，在内地新浪微博、天涯论坛等媒体网站众多网民也纷纷调侃。11 月 10 日台湾桃园地景艺术节落幕，前来捧场的大黄鸭即将离开桃园，"游"向基隆。在桃园的半个月，它又留下类似在高雄的辉煌成绩——"吸引 245 万人次游客"，"为当地带来 10 亿元新台币商机"。

（3）亮相基隆，吸引人潮数达平时假日时间的两倍。

2013 年 12 月 21 日至 2014 年 1 月，大黄鸭在基隆与民众过圣诞节和元旦假期。21 日大黄鸭展览在摄氏 12 度的寒风冷雨中开幕。受天气影响，21 日早上搭台铁来看大黄鸭开幕的民众不到 7 000 人，下午人潮渐渐出现，基隆火车站在当日傍晚统计，约 3.5 万人搭台铁到基隆，约为平常假日时间出行人数的两倍。而到当日晚上 10 点，人潮已达 13 万人次。②

2014 年 1 月 21 日，台湾花莲县政府为了吸引游客到花莲，特别订制了一个高 15 米的"红面番鸭"造型充气球供游客欣赏。由于"大黄鸭"

① 国际媒体关注大黄鸭出展台湾　成功营销高雄市．[EB/OL]．中国台湾网，（2013-09-23）．http://www.taiwan.cn/xwzx/bwkx/201309/t20130923_4921963.htm.

② 大黄鸭亮相台湾基隆港　万人冒雨夜色中赏鸭［EB/OL］．中国新闻网，（2013-09-23）．http://news.xinhuanet.com/travel/2013-12/23/c_125899309.htm.

正在台湾基隆展出，民众戏称这是"本土姜母鸭大战外来黄色小鸭"。大黄鸭的影响力可见一斑。

三、大黄鸭的成功因素分析

弗洛伦泰因·霍夫曼创作的大黄鸭在国外很受欢迎，从2007年起开始环球旅行，6年来先后到过包括荷兰阿姆斯特丹、法国圣纳泽尔、巴西圣保罗等14座城市。大黄鸭在中国也引起大量游客围观，2013年5月在香港引起巨大轰动，一个多月内吸引了800万人次的观赏，最后一夜多达30万人送行。高雄吸引了390万人次的观赏人潮，10万人欢送，桃园跟基隆也延续热潮。

大黄鸭除了本身的艺术观赏价值外，还创造了巨大的经济效益，以大黄鸭在北京的展出为例，据主办方估计，园博园及颐和园，按照其公布的入园人流量，在各自展示期间，包括门票、游船、餐饮等相关收入预计可达上亿元，总收入或超过两亿元。作为一件文化创意产品，大黄鸭无疑是成功的，是文化创意产业的典范之一。那么，大黄鸭如此轰动的原因是什么呢？

1. 公共空间艺术的美感

大黄鸭之父——弗洛伦泰因·霍夫曼，以荷兰鹿特丹为基地，从事在公共空间创作巨大造型物的艺术项目。在霍夫曼看来，大黄鸭作为一个公共空间装置艺术，探讨的是一个公共空间和人的关系。在媒体采访中，他曾说过："作为一个雕塑家和艺术家，我要做的就是，当我把橡皮鸭带走后，展示他们生活的公共空间原本是个什么样子。"

公共空间作为一个特定的名词，最早出现于20世纪50年代的社会学和政治哲学著作中，20世纪60年代初，在建筑环境中"公共空间"的概念才逐渐进入环境规划及设计学科领域。

公共空间作为一种公众共同使用的环境，其凝聚着公共的精神诉求，为了满足受众的需求而展现空间功能，并逐渐发展成为能够传达给人们某种特定的精神感受的艺术形式，也就诞生了公共空间艺术。

公共空间艺术是将艺术的想象力和创造力融入空间中，将独特的品质弥漫渗透进整个发展过程。通过创造一个具有视觉冲击力的环境艺术，赋予空间灵魂与生命力，使空间显得生机勃勃，生意盎然。公共空间艺术的原则就是通过艺术改善和转换环境。公共艺术不仅仅是作为实体空间艺术而存在的，同时也是凝聚公众精神的容器。可见，公共空间艺术的精髓在于公众精神，公共空间艺术不再局限于一个场所或位置，其本质在于在一个空间形成的精神交流。

一些媒体分析大黄鸭受欢迎的原因，多数是从心理学的角度分析的，认为大黄鸭唤醒了人们对童年的美好回忆，因为很多人小时候洗澡时都会在浴盆里放上一只小黄鸭玩具。看似平淡无奇的设计，却触动了无数人未泯的童心。这实际上也说明了大黄鸭成功的本质原因是它和受众之间形成了精神上的真实交流。在设计者霍夫曼看来，公共空间艺术传递一种精神至关重要。"橡皮鸭没有国籍、不分国界、没有政治立场、从不歧视任何人。它就是友好和平的象征"。

另外，公共空间艺术作为公共开放空间的艺术活动具有强烈的开放性，其主要体现在以下三个方面：艺术形式上的开放性、艺术表现上的通俗性、设计上的综合性。大黄鸭的设计符合公共空间艺术这些特征，突出了公共空间艺术的美感。

从艺术形式上的开放性来看，其一，大黄鸭的形象符合时代的审美要求。现在可爱的卡通形象更受人们的喜爱。在中国市场上，史努比、米老鼠、皮卡丘、机器猫，每年赚取 6 亿元，可以看出它们都是以可爱的动物为原型。大黄鸭简单的线条、鲜艳的颜色、圆滚滚的外形，不由地让人开心一笑。大黄鸭的主色调是黄色，黄色是明度极高的颜色，能刺激大脑中与焦虑有关的区域，能给人带来视觉冲击感和愉悦感。其二，在空间上，大黄鸭与周围的环境形成互动，大黄鸭在水上漂流，和整个空间环境互相融合，营造了一个协调的艺术氛围。霍夫曼对自己的创意是这样描述的："全球的水体就是一个巨大的浴缸，我们需要保持简单。"其三，大黄鸭满足了各层面人群的审美层次，大黄鸭是无国界的设计，不带任何政治、宗教的色彩，是面向大众的。无论哪一个年龄层次的人群，都喜欢这个简单又快乐的大黄鸭。

从艺术表现上的通俗性来看，大黄鸭满足了公共性审美倾向。公共空间艺术面对的是大众，他们的社会层次、教育背景、民族、宗教信仰各不相同，因此公共空间艺术作品的表现语言应满足公共性和开放性条件之下的通俗化倾向。大黄鸭能被普遍大众所接受是有其历史渊源的。有传言称，1992 年，广州的玩具生产厂家运一船货物出港，准备驶往美国华盛顿州的塔科马港。不料船行至南太平洋时遭遇飓风，一个装了将近 3 万只小黄鸭玩具的货柜坠海，小黄鸭们开始了奇幻漂流。自此，全球就产生了"追鸭族"，每当"鸭子舰队"即将抵达某个海岸时，"追鸭族"们就会疯狂地涌向海滩。

无论在西方还是东方，不少人都拥有小黄鸭相伴的"童年的浴盆记忆"，无形中对小黄鸭有亲切的熟悉感，所以在人们看到放大版的大黄鸭漂流在海港中时，自然会联想到儿童时代的回忆，那些美好简单的时光。

从设计上的综合性来看，公共空间艺术还包括视觉的多层次、多方位的开放，对公共空间艺术的设计应该要综合考虑功能性、公共性、材料选择、对公众心理情感影响等综合因素。总的来说，公共空间艺术必须在充分认识公共空间的基础上，突出作品和环境的和谐。大黄鸭在每个地方展示，霍夫曼都是根据当地的水域大小和周围环境来决定高度和大小。在回答大黄鸭的造型巨大的原因时，他曾经表示："大小为什么这么重要？因为橡皮鸭会让我们每个人不再有什么差异，它让我们都变得渺小了。我总是强调我不是做一个'大'项目，我是让世界变小了。通过巨型的橡皮鸭，我将'自我意识'消灭了。"大黄鸭的大是为了运用公共空间让人们重新审视自身的居住环境。

2. 满足受众娱乐的需求

随着社会生活和工作的节奏日趋紧张，人们的消费观念也不断发生变化，逐渐从单一的价值导向消费转向关注消费中的娱乐价值，现代社会进入一个消费社会。消费社会是指生产相对过剩，需要鼓励消费以便维持、拉动、刺激生产。在消费社会，人们更多地关注商品的符号价值、文化精神特性与形象价值。可见，人们不仅消费物质本身，消费更多的是一种满足个人需求的意象和符号，在消费的过程中达成与社会交流的目的。

美国心理学家马斯洛在《人类激励理论》的论文中提出了"人类需求五层理论"，其中把人类的需求按照从低到高的顺序分为五个层次：生理需求、安全需求、爱和归属感（亦称为社交需求）、尊重需求和自我实现需求。由于生产力的提高、经济高速发展和商品的极大丰富，人们已经不再满足于基本的前三个需求，而追求尊重和自我实现的需求，这也是消费社会带来的影响。

在消费社会的大背景下，娱乐逐渐成为人们满足物质需求以外的精神愉悦需求的重要途径，现在绝大多数消费产品都带有娱乐功能和娱乐因素，轻松有趣、休闲的文化艺术更容易吸引人们的注意力，因此娱乐经济有了一个较大的发展空间。文化休闲娱乐产业迅速发展，创造了丰厚的利润，20世纪90年代以来，全球文化娱乐产业平均盈利达到1 500亿美元，并以15%的速度递增。迪士尼公司开发的娱乐性的主题公园及相关的音像、电影制品等年经营额曾高达229.76亿美元；美国时代华纳公司经营媒体娱乐业，年经营额曾高达145.82亿美元；美国维亚康姆公司经营文化休闲娱乐业，年收益曾高达 120.96 亿美元。近年来美国娱乐产业的产值已经超过 IT 产业，成为美国最有发展空间的产业。

"娱乐经济"这一概念是美国最大媒体与娱乐顾问机构的创办人迈克尔·J.沃尔夫在《娱乐经济》一书中正式提出的。他认为，消费者不管买什么，都在其中寻求娱乐的成分。21世纪娱乐已经成为新的世界通货，沃尔夫曾自问自答地提出这样一个问题："在这个消费者的时间如此少、口味又如此善变的世界里，企业应如何吸引消费者的注意呢？一旦抓住消费者的注意力，企业可以加进些什么来提高产品的价值，使产品更具吸引力？答案是：娱乐内容或娱乐要素。"[①] 以娱乐为导向的消费，逐渐代表着未来经济的走向，正如沃尔夫所说的："娱乐经济已成为新的世界通货，21世纪的货币不是欧元，而是娱乐。"

文化创意产业能否成功的关键，在于是否能为受众带来快乐。这只看似普通的大黄鸭造成如此大的轰动，其原因也是大黄鸭带给人们快乐轻松的心情，满足了受众对娱乐的心理需求。虽然商品社会表面上是人与物的关系，但背后是人们继得到消费物质后对获得精神快乐的需求。人们在闲暇时喜欢看电影、听音乐、享受美食，这些行为都是出于对精神快乐需求的追求。穆勒曾说过："对快乐的追求是人的行为的潜在指导者，人们之所以这样做而不是那样做，就在于他们趋乐避苦的天性上。"实际上这是西方的快乐主义思潮的体现。快乐主义的核心思想是，人类一切行为的最终目的或人类欲望的本质都是实现各自的精神快乐满足。

这只体型巨大、形象可爱的大黄鸭，代表的是一种快乐的文化，符合不同年龄层的人们的审美，带给人们一种美好、快乐的心理体验。充满喜感的大黄鸭让工作紧张、生活压抑的人们会心一笑，正如设计者霍夫曼把大黄鸭比作黄色的催化剂，它可以催化人们之间的感情和幸福感，把全世界人们的情感连接在一起。在谈到大黄鸭受到人们追捧的深层原因时，霍夫曼指出："大黄鸭反映了这样一个概念：在童年时，你往往没有过多的顾虑，你并不成熟，不知道自己未来要面对的经济压力、生存环境，你所知道的就是喜悦、开心、向前看，当我们长大之后，你看到的'大黄鸭'实际就是那段勾起你回忆的童年，对你那段无忧无虑日子的回忆。"[②]

3.传统媒体和社交媒体交叉传播

随着媒介传播渠道的扩宽，人们接触信息的方式更多了，而媒介所传

---

① 王洁明.用快乐生产金钱［J］.经济展望，2005（3）：70~71.

② 许悦.弗洛伦泰因·霍夫曼："喜悦"是艺术创作的灵魂［EB/OL］.山东双年展，（2013-07-11）.http://www.shandongbiennale.com/newsshow.aspx?id=541.

播的内容，同样也潜移默化地反映在公众的意识里，传播媒介给予的重视越多，公众对该内容的重视程度也越高，这就是"议程设置"理论。1968年，美国传播学者 M.E. 麦库姆斯和 D.L. 肖对美国总统大选进行了调查，研究媒介议程对公众议程的影响，并于1972年提出了"议程设置"的理论，其观点主要来自政治学。而美国学者沃尔特·李普曼最早在《舆论学》中提出了"议程设置"理论。李普曼认为大众不是对外界实实在在的事件作出反应，而是对被他称为"虚幻外界"的"我们头脑中的图画"作出反应。

"议程设置"理论认为，大众传播赋予了各种议题不同程度的"显著性"方式，影响着人们关注某些事实和意见，以及人们谈论的先后顺序。大众传媒对事物和意见的强调程度与受众的重视程度成正比。从这一传播学理论出发，不难发现媒体的广泛传播是造成大黄鸭轰动现象的重要原因。

从2013年到2014年，关于大黄鸭的信息接连不断，时不时引发大众讨论。截至2014年2月6日，百度搜索关键词"大黄鸭"，共有相关结果约1 720万个；能够搜到相关新闻共21.5万篇。谷歌搜索关键词"大黄鸭"，共有结果约1 660万个，能够搜到相关新闻共29 900篇。文章前面诉述在百度指数趋势研究中，大黄鸭在全国范围内网络上的搜索指数（用户关注度）和媒体指数（媒体关注度）居高不下，且两者基本同步。媒体对大黄鸭的相关报道，不断把"大黄鸭"的话题炒热，人们对大黄鸭的关注度也越来越高。记者作为媒体报道的"意见领袖"，加快了信息传播进程，并扩大了传播信息的影响。

根据 CNNIC 发布的《第33次中国互联网络发展状况统计报告》可知，截至2013年12月，中国网民规模达6.18亿，全年共计新增网民5 358万人。互联网普及率为45.8%，较2012年年底提升3.7个百分点。2013年微博的用户规模达到28 078万，社交网站的用户规模达到27 769万。①随着互联网快速发展和普及率逐渐提高，社交媒体成为人们日常生活不可缺少的一部分。

社交媒体在传播中有着独特的优点。从信息传播的角度来看，社交媒体具有强大的信息传播能力与影响力，其一是因为它的信息传播基于一系列方便快捷的网络传播工具，这些强大的传播工具能突破时间和空间距离的限制，高效地传播信息，社交媒体对这些传播工具进行整合，继而达到高质高速的传播能力；其二是因为社交媒体的信息传播渠道主要是使用者的线上社会关系人群，将人作为传播的节点，一般人对专业信息媒体的信

---

① 第33次中国互联网络发展状况统计报告［EB/OL］.中国互联网络信息中心，（2014-03-05）. http://www.cnnic.net.cn/hlwfzyj/hlwxzbg/hlwtjbg/201403/P020140305346585959798.pdf.

息关注度远小于对相关人推荐的信息的关注度，这种社交上的关系性使得人们对相关信息的关注度也大大提高，使得运用社交媒体进行传播的信息具有了特殊的影响力。①

网络传播使传播方式从单一的传播发展到多对多的传播，交互性是网络传播区别于传统媒介的重要特征。与大众传播的受众较少参与和较少反馈的情况形成鲜明对比的是，网络媒体可以实现传者与受者之间真正的双向交流、反馈，可与传者同步进行。在网络传播下，人人都是传播者，受众拥有更多话语权。

用户 UGC 生产内容是社交媒体的重要特征，网民会自发发送一些有趣的图片、文字到好友圈子分享。大黄鸭唤起人们关于童年的快乐回忆，满足了个人的心理需求，从而获得动力主动参与到传播中，使得与大黄鸭相关的话题在短时间被炒热。新浪微博搜索"大黄鸭"则有 2 162 796 条相关微博，并且大黄鸭展出的时间段里，话题热度更高。

随着互联网的发展，传统媒体和社交媒体融合传播是未来的趋势，两者在互补中满足了受众不同的需求，从而获得更好的传播效果。大黄鸭在中国掀起热潮也是传统媒体和社交媒体交叉传播的结果，两者强势合力把大黄鸭相关新闻事件传播得更快、更广。

4. 文化产业链分析

文化创意产业的概念，最早来源于英国政府 1997 年提出的 Creative Industry 的说法，将其定义为"源自个别创意、技术及才干，通过知识产权的开拓及利用，有潜力创造财富和就业机会的活动"②。

文化创意产业链是以"创意"为龙头，以内容为核心，通过驱动产品制造、拉动批发营销、带动后续产品开发，从而形成的上下联动、左右衔接、一次投入、多次产出的链条。③

文化产业链包括策划创作、产品生产、流通销售、延伸开发等四个环节。其中策划创作和产品生产常常合并为一个环节，总称为"文化生产"环节。大黄鸭的创作来源是霍夫曼曾经从荷兰一位画家的风景画里看到的一只鸭子，经过 5 年时间的"孕育"，终于创作出大黄鸭。作为一个公共装置艺术，大黄鸭的生产也是因地适宜。霍夫曼根据每座城市的天气、潮汐及摆放位

---

① 黄锐，孙娜 . Web 2.0 环境下 SNS 的发展策略探析［J］. 商场现代化，2009（7）：14~15.
② CITF. Creative Industries Mapping Documents［R］. London: UK Government Creative Industry Task Force，1998.
③ 郭鸿雁 . 创意产业链与创意产业集群［J］. 当代经济管理，2008，30（7）:38~40.

置等不同条件，对其作品重新设计尺寸，并且强调是本地制造，他希望借由每个城市参与制作，让当地居民能够更喜爱大黄鸭。可爱的大黄鸭让人们不知不觉联想到童年浴盆里的小黄鸭，从而勾起美好的童年回忆。另外大黄鸭的鲜明特点就是"大"，在庞大的大黄鸭的对比下，一切都似乎变小了，这种违反常人思维的艺术品能够产生很大的吸引力。

而在流通销售和衍生开发环节，关键是要构建一条完整的文化创意产业链，并尽量延伸，才能形成规模，获得最大的收益。北京大学文化产业研究院副院长陈少峰认为："目前文化创意产业很重要的特点之一就是产业链经营，文化产品可以进行横向及纵向产业链延伸，把一个品牌打造成不同产品就是横向延伸，比如可以做成电影、电视剧、网络游戏等；而纵向延伸则是指一个产业链条中可以开发产品授权、制造衍生品等，比如动画片可以授权给制造业，生产出文具、图书、服饰等。"①

霍夫曼设计的大黄鸭横向和纵向延伸产生了一条相对完整的产业链，首先大黄鸭主要是作为大型公共空间艺术在各国进行巡展，吸引了巨大的人流量。以大黄鸭在北京展出为例，大黄鸭在颐和园展出期间，颐和园的游客超过 200 万人次，在园博园展出期间，参观人次超过 100 万。

在大黄鸭效应下，一系列的游戏应运而生，以游戏为原创的作品也进入整一条文化产业链中。而笔者仅在 App Store 上搜索关键词"大黄鸭"，就有系列游戏 App 供用户下载，如"满天星大黄鸭"、"疯狂猎鸭"、"大黄鸭世界巡回冒险免费"、"大黄鸭世界巡回冒险豪华版"、"黄色小鸭爆炸了"、"Pop Duck"。

再从衍生开发来看，大黄鸭产生了众多衍生品，并且在市场上大受欢迎，创造了巨大的经济效益，衍生品的售卖至少带来近 700 万元的进账。仅从大黄鸭的衍生品小黄鸭来说，其产生的经济效益让人吃惊。根据 10 月 15 日组委会召开的发布会上宣布的数字，原计划第一批上市的 3 万只小黄鸭在"十一"黄金周期间就基本售罄，其中包含 5 000 只 299 元的限量版小黄鸭，以及 2.5 万只普通版小黄鸭。经组委会与厂商沟通，再次加订了 2 万只小黄鸭用于售卖。仅橡皮小黄鸭一项衍生品，设计周就可获得超过 600 万元的销售额。加上一上架就销售一空的 3 000 个售价 89 元的手机壳和 3 500 只 99 元的马克杯的收入，大黄鸭创造的经济效益十分惊人。

大黄鸭效应还带动了其他行业的发展，如旅游业、商业、饮食业等。

---

① 鲍蔚.产业链视阈的文化创意产业发展研究［D］.合肥工业大学硕士学位论文，2012.

相关数据显示，受益于"大黄鸭"在香港展出带来的巨大人流，位于展览地附近的主办方海港城购物中心2013年5月零售额按年增长16.3%，高于香港同行的平均值13%。海港城5月业绩比4月的6.1%明显反弹。据统计，大黄鸭访港期间共吸引约800万名游客。海港城曾推出千只限量鸭仔纪念品，在两日内便销售一空。①

从上面可以看出，大黄鸭的产业链是"艺术生产—艺术巡展—衍生品开发—衍生品销售—收益—再生产"的过程。这条产业链环环相扣，每一个环节都有获得一定的盈利，把制作大黄鸭的营销成本分摊到不同的环节里，规避了大部分的投资风险，也正因为大黄鸭的产业链相对完整，才能不断引发人们的关注，造成轰动的"大黄鸭效应"。

四、结语

大黄鸭火了，中国多个城市却出现了大量的山寨大黄鸭和相关衍生品，这折射出了我国的创意产业的短板——创意不足。中国的文化创意产业往往强调市场意识和商业意识，在进行文化艺术活动时开始考虑投入和产出，考虑市场和商业的因素，没有处理好文化艺术与市场、商业的关系，出现了文化创意艺术和市场关系的失衡。而大黄鸭既能做到具有艺术性，又能带动一系列商业的发展，为我国的文化产业提供了很好的借鉴：一是坚持原创。创意乃文化产业的根本，我国文化产业普遍存在创意不足的问题，文化产业在发展中习惯于跟风。坚持原创，用原创带动整个产业的发展，才能让文化产业具有长久的生命力。二是挖掘受众需求，贴近受众心理。我国应该加强对受众的需求的研究，突出本土文化产业的优势，注重传统元素与时尚元素的结合、民族特色与世界潮流的结合，推出更多有针对性、有吸引力的文化产品和服务。三是加强传统媒体和社交媒体的传播，通过两者的互补作用扩大对文化产业的传播效果。特别是社交媒体，文化产业的社交媒体营销方式符合媒体发展的趋势，符合大众的需求，有利于进一步推广文化产品，提高文化产品的知名度和影响力。四是完善和强化文化产业链。通过产业链整合和延伸，在把握好产业链上下游各种关系的基础上，做好文化产业发展规划与建设，进行一系列文化衍生品的研发，从而提高整个文化产业的综合实力。

---

① 王运."大黄鸭"带火香港海港城销售［N］.北京商报，2013-07-05.

参考文献

［1］刘述清.《喜羊羊与灰太狼》文化产业链研究［D］.暨南大学硕士学位论文，2013.

［2］李嘉亮.大黄鸭风靡香港的品牌营销思考［J］.中外玩具制造，2013（7）.

［3］张法.美学导论［M］.北京：中国人民大学出版社，1999.

［4］陈华明.消费社会中的艺术生产与大众文学［J］.西南民族大学学报（人文社科版），2004（10）.

［5］吴文娟.娱乐产业：新世纪的经济增长点——上海文化休闲娱乐产业发展探析［J］.社会科学，2005（3）.

音乐产业的一块新拼图：户外流行音乐节

■ 崔泽然 周丹婧 杨柳青

核心提示：本文以户外流行音乐节为研究对象，列举国内外著名的户外流行音乐节案例，并以国内较知名的户外音乐节品牌——迷笛音乐节为例，论述户外流行音乐节近年在国内的发展情况、经营模式和盈利方式，并探讨户外流行音乐节与整体音乐产业的关系。

关键词：户外流行音乐节 音乐产业 迷笛音乐节 经营模式

一、研究背景

1. 一夕迸发的户外音乐节

在几年之前，与歌手出专辑、开演唱会相比，"户外音乐节"还只能算是一个冷门词汇，音乐节现场也几乎只是音乐人或者摇滚青年的阵地。于普通大众而言，迷笛音乐节、雪山音乐节、摩登天空音乐节听上去都是相当遥远而陌生的领域。然而 2007 年开始，国内的户外音乐节呈现井喷式增长。根据道略文化产业研究中心《2013 年中国户外音乐节发展研究报告》可知，中国音乐节的举办数量从 2007 年的 24 个增长为 2012 年的 89 个，增长速度飞快。虽然音乐节举办地主要还是集中在北京、上海以及东部发达地区，但随着音乐节数量的连年增长，同时也出现了举办地向中西部城市扩展的趋势。这种冲破了场馆天花板限制，让音乐、观众、天空、草地融为一体的表演模式终于在一夕间迸发。

户外音乐节不同于室内演出的音乐会，它以露天场地为演出平台，更像是一个以音乐为载体的巨大派对，通过台上台下群体狂欢的演出形式，极好地诠释了音乐现场的体验之感。以青年为主的观众群体，可以在以摇滚乐为主的音乐中尽情嬉戏、狂欢、宣泄，不需要正襟危坐，也不同于摇滚歌手的个人演唱会，它一般在公园或大广场举办，有多个表演舞台，演出进行时可以在舞台之间和休闲区内自由活动，在形式上给了演出者和观众很大程度的自由。音乐节何以为"节"？它和音乐会有何不同？黑兔音乐节[①]策划人之一、英国 Split Works[②]总裁阿奇·汉密尔顿对记者说："说来简单，音乐节上不只有音乐。它是一场在音乐名义下进行的青春狂欢，是一种以音乐为载体的新兴都市文化形态。"

2. 国外音乐节发展情况

音乐节和摇滚乐一样，是不折不扣的舶来品，其起源，很多人认为是发生在 1969 年 8 月一个周末的伍德斯托克音乐节。近 50 万名喜欢摇滚乐的年轻人涌进了美国纽约州郊区奶牛农场里举行名叫"伍德斯托克音乐艺术节"的露天音乐会，参与、经历并见证了这个被称为"改变摇滚音乐历史"的时刻。

伍德斯托克音乐节的出现有美国 20 世纪 60 年代特殊的时代背景（抛开那些说了很多遍的"反战"、"人权"、"嬉皮士"、"理想主义"、"性解放"等词语），仅从商业角度来说，很多人通过它认识到：原来在一个空旷的地方搭建一个舞台，召集一群摇滚明星来演出，就能在演出开始的三周前就预售出 18 万张门票。虽然演出现场出现了各种变故，场面几乎失控，主办方——4 个年轻的投资人，还是通过出售预售票、与纪录片制作方签订合作合同等赚得盆丰钵满。

1967 年，有记载的第一次户外摇滚音乐节是在加利福尼亚州的蒙特雷举办的，而那次疯狂的、理想主义的、倡导"爱与和平"的伍德斯托克音乐节，却让全世界人认识到"这群玩音乐的人"有如此大的号召力，他们的听众如此疯狂，也让众多的活动策划人看到了音乐节的商业潜力。

伍德斯托克音乐节是不可复制的，玩票式的组织方不能把桀骜不驯的音乐家和 50 万名嬉皮士的聚会办成定期举行的盛会，但这并不妨碍昙花一现式的伍德斯托克音乐节成为经典。

在之后的 20 世纪 70 年代，正是因为历史中有了伍德斯托克音乐节，世界各地的流行音乐节大范围地出现，其中不乏要认认真真把音乐节做成文化品牌，办成每年都能让全世界乐迷一起来共襄盛举的、大场面的、成

---

① 由太合互动联手 Split Works（开功咨询有限公司）共同打造的黑兔音乐节，是国内首次"单日双城"概念的户外音乐节，不仅在阵容上颇为国际化，邀请了超过 60% 比例的国际大牌及新锐艺人加盟，北京、上海两地的双城概念也成为其特点之一。

② Split Works 是一家基于上海和北京的外资音乐演出公司，曾经和百加得、斯米诺和匡威等国际品牌进行合作，始终围绕音乐、品牌、创意和青年文化组织与推广各种活动。2006 年成立至今，Split Works 已为 Sonic Youth、Diplo、Owl City、Jose Gonzalez、Ghostface Killah、Andrew Bird 等众多艺术家举办过中国及亚洲地区的演出，并成功举办了 2007 年上海中山公园的"十跃"音乐节。从 2009 年起，Split Works 每年主办"觉"音乐 + 艺术节，它是一个为期三周的，将北京和上海的创意艺术家与爱好者聚集在一起的城市音乐艺术节。

为乐手与乐迷的共同节日的音乐节。比如创办于 1970 年的世界参与人数最多的英国的格拉斯顿伯里音乐节（Glastonbury Music Festival），还有创办于 1971 年的丹麦的罗斯基勒音乐节（Roskilde Festival）；亚洲方面，日本因为其发达的文化产业，虽然在国际化的音乐节上起步较晚，但创办于 1997 年的富士音乐节（Fuji Rock Festival）和创办于 2000 年的 Summer Sonic Festival，依托强大的日本音乐市场，很快追上了欧美音乐节的水准，每年都能邀请到代表世界顶级水准的乐队和音乐人，其中富士音乐节已经发展成为亚洲最大、世界第三的音乐节。

纵观世界，发展到 21 世纪初的现在，每年举办的大大小小的音乐节数以千计，欧洲仅英国一个国家，每年就有约 500 个各种类型的音乐节，德国每年也会举办约 300 个音乐节。不管是爱好重金属、爵士乐还是乡村音乐的观众，都能找到适合他们的去处。音乐节在国外已经成为一个类型丰富细分，管理标准化、专业化，商业化程度高，串联起整个音乐产业链的文化产业现象。

3. 国内音乐节发展情况

与音乐文化产业发达的那些国家相比，由于中国文化历史环境的特殊性，直到 1985 年以后，才逐渐出现了自己的原创现代流行音乐。中国的摇滚乐在改革开放之后才渐渐发展，而且在相当长的一段时间里得不到官方的承认与支持。由于中国的音乐产业起步晚，一直处在初级阶段，中国的音乐节，直到最近的 10 年，规模才逐渐扩大。

追溯中国音乐节的历史，1993 年德国人霍吾道策划并一直办到 2000 年的"北京国际爵士音乐节"算得上是内地第一个户外流行音乐节，1999 年北京日坛公园举办的"Heineken 节拍 99 夏季音乐节"是第一个由国人举办的音乐节。而 2000 年 5 月在北京郊区香山脚下一个叫做"迷笛音乐学校"的礼堂内举办的校内汇报演出"迷笛音乐节"（Midi Festival）是更加绕不开的话题，因为它开启了 21 世纪初中国户外流行音乐节从沉寂到井喷的序幕。

2000 年的第一届迷笛音乐节，纯粹是这个音乐学校的自娱自乐，没有做什么宣传，台上台下都是"自己人"，约 1 500 名"学校的学生、学生的朋友们、媒体记者、大学生、文艺青年、摇滚铁托、城市愤青、闲散游民、理想主义者、乌托邦分子、附近的农民工、画家村的艺术家等"[①]成了这个中国最著名音乐节最初的观众，乐队全部义务演出，与观众一起在音乐的

---

① 张帆.一个节日的诞生［J］.艺术评论,2011(1):66~69.

世界中从下午享受到深夜。第一届的迷笛音乐节虽然规模很小，但音乐节主办者——迷笛音乐学校校长张帆最开始就是为了要把摇滚乐这个音乐类型向媒体、大众与主流社会介绍出去，把音乐节作为生活方式引进到中国来而策划的。

2000 年迷笛音乐节给媒体的宣传通稿中写道：

90 年代末期，中国逐渐地形成了人们的意识形态的多元化，而从外界接受了许多自由观念，人们逐渐得到了把许多事情在公共媒体上进行宣传的相对自由环境。但摇滚乐呢，与其他相比，还远远摆脱不了体制的传统观念的限制。本次演出活动的主要目的是，要在这样的现实条件下，寻找新音乐行业的前途，以音乐节的形式来打破人们的传统观念，推广扩大摇滚乐市场，培养新一代的音乐消费者，发展摇滚乐的商业性，宣扬青年文化的自由性、多元性，以发展青年文化的光荣名义，提高摇滚乐的社会地位与作用。我们希望在平等宽容、友好团结的原则上，能够达成这次音乐上的合作，并通过这次的合作，让中国摇滚乐行业走上更符合新世纪人民生活文化的新轨道，让中国文艺界的青年摸索出与中国现实情况相互共存的方法。①

可见，中国音乐节的开拓者们从一开始就怀有让音乐节在中国生根发芽的长远规划，希望以热情、理性的态度克服最开始社会、媒体、政府对摇滚乐与音乐节的不理解，一步步地让音乐节的规模不断壮大，逐渐得到主流社会的认同。

这样，迷笛音乐节又每年一次地在迷笛音乐学校校园里办了三届，一次次逐渐扩大影响力，终在 2004 年时来到北京国际雕塑公园，举办了首次校园外的演出。这也是迷笛音乐节第一次向外出售门票，票价 10 元。2005 年其更进一步，音乐节得到了北京海淀公园的邀请，并且获得了海淀区文化委员会签发的《北京市演出许可通知》，成为第一个由政府文化管理部门批准的叫"节"的、由民间机构办的文化活动②。主办方将单日门票价格提高到了 30 元，更加商业化，演出的硬件水准与阵容水准因此大幅度提高，2005 年的迷笛音乐节成为其历史上浓墨重彩的一笔。

---

① 王吉乐.以多元化心态审视时代对流行音乐的需求——国内流行音乐节发展感悟[J].人民音乐，2009（11）:89~91.

② 张帆.一个节日的诞生[J].艺术评论，2011（1）:66~69.

与迷笛音乐节同时发展的，还有 2002 年开始的由"中国摇滚教父"崔健牵头的丽江雪山音乐节，它堪称中国第一个以国际惯例和操作方式举行的户外音乐节；2004 年以"中国摇滚的光辉道路"为诉求点的第一个实现盈利的贺兰山音乐节①；到了 2007 年，著名音乐公司摩登天空以 4 个舞台、120 支乐队的高标准在北京举办了首届摩登天空音乐节，同类音乐节第一次出现了竞争。

尽管那时音乐节在许多方面特别是统筹和管理上不成熟，给人乱哄哄的印象，但它们在不断地向国际先进的音乐节汲取经验，音乐节在一次次的闹腾中逐渐被主流社会认可，参与的观众一次比一次多，主流媒体给予的曝光度也在不断增强。

也是从这个时候开始，各级政府、文化宣传部门渐渐看到了与音乐节合作带动当地旅游、提高地方形象的可能性，纷纷向这种"无公害"的文化娱乐形式示好，音乐节在各种审批流程上不再艰难，以往那种主办者耗费 60% 的精力奔波于各级主管部门之间争取批文的情况不再出现——有时政府甚至主动提供场地和部分经费。实际上自从政府开始公开示好后，大多数的户外音乐节就采取了与当地政府合作举办的方式，一方面，政府可以把音乐节当作当地的文化创意项目，打造地区"文化品牌"，吸引投资，带动相关第三产业增长；另一方面，音乐节主办者可以拿到相关政策上的支持、国家的文化创意项目补贴和地方政府的奖励。

有了政府的支持，作为文化产业的音乐节在经历了几年连续亏损的发展后，逐渐进入了良性循环。2007 年，迷笛音乐节第一次盈利②，摩登天空音乐节、草莓音乐节等也基本可以做到小有盈余，在唱片业集体不景气的时代，各种社会资本不断涌入音乐节这个仅有的具有潜力与"钱途"的音乐市场。2010 年，中国的户外流行音乐节迎来了井喷，相关资料显示，2010 年全国各地共举办了大大小小 92 个户外音乐节，比 2009 年的 44 个增长了一倍有余；到了 2011 年，增长到了近 114 个③。音乐节在各大城市遍地开花，特别是在北京、上海、广州等几个经济发展程度高，居民文化需求比较强烈的一线城市举办的音乐节，占了大多数。

4. 作为文化产业的户外音乐节

十七届六中全会以后，我国吹响了"文化兴国"的号角。《国家"十二五"

---

① 沈黎晖. 音乐节——通往未来的艺术形式 [J]. 艺术评论，2011（1）:66，70~72.
② 金燕. 大型露天摇滚音乐节可以盈利吗——迷笛音乐节个案分析 [J]. 艺术评论，2008（4）:40~44.
③ 马玲兰，毛修炳. 户外音乐节打响品牌争夺战 [N]. 北京商报，2012-08-23（G03）.

时期文化改革发展规划纲要》中也提出，截至 2015 年，我国文化改革发展要实现现代文化产业体系和文化市场体系基本建立，文化产业增加值占国民经济比重显著提升，逐步成长为国民经济支柱型产业的目标。户外音乐节在中国的发展是在中国大力发展文化产业的背景下同步进行的。在中国大力发展文化产业的同时，传统音乐产业受到网络信息技术等因素的影响，面临着前所未有的危机。在此双重背景下，音乐节以其所具有的文化属性及产业属性，从最初仅作为音乐文化载体、提供音乐文化传播与交流平台的音乐文化活动，已发展为兼具音乐产业价值的文化产业形态，呈现出遍地开花的繁荣态势。

户外音乐节作为文化产业中的一部分及音乐产业的一种新型经营模式，具有极大的产业影响力，在文化产业市场上能够占据举足轻重的地位。

首先，在目前唱片业全面萎缩的形势下，户外音乐节能够充分激活音乐产业。现代流行音乐的诞生就和户外音乐节有关，如大型乐队、重金属演唱、震耳欲聋的摇滚表现形式等，嬉皮文化、"垮掉的一代"等文化要素，也与"二战"后集群结社而又反主流的户外音乐节紧密相连。现场演出才是真正的音乐产业盈利支柱，而音乐节则是现场演出的极佳整合模式，音乐产业很可能在户外音乐节的平台中建立新的产业立足点，甚至是一套跨界的文化产业发展模式。

其次，音乐节能够丰富中国音乐产业的内容，促进音乐发展环境的完善。户外音乐节中超过七成以摇滚为主，而摇滚乐队向来不是中国音乐产业的主流，国内摇滚乐队的演出平台，如 Live House[①] 等场所并不十分发达，音乐节无疑给这些乐队提供了更大的平台和机会，以及更好的生存与发展空间，对国内现代音乐的发展环境有很好的促进作用。

再次，户外音乐节能够充分带动相关文化产业的发展。在目前我国户外音乐节市场上，政府是最主要的主办主体，音乐节对地方文化旅游产业的促进作用不可小觑。与此同时，音乐节作为一个各类文化及各式商家的展示平台，也在往更多元的文化产业链方向发展。创意市集，以及各种与音乐节文化定位相近的商家都能在音乐节之中各展魅力。

除此之外，户外音乐节更多的是倡导一种生活方式，突破了演出市场以"大家坐着听"的传统舞台演出形式为主的方式，能够给予人们很大程

---

① Live House 最早起源于日本，因为这些室内场馆具备专业的演出场地和高质量的音响效果。Live House 迅速风行于日本及欧美地区。和普通的酒吧不同，Live House 一般都有顶级的音乐器材和音响设备，非常适合近距离欣赏各种现场音乐。由于观众和艺人距离非常近，因此在 Live House 中的演出气氛往往远胜于大型体育馆的效果。

度的宣泄，尤其受到年轻人的普遍喜爱，被视为是户外生活的一种新方式。

5.案例选择

道略文化产业研究中心撰写的《2013年中国户外音乐节发展研究报告》指出，中国的户外音乐节目前有专业化连锁、音乐与旅游及城市品牌联动、音乐与产品联动三种主要模式。其中专业化连锁模式指的是专业的唱片公司或演出公司主办的模式，最典型的如迷笛音乐节、摩登天空音乐节。音乐与旅游及城市品牌联动模式是在旅游景区由区域政府机构主办或参与主办的音乐节模式，主要代表有丽江雪山音乐节、张北草原音乐节。政府主办日趋成为音乐节最主要的主办主体类型，在2012年举办的音乐节中，政府主办共32场，占音乐节总数的近四成。音乐与产品联动模式主要是由企业主办的音乐节模式，以销售推广企业产品为目的，如成都汽车音乐节。在国内户外音乐节的规模与影响力范畴上，前两种模式居音乐节的主导地位。

迷笛音乐节是由中国地下摇滚乐队的发源地——北京迷笛音乐学校创办的国内第一个原创音乐节。迷笛音乐节是中国户外音乐节的开山鼻祖，在中国已经有13年的历史，被称为"中国的伍德斯托克"。2000年5月，迷笛音乐学校在校园里举办了首届迷笛音乐节，自此中国有了自己的音乐节。经过十多年的发展，"迷笛"已成为现代音乐节最响亮的品牌之一。因而，本文在文化产业的视野下，选择迷笛音乐节为主要案例来说明中国音乐节产业在我国的发展现状，分析其运营模式及传播效果，从理论与实践层面总结成功经验，提出存在问题，以期能给国内文化产业带来启示。

二、国内音乐节组织与经营模式概述

1.国内音乐节组织模式概述

（1）大型音乐节组织模式综合化。

经过了十几年的发展，音乐节的主办者们逐渐摸索到了一些适用于中国的模式，已经有研究者将中国音乐节目前的组织运营形式粗分为三类——文化主体独立策划、商业机构主导和当地政府推动。以目前的情况看，上述的三种类型基本概括了现有的运作模式，但在一些大型全国性音乐节中，这些类别间的边界已经不是非常清晰。

比如迷笛音乐节，最初它是单纯由音乐学校这个文化机构独立策划举办的，但经过十几年的发展，迷笛已经成立了自己的演出公司，独立运营音乐节的各种事务，同时积极同各种社会资本与地方政府合作：2013年深圳迷笛音乐节就是迷笛演出公司与提供场地的大运会场馆运营方佳兆业合作举办的，同时深圳当地的龙岗区政府部门也深度参与协办；2009年开始的镇江迷笛音乐节（后改名为"长江迷笛音乐节"）是在迷笛演出公司与镇江市政府的深度合作下举办的。又如草莓音乐节，它是由摩登天空这样具有文化商业双重属性的音乐公司策划组织，在全国的大城市展开"连锁经营"的模式，除了固定的赞助商外，它在各地会与不同的机构合作：在上海，草莓音乐节与地方性媒体"SMG新娱乐"合办；在西安，它与西安音乐厅合办等。同时，草莓音乐节还积极向各种符合其定位的商业企业开放，商业化程度非常高。

（2）中小型音乐节以商业企业与政府主导为主。

当然，并不是所有的音乐节都类似草莓音乐节、迷笛音乐节这样是全国范围的、大型的、多方合作的，还有许多中小型的音乐节仍然要依靠一些机构组织的主导来完成。一些商业企业，特别是地产商，是音乐节的积极参与者，他们会根据企业宣传的需要，独自策划组织音乐节。这些企业主导的音乐节的舞台规模通常也不大，比如，2013年广州的彼岸花开音乐节，就是一个由地产公司全程操办，以带动楼盘人气、促进楼盘销售为目的的音乐节。但与此同时，也有比较纯粹的政府主导的音乐节，目的是提升地区文化，带动旅游、商业等相关第三产业的发展，如张北草原音乐节、丽江雪山音乐节等。其他的，例如，上海市闸北区每年都会有一个持续数周的"音乐季"，一般由闸北区政府牵头，同文化部门与商业广场合作，联系演出者们在户外进行许多场面向公众的免费演出。"音乐季"已经连续举办了5年，取得了非常好的社会效果。

综上所述，经过快速发展的中国音乐节，已经衍生出了很多的组织运营方式，很难用文化主体独立运营、商业机构主导或者当地政府推动等一些简单的模型去概括，音乐节的组织正体现出一种融合的、多样化的发展趋势。这一方面说明我们的文化市场不断地开放，变得越来越繁荣；另一方面也体现了国内音乐节在运营管理方法上的混乱与不成熟。有一些主办方只是抱着一锤子买卖、急功近利的心态去经营，或者根本对这个行业不了解就急切地希望进入，这往往不仅伤了自己，更对中国音乐节的发展起到了相反的作用。

2. 国内音乐节经营方式概述

（1）用音乐节开辟互联网时代音乐产业新的盈利增长点。

目前国内那些参与人数多、规模大、影响力大的音乐节，比如迷笛音乐节、草莓音乐节、摩登天空音乐节等，都采用了这种经营方式，它们一般由专业的音乐唱片公司或者演出公司主办，多采用跨区域连锁复制的模式来扩张规模。

保证主办方收支平衡的主要方式仍然是音乐节的门票销售与现场赞助商提供的赞助。从数据也可以看到，应对观众人数不断增加、邀请的表演者阵容不断丰富带来的硬件、软件上的投入增加，近几年大型音乐节的票价呈快速上升的趋势。以北京草莓音乐节为例，2010年其单日票的价格为80元，三日通票的价格为180元；2013年已经涨至单日票150元，三日通票480元。另外是企业的赞助，在商业合作上，不同的音乐节有不同的做法，一般大型的音乐节会有自己长期的企业合作伙伴，现场会划出专门的场地给赞助方的产品搭建展台，或者让赞助方给音乐节冠名。

当然，仅仅依靠这些账面上的收入是远远不够的，这类音乐节的真正运作手法是用音乐节打通音乐产业链，从而开辟唱片业低迷时代一种新的音乐盈利方式。迷笛、摩登天空麾下都拥有大量的乐队艺人资源，同时他们还在通过各种方式不断挖掘和培养音乐新人。音乐节就是这些乐队艺人最大的展示舞台，这些专业的主办方通过音乐节不断培养旗下艺人的忠实受众，并且以青年生活方式与音乐文化为突破口，提升自己音乐节舞台的品牌价值。当艺人在这样一个代表着青年文化的高价值的舞台上表演，被观众接受并喜爱，进而走红了之后，公司就可以对他们进行更进一步的商业上的开发，从而获得更高的收益。

在互联网时代，传统的唱片业由于失去了能使音乐公司获利的传播渠道，变得摇摇欲坠，而音乐节是这些音乐公司探索出的新路子——现场演出代替了以前的CD、卡带，以此为突破口，一个以音乐节为核心的音乐产业链正在形成。

（2）用音乐节带动旅游业，提升城市品牌，促进地方经济发展。

这方面的效益除了体现在上面提到的音乐产业上以外，更主要的是体现为以音乐节带动旅游业、提升城市品牌，以音乐节为一种手段吸引游客，带动举办地的旅游业发展，或者提升举办城市的文化形象。采用这种模式的音乐节一般不会将短期盈利作为首先要考虑的问题，而是将注意力集中于如何通过音乐节带动当地文化产业、旅游业等第三产业发展，从而带动区域经济发展，提高政府税收。

以这方面的效益作为主要考量指标的音乐节多由举办地政府部门主导或者政府与专业的商业演出机构合作，典型的例子有丽江雪山音乐节和张北草原音乐节。

丽江雪山音乐节于 2002 年举办第一届，是国内最早的一批音乐节之一，最初的动机就是促进丽江当地旅游业发展、打造城市品牌，而被称为"中国摇滚教父"的崔健也非常想把音乐节这个形式介绍到中国来，双方一拍即合，你出资，我出人。现在看来，我们必须肯定当时丽江政府的远见，第一届雪山音乐节的媒体稿中就写道：

丽江政府认为，除了打好旅游牌，充分利用特有的资源，更创造不同的文化形式把丽江与世界连接在一起，成为世界性品牌。而丽江向"东方戛纳"迈出的第一步，就是创办具世界性的一年一度的雪山音乐节。

十几年过去了，丽江打造"东方戛纳"的说法似乎已经不提，因为它已经成为将原创音乐作为自己特色文化符号的世界旅游胜地，玉龙雪山、束河古镇、大研古城、恬静怡人的慢节奏生活、酒吧音乐背包客……看到现在的丽江，我们想不到 2002 年第一届雪山音乐节其实举办得并不成功，当时恰逢丽江雨季，再加上音乐节对于那时候的人来说还是一种新鲜事物，管理上也存在一些问题，主办方对音乐节的大笔投入就像打了水漂。但就在这样的情况下，当地政府仍然坚持把这样一个看似赔本的买卖一届一届地做了下来。雪山音乐节对于丽江的成功虽不能说起到了决定性的作用，但也不容小觑。与现在丽江每年吸引的游客带来的收入相比，十几年前那些赔掉的成本又算什么呢？

（3）用音乐节提升企业形象、促进产品销售。

采用这种方式的音乐节多由一些商业企业主办，免费入场，规模通常也不大。他们不在乎音乐节是否赚钱，只希望用它吸引更多潜在的企业产品消费者，以推广主办企业商业产品为目的，而音乐节也多半会冠以主办企业的名称。音乐节对于主办企业来说，更像是一个广告投放平台，用两三天的高强度、无处不在的产品与和企业形象有关的符号"轰炸"音乐节的观众。

考虑到投入与产出比，地产商是现在比拼华丽阵容的音乐节的积极主办方，笔者曾经参与在广州举办的名为"颐和盛世·彼岸花开"音乐节。"颐和盛世"是地产企业的名称，直接冠名，观众在广州市中心乘坐组委会的免费大巴，经过一个多小时的车程，来到佛山市郊区的该企业楼盘，音乐节的舞台就搭建在该楼盘前的草坪上。

主办方特意将大巴停靠点设置在离舞台很远的地方，这样观众要乘大巴回广州就必须穿过整个"颐和盛世"小区，音乐节的餐饮、卫生间、便利店等场所也设置在小区的商业中心内；演出间隙，主持人会登上舞台介绍他们的产品——"非常适合年轻人的户型"、"充满音乐与文化的社区"、"以后每年都会举办音乐节"，等等。

三、我国户外音乐节发展现状——以迷笛音乐节为例

1. 迷笛音乐节

迷笛音乐节经过十几年的发展，已经成为国内典型的、旗帜性的音乐节品牌。我们选取其作为案例进行分析，从品牌营销的角度，试图从个案中找到中国音乐节发展的共性。

音乐节出现之初，太多令那个年代的中国人感到"不可思议"的人出现在迷笛音乐节上，有媒体形容"迷笛音乐节上70%的人不正常"[①]。而用迷笛学校校长张帆的话说，迷笛本身是一种对平等的尊重和推广，"大家在一起享受音乐和啤酒，一起欢乐，没有观看位置的好坏，也没有身份的高低差别，在这个'文化特区'里，享受宽松的气氛，享受尊重、爱和温暖"。

迷笛音乐节从扶持地下摇滚乐队演出逐渐过渡为顺应主流文化产业的发展，并被政府认为是创意文化产业发展的典范，得到了认可及支持。

2013年，迷笛致力于"一直往南方开"，"连锁超市"拓展到更多城市。国内音乐节整体的井喷情形持续，内容却日益同质化。品牌响了、规模大了、观众多了，但实际上音乐节的内容却几乎没有变过。从营销手法、营销内容模式甚至宣扬的主题精神，音乐节历经十余年的摸爬滚打看起来不过是就地打滚儿。不管是坚持品牌的亚文化特质、进行小众推广，还是大规模地普及、进行生活形态式营销，都是音乐节在国内本土化发展的必要考量。

2. 迷笛音乐节经营管理表现

以迷笛音乐节为例，从内部因素与外部因素两方面来分析SWOT矩阵，内部因素包括优势和劣势，分析的指标一共有16项。具体的分析指标如下（见表1）：

---

① 日越.耳朵里的乌托邦——迷笛音乐节十周年视觉记［N］.南方周末，2012-06-21.

表 1　SWOT 分析因素

SWOT 分析因素	SWOT 分析因素指标
内部因素	内容、用户、技术、营销、盈利、资本、人力
外部因素	进入壁垒、技术平台、潜在进入威胁、用户需求、替代产品、市场情况、竞争程度、政策、竞争者

迷笛音乐节经营管理 SWOT 矩阵分析（见表 2）：

表 2　迷笛音乐节 SWOT 分析矩阵

	优势（Strengths）	劣势（Weaknesses）	机会（Opportunities）	威胁（Threats）
「样板」式营销	1. 市场占有率提升较快，扩大了在全国的品牌影响力。 2. 品牌优势明显。 3. 已形成资金链支持和强大的资金后盾。 4. 成熟管理，团队构建合理，切合度高。 5. 庞大的用户基数，且中坚力量已经形成。 6. 有固定模式，设施与服务配套，运营的成功经验可相互嵌套。	1. 大量用户流动性较大，忠诚度较低。 2. 内容雷同不够丰富，延伸内容的开发程度低。 3. 泛娱乐化战略，特征不显著。 4. 模式僵硬，缺少增值业务的开发。 5. 盈利模式不清晰。目前盈利的音乐节不到15%。 6. 商业化严重，文化内涵削弱。违背音乐节本身的自由、创新精神，难以跳脱封闭的圈子。 7. 品牌与受众还没有真正建立。没有专利保护，内容在推广中极易被剽窃。 8. 跟风者增多，缺少专业、合理的企划。 9. 音乐产品更新①难以赶上音乐节的举办速度。	1. 市场不太成熟，竞争比较温和。 2. 地区政府支持，进入壁垒低。 3. 市场需求旺盛。 4. 提高普通受众的接受度，培育市场。 5. 操作成熟，行政约束的放松，为民间办节拓宽了空间。	1. 被媒体和从业人士大为炒作，直到被夸大，未进入理性稳步发展阶段。 2. 有一定相似性的替代性产品，如随着城市建设的兴起，地方性旅游节等出现。 3. 模式化运作，无新意，部分中坚受众流失。 4. 规模化生产，品质下降，品牌声誉受到影响。 5. 多由主办方独立举办，赞助商不稳定，无相关政策的保证，缺乏市场准入制度。 6. 对环境有要求，框架式的借鉴难以寻觅到契合的场地。 7. 市场扩大，成本上升。 8. "吃拿卡要"现象增多，行业破坏严重。

① 周洪雷.音乐市场营销及案例分析（修订版）［M］.上海：上海音乐学院出版社，2011.

（1）作为"城市生活新方式"与"社交纽带"的迷笛音乐节。

随着音乐节的推广营销，音乐节文化在中国已经从展现个性与不羁，演变成一种大众娱乐消费方式。摇滚文化乃至在中国国内"萌而不发"的嬉皮精神等这些曾被认为"先锋"、"另类"的符号，过去被认为是"新人类"的小众群体，经过十年演变，不再"另类"和"先锋"，并日渐被主流人群接纳，演变成一种生活型的大众娱乐消费方式。各路人马纷纷赶来迷笛过节。"出格"的人越来越少，"70%的人"看起来都很正常。

从矩阵一目了然，迷笛作为率先"吃螃蟹的人"，如今无论是舞台规模、场地设施，还是配套服务、现场管理，都井然有序，并呈现出日趋完善的形式。2013—2014年迷笛深圳跨年音乐节上，营区"从引导乐迷入住到帐篷安置及热水淋浴一应俱全，人性化的管理令来自天南海北的乐迷们和谐相处，几百人一起游戏嬉戏，每晚欢唱到凌晨"。笔者在其中了解到，大多数人将迷笛作为旅行、外出、走亲访友的代替品，年轻人普遍认为，参加音乐节狂欢是节假日的上佳选择。值得一提的是，在所有音乐节之中，很多人都认为"迷笛的乐迷是最有素质的观众群体"①。此外，在2013—2014年迷笛深圳跨年音乐节上，结伴而来的乐迷有相当一部分是因音乐节而相识的，这样的人际关系从音乐节延伸到了普通生活中——在音乐节结束以后，因音乐节而结识的年轻人们依然保持着密切的联系。以笔者为例，由于参加音乐节而加入的QQ群"躁动珠三角"是笔者QQ上最活跃的群之一，每日的聊天信息均在99条以上，并且乐迷常常组织线下活动，以音乐节为纽带的社交圈俨然成型。

与之相反的例子是2005年的张北草原音乐节，蜂拥而至的观众在住宿和吃饭上都遇到了极大的问题，羊肉串卖到十元钱一串，很多人只吃方便面、啃面包，更谈不上现场给手机、电脑充电，很多人与外界失去了联系，媒体工作者纷纷抱怨即时发稿简直是妄想。

（2）作为"文化品牌"与"经济增长点"的国内音乐节。

借助西方文化形式发出自己的声音，迷笛音乐节从模仿到自创品牌只用了十年时间。参加人数从最初的8 000多人到现在的约10万人，从小众走向了大众，从亚文化走向了主流文化。在同一时间轴上，这十年，是中国观念日渐开放的十年。一代中国年轻人在接受全球经济一体化的同时，也接受着东西方文化的融合。十年过去，虽然音乐节数量急剧上涨，但是从口碑和商业成功两大因素考量，普通人叫得出名字的音乐节屈指可数。

---

① 《音乐时空》编辑部.音乐节一路往南方开［J］.音乐时空，2013（14）：19~22.

在众多音乐节中，迷笛音乐节称得上是国内数一数二的品牌音乐节。同时它也是国内外媒体报道得最多的音乐节，更是国内为数不多的几个能够赢利的音乐节之一。

在被肯定其品牌影响力之后，迷笛音乐节在商业方面同样进行了有益的尝试，在对待商业化的态度上，迷笛有自己的理念。而这样一份理念则是在十年的摸索中逐渐形成的。可口可乐公司曾在与迷笛音乐节谈赞助的时候，坚持要在现场放置广告伞，迷笛则认为这与音乐节"自由"的纯净氛围不合，最终迷笛方面选择放弃与其合作。"不规避商业化但是也不过度商业化，不接受冠名，在选择广告赞助商的时候只接受与自己有相同理念的企业"，迷笛始终遵循着这样一个原则。2006 年 Lee 牛仔裤首次赞助迷笛音乐节，即与音乐节现场举办了全国首创的 Lee Tent 活动，Lee Tent被分成造型区、涂鸦区、DJ 区和休息区等几个区域，将赞助商活动作为音乐节狂欢活动的一部分。

在对经济贡献方面，除了迷笛音乐节外，2009 年的张北草原音乐节或许更有说服力。迷笛学校校长张帆同时是张北草原音乐节的顾问。他曾对记者说："对于许多张北人，这可能是他们一生中不可磨灭的记忆，甚至可能会改变一些人一生的命运。贫困县的年轻人不该被边缘化，他们应该得到重视、得到快乐的生活。"来自张北县的数据显示，这个国家级贫困县 2008 年的人均年收入是 2 700 元，而 2009 年国家公布的农民人均年收入是 4 700 元。值得一提的是，知名度打响后，次年仅房地产项目就开工29 个，5 个五星级酒店在建。张北县副县长孙晓涵回忆："当初在县委常委会上，对于搞不搞音乐节争论得很激烈，有些领导是反对的，这下，大家的意见都统一了，要坚定地搞下去。"

四、中国户外音乐节产业存在的主要问题及发展前景

1. 存在的问题

从国内音乐节发展的现状来看，不难发现，在某种程度上，音乐节将更多的重点放在音乐"娱乐"而非音乐"欣赏"上。曾经很多业内人士指出，户外音乐节很难拯救国内音乐，相反很有可能成为下一个"产业泡沫"。由于发展历史比较长和环境的熏陶等多方面因素，西方的音乐节体现了一种全民的音乐精神。然而，除了缺乏"精神内涵"之外，我国目前的户外音乐节在各方面都存在一些问题。

（1）商业模式不成熟，盈利能力普遍较弱。

据道略文化产业研究中心统计，2009 年，我国音乐节举办数量共计44 场；2010 年，共 92 场；2011 年，已达 114 场，增速之快令人咋舌，而其中真正能够赢利的音乐节却仅占 15%。目前虽然音乐节呈井喷式发展，但是大多数的音乐节并无法赢利，这也说明目前户外音乐节作为产业在中国市场仍然缺乏成熟的商业模式，市场与机制仍不完善。

2012 年成都大爱音乐节汇集了山羊皮乐队、崔健、罗大佑、苏打绿、小野丽莎等数十位中外一线大腕，总投资高达 6 000 万元，但高投资、强阵容却只换来了 300 万元的实际票房，其亏损原因包括赠票、"黄牛票"太多，宣传力度不够，没有拉到企业赞助等。虽然成都大爱音乐节这样的巨额亏损是行业的个案，但目前户外音乐节盈利能力普遍较弱却是不争的事实。迷笛音乐节从 2000 年第一届到 2005 年连续亏损，2006 年持平，2007 年略有盈利，2008 年又大亏，如此循环。

我国户外音乐节商业模式不成熟，呈现出泡沫经济的状态，主要体现在刚性成本居高不下以及盈利模式单一、相关产业链发展不成熟三个方面。

①刚性成本居高不下。

国内唱片行业整体萎缩，音乐界都把目光转向了现场演出。由于缺少行业规范，乐队、歌手高额的演出成本，让本来就不景气的国内音乐节市场更是雪上加霜。国内部分演出乐队、歌手甚至漫天要价，有些艺人或公司只是看谁给钱多，就参加谁的活动，导致市场泡沫非常大。

除了演唱者成本这一核心运营成本外，音乐节的前期宣传费、舞美设计费、运输费、场地租金、环境舞台布置费、乐队演出及交通费、工作人员的交通及住宿费用和报销、电费等经营成本也占了成本的很大一部分。

②盈利模式单一。

按照国外的多年经验，一个音乐节的标准收入构成应该是：门票60%、赞助 20%、周边产品 10%、其他 10%。目前国内户外音乐节的主要盈利来源为票房收入及厂商赞助，在其他方面开发不足。

国内诸多音乐节都面临赠票、索票、逃票、"黄牛票"等问题，即便是作为国内大型音乐节开山鼻祖的迷笛音乐节，也仅能保证票房收入与成本基本持平。票房疲软对音乐节造成了运营的连锁反应，使音乐节的持续发展举步维艰。

除了票房收入外，国内音乐节的主要收入还源自厂商赞助。多年来，迷笛音乐节的公益主题理念备受国内外厂商青睐，为今后双方保持和谐、良好的合作关系打下了坚实的基础。草莓音乐节、摩登天空音乐节因为精准的受众定位，与其合作的商业品牌都是一线时尚品牌，甚至有爱马仕这样的高端品牌，这也令草莓音乐节、摩登天空音乐节成功解决了成本方面的问题，获得盈利。但国内音乐节在厂商赞助方面尚未形成常态和良性循环，以致大部分音乐节都存在不同程度的资金问题。

目前恒大星光音乐节试图开创一条新的商业途径，资金主要依靠赞助，演员方面通过"打包价"来进行成本控制，同时通过60~80元的低票价来吸引观众。这样的模式能否成功，就要等待市场的检验了。

③相关产业链发展不成熟。

除了上述两点外，到场乐迷除购票外的额外消费作为音乐节收入的一部分本应也有巨大市场。近年来，我国户外音乐节现场基本都设有消费、休闲场所，诸如音乐集市、餐饮聚点等。同时音乐节现场贩卖的纪念品，从打火机到T恤衫种类各异，这些周边产品将带来相应的经济收益。但目前，我国户外音乐节观众尚需培养，多数乐迷并非因真正热爱音乐，而是出于凑热闹、赶时髦、应人邀请等原因参与音乐节，因此造成现场纪念品有价无市的局面，不能真正给音乐节带来盈利。

音乐节是一个很好的文化产业平台，能够使音乐的现场化身为集演出、餐饮、创意市集，以及各种衍生品贩卖于一体的场所。从现状看来，这样的产业链条在逐步形成，但与音乐节的结合能力依然较弱。许多音乐节都号称有各自的文化定位，并接纳与其气质相符的各种品牌，进行相关的周边产品与产业的开发，但大多还处于简单拼凑的阶段，更像一个混乱的杂货市场，没有自己的独特文化品质。而音乐节对于音乐而言，更多的也只是找到了一条挣钱的新门路，而尚未有明显完善的音乐产业链发展。

（2）质量参差不齐，内容出现同质化。

国内近年音乐节数量以近乎井喷的速度增长，从音乐节市场的角度看来，现有的数目仍未达到饱和，但音乐节的音乐内容与质量明显跟不上音乐节数量增长的速度。在音乐产业链条中至关重要的就是音乐本身，虽然音乐节提倡的是一种生活方式，但是走进音乐节的大多数人还是去消费音乐的乐迷，而在众多音乐节轮番上演的情况下，音乐节却出现了质量不高、内容同质化的现象。单纯的模式"嵌套"造成其同质化严重，而漫长的市场培育期导致其初期赢利难，配套设施不能大范围跟进以及单价制定偏高等诸多问题，这些都是国内音乐节在未来的营销推广中必须正视和改善的重点。

与国内相比，国外（主要指美国、英国、日本等）的户外音乐节普遍实力雄厚，运营经验丰富，重要的是形成了独立成熟的营销理念。音乐节在国内刚刚起步，市场还小，不够成熟，盈利模式仍然不清晰，已进入的竞争者仍处于探索阶段，还未形成自己的核心竞争力，现在还处于争取用户与寻找合适的商业模式的阶段。内容先天不足，后天营销策略畸形，加上市场混乱，受众素质不高，面临众多问题的策划者们还需扬长避短，打造自身核心竞争力，配以完善营销策略，而非"依样画葫芦"。显而易见，音乐节文化市场的未来竞争是相当激烈的。

音乐本身是音乐节最核心的灵魂，只有拥有有质量的音乐内容才能树立音乐节的品牌。数量剧增的音乐节把越来越多的乐队和歌手捧上舞台，其中不乏乐坛新秀，乐队与歌手的实力不够强，在同一音乐节中或不同音乐节中音乐风格普遍同质化，愈发满足不了观众们对音乐节音乐品质的期待，这让许多铁杆乐迷原本对音乐节怀抱的梦想与期望化为泡沫。与此同时，音乐行业的发展速度跟不上音乐节的骤然喷发，国内具有户外表演实力和号召力的乐队和歌手有限，具有口碑和粉丝的一线歌手频繁赶场，几乎每个大型音乐节的节目单上都能看到那几个熟悉的名字，从而降低了音乐节对观众的吸引力，造成了审美疲劳。再者，整个音乐节市场未形成市场规范等客观因素的存在，对音乐节的发展无疑会造成很大的阻碍。

由于某些主办方和投资者是抱着一种投机的心态去做音乐节，主要考虑的是经济效益，并没有考虑到音乐节长期发展的问题，导致了许多新生的音乐节形式大于实际，也造成了音乐节市场的混乱。

廉价低质的文化产品不能打动观众，中国国民的消费能力和审美水平都在不断提升，音乐节的运营者应时刻关注和分析受众的心理变化。音乐产业问题的解决绝不是仅靠搭建音乐节的模式平台就可以完成的，国内多年来音乐产业的不健康发展没有给音乐创作提供良好的环境，音乐节只能说给音乐的发展提供了更好的环境以及发展的可能，并不能迅速地解决所有问题。许多音乐公司要想通过举办音乐节取得大的发展，提高音乐制作的质量才是音乐节成功的根本。

中国唱片业的不景气与音乐节的过热之间，存在令人尴尬的巨大落差。当艺人的质量参差不齐、数量屈指可数时，消费者对现场演出的需求却在逐年递增，过大的落差酿就了产业链断裂的危险。只有平衡完善整个行业的生态环境，才能共同促进音乐节市场的根本繁荣。

（3）运营管理不成熟，服务水平亟待提高。

真正好的国外户外音乐节，从搭建演出班子，到各种条件配置，包括交通配置、公共疏散配置、饮食配置，乃至公共厕所配置都非常合理。但我国的户外音乐节，还处于起步阶段，平心而论，还有不少属于"草台班子"，食品饮料随手包给附近的摊贩，办完一场户外音乐节后，无论是草原还是广场，都可能垃圾遍地、一片狼藉……音乐节有在短时间汇聚众多观众的魅力，但一场好的音乐节更需要把大量观众聚集所产生的场内外公共服务问题解决好的能力。其中安全问题的避免与做好安全事故的紧急预案工作是对音乐节公共服务最基本的要求。与此同时，除了最基本的安全保障外，在其他诸如场外的交通、场内环境的公共服务上，都是需要音乐节的运营方去关注的细节。

国外比较成熟的音乐节，如日本的 Summer Sonic 音乐节，在为到场乐迷提供高质量的现场音乐演出效果的同时，其井然的秩序、完备的音乐设施及良好的工作人员服务态度更是令乐迷流连忘返。

反观国内音乐节市场，许多音乐节只将目光放在舞台上，但是在运营管理上十分不成熟，大多都存在硬件设施不完善和服务水平不高等问题。有业内人士曾透露，国内部分音乐节甚至以小作坊的形式运作，主创团队人员屈指可数。从而造成部分音乐节出现缺乏管理、营销不善、服务不到位等问题。2009年8月初，张北草原音乐节正式亮相，3天观众总人次突破10万，可观众口碑却不尽如人意，很多人埋怨草原没草、漫天风沙、食品贵、交通堵、住宿难、如厕难……

国内音乐节发展的十余年中，可以深切地感受到音乐节的举办经验越发丰富，举办能力大大增强，举办一个能承受好几万观众的音乐节已经不在话下，但是能否把这好几万观众服务得尽量周到，提升音乐节休闲娱乐服务体验的水平，仍然是主办方需要面对的重要问题。

（4）缺乏政府引导与支持。

与全球市场相比较，我国的音乐节产业的发展仍处在初级阶段，目前音乐节亟待开发的是门票与赞助收入，在这方面却缺乏政府的积极引导和大力支持。面对目前票价过高、"黄牛"猖獗的情况，地方政府并未采取有效措施；地方政府与主办单位共同承办的方式，要有效地调动各方面的保障资源来扶持。政府一方面要真金白银地投入，因为涉及基础设施的建设；另一方面要给予更多的认识，尊重音乐节的自身规律。

在绝大多数中国人还不知道音乐节是什么的时候，政府的介入会使音乐节的知识更加普及。音乐节之间需要竞争，除了挖掘国内的演艺资源，也需要国际的演艺资源，包括引入先进的管理、制作资源。参与音乐节的观众来自四面八方，需要邀请更多的专业人士才能保证演出安全地进行。今后，政府应投入资金、提供支持以发展音乐节产业，唯有如此才能建立音乐、文化发展的态势。只有政府与主办单位的前期基础打好，才能让更多的观众养成买票、消费音乐的习惯，才能让商家看到这个平台非常稳固且有继续发展的能力；得到了政府的支持、百姓的热爱及媒体的关注，企业就会长期地把广告、宣传费用投入其中，以提升该产业的经济增长率。

五、音乐节广阔的发展前景

与国外成熟的音乐节产业相比，目前中国的音乐节产业仍处于初级水平，各个方面都存在问题。面对迅速扩张的市场，日益挑剔的观众，整个音乐节行业迫切需要解决众多已经存在了多年的问题，找到健康和可持续的发展模式。

然而任何一个行业都有一个由量变到质变的过程，目前中国的音乐节整体都在由初级往高级的方向发展，前景仍然十分广阔。

口碑是音乐节推广中最重要的因素之一，同时也是中坚乐迷们既往认知里心照不宣的硬性指标。音乐节为什么能够在中国越做越大？笔者认为主要还是因为国内缺乏这种形式，缺乏这种自由、平等、带有狂欢性质的平台。一个优秀的艺术形式的生存和发展，一定离不开群众文化消费的基础。而样板式、拼盘型的音乐节也很难满足特定的观众群。在国内音乐节发展过程中，迷笛曾意识到这个问题，所以他们在音乐节内部做了几个分舞台，包括摇滚、重金属、民谣、电子等几个部分。在乐迷一片好评中，其他音乐节也纷纷效仿，如此一来，特色又成了共性。特征不明显、面目模糊是样板式营销不可避免的后果。

特色决定魅力，也决定了持续发展的可能性。迷笛音乐节有青年文化氛围，摩登天空音乐节有流行时尚的特色，但这些都还是综合音乐节。迷笛音乐节完全可以将"舞台分类"的概念扩大，结合上述分析的"SWOT"矩阵，综合考虑战略强度①等概念后，选择"W-O战略"：克服企业的劣势，寻找发展机会。总体而言，可以从产品、价格和渠道方面采取整合营销策略。

内容方面，首先音乐节市场尚未饱和，规模仍有扩大趋势。整个欧洲每年有 2 500~3 000 个音乐节，英国就有 670 个，具有代表性的有英国的格拉斯顿伯里（Glastonbury）音乐节、雷丁利兹（Reading/Reeds）音乐节、

---

① William M. Pride & O. C. Ferrell. *Marketing Concept and Strategies*［M］.Boston: Houghton Mifflin Company，1991.

WOMAD音乐节，丹麦的罗斯基勒（Roskilde）音乐节，比利时的Rock Werchter音乐节，匈牙利的Sziget音乐节，西班牙的声纳（Sonar）音乐节等。美国每年也有200多个音乐节，著名的有西南偏南（SXSW）音乐节、柯切拉（Coachella）音乐节、罗拉帕罗扎（Lollapalooza）音乐节、伯纳罗（Bonnaroo）音乐节等。目前我国音乐节的数量还很有限。从中国的地理面积和城市数量来说，音乐节的容量都应该比西方只多不少，但目前中国的音乐节无论是整体规模还是质量，都与西方的前辈有不小的差距。由此可见，我国音乐节市场尚未饱和，发展空间依然广阔。

其次做深特色，做有特色的"文化节事活动"①。任何一个策划者，要做活动营销，首要的是做好节事活动的内容本身。例如尝试做迷笛旗下品牌的电子音乐节、嘻哈音乐节、重金属音乐节、爵士音乐节。跟所有产业一样，音乐节繁荣到一定程度，细分市场就成了必然趋势。笔者认为应从细分音乐市场和融入地方特色两个角度发展特色音乐节。这样打造出的音乐节定位会更加明晰，更有利于在市场中的长足发展。

渠道方面，充分利用微博营销、云营销等当前流行的网络营销方式。通过网络的快速传播途径，实现低成本、高效率的营销。同时需要保证口碑，融网络传播与人际传播于一体，二者相互补充。

商务方面，与地方政府以及精神理念契合的赞助商合作，做到最和谐的结合，而关于赢利难的问题，则可以通过明晰营销理念、强化产业链和海外合作的方式来拓展新的盈利增长点。

价格方面，相对于西方发达国家套票价格占人均月收入的1/15这一极限值，国内的大多数音乐节的票价占人均月收入的1/8左右。"平民化"的价格营销策略对于音乐节具有重大意义。在规范市场的前提下降低票价的营销策略能够在更大范围内和更深层次上实现营销。

同时，中国大陆户外音乐节也必须参照国际户外音乐节的成功发展经验，以不断壮大自身，早日走上国际化的道路。

鉴于SWOT分析是采用定性的非系统的分析方法，通过罗列S、W、O、T的各种表现以形成一个模糊的营销战略地位的轮廓，并据此作出判断，因此带有很大的主观性与盲目性；此外，本研究对受众及其心理因素这一角度考量甚少，现有成果能够为音乐节提供些许借鉴，但远远不够。

当流行音乐有唤醒意识和凝聚认同的潜能时，也就可能被音乐工业吸

---

① ［美］小伦纳德·霍伊尔.会展与节事营销［M］.陈怡宁等译.北京：电子工业出版社，2003.

纳且商品化，与此同时，我国的音乐节市场呈现出较明显的泡沫形式，但泡沫总有破裂的一天。未来音乐节的发展必然会经历大浪淘沙的过程，通过去粗取精、资源整合，走上良性发展的道路。目前，许多音乐节的运营方都在探索多样化的演出形式和新的跨界整合产业链，在可预见的将来，跨区域的连锁模式仍然将占据音乐节产业的主导地位，音乐节与其他产业融合发展的趋势会不断增强，整个行业发展空间依然十分广阔。

参考文献

［1］沈黎晖.音乐节——通往未来的艺术形式[J]，艺术评论，2011(1).

［2］陈长华.中国大陆户外音乐节发展现状研究［D］.山东大学硕士学位论文，2013.

［3］林资敏，陈德文.生活型态营销［M］.上海：上海财经大学出版社，2003.

［4］金燕.大型露天摇滚音乐节可以盈利吗——以迷笛音乐节个案分析［J］.艺术评论，2008（4）.

［5］平客.一个贫困县的摇滚音乐节［J］.南方周末，2009（8）.

［6］张铁志.声音与愤怒：摇滚乐可能改变世界吗［M］.桂林：广西师范大学出版社，2008.

开心麻花：多维发展，引领快乐

■ 宋琳琳 李江南 辛蔼玲

核心提示："开心麻花"是主打爆笑话剧的著名民营娱乐品牌，它的故事多以大家熟知的时事、热点话题和人物为主题，常在年底贺岁档期推出爆笑性质的喜剧，采用"智慧盘点年度事件 + 精彩动人故事 + 幽默表演"的风格，已经成为舞台剧领域中最具号召力的品牌之一。本文从"开心麻花"的发展历程谈起，论述其内容创新、营销模式和资本运作等方面，总结出"开心麻花"的成功因素和未来发展空间。

关键词：开心麻花 舞台剧 幽默表演 事件营销

2014 年的马年春节联欢晚会上，出自"开心麻花"的两个作品——小品《扶不扶》和创意形体秀《魔幻三兄弟》好评如潮，给观众留下了深刻的印象。这已是"开心麻花"连续两年以两个原创节目登上春节联欢晚会的舞台，而"开心麻花"这个舞台剧民营品牌的名声也日益响亮。

过去，舞台剧在人们日常的娱乐活动中逐渐被边缘化，因为休闲时间资源已被其他替代娱乐形式无情瓜分，而舞台剧的消费成本太高，且不那么大众化的舞台剧，又要求观众有较高的欣赏水平、文化素质，所以普通民众对舞台剧有一种疏离感，我国舞台剧市场也面临着难出新品，管理不善的困境。如今，越来越多的大众化的舞台剧出现在各大剧场，已成为都市文化消费市场中的新星。在撬动这块固化的演出市场的众多因素里，"开心麻花"无疑是最活跃的那一分子。

一、"开心麻花"简介及发展历史

北京开心麻花娱乐文化发展有限公司，成立于 2003 年，总部位于北京。公司以为人民娱乐服务为宗旨，自 2003 年起开始制作、发行舞台剧，凭借强大的喜剧创作实力与专业精准的推广营销能力，现已成为舞台剧领域最具市场号召力的喜剧品牌。

作为国内极具舞台剧商业竞争力的民营机构，"开心麻花"已成功推出《夏洛特烦恼》、《乌龙山伯爵》、《那年的梦想》等多部票房与口碑双赢的经典作品，屡次创造了中国话剧演出的奇迹，促使"看麻花"成为一种大众文化消费现象。近年来，"开心麻花"还致力于拓展音乐剧、网络剧、电影、艺人经纪等板块的业务，以形成一个专业、全方位的娱乐产业体系。

不同于小剧场话剧，"开心麻花"一直坚持在大剧场演出。"开心麻花"2010年贺岁剧《索马里海盗》推出至今不到两年，演出超过200场，"开心麻花"2011年贺岁剧《乌龙山伯爵》在不到一年的时间里演出逾160场。"开心麻花"的演出，场场爆满，气氛热烈。"想快乐，看开心麻花"已经成为京城无数百姓的时尚口号。

在舞台剧方面，2003年"开心麻花"首创了"贺岁舞台剧"的概念，并在多年的舞台剧创作中自成体系，逐步形成了独有的风格特征。精彩故事、动人情怀、智慧犀利、盘点热点、新颖独特的喜剧风格等已成为了"开心麻花"的个性标签，深受"麻花迷"的追捧与喜爱。在之后的十余年间，"开心麻花"又相继推出21部作品，从北京出发走遍了上海、深圳、广州、天津、武汉、沈阳、南京、杭州、南昌、哈尔滨、西安、郑州、海口等30多个城市，超过1 500场大剧场演出，几乎场场爆满，演出场次、观众人数、票房收入三个指标在同行业内全面领先。

2011年开始，"开心麻花"在小品创作上开始崭露头角。其作品《落叶归根》在当年的中央电视台小品大赛上获得极佳的口碑。从2012年开始到2014年，"开心麻花"连续两年给春节联欢晚会贡献两个节目，而2014年的小品《扶不扶》让"开心麻花"这个品牌的名声更加响亮。

2012年，"开心麻花"开始涉足网络剧领域，与乐视网联合推出了国内首部周播网络情景喜剧《开心麻花剧场》。《开心麻花剧场》延续"开心麻花"一贯的爆笑喜剧风格，内容紧贴生活，及时盘点当周热门话题，并吸取了美剧多线条并进的叙事手法，第一季一经播出便得到了意想不到的反响。网络剧的上线将与舞台剧形成良性呼应，共同成为"开心麻花"前进的双引擎。

在市场铺垫上，"开心麻花"总部设在北京，立足北京市场。之后，于2010年在天津设立分公司，2011年、2012年又分别在深圳和上海设立办事处，开拓南方市场，并取得佳绩，打破了"话剧分南北"的传统。2013年，公司与北京京都文化投资有限公司联合创建西城原创音乐剧基地，并由旗下专注于音乐剧业务的北京都市乐人文化发展有限公司负责基地的运营管理工作。目前，公司已经或正在北京、天津、上海等近10座一线城市设立分支机构，拓展演出业务。

2013 年 5 月，"开心麻花"引入风险投资——中国文化产业投资基金与"开心麻花"正式签约，成为"开心麻花"的股东，为"开心麻花"投入价值不菲的资金。这是京城话剧与风投联姻的"第一例"，这一风险投资成为"开心麻花"未来快速成长的强大推动力。

如今"开心麻花"系列舞台剧在北京及全国其他中心城市上演超过2 000 场，为百余万观众带来了无限欢乐。开心麻花已经成为国内舞台剧领域最具市场号召力的民营机构，无数年轻人高度喜爱开心麻花已经成为一种社会现象。此外，开心麻花还向互联网、影视业等领域开拓业务，逐渐建构自己的喜剧文化产业。

表 1 "开心麻花"近年主要舞台剧作品

时间	名称	导演	主要演员
2003 年 12 月	《想吃麻花现给你拧》	田有良	何炅、谢娜、于娜、汤加丽
2004 年 12 月	《麻花 2·情流感》	邵泽辉	刘孜、林依轮
2005 年 12 月	《麻花 3·人在江湖漂》	沈腾、陈畅	周晓鸥、李莉
2006 年 12 月	《开心麻花 2006·逗地主》	周大勇	满江、汤加丽、顾阳
2007 年 8 月	《开心麻花 2007·疯狂的石头》	沈腾	彭波、侯姝、马元
2008 年 12 月	《开心麻花 2008·谁都不许笑》	彭大魔、闫非	彭坦、柳岩、马丽、于全海
2008 年 5 月	《两个人的法式晚餐》	黄盈	尚雯婕、陈西贝、黄锐
2008 年 6 月	《阿祥》	彭大魔	马丽、彭大魔、魏祥
2008 年 12 月	《甜咸配》	沈腾	瞿颖、谢楠、钟玲、沈腾
2009 年 6 月	《书桌里的铜锣湾》	潘安子	郭祥鹏、秦枫、陈轩宇、常远、刘澄宇、贾蕊、乔衫
2009 年 8 月	《江湖学院》	彭大魔	包贝尔、马丽、张菲菲、艾伦、王成思、曹扬、张子栋等
2009 年 9 月	《白日梦》	周申	魏雪漫、缪杰、王筝、周铁男、邓飞
2009 年 12 月	《索马里海盗》	沈腾	陶慧、宋阳、东靖川、马丽等
2010 年 12 月	《乌龙山伯爵》	闫非	沈腾、马丽

（续上表）

时间	名称	导演	主要演员
2011 年 11 月	《旋转卡门》	彭大魔	艾伦、马丽、王宁、常远等
2011 年 12 月	《上贼船》	关旭	陶亮、贾金金等
2012 年 9 月	《那年的梦想》	刘鉴	常远、宋阳、朱微玮
2012 年 11 月	《夏洛特烦恼》	闫非、彭大魔	张子栋、马丽
2012 年 12 月	《摩托翔子》	黄才伦	宋庆楠、朱微玮、唐鹏、伊力奇
2013 年 11 月	《小丑爱美丽》	闫非、彭大魔	马丽、王成思、黄才伦、刘文伟、常远、李鑫、何子君等
2013 年 12 月	《须摩提世界》	刘鉴、宋阳	宋阳、艾伦、韩云云、朱微玮、贾金金

二、案例分析

（一）内容创新，定位准确

"开心麻花"是主打爆笑话剧的民营娱乐品牌，它的故事多以大家熟知的时事、热点话题和人物为主题，常在年底贺岁档期推出爆笑性质的喜剧，采用"智慧盘点年度事件＋精彩动人故事＋幽默表演"的风格。另外，"开心麻花"内部有一个规矩：每部作品都要比上一部有新意，包袱响才是硬道理。这也是它长盛不衰、越做越大的制胜法宝。"开心麻花"创始人张晨坦言：不创新，就会把品牌毁掉。精心的打磨和集中的资金支持，换来的是话剧的质量和观众的口碑。"开心麻花"自 2003 年创办以来，从第一部"麻花"作品《想吃麻花现给你拧》，首创了"贺岁舞台剧"概念，此后每年岁末都会推出一部大型舞台喜剧，至今已推出《想吃麻花现给你拧》、《索马里海盗》、《乌龙山伯爵》等多部话剧，到现在每年产量大概是 2~3 部。

"开心麻花"在 10 年时间里，陆续推出了 21 部舞台剧，成为京城文化热点。"开心麻花"系列舞台剧在北京及全国其他中心城市上演超过 2 000 场，为百余万观众带来了无限欢乐。由于"开心麻花"塑造的多为小人物，体现弱势关怀，是人民大众的代言人，具有广泛而深刻的社会影响力。其舞台剧和小品中的许多台词都成了经典的流行语。

在团队建设中，"开心麻花"也别具创新。一部剧从最初的策划到最终的成型，需要三个多月密集的排练，没有明星能把大把的时间花在舞台剧的演出上，因此"开心麻花"开始采用培养自家演员的机制。为了建设团队，"开心麻花"开设了演员培训班，每年会举办一期喜剧表演培训班，在表演系本科毕业生中先筛选出二三百人，逐个面试，最后挑选出 40 人组成培训班，这其中大部分是从表演专业毕业的学生。经过 2~3 个月的集中培训，从理念培养到创作实践、表演实践、形体训练，最后能签约的只有 10 个人左右。以用表演带学生的方式培养演员，其中大多数是"80 后"、"90 后"年轻人。为了让这些签约演员有更大的发展空间，公司也正和这些年轻人一起成长。

"开心麻花"有数以万计的受众，但是其有今天的影响力源于其精准的定位。"开心麻花"的观众里，有 90% 以上都是 25~45 岁的白领、金领，他们引导潮流，或走在潮流前沿，他们崇尚新鲜快乐的生活理念和方式，他们多为都市中有品位、有购买力、有影响力的精英达人。这些也决定了"开心麻花"内容定制的方向的选取。除了常规观众外，"开心麻花"一直注重会员的召集，通过剧场演出前后观众们自愿填写会员办理表，"开心麻花"已积累了近 20 万位会员，会员信息准确完整。"开心麻花"定期主办的独具特色的各类活动深受都市青年的喜爱。在 2014 年中央电视台春节联欢晚会中，"开心麻花"再次贡献两个作品——第 9 个节目小品《扶不扶》和第 24 个节目创意形体秀《魔幻三兄弟》。这已是"开心麻花"连续两年以两个原创节目登上春节联欢晚会的舞台，这在春节联欢晚会史上绝无仅有。更加值得关注的是，在 2014 年的春节联欢晚会上，语言类节目新生代"开心麻花"首次向全国观众展现音乐歌舞的创作实力。

（二）产业扩张，引入资本

"开心麻花"的话剧发源于北京，在本地市场趋向"饱和"后，急需向外扩张，还在全国 6 座城市成立分公司，直接组织当地人力来创作作品，说方言，抖本土包袱。除了铺展地盘以外，"开心麻花"更大的野心是扎根于土壤，获得更多养料。扩展链条，作为"轻资产"创业公司的"开心麻花"，无疑需要引入更多资本。在引入资本的同时，"开心麻花"更加强调企业的自主管理，毕竟相关投资机构不是专业从事话剧行业的，而且话剧行业要求具备很专业的技能知识，因此只有"内行人"才能做好话剧。

"外行人"领导"内行人"的做法最终只能一拍两散。成立独具特色的创意评估小组,从商业价值、艺术展现两个维度预估剧本创意,是"开心麻花"独树一帜的做法。

"开心麻花"还积极拓展剧院。在北京,"开心麻花"拥有两家自主运营的剧场:开心麻花剧场地质礼堂、西城区原创音乐剧基地剧场,并与海淀剧院、解放军歌剧院、世纪剧院等千人大剧场形成了长期战略合作关系。除北京总部外,"开心麻花"已在上海、天津、沈阳、深圳、广州等全国一线城市开设分公司或办事处,陆续建设自主运营剧场,并同时在各地寻求长期战略合作的剧场。"开心麻花"每到一处,其自主运营或长期演出的剧场都会迅速成为当地的文化地标,吸引观众前来体验文化生活。

"开心麻花"开启了国内的商业话剧市场,从另一个角度看,也是市场成就了今天的"开心麻花"。"开心麻花"看到了市场对一部话剧的重要作用,比如宣传推广、演出档期等。"开心麻花"把一部话剧总投资的40%用于宣传推广,这个数据,在国内话剧界是最高的。同时,他们也努力和一些企业合作,比如与中体倍力、中国电信等以包场、互做宣传等形式,实现双赢。

此外,"开心麻花"还积极开拓并适应市场。在2003年,当很多文艺院团还不知市场为何物时,刚入行的"开心麻花"就开始了培育和开拓市场的工作,并最终形成了独具特色的会员制,吸纳了10万"铁杆粉丝"。据张晨介绍,"开心麻花"当时用了比较"笨"的方法:每场演出结束,工作人员就拿着一份登记表,为观众做登记,记录下观众的意见,请求人家留下电话并邀其成为"开心麻花"的会员。一场一场做下来,做了几百场,最后登记的有效人数达10万。从那以后,每场演出前,"开心麻花"就会利用手机短信,向这10万人点对点推送演出信息。久而久之,这10万会员成了麻花剧迷,几乎逢剧必看。

不仅如此,对于观众较为敏感的票价,"开心麻花"早在2003年就实行"买一张票加50元送一张"的营销策略。此举不仅在客观上降低了票价,更重要的是把观众吸引入场,在市场尚未成熟的情况下,对于培育市场具有极大的作用,现在包括北京人民艺术剧院在内的很多文艺院团都在学习"开心麻花"当初的做法。

(三)独特的商业运作模式

管理大师彼得·德鲁克说:"当今企业之间的竞争,不是产品之间的竞争,而是商业模式之间的竞争。"一个完整的商业模式由业务模式、运营模式、盈利模式和金融模式四个方面组成。业务模式是指企业在所处行业产业链中的位置，与产业链其他各环节在整个产业生态中的相互关系。从价值链的角度来看，业务模式往往以围绕价值链单一优势环节和整体整合两种方式展开。运营模式是在业务模式的框架下，基于工作流、物流、资金流和信息流层面建构的，向市场提供独特产品和服务的企业运转机制。运营模式阐述的是企业提供产品和服务的方法与特点。盈利模式是企业赚取利润的方法和途径。金融模式是考虑维持企业持续发展所需投资之后的自由现金流，决定企业商业模式的投资价值。

1. 品牌创意与工业化生产

"开心麻花"成立以来的十多年间形成了强有力的品牌号召力与影响力，演出场次、观众人数、票房收入三个指标在同行业内全面领先。随着演出的辐射范围不断拓宽，"开心麻花"也逐步建立起全国中心城市的舞台剧院线体系，立足于北京的海淀剧院、开心麻花剧场地质礼堂，深圳的华夏艺术中心，上海的上海大剧院、上戏剧院、艺海剧院，天津的滨湖剧院、津湾大剧院、二宫剧场和广州的友谊剧院，并与这些剧院建立了紧密的合作关系。

在品牌的传播和推广上，"开心麻花"通过拓展多元的推广渠道从而构建了广泛且立体的传播网络，其中包括上百家主流的平面媒体、电视媒体、几大门户网站与视频网站以及百余家企业。广告的投放也精准有效、覆盖面极广。随着"开心麻花"自身品牌影响力的逐步攀升、忠实观众群的逐渐扩大，越来越多的知名品牌如MINI、BMW、Kappa、联想、携程网等也选择了与开心麻花建立深度合作关系，共同延伸品牌的辐射广度和深度。

2. 打造"事件营销"话剧

所谓事件营销，是指企业通过策划、组织和利用具有新闻价值、社会影响以及名人效应的人物或事件，吸引媒体、社会团体和消费者的兴趣与关注，以求提高企业或产品的知名度、美誉度，树立良好品牌形象，并最终促成产品或服务的销售手段和方式。"开心麻花"在营销策略方面就利用了这一点。利用话剧的场效应，使话剧的宣传不仅仅停留在广告效应方面，更是一种仪式化、事件化的宣传模式。通过前期强化场效应的参与感，使观众从走出家里到到达剧院这个过程成为一个整体，让"观看话剧"这个事件本身成为一种神圣的仪式。例如，演出累计超过百场的《索马里海盗》讲的是曾哥与春哥随货船经过索马里海域时，不幸货船被劫持的故事。二人跌宕起伏的命运自然是剧情主题，而朝鲜核试验、快乐女声、开心网偷菜等热点也被点名过来凑了把热闹。这部作品创下了"开心麻花"单部作品连续演出场次的最高纪录，不到两年已演出 200 余场，现在还在不断地上演。还有 2014 年春节联欢晚会的小品《扶不扶》等，都是以社会事件为原形进行穿凿改变的，这种做法可作为宣传企业的一种有效方式。

3. 拓宽市场，延展渠道

在知名票务平台大麦网上，大麦戏剧在北京地区大剧场销售排名一直很靠前，而在热度排行榜上也一直位列前五名。由"开心麻花"创作的 5 部作品荣登榜单，而销售排名的前三甲也分别由"开心麻花"的力作《旋转卡门》、《乌龙山伯爵》及《上贼船》所占据。"开心麻花"始终坚持走大剧场路线，舞台剧的运营模式就是大剧场加上频繁的演出。目前，"开心麻花"已经有了自己的剧场——地质礼堂，此外，海淀剧院、北京展览馆剧场等也是"开心麻花"长期演出的剧院。与电影、电视剧等版权作品相比，舞台剧更加讲究现场表演，因其具有不可复制性，所以巡回演出便成了"开心麻花"在全国推广品牌的一种方式。近年来，通过在高校及中心城市巡演，"开心麻花"正逐步建立起高校和全国中心城市的舞台剧院线体系。2009 年，"开心麻花"首先在天津成立了分公司，进行自主营销，清新幽默的风格和高质量的作品在天津话剧市场立即赢得了良好的口碑。

目前，"开心麻花"的剧目已经在北京、天津、上海、重庆、武汉、深圳、南京、杭州等 30 多个城市巡演。"开心麻花"系列舞台剧演出已经超过1 500 场，观看人数累计 150 万人次，其中，2010 年贺岁剧《索马里海盗》半年内票房收入近 2 000 万元，不到两年已演出 200 余场，成为"开心麻花"系列舞台剧演出场次最多的剧目。

"开心麻花"已经在早前的爆笑喜剧这单一的产品类型的基础上增加了全新的爆笑音乐剧。这其中的缘由，既有外在威胁，也有内在因素。《白日梦》是"开心麻花"推出的爆笑音乐剧代表作品。2010 年 5 月，"开心麻花"还从韩国引进了一部名为《当街舞爱上芭蕾》的音乐剧，改编之后投放到各大剧场，观众的反响也不错。但这种很少量的引进剧作，不是"开心麻花"主推的内容。他们只是希望依靠产品品质在舞台剧市场获得一个良好的口碑。

同电影行业类似，舞台剧市场开始呈现剧场和内容上下游资源整合的态势。2010 年，国内另外一家以话剧演出为主体的公司——大隐院线在北京世贸天阶时尚大厦推出时尚旗舰店，对外宣称将整合全国剧院资源，以北京旗舰店为中心，辐射覆盖全国省市近百家连锁演出院线，采取"产品创作 + 院线经营 + 品牌营销 + 资本运营"四位一体的集约式运营模式。

"开心麻花"也在进行产品经营多元化的探索，比如在漫画、儿童剧、贺岁影片等方面尝试寻求突破，但采取的策略路线与大隐院线有所区别，效果也有待市场检验。2010年，"开心麻花"与天津市河东区、天津市总工会、天津日报报业集团的四方合作，成功盘活了闲置的天津市河东区二宫剧场。他们将天津的这种模式大力推广，与全国各中小城市合作组建合资公司，通过盘活当地闲置剧场进行品牌推广。

4. 联营新媒体，首播网络剧

受网络微电影、自制剧的影响，同时借鉴美剧一周一集的制作播出模式，"开心麻花"尝试利用现有资源，拍摄属于自己的网络自制剧。如何利用新媒体打开差异化竞争路线，是"开心麻花"团队一直思考的问题，后来和乐视网一拍即合，随即开始尝试拍摄。网络自制剧沿用"开心麻花"的话剧演员，因为他们当中的一些人已经有了丰富的表演经验和知名度，在网络自制剧中可以将一些在舞台表演时无法发挥出来的笑点、热点，通过再创作进行重新演绎，让舞台表演和网络自制剧形成互补，同时也能够控制网络自制剧的成本。"开心麻花"利用现有资源制作的多集网络自制剧在乐视网上推出后，反响很好，2012年1月底，"开心麻花"作为内容提供方与乐视网合作拍摄的网络情景喜剧《开心麻花剧场》正式与观众见面。该剧在乐视网的点击量迅速上升，第1集在推出10多天后点击量已经超过1亿次。这也使得双方都下定决心，要将网络自制剧继续拍下去，将其打造成为国内首个小剧场自制网络剧栏目。

开心麻花公司不再是单一的话剧演出公司了，它不仅增加了艺人经纪业务，还与多个广告商合作，围绕版权内容，开心麻花公司希望能在未来发展成为一个大型的娱乐公司。

三、案例点评

"开心麻花"从2003年创作第一部喜剧开始，至今演出场次超过两千场，在北京一直为关注话剧的人所熟知，即便其他地区的人还不一定熟悉他们，但在北京话剧行业中，早已经有了一定的影响力。或许许多电视观众以为"开心麻花"是通过2012年中央电视台春节联欢晚会突然间火爆起来的，其实"开心麻花"在这之前已经走过了漫长的十年。正是因为十年的艰苦创业和坚守，才有了当下的成绩，可以说"开心麻花"在传播策略与市场营销方面的表现都很出色。在"开心麻花"的成功背后，能看到"开心麻花"的几个特点：

第一，在内容上不断创新。"开心麻花"的舞台剧最大的特点就是内容吸引人，其每一场演出在风格、生产方式上不断适应文化市场转型的变化，以轻松调侃的姿态盘点年度时尚热点，在注重舞台剧艺术质量的同时，关注观众的喜好。"开心麻花"舞台剧顺应了当下的舞台剧市场，做出观众喜欢的舞台剧是"开心麻花"最看重的一点。"开心麻花"创作时不断结合当下最热门的话题，不断地修改剧本，力图通过内容来抓住观众的视线，光靠一些包袱来哄观众开心是不够的，"'开心麻花'的导演必须遵循舞台剧市场的商业规律，我们追求商业和艺术的平衡"。通过商业与艺术的结合和平衡才有了现在"开心麻花"的发展。从舞台剧的内容上找突破这就是"开心麻花"成功的必备要素之一。

第二，树立品牌价值。单纯依靠内容来树立品牌价值是远远不够的，"开心麻花"还一直在坚持做比市场"快半拍"的探索，相信经得住市场考验才能称得上是舞台剧领域的优秀文化创意产业品牌，相信只有高品质的作品才能使品牌深入人心，形成强大的口碑力量，从而建立起强大的市场号召力与品牌的美誉度。"开心麻花"在商业舞台剧领域长期发展中，摸索出了一套独特的市场运作方式和理念，在创作的背后有一个完整的运营体系支撑，宣传、广告、销售等各环节相互配合，品牌与产品的宣传推广是"开心麻花"十分注重的一环，每部戏总投资的40%都会用于宣传。目前也建立起了自己的立体传播网络，争取品牌的推广全面覆盖互联网、电视广播、平面媒体、地铁广告、公交广告等，通过宣传和推广，凝聚成为强大的品牌力量。不仅仅只有这几个方面的宣传，"开心麻花"还连续三年登上了春节联欢晚会的舞台。这不仅是对"开心麻花"节目的一种肯定，也是一种对"开心麻花"的最好的宣传方式。这样全方位的发展，形成了"开心麻花"的文化产业。这样的发展方式，是文化产品发展的良好形式。"开心麻花"的发展并不只是在舞台剧方面，还有音乐剧、网络剧、小品等方面，形成编、演、培训的一条龙发展模式。

第三，注重挖掘人才和培养人才。2003年以来，"开心麻花"主要是以"开心麻花"的品牌为多数人知晓，而非依赖个别演员或导演的品牌效应。刘洪涛认为："品牌对于企业发展的重要性不可小觑，建立起强有力的品牌影响力会为企业创造出许多发展机会。最重要的，我们做的是公司，而不是工作室。"将每部戏的名字与"开心麻花"相联系可以有效地在消费群体中建立起品牌认知度，让消费者对"开心麻花"的舞台剧产生认知和联想，让品牌深入人心，从而树立起强大的品牌效应，使企业在市场中具有一定的竞争力。"想更长久地做一家公司，就要摆脱对特定个人的依赖，要让公司品牌更具价值。但与此同时，我们也在不断培养明星，大家携手共赢。"刘洪涛说。归根到底，品牌的价值与明星个人的品牌价值之间的作用力是相互的，"开心麻花"鼓励旗下的艺人拓宽自身的发展方向，同时也在努力拓展自己的事业线，为艺人提供更多的发展空间，这对"开心麻花"的未来有积极的影响。今年"开心麻花"将在电影、电视剧领域进行尝试，继续将"开心麻花"式喜剧推到更大的空间，但将一如既往地保证品质。

第四，建立完整的娱乐生产体系。开心麻花文化发展有限公司娱乐产业链从上游到下游的各个环节拓展，并合理地整合与分配资源。这样从创作者、导演、制作人、演员到市场宣传、院线发行都会秉承同一运作理念，形成专业化的运营，而且效率得到了较大提高。

第五，复合式的分销渠道。"开心麻花"一是采用传统的直接分销方式，即在大舞台售票亭售票和电话售票。二是主要采用间接分销的方式，不仅和网络经销商大麦网合作进行网上售票，还与一些票务总代理即零售商进行合作。

第六，独特的广告宣传。"开心麻花"把广告商的宣传直接应用在作品内容的创作上。例如，2008 年 12 月，"开心麻花"贺岁话剧《甜咸配》在北京海淀剧院上演，恶搞场景层出不穷。大总统袁世凯手捧着 Imini，对清华、同方两名守卫报以挪揄之词的场面，令人忍俊不禁。与此同时，LG、蒙牛、欧珀莱、联通等众多品牌也通通融入剧中，极富想象力的植入台词让台下观众拍案叫绝。从剧本创作阶段就开始让广告介入，以及更为聚焦的受众群体，使"开心麻花"获得大品牌广告商的青睐。从 2009 年开始，Smart 及 MINI Cooper 纷纷登上"开心麻花"的剧目。在《江湖学院》的舞台，人们看到一个伪装成搬运工的太监，被一个厨师瞧不起，最终太监用金钱收买了厨师追求很久的女子。当太监从 MINI Cooper 里出来时，厨师惊问："你不是那个搬运工吗？"太监用他独特的嗓音回答："谁说我是搬运工，我爸是李刚！"

尽管广告植入剧目已成为"开心麻花"的重要盈利模式之一，但创始人张晨并未就此满足，"开心麻花"开始尝试"出品机构—制作—票务推广"的产业链模式，以期扩大项目覆盖面，降低项目运作成本和风险。

与此同时，"开心麻花"未来的发展仍然有很大的进步空间。舞台剧一直是"开心麻花"的顶梁柱，在这一方面"开心麻花"不应该只注重舞台剧的内容。在广告宣传上，仍然需要着重加强，不应该单纯依靠观众的口碑。把"开心麻花"这个品牌打响，广告宣传是一股重要的力量。舞台剧的产出量偏小，舞台剧的质量对于"开心麻花"的发展来说至关重要。但是由于现在舞台剧的市场竞争越来越激烈，需要在这样的市场中占有一席之地就需要在保证质量的同时增加舞台剧的产量。除了舞台剧的发展，"开心麻花"的触角已经伸展到了音乐剧、网络剧、小品等方面。相对于舞台剧和小品的发展，音乐剧、网络剧这两个方面的发展才刚刚起步，还有很多需要完善的地方。尤其是网络剧，在现在网络剧刚刚开始发展的阶段，"开心麻花"的网络剧需要找到自己的特色才能在网络剧领域立足。"开心麻花"未来仍旧会依靠春节联欢晚会这个大舞台来进行有影响力的宣传，但其在新媒体时代下扩展的网络剧方面以及将要探究的电影领域仍然需要更加专业、新颖的运作模式，才能使其往更好的方向发展。

参考文献

［1］李辉.创意：文化产业的核心要素［EB/OL］.腾讯网,（2006-03-29）. http://news.qq.com/a/20060329/000827.htm.

［2］张贵辰.大力培育和发展文化产业［J］.经济论坛，2006（6）.

［3］文化创意产业［EB/OL］.百度百科,（2006-04-28）.http://baike.baidu.com/view/70810.htm.

［4］李于昆.数字艺术创意产业的发展与思考［J］.艺术百家，2006（2）.

［5］朱武祥.冯小刚赵本山陈佩斯商业模式的竞争［J］.深圳特区科技，2006（11）.

［6］刘泓，袁勇麟.文化创意长夜十五讲［M］.成都：四川大学出版社，2012.

［7］开心麻花［EB/OL］.百度百科,（2008-05-29）.http://baike.baidu.com/view/1621247.htm.

［8］宋培义.文化产业经营管理成功案例解读［M］.北京：中国广播电视出版社，2008.

"众筹模式"的本土之路

——从商业众筹到新闻众筹

■ 温 柔 邓悦敏

核心提示："众筹"，一种舶来的互联网金融筹资方式正在中国金融、互联网、文化市场发酵。伴随着各个众筹网站的发展，"众筹模式"的本土之路愈发宽阔，它将会进一步影响文化产业项目的资金筹集方式，并冲击传统媒介市场的信息生产方式。本文论述"众筹模式"在中国的发展历程、优势和存在的问题，并试图探析"众筹模式"的出路所在。

关键词：众筹 商业模式 新闻众筹

"众筹"，翻译自国外"crowdfunding"一词，即大众筹资或群众筹资，香港译作"群众集资"，台湾译作"群众募资"。众筹是指用"团购＋预购"的形式，向网友募集项目资金的模式。众筹利用互联网和SNS传播的特性，让小企业、艺术家或个人对公众展示他们的创意，争取大家的关注和支持，进而获得所需要的资金援助。

筹集资金具有双管齐下等特点。"众筹网"的宣传口号是"人人都是天使投资人"，提倡任何一个普通网民都可以成为投资者，也可以成为募资者，体现了众筹主体门槛低的特点。同时，众筹资金也体现了门槛低的特点，具体可分为"小额多次"与"小额多人"两类，小额的资金多次注入项目，让资金水涨船高。例如，在中国梦网"茄子脱口秀"众筹项目上，可以看到从茄子吉祥物、现场门票、脱口秀训练营资格，到现场演出冠名权等各种回报一应俱全，每项特权的筹资标准也从10元到1万元不等。

众筹的项目种类多，"众筹网"中将类目分为科技、设计、活动、影视、出版、音乐和其他等，筹资项目从高科技智能手表、跑步手环、儿童定位手表、歌手演唱会、广告设计、新书出版、公益众筹到资讯众筹一应俱全，只要是能吸引网友的项目，就有付诸实践的可能。

同时，众筹也成为项目负责人自我宣传的方式之一。众筹融资方式更为开放，能否获得资金也不再是衡量项目的商业价值的唯一标准，而通过筹资过程中的信息扩散与传播进行项目宣传，已成为大型融资方宣传项目的方式之一。例如，国产动画《十万个冷笑话》的幕后投资方是隶属于盛大旗下的北京四月星空网络技术有限公司，资金早已得到保障，而采用众筹的方式更多是作为一种宣传，提供给粉丝一些纪念品作为回报，促使粉丝大力支持该动画的制作。

在此，笔者选择"众筹网"为例分析众筹模式的本土化之路。"众筹网"于 2013 年 2 月上线，虽然不是中国最早的众筹平台，却是目前中国最有影响力的众筹平台。截至 2014 年 1 月 18 日，"众筹网"运营一年以来，累计支持人数 59 504 人，已成功实施 71 个，成功率约 45%，其中当日正在众筹的项目有 137 个。"众筹网"保持着单次众筹最高人数、单次众筹最高总额等纪录。"众筹网"注重与项目商合作，相互宣传，它也是"新闻众筹"在本土实践的平台之一。

一、"投资者"与"众筹网"的获利方式

任意一个创意者都可以在"众筹网"发起自己的众筹项目，过程包括设立筹款目标，许诺回报，进行筹款，在 30 天内达到目标则开始运营项目，若未达到筹款目标则可以选择延长筹款或撤回项目等。而每一个普通"天使投资人"则可以选择自己喜欢的项目进行投资，无论大额或小额，如果项目募资成功，则可以对项目进行监管、提出建议或者获得回报。

而众筹网站运营的方式则是从服务费中抽成 1%~10%，例如，美国著名众筹网站 Kickstarter 收费比例是融资金额的 5%。众筹平台或直接将"取消网站广告"作为一个众筹项目进行众筹，从网友处获取营运费用来赢利。如美国著名的在线漫画网站 Penny Arcade 就曾向网站用户众筹超过 25 万美元以去除主页的通告栏广告，因此有网友将众筹称为"众筹就是万众期待的次时代的订阅模式"。

二、"众筹网"众筹的成功案例

（一）2013 快乐男声主题电影

2013 快乐男声主题电影属于湖南卫视"快乐男声"节目的产业链产品之一，通过众筹网展开资金募集，20 天募集资金逾 5 075 980 元，募集资

金达到预计的 102%，共计支持者 29 166 人。回报方式灵活，投资 40 元能得到主题电影票一张，投资 60 元能得到电影票和首映礼入场券各一张，以上金额和回报可累加。

湖南卫视在此次众筹期间可谓打得一手好牌，在电影尚未播出时就已经获得 500 万元票房，同时延长"快乐男声"节目的生命长度，增加热度，长期笼络粉丝，使他们成为忠实的、长期关注节目的受众，这是一个传统媒体利用新媒体赢利的典范。

（二）11·11 爱情保险

当淘宝网、京东商城等各大网站在进行贸易大战之时，长安责任保险公司与"众筹网"共同推出"众筹爱情保险"，并承诺在 2013 年 11 月 11 日至 11 月 19 日期间，如果有 1 万份爱的承诺汇聚在一起，爱情保险将成功设立。保险以 520 元算一份，其中投资人出资 500 元，"众筹网"另外赠送 20 元，保期满 5 年后，投保者与投保对象凭借结婚证领取 999 元爱情基金。在不到一周的时间内，爱情众筹就达到 1 万份的众筹计划，且投资额仍在增长，最终保险达到筹资 6 270 680 元、共有 5 392 名投资人、人均投保 2 份的佳绩。

爱情保险实属众筹项目中新鲜、有创意、有意义，从而得到网民追捧的典范。很多保险公司事后惊叹：保险居然可以这么玩。该项目成功的原因是：其一，贴近民生，从"双十一"正值"光棍节"反其道思考，为爱情上一份保险，成为很多热恋情侣立下海誓山盟的一种具有创意的方式；其二，"众筹网"积极和其他项目人合作，主动制造项目，既宣传自己的网站，也为他人造势，更为网民造福，于是达到共赢；其三，"众筹网"利用了整合传播的方式，结合微博、门户网站、发布会和保险公司广告等为项目造势。

（三）Inwatch Z 智能腕表

Inwatch Z 智能腕表具备打电话、发短信、听音乐、照相和闹钟功能，是智能设备的衍生品之一。映趣科技在"众筹网"上推出智能腕表众筹项目，将尚在研发的 Inwatch Z 智能腕表价格定为 1 588 元，并许诺投资 99 元（订金）即可预订智能腕表一台；投资 100 元（订金）可以获得两件 Inwatch 品牌 T 恤，同时预订智能腕表一台；投资 1 588 元则全款预购智能腕表一台等回报方式，待 Inwatch Z 智能腕表研发成功，全款预购者享受优先发货的权利。项目最终筹集资金为 1 121 334 元，达到筹资要求的 112%，累计支持者 430 人，人均出资 2 607.8 元。

Inwatch Z 智能腕表的众筹属于高科技产品在众筹平台的筹资尝试。其能达到 2 000 元以上的人均支持金额，可见在众筹市场中，创新的项目能够得到青睐，且网友的资金潜力较大。高技术产品的众筹不仅能为项目筹集资金，同时能为自己的产品造势。2013 年 9 月 6 日，映趣科技举行 Inwatch Z 智能腕表发布会，该项目运营成功。

（四）尝鲜众筹

"众筹网"和"本来生活网"一起推出的"本来鲜筹"活动，投资者可以限量品尝众筹产品，如有机草莓等，即产品还未上市就开始预售，产品上市后支持者可第一时间品尝最新鲜的产品。目前"众筹网"上正在众筹的项目包括有机草莓、柿子醋、阿克苏红枣和山东大馒头等。网友只需要出资 20~60 元不等，便可获得"尝鲜"的机会。

"尝鲜众筹是农业众筹领域的一种创新型尝试，对于支持者来说，能够第一时间品尝到最新鲜的产品；而对于商家来说，可以提前了解产品的销售情况，便于提前安排生产和运输，这不仅可降低成本，也能提早看到市场方向标。此举可帮助农业生产，特别是农民适应变化多端的市场环境，促进我国农业的发展。"

三、项目众筹成功需具备的要素

深入研究、分析"众筹网"的成功案例，大致总结出项目众筹成功需具备以下要素。首先，需要一个夺人眼球的创意。其能吸引用户关注，让用户看到商机，或是自身需要这种定制化服务，促使用户投资。其次，需要优秀的宣传文案。其能让项目人充分表达自己的设想。再次，注重自我宣传。项目人通过多种方式对自己的众筹项目进行宣传，引发滚雪球般的关注效应。最后，项目具备一定的舆论基础和资金基础。如果项目在之前已经有一定的舆论基础和资金基础，则较容易得到成功，先有用户的关注和使用，再加上自我宣传和口碑宣传，能够让项目脱颖而出。

四、众筹模式的优势

众筹模式相对传统的资金募集方式有其独特的优势。

（一）它是平民投资人和资金募集者的福音

众筹模式的低门槛使得平民投资人能为小额的众筹项目添砖加瓦，为大额的众筹项目锦上添花，提高公民的投资热情。投资行为既能支持项目乃至国家经济的发展，也能使手中空余的资金得以利用。国内微小企业被资金流所困扰，一些好的创意无法施展，而众筹网站就能提供一个新的平台为小项目筹集资金，同时，众筹项目在运营过程中收获资金，也收获支持。众筹平台具有以上优势，所以也是资金募集者的福音。

（二）项目资金在传统募资方式、众筹和网民出资之间，形成良性互动

一些项目在发起众筹之前，已经有了其他方式的融资作为保障资金，于是它们将发起众筹作为项目的宣传方式。在众筹平台中，项目受到热捧，获取网友的资金支持，同时也收获了大量的潜在客户，这告诉投资者该项目值得投资，从而可能吸引更多的投资，形成良性互动，资金互动过程如下图所示。

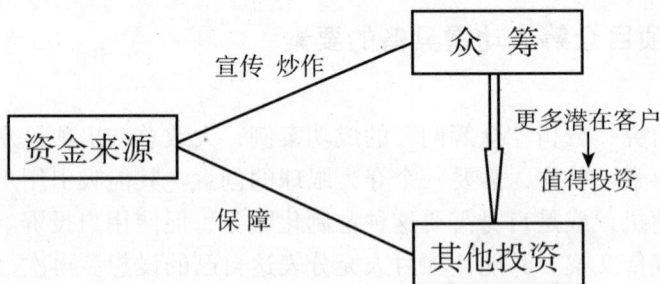

资金互动过程图

"可以说众筹平台改变了以生产者为中心的传统规模化生产方式，通过让供需双方在网络平台上直接对接，展示融资项目和描述预期产品，收

集和掌握消费者（出资人）的需求信息，以是否满足融资额度为标尺，对供给方（筹资人）的产品和服务作出市场评判。"

（三）通过投资乘数效应增加社会经济总量，促使国家经济良性运行

投资乘数效应是指一笔初始的投资会产生一系列连锁反应，从而使社会的经济总量成倍地增加。一个部门或企业的投资支出会转化为其他部门的收入，其他部门把得到的净收入用于消费或投资，又会转化为另一个部门的收入。如此循环下去，就会导致国民收入以投资或支出的倍数递增。众筹平台作为平民的投资平台，让公民从口袋中拿出钱来消费产品、投资新项目，让项目负责人获得融资、获得利润，再造福项目的生产商、供货商、物流商和销售商等，使整条产业链富有活力，从而增加社会经济总量和现金流动量，这样既能使各个环节获得收益，又能促进国家经济良性运行。

五、众筹模式面临的困境

对于习惯免费，而非付费使用的中国网民来说，众筹模式依然是新兴的互联网商业模式，面临着诸多问题。

首先，使用网站流量难以保证。纵观各个众筹网站，基本都是在自己网内做宣传，虽在微博中开设主页以期联系大众，但效果甚微。一些项目经过宣传能够风风火火，但更多项目不温不火。长此以往，受众疲劳之时，众筹网站是否会变成售卖创意产品的团购网则不得而知。

其次，投资人资金保障困境。投资人的角色模糊，网民愿意为有创意的点子付费，但运营过程中的资金运作过程，各个众筹项目似乎并未公开。当承诺的回报无法如期实现时，投资人会感到不满。

再次，众筹模式在中国面临的最大问题是本土法律边界模糊。与美国相比，众筹融资模式在国内有可能被当作非法集资。《最高人民法院关于审理非法集资刑事案件具体应用法律若干问题的解释》规定，违反国家金融管理法律规定，向社会公众（包括单位和个人）吸收资金的行为，同时具备下列四个条件的，除刑法另有规定的以外，应当认定为刑法第一百七十六条规定的"非法吸收公众存款或者变相吸收公众存款"：一是未经有关部门依法批准或者借用合法经营的形式吸收资金；二是通过媒体、推介会、传单、手机短信等途径向社会公开宣传；三是承诺在一定期限内

以货币、实物、股权等方式还本付息或者给付回报；四是向社会公众即社会不特定对象吸收资金。但是，未向社会公开宣传，在亲友或者单位内部针对特定对象吸收资金的，不属于非法吸收或者变相吸收公众存款。

众筹网站为了避免涉嫌"非法集资"而明确回报必须不能为股权或资金，也不许诺资金上的回报，使投资者对项目进行"团购"或"预购"。其中"'点名时间'设定了一系列项目评判标准：不做公益、化妆品、酒类、房地产项目，不接受以股权、债券、分红、利息形式作为回报的项目，一般只有 10% 左右的项目通过筛选"。

六、本土众筹模式出路探析

（一）注重整合传播，与多平台合作

注重整合传播是保障众筹网流量的方式之一，具体路径是增加广告、增加合作与增加公关。爱情保险通过微博宣传、新闻发布会等方式的整合传播收到奇效，值得其他项目运作时借鉴。而更多的合作，通过新媒体中的公关也会带来更多用户，吸引更多的项目。Smarty Pants 维生素口香糖公司成功众筹的新闻登上了《华尔街日报》，小企业在主流媒体上得到曝光，能迅速构建企业的公众形象。

众筹网站和其他平台合作，可以达到强强联合的效果，如"本来鲜筹"项目给"众筹网"和"本来生活网"创造了共赢的局面。再如"双十一"众筹爱情保险的宣传，可以与淘宝网、京东商城等商家合作，借用它们的名气来打响自己的品牌，让更多人在"双十一"疯狂购物时，买一份爱情保险，同时成为众筹平台的潜在用户。

众筹模式的应用，也可以给其他免费服务的互联网公司以启示：网站的资金来源不一定要单单依赖互联网广告商，还可以依靠自己的人气和优质的服务。

（二）信息透明，完善法律，建立第三方监督机制

在国内的众筹平台中，公益性项目的筹资成功率反映了网友对缺少监管的公益项目的失望之情。但国外众筹平台同样缺少第三方监督机制，没有机构来监督资金的使用情况，也没有针对筹集资金遭到不合理使用情况

的惩罚措施，则使投资人的资金在实际上无法得到保障。国外有一名大学生，融资一千多美元完成电影，并且在学校电影节上获奖后，才被发现抄袭了其他电影。该融资平台也没有合理的监管机制，发生此类事件后，也没有成文的处罚措施。除了不能将项目运营成功外，到期而项目未完成，需要延期的例子比比皆是。例如"众筹网"的"咕咚智能手环"，已经在2013年夏季成功众筹，但最后因技术原因没有发货，而在2014年2月又追加众筹金额10万元。项目完成的滞后，监管措施、处罚不力，导致较多众筹平台的使用者对众筹也抱有怀疑的心态。

美国于2012年生效的《促进创业企业融资法案》（JOBS）对众筹的融资方、投资方、平台设置了诸多限制。而政府对本土的法律也有必要加以完善。众筹平台对国家经济运行有贡献，不仅能促使平民将闲钱拿来投资，还能为小微企业融资难、融资少的问题提供一种解决方式，并通过投资乘数效应作用于宏观经济。加强众筹模式的监管，可以在经济区中首先试点进行。从众筹网中的项目来看，文化出版、影视制作、高新科技产品等都可以采用众筹的方式来实行。

（三）注重项目的多样化、创意性

上文提到，如果没有多样性的项目，没有具有创意、体现异质性的项目，众筹平台则有演化成团购网的危险，所以项目多样化、创意性可以被认为是使众筹网在各类电子商务网站夹击之前，占据一席之地的武器。首先，自主策划项目。众筹平台可以迎合用户心理，策划自己的品牌栏目，同时吸引用户，让用户自己进行口碑传播，比更多的广告更加有用。例如，爱情保险的策划、"本来鲜筹"项目的策划，都是众筹平台主动策划的结果。有分析人士质疑，好的创意早就能够得到投资，不必来众筹。而自我策划就是打破这一质疑的方式，自己可以策划好的众筹项目为己方宣传。其次，提高知名度，吸引好项目。通过自我策划、自我公关，建立良好的组织形象后，众筹平台就能吸引到更多具有创意的项目，从而吸引更多用户。如"众筹网"虽然不是国内第一个建立的众筹平台，但通过目的性极强的自我宣传，现在已是最有影响力的平台。而"众筹网"也在积极地利用自己的平台，为更多好项目进行宣传。

（四）培养网民的投资回报意识，实现灵活回报方式

在欧美，募捐、众筹十分常见，大至票选总统，小至公益拍卖，都是

一种众筹行为。中国网民习惯免费使用，而众筹是一种回报较为灵活的投资方式，要在中国的经济上扎根，还需要培养本土用户的投资回报意识。需要提醒众筹用户的是，虽然需要第三方的监管机制、信息透明等，但投资人的角色始终是"天使投资人"。有的众筹项目就因为投资人将自己当成了真正的投资人，认为自己控制股权，有资格制定项目运营的关键决策，而导致最后项目的流产。

由于中国的法律限制，回报的设置稍有不慎，就可能步入非法集资的雷池，所以众筹模式在中国发展得小心翼翼。因此，更为灵活的回报方式十分必要，可以让用户的投资转化为对创意商品、定制服务和个人体验的购买，实现更为灵活的回报方式。例如，某记者在发起资讯众筹时，就将回报设置成公开感谢信、爱马仕丝巾和某盛典入场券等；还有的募资人将回报设置为能够和他一起晨跑、聊天等。

七、从商业众筹到新闻众筹

（一）新闻众筹的发展

2013年11月29日，"今日众筹网"正式发布国内首家"新闻众筹"平台，为各类媒体的娱乐、时尚、汽车、体育、房产、互联网等内容题材提供公众预筹资服务。"新闻众筹"的概念第一次闯入人们的视野。对于这个新鲜事物，我国仍然处于摸索阶段，但国外对新闻众筹的运作已经有了一套完善的流程。

国内尚未对"新闻众筹"作出统一定义，按其字面意思，我们可以认为"众筹新闻"（crowdfunding journalism）就是运用众筹模式来公开号召大众为某一新闻报道计划进行资金捐助，获得资金捐助的专业记者实施该新闻报道计划，并要有一定的成果。而这些新闻报道计划大多来自专业记者的个人兴趣。

在国外，大卫·科恩早在2008年就创建了目前最知名的"新闻众筹"网站——Spot.us，并将这种"新闻众筹"的模式推广到了法国、意大利、澳大利亚等多个国家，现被引入中国。它是一个典型的众筹新闻网络平台，到2010年已经有800多人为60多个报道计划提供资金，平均每人提供的资金为60美元。到2012年9月，该网站所获得的捐助金额已经达到了16 750美元。该网站是一个非营利性媒体组织，在2008年它成为"奈特新闻挑战奖"的获得者，并从奈特新闻基金会获得了34万美元的资金援助。

Spot.us 网站的一个主要任务就是为记者提交的新闻报道计划筹集资金。通过 Spot.us 网站，一些记者提出他们的报道计划，而那些社区成员为他们所喜欢或认可的报道计划提供资金帮助。任何一个记者都可以通过网络平台向社区发布他（她）的报道计划，每一个新闻报道计划都会附带一个价格，即制作这则新闻报道的成本。提出报道计划的记者也可以要求读者捐助其他生产成本，如差旅费、印刷费等。当在一定的时间内筹集到报道资金后，这个报道计划就开始执行。一般情况下，在新闻报道正式出版之前，记者会不断报道这个新闻计划的进展情况。

"任何项目，只要找对了结合的点，都可以采用众筹模式。""众筹网"母公司网信金融 CEO 盛佳认为，"报人所未报，写人所未写，另辟蹊径向公众传达你的见解，相信是很多有追求的媒体人共同的心声。但并不是任何你认为好的选题都可以最后见诸报端，那些未能见诸报端但闪烁着创意火花的选题或许能通过众筹的方式获得新生。某种意义上，'新闻众筹'为那些有想法、有追求的媒体人提供了一个新的玩法。"

随着越来越多众筹产品的相继出炉，我国众筹行业也迎来了重大的变化。众筹进入新闻业，这是自媒体时代新闻创造的又一大突破。目前上线的"新闻众筹"项目整体进展顺利，整体筹资额度已经超过 4.6 万元。但新闻众筹现阶段也仅仅停留在少数人的猎奇上，并未成气候，其发展如何还有待进一步观察。

（二）我国新闻众筹的特点

在"众筹网"中搜索关键词——"资讯众筹"，在所有 260 个众筹项目中，只有 14 个，所占比例只有 5%，但其众筹成功率却为 100%。众筹项目涵盖：成都创业者生存环境调查；梦想实践之天使平民公主（下）；安卓手机垃圾泛滥问题微调查；设计师马可"无用"时装背后的哲思；关于"各种未来"的诗歌与影像；揭秘金钱左右下的时尚圈；奢侈品鉴定，时尚圈的新行当；诗人在哪儿；中国手游圈调查访谈；"Andrea"系列：旅英国摄影师的艺术野心；在《三联生活周刊》，开设另类"明星时尚栏目"；动漫之都的升级与转型调查；一次关于梦想的梦想实践；中国比特币市场调查。可见新闻众筹还不是一条成熟之路，新闻的选题大多数是众筹发起者自己的兴趣，而支持者同样也是出于自己的兴趣。这与传统新闻生产大相径庭，与网络新媒体的新闻生产也不太相似。

以"安卓手机垃圾泛滥问题微调查"为例，发起人信海光在发布其报道计划后，共有29位支持者，44位喜欢该项目的人，共完成500元的资金筹集。这29位支持者中，22人支持金额10元，在发起者完成项目后7天将得到回报，发起者还会将这些赞助者的姓名公布在微信公众号"信海光微天下"和新浪微博上。不同金额的支持者可以得到不同的回报。

综上可见"新闻众筹"的一些特点：①其支持者来自网络，数目与面目未知，属群体集资；②发起者需提出详尽的新闻报道计划以及回报层级；③众人通过资金捐助的形式支持项目完成并获得相应的回报。

"新闻众筹"的实质其实是"预购"与"打赏"，也就是说众人集合起来花钱买未来的新闻产品。它不同于传统的新闻生产模式，媒体业者不再根据报社的布置来完成新闻报道，兴趣成为这些媒体从业者选择新闻的首要因素，因为其资金来源不再单一地依靠其所属的单位，向大众募资成为他们的首选。

（三）自媒体时代的产物

在自媒体盛行的今天，UGC（用户生成内容）成为网络内容的主流生产方式，即用户将自己原创的内容通过互联网平台进行展示或者提供给其他用户。"新闻众筹"与UGC有着极高的相似度，新闻的生产方式都是自发的，区别就在于新闻众筹调动了广大网民的积极性，是一次群体的新闻实践活动，有别于传统新闻编辑、新闻记者生产新闻的方式。

Newsweek 中文刊前执行主编陈序认为："自媒体永远不会成为颠覆内容生产机制的动力，而资本却可以。"而这也是自媒体生产内容与"新闻众筹"最大的不同。自媒体所生产的内容在很大程度上还停留在自娱自乐的层面，没有规范和周期的限制。"新闻众筹"则在传承用户自行生产新闻内容的基础上，利用网络筹集写作资金，这使得传统媒体的内容生产机制遭到了完全的颠覆。

宋志标在其微信公众号"旧闻评论"推送的文章《为什么要小额捐助》中提到他现在倾向于通过网络来写自己想写的选题，但是脱离了机构付酬的报纸写作后，网络写作如何持续是最大的问题。网络写作者需要在脱离机构付费的情况下寻找另外一条路。而这条路就是新闻众筹。

另外，新闻众筹网站的兴起，提升了新媒体时代大众的力量，传播权力正慢慢转移到大众手中。对于新闻专业人员而言，他们所做的就是利用好群体的力量和智慧，来为公共利益服务。新闻众筹模式将受众放到了新闻制作过程中的核心地位，如果得不到受众的认可和支持，整个新闻报道计划将无法启动。这是自媒体时代对新闻整个制作过程最大的冲击，同样也是最大的机遇。

（四）什么样的新闻可以众筹

网络写作的新路径并不是一条好操作的路径，上文分析的已成功的14个新闻众筹项目中，有6个项目属于调查性质，剩下的基本属于娱乐性质。并非所有的新闻都适合众筹这种模式。众筹新闻最重要的就是选题要吸引人，这样才会得到资金的支持。我们这里的"新闻"是指广义上的新闻，包括纪录片、调查报道、出版物、报告文学等多个品类。在这些类型中，适合进行众筹的题材大多属于调查、发现、探索类。比如，调查性报道、新闻摄影、关于小众的深度报道等。从经典案例分析来看新闻选题：

1. 生活问题调查类——安卓手机垃圾泛滥问题微调查

项目发起人信海光是中国最早的互联网记者之一、专栏作家、互联网观察家、资深网民，曾就职于《中国青年》杂志社、《中国新闻周刊》、和讯网，其微信公众号"信海光微天下"是目前微信上最值得关注的自媒体之一。

信海光在众筹网的主页上这样写下了他的报道计划：最近和一位手机安全公司的朋友聊天，他向我出示了一份内部调查报告，全是该公司垃圾清理App在全球范围内监测到的安卓手机系统垃圾泛滥的数据，非常触目惊心，再联想到个人在手机使用中的一些不良体验，遂决定作一篇微调查，分析一下背后的原因。手机垃圾应用泛滥是很多人的烦恼，就是这样说大不大的问题，给传统媒体一种鸡肋的感觉，但这就给自由媒体人创造了机会，同样也对了大众的胃口。

该项目的筹资目标（500元）在目标期限前（2013年12月7日）顺利完成，筹资成功。该项目共有29人支持，40人喜爱；其中22位支持金额10元，6位支持金额30元，1位支持金额100元。发起人对相应的支持给予不同标准的回报。最后，众筹的成果报道在微信公众号"信海光微天下"和微博平台上发布。

该类型题材发起者所选的都是日常生活中困扰人们的问题，但这些问题大多没有得到媒体的重视。人们希望通过发起者的调查解决这些问题，创造更良好的生活环境。

2. 实践梦想类——梦想实践之天使平民公主

在"众筹网"的主页上，发起人余莹通过视频向大众传达了她的梦想，想要通过自己的采访将人们的梦想记录下来。她希望把这个项目做成为期10 个月的长线报道计划，将会完成环球梦想采访的写作，开展新的关于梦想的采访，并最终出版两本新书。大众会持续在微博和博客中读到那些来自世界各国梦想家们的故事。

这是一个缺乏梦想的时代，发起人余莹想通过她的实践来唤醒大众。昏昏沉沉的网友像抓住一缕光一样，抓住了这个有梦想的人。该项目顺利完成 1 050 元的资金筹集，并获得 3 人的支持，44 人的喜爱。

3. 小众兴趣类——关于"各种未来"的诗歌和影像

项目发起人王炜、申舶良都有着一个共同的身份——诗人。"各种未来"是两人共同兴趣的产物，他们希望有更多的人可以参与进来。在两人的介绍视频中，他们希望通过诗歌、影像等资料来投射出我们共同的未来，还原真实。项目资金将用于展览、座谈会、影像拍摄和制作经费等。

该项目共获得 8 080 元的资助、67 人的支持与 49 人的喜爱。这种小型活动的发起，既可以满足发起人的资金需求，又可以弥补不少有相同兴趣但没有足够实力去独立完成的小众人群的遗憾。这种类型的题材容易获得人们的支持，在新闻众筹中较易筹集成功。

4. 揭秘类——揭秘金钱左右下的时尚圈

发起人巫倩姿是《新京报》的一名资深记者，与时尚圈近距离接触，出于职业人的敏感选择了这样的题材。她想通过自己的报道告诉人们什么是真正的时尚圈，金钱对当下的时尚圈的影响等。该报道是典型的揭露型报道，作者想通过众筹的方式来筹集采访的交通费和社交费。这些只是单纯的采访成本，没有包含一丝盈利。该项目在短短的几天时间内，就得到了 17 人的支持，筹集到采访经费 1 110 元。

这些项目完全脱离了传统新闻生产的机制，凭借记者的满腔热情和支持者的资金基础，完成了新闻内容的生产。但是这类型的题材，大多不符合传统媒体的编辑方针。在众筹这种模式下，职业媒体人摆脱了资金的限制，大众对项目的经济资助则会驱使媒体人寻找选题、挖掘真相。

（五）如何做好"新闻众筹"

1. 新闻内容的原创性与针对性

众筹的发起人需要用好的内容去吸引大众对其项目进行资助，原创性与针对性则是好新闻内容不可或缺的因素。原创性可以保证新闻众筹的内容有足够的吸引力；针对性则会帮助发起人聚焦众筹对象，使项目的意义能更好地传达给受众。

2. 回报的明确性与等级性

前文已经提到，众筹的形式更类似于一种预购，在没有见到成品的时候，如何让大众为项目投资，是做好众筹最重要的一步。合理的回报设置会使得大众在了解项目的基础上更倾向于给出自己力所能及的资助。这时候明确回报的等级显得十分重要。众筹新闻在项目发起阶段要明确地标明支持者将会获得何种回报。通常新闻众筹的回报形式有：赠送纸版书籍、宣传海报，在微博、微信、博客等社交媒体或社交圈中发布支持者名单及感谢信，邀请他们参加读书沙龙、体验活动以及参与到新报道计划的讨论中来。比如媒体人侯继勇发起的众筹新闻"成都创业者生存环境调查"这一项目就设计了不同等级的"回报"方式，包括"与他一起跑步"、"一起打篮球"、"参加读书会"等。一位支持了 20 元钱的网友说："最终目的就是跟他跑步一次⋯⋯只是想看到更多真实的报道而已。"最终这个项目获得 96 人的支持，筹资成功。

3. 内容以外的包装与推广

俗话说，"人靠衣装马靠鞍"，众筹新闻除了内容以外，还需要必要的包装与推广。在信息泛滥的时代，不能再抱着"酒香不怕巷子深"的心态去等着受众的发现，积极的营造也会事半功倍。据研究发现，有视频的项目比没有视频的项目能多筹得 114% 的资金。所以在众筹项目发起时，需要动用各种传播形式（有效的文字说明、图片、音频、视频等）来包装与推广该项目。

比如，在"点名时间"网站上，"纪录片《边境少女》——战火蔓延中缅甸'金三角'"这一项目共筹集 22 900 元，获得 66 人的支持。这与其成功的项目包装与推广有很大的关系。该项目使用近 4 分钟的视频、5 张特写图片与大量文字背景介绍，给人鲜活的画面感与真实感。

（六）新闻众筹可能出现的问题

首先，新闻众筹的资金全部来源于受众，受众掌握了话语权，在发起人执行众筹项目时，不能保证不受到受众的影响。众筹新闻内容的公正性、客观性能否保持，是这一新闻生产新模式最大的问题。如果众筹新闻沦丧为资金资助者的扬声器，那么这与传统媒体生产有偿新闻就没有太大的区别了。媒体人通过众筹模式寻求独立、不受影响的内容生产也就化为泡影，这是众筹新闻领域面临的危机。在没有明确法规制度的约束与保护下，要克服这个问题并非易事。

其次，众筹新闻项目所筹集的资金，其运用过程需要更加公开和透明。众筹资金是受众对项目的预购，是对新闻生产者的信任，虽然金额不是很多，但也算得上是一种风险投资。项目发起者必须合理利用资金，避免新闻项目的"烂尾"。

最后，新闻众筹模式在中国还处于萌芽阶段，规模尚小，运作模式和合法性边界都不清晰，存在极大的法律风险。众筹者与资金捐助者都需要保护自己的合法权利，规避风险与陷阱，众筹者需要在法律允许的范围内执行项目；而资金的捐助者则需对其捐助的资金进行监督，并在出现无故损失时积极维护自己的权利。

参考文献

［1］众筹［EB/OL］.百度百科，（2014-06-19）.http://baike.baidu.com/view/8593413.

［2］马霞.众筹网携手本来生活网推出尝鲜众筹新模式［EB/OL］.（2014-01-13）［2014-01-18］.http://scitech.people.com.cn/n/2014/0113/c1057-24094453.html.

［3］范家琛.众筹：创意者与消费者的无缝对接［J］.企业管理，2013（10）.

［4］马婷婷.中国众筹模式有待进一步发展［J］.卓越理财，2013（8）.

［5］张建中.众筹新闻：网络时代美国新闻业的创新及启示［J］.现代传播（中国传媒大学学报），2013（3）.

［6］栾轶玫.新闻众筹：我的新闻你做主［J］.中国传媒科技，2013（23）.

解剖恒大集团的体育、文化、创意产业链

■ 郭心华

核心提示：2013 年 11 月 9 日，广州恒大足球俱乐部依靠客场进球多的优势称霸亚冠联赛，夺得中国足球职业化以来的第一个洲际冠军。此前两个月，恒大集团与吉林省白山市合作开发的矿泉水项目，在此刻找到了营销的 sweet spot（最有效点）——"恒大冰泉"成为恒大足球队唯一指定饮用水。随后，一场由恒大音乐有限公司操办的夺冠盛典，成了恒大全产业链展示的平台。地产集团提供强大的资金支持，体育赛事提供跨国的营销平台，创意产业提升了商业项目的文化品位，并带来品牌整合效应。在房地产市场不确定因素增加的今天，恒大集团为地产企业自主转型升级提供了一个鲜活的样本。

关键词：恒大集团 体育 文化产业 创意

一、案例陈述："亚冠之夜"有商机

近三年来，恒大足球队狂飙突进，为中国足球带来了生机：2011 年在中超联赛提前四轮赢得冠军；2012 年实现中超联赛和足协杯"双冠王"，在亚冠赛场上，以 5∶1 战胜了 K 联赛（韩国职业联赛）冠军全北现代队，创造了中韩俱乐部交战史上的最大胜利；2013 年亚冠联赛，恒大足球队主场 1∶1 战平韩国首尔 FC 队，两队总比分打平，但恒大足球队凭借客场进球多而夺得冠军，登上亚洲之巅。据亚足联官网报道，将近 1.2 亿名观众收看了这场比赛的直播。新华社报道称，当晚广州天河体育场容纳了 5 万名观众。恒大足球队主场的门票收入达到创纪录的 5 500 万元，而黄牛党手中的票价甚至炒到了原价的七八倍。这仅是其体育产业的一部分回报。

细心的观众发现，球员一入场，着装就跟以往不同：每一位恒大球员的球衣胸前都印上了"恒大冰泉"的字样。全场比赛，球员俨然成为奔跑、移动的"活广告牌"；教练、工作人员也配套换装。在夺冠之后的庆典现场上，"恒大冰泉"的标志元素同样融入其中，舞台的两边立着起两个巨大的矿

泉水瓶模型；所有人员的庆功服上也有"恒大冰泉"四个大字。

其实从 11 月 9 日凌晨起，"恒大冰泉"便占领了各大网站首页及微博平台的主要位置，广告中恒大足球队主教练里皮领衔恒大球星于冰山之上，广告语是"恒大冰泉，长白山天然矿泉水，天天饮用，健康长寿"。另外广告中还出现了这位世界冠军教练里皮的亲笔签名，他似乎已经成为"恒大冰泉"的代言人。

决赛现场和庆功晚会成了新品推广的平台。这属于典型的事件营销（Event Marketing），赛果对球迷心理有显著的影响。借助亚冠决赛这一关注度极高的体育赛事，让"恒大冰泉"元素"免费"贯穿整个夜晚。赛事吸引眼球，而植入的商业元素不抢风头、神秘低调，并未惹人生厌，品牌形象获得了最大限度的宣传。

随后的文艺晚会"亚冠之夜"，长达一个小时，通过广东卫视和乐视网等媒体向全球直播。这场晚会，成了恒大文体产业的展示平台：集团旗下的恒大音乐有限公司操办整场庆功盛典，动用世界顶级音响灯光视频设备助阵，孙楠、韩红、容祖儿、金志文等歌手一一登台献唱；恒大歌舞团表演的节目《辉煌绽放》，精彩绝伦；恒大皇马足球学校"虎狼"之队一展身手，两千个中国足球未来之星一同高唱《崛起》，宣示振兴中国足球的决心。

夺得亚冠联赛冠军的第二天上午，里皮、菲戈、耶罗以及中国女排主帅郎平再度携手出现在恒大中心的会议厅内。四人共同出席矿泉水"恒大冰泉"新品发布会，担任其全球推广大使。恒大冰泉未来一年将出现在恒大足球队的球衣广告上，它也将成为广州恒大足球队唯一指定饮用水。商战的号角正式吹响。体育，成了商业项目的喧哗背景。这印证了亚足联主席 Mohammed Bin Hammam 所说的，世界足球的未来从亚洲开始；一些学者也承认，亚洲代表着各种体育生意的未来。

二、背景介绍：地产集团的文体产业布局

恒大集团（3333.HK）是在香港联交所主板上市，以民生住宅产业为主，集商业、酒店、体育及文化产业为一体的特大型企业集团，总资产近 3 500 亿元，员工 4 万多人。公司在全国 147 个主要城市拥有大型项目 291 个。2013 年，公司销售 1 004 亿元。其董事局主席许家印曾说，房地产业曾经是朝阳产业，但此后的空间将会萎缩。所以维持现有规模，在住宅之外寻

找新的发展空间成为恒大必须考虑的长远战略，现在文化产业是朝阳产业。恒大的文化产业广义上包括两大板块：体育和文艺。

体育板块，是其文化产业的一支。有学者梳理了恒大的体育营销发展之路，并把它分为投石问路阶段、一石激起千层浪阶段、反其道而行之阶段、锦上添花阶段和从长计议阶段。2004 年，恒大协办广州国际龙舟赛、广州横渡珠江活动，赞助男子乒乓球世界巡回赛，逐渐从群众项目到竞技项目，从业余赛事到专业赛事。2009 年，恒大出资 2 000 万元注册成立中国首家真正意义上的职业化排球俱乐部——恒大排球俱乐部，高薪聘请郎平做主教练。2010 年投资足球，用恒大掌门人许家印的话来说："恒大投资排球、足球，其实这是公司品牌的宣传手段。"2011 年，恒大涉足中国羽毛球超级联赛市场，同时，大手笔打造足球豪华阵容：孔卡、里皮、巴里奥斯相继加盟。恒大足球俱乐部每年投入 500 万元打造球队的三支梯队，建设足球基地，并与皇马足球俱乐部达成战略合作关系，建设恒大皇马万人足球学校，储备人才。恒大排球俱乐部还投资上亿元建设排球训练基地，面向全国招收青少年队员，处处体现恒大投资未来的决心和恒心。体育界人士认为，恒大模式对中国足球有五个方面的积极影响：为联赛转会市场注入积极信号；使球队加大投入，提高成绩；大胆引进国际一流外援，提高联赛国际影响力；明星效应引来火爆球市；球队管理成为国内的标杆。但也有人质疑其"万人足校"是否切合中国实际，"烧钱"风潮是否会给中超联赛带来泡沫等。

文艺板块方面，2010 年 11 月，恒大集团斥资 8.5 亿元在北京注册成立恒大文化产业集团，下设恒大影视公司、恒大院线公司、恒大发行公司、恒大经纪公司、恒大动漫公司、恒大音乐公司及恒大歌舞团七大板块，覆盖影视行业全产业链。

恒大影视：涉足专业的影视投资、制作、发行及艺人经纪业务，已投资拍摄电影《建党伟业》、《时光恋人》、《天台爱情》，电视剧《师傅》、《彼岸 1945》等多部作品。

恒大音乐：2010 年 12 月由恒大集团投资 5 000 万元注册成立。恒大音乐专注于推动华语流行音乐的发展，2012 年，由业内顶尖操盘手宋柯担任董事长，著名音乐人高晓松担任董事音乐总监，并于成立之初就收购了近 2 万首歌曲的音频及视频版权。传统音乐公司的四项业务（版权贸易、演出、艺人经纪和唱片）恒大音乐都有涉及，但重点突出一个名为"恒大星光"的业务品牌，将在此品牌下打造一系列大型演唱会，并借力恒大地产，将演唱会开到演出市场并不发达的二三线城市。据悉，公司成立初始打造的高晓松演唱会就已经赢利，版权资源也能持续为恒大音乐带来不菲的收入。

恒大动漫：以原创动画为核心，集动画制作发行，品牌授权，版权代理，投资出品，动漫衍生品开发、制造、销售于一体，涵盖动漫全产业链（如下图）。主要作品：二维动画《生日梦精灵》获得国家广电总局"2012动画精品"二等奖；三维动画《果果骑侠传》在2013年"金猴奖"大赛中获得动画系列片铜奖。其"趣库"品牌（QZEEKO）以"童真的想象力"为品牌理念，开设儿童生活馆，集商品销售、动漫观影、体感游戏、亲子互动等功能于一身。

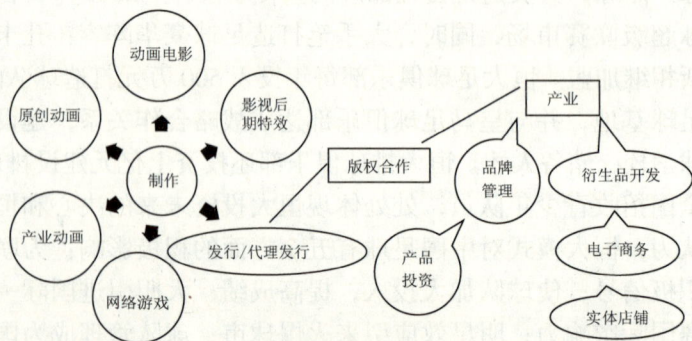

恒大的动漫产业链

三、案例分析

房地产的暴利时代一去不复返，市场热度急剧降温。房地产企业如果不转型升级，将遭遇资金、资源、政策等多重困境。近年来，房地产企业争相涌入文化产业。北京的今典集团，进入以数字电影为核心的电影产业和以今日美术馆为主体的艺术产业；世贸集团投资做影院；昆仑控股集团全面启动文化产业，目前已投资了1亿元，主要集中在三个产业领域——电视剧、电影和网络游戏；万达集团投资文化产业超过100亿元，成立文化产业集团公司，涉及电影制作放映、大型舞台演艺、电影科技娱乐、连锁文化娱乐、报刊传媒行业和中国字画收藏6个行业。在并购美国AMC影院公司后，大连万达成为全球规模最大的电影院线运营商。

已在地产界稳居第一阵营的恒大集团，也加速体育文化产业布局，集团董事局主席许家印曾公开表示，多元化的产业布局，是社会责任的履行，是企业转型的需要，通过大投入带来品牌效应。文化产业是从未来 20 年、30 年，从战略高度深入考虑的。

1. 体育赛事与品牌整合营销

"恒大冰泉"只是恒大文体帝国中的一个新生儿，但它所凝聚的体育营销新模式不可忽视。那就是在强大资本的支持下，以体育赛事为平台，推广快消品（Fast Moving Consumer Goods，FMCG），打开新的市场领域，展开跨界经营。学界将"体育营销"定义为：以体育运动为载体平台来推销自身产品和品牌的市场营销活动，这是一种特殊的市场营销手段。体育营销一般而言包含两种性质的营销活动：第一种称为"体育产业营销"，如赞助赛事、投资球队俱乐部等；第二种是指运用营销学的原理，使其产品及品牌文化融于体育文化当中，达到推广非体育产品及传播品牌价值的目的，姑且称为"非体育产业的体育营销"。"恒大冰泉"就属于后者。

早在 2013 年 9 月，恒大已派两组人马——矿泉水小组和文化旅游产业小组，在吉林省抚松县和靖宇县考察并深入洽谈了矿泉水项目；在抚松县、长白山保护开发区和吉林市丰满区考察文化旅游产业项目、实地踏勘相关地块。经过考察洽谈，恒大集团决定在白山市投资 200 亿元，打造世界级矿泉水品牌，收购当地年产 40 万吨与 80 万吨的两座水厂，年产 1 000 万吨矿泉水。一个多月后，恒大足球队取得亚冠联赛冠军，新产品找到了提高知名度的 sweet spot——体育运动与饮用水的结合。美国营销界专家 Ruth P. Stevens 认为，营销人员可以通过贸易展会和事件营销，把预算上的黑洞转变成他们所主导的利润增长点。运用适当的计划、策略和执行，一场聪明的事件管理是一家公司迈向成功的最重要因素。夺冠当晚，恒大的文体产业透过媒体镜头，得到全方位亮相。以品牌传播的观点来看，这是从"事件营销"向"整合营销"迈进的一大步。Don Schultz 认为，整合营销传播是一个"管理与提供给顾客或者潜在顾客的产品或服务有关的所有来源的信息的流程"，"以驱动顾客购买企业的产品或服务并保持顾客对企业产品、服务的忠诚度"。恒大充分利用群众体育和竞技体育这个大舞台，全方位、多角度、深层次地挖掘"艰苦奋斗，冲出亚洲"的故事，将体育运动中所体现的体育文化与企业品牌融合到一起，最大限度地吸引存在或者潜在的消费群体的关注，为恒大的品牌形象打下基础。

2. 文化创意产业与品牌人性化

如果说，长期以来地产集团的超常规发展给人留下"土豪"的印象，那么恒大涉足文化创意产业，则不失为提升自我形象的一步妙棋。毕竟，做文化比做商业地产更能满足人们"形而上"的精神需求。所谓的"品牌人性化"就是依照人性来进行品牌理念设计，通过充分满足人性的需求来达到企业经营的目的。房地产和新型社区，满足了人们居住、安全和社交的梦想；文化产业，满足了人们休闲娱乐、自我实现的梦想。

恒大集团在文化创意产业方面的一大特点是，各子公司共同搭建起文化娱乐全产业链的运营框架，优化整合影视、音乐、文化资源，将内容与渠道融合，登录传统媒介平台，实现互助发展。它以文艺产品的多元化、多渠道作为公司的运作理念，广泛拓展品牌的人性化程度；以"优质内容生产和集成商"为企业定位，全力打造规模化的品牌传播平台。

影视娱乐是被许家印称为"探索性进入文化产业"的举动。恒大影视文化有限公司成立伊始，已试水投资拍摄了建党90周年献礼片——电影《建党伟业》、歌舞大片——电影《天台爱情》、年度情感大戏——电视剧《师傅》、历史年代巨制——电视剧《彼岸1945》等多部影视剧作品，都取得了超高的票房或不俗的收视纪录，相继有尹力、何平、沈东、穆晓光等多位业内著名导演、著名制片人加盟，奠定了恒大品牌在国内影视行业的领先地位。

恒大音乐有限公司继承了恒大集团一贯的企业文化作风和现代化管理模式，网罗业内顶尖音乐从业者，重金打造中国一线高端音乐品牌，整合优势资源，组建一流的音乐团队。在未来的发展中，恒大音乐将主要从事音乐制作、版权管理、艺人经纪、企划营销以及传统和数字音乐版权等业务，是国内最大的音乐版权公司。音乐的消费是触动人心的消费。在数字音乐领域，恒大通过为消费者提供感性化、个人化的产品，实现品牌价值的提升。

打通渠道、掌握创作资源，是品牌人性化的基础。恒大音乐拥有大型网络门户、电视频道、视频载体、电台广播、大型户外广告、潮流杂志等多种渠道构成的全方位媒体群，多层次高密度覆盖各个群体，与中央电视台、湖南卫视、深圳卫视、北京卫视等顶级电视媒体在节目策划、营销及版权等领域建立了长期、深度的合作关系。"恒大冰泉"的广告投放就与这些媒体息息相关。因应新媒体的发展要求，公司占领了数字音乐发行渠道和信息网络传播渠道，并打造起国内顶级的艺人经纪团队，致力于中国音乐新晋人才的开发培养和知名艺人的营运与推广。

其品牌人性化的一大表征是恒大星光音乐狂欢节，它主张"用一张电影票的价钱来享受一场音乐盛宴"，票价等同于当地城市人们观看一场电影的价格，同时还会采用集体团购、扫二维码回答简单问卷、在官方网站上填写调查问卷等多种优惠形式与大家互动，让音乐节成为普通百姓周末休闲生活的新选择。在恒大地产各分公司的配合下，仅有 20 多名员工的恒大音乐在 3 个月间，就举办了 20 多场音乐节。

其品牌人性化的另一个表征是"趣库"品牌的营销。"趣库"是由恒大动漫产业有限公司推出的动漫品牌。它依托恒大的购物广场项目开设实体专卖店，从二三线城市逐渐进入一线城市，创造"专业儿童动漫生活馆"概念，将动漫作品的影响力同"趣库"品牌理念相结合，将国内外知名儿童专家及设计师将品牌所蕴含的炫彩、时尚、关爱等基本元素巧妙融入各类产品中。"生活馆"集商品销售、动漫观影、体感游戏、亲子互动等功能于一身，家长和孩子在馆中可以暂时放下日常生活的烦恼琐事，进入幻想世界，享受"趣、购、学"的神奇体验。馆内上百种儿童用品和服务，如童装、玩具、文具、图书、音像、家居等，既打通了制造业和文化创意产业，又把恒大的品牌吸引力延伸到低龄儿童身上。

3. 城市商业综合体、旅游综合体与品牌拓展战略

近几年，随着旅游资源和宜居生态环境的价值日益凸显，以及不可复制的自然资源优势，休闲养生的概念已日益进入人心。为了推动消费结构升级，恒大在清远、鄂州、重庆、彭山、天津、南京、昆明等地投资建设城市综合体。在一线城市建设商业综合体，在二三线城市发展旅游地产，是恒大品牌拓展战略的两个重要分支。

五星级酒店是一种长期稳定的投资模式，很多上市公司把商业地产作为优质物业，比如越秀城建，就捆绑了像维多利广场、城建大厦等租金回报比较大的优质物业。而像富力地产，在广州珠江新城投资的两个五星级酒店，则是出于回归 A 股的考虑。早在 2009 年，恒大就开始实践"地产＋酒店"的模式，恒大酒店在广州恒大御景半岛的首间旗舰店开业。2010 年开业的重庆恒大酒店，拥有近 6 万平方米的七星级酒店及近 10 万平方米的六大配套中心。2011 年建成的清远恒大世纪旅游城，则充分利用了当地的旅游资源，以白金七星标准酒店为主体，是一个集酒店、会议、运动、文化、饮食、娱乐、健康、商业于一体的特大旅游综合体项目。这些载体迅速承接了恒大集团的各种宣传和销售活动。

2013 年，恒大进军快消品领域后，"恒大冰泉"的全国合作伙伴大会暨订货会也在自己集团内的清远恒大世纪旅游城举办。此时，恒大矿泉水公司已全面铺开商业网络，完成 20 多万家门店的铺货，渠道覆盖沃尔玛、华润万家、家乐福、卜蜂莲花、乐购等大型卖场以及全国所有片区的快消品分销系统。截至订货会当天，"恒大冰泉"已获得 57 亿元的订货额。

该订货额的实现，距其全国铺货开始销售仅仅 30 天，距其正式接洽矿泉水项目仅 130 天，创造了快消行业的奇迹。与其他矿泉水公司单一做水销售不同，"恒大冰泉"借助集团在地产领域全国布局的优势，在全国超过130 个城市，逾 200 个楼盘项目，建立起直销批发点，以终端直营渠道和现代渠道为主，以特通渠道和经销商渠道为辅。各地区恒大酒店、恒大影城、健康养生会所等设置产品展示零售店；并且将开通"恒大冰泉"网上商城，设立全国客服热线、定期客户满意度反馈机制等，提升产品的美誉度。不过，直营渠道做水销售，目前全球没有成功案例，太极集团曾经尝试，但没有成功；现代渠道，主要指商超渠道；辅助性的特通渠道指机场、高铁、酒店之类的渠道，销量有限。

恒大将天然矿泉水纳入楼盘社区系统，属于双赢：一方面，利用人际传播、群体传播，提高物业的附加值；另一方面，也令"恒大冰泉"的销售渠道更加立体，便于定点收集消费数据，做好客户跟踪服务。

商业综合体是多种产业高度融合的发展模式，对品牌的传播有叠加效应。许家印强调会在现金流非常充足的情况下发展旅游综合体的项目，目前恒大已拿到 11 个这样的项目，并且他认为，旅游综合体将会在未来给恒大带来持续的收益。休闲度假旅游已经逐渐进入民众的生活，度假型酒店适应了目前中国旅游业由观光型向休闲度假型转变的发展大趋势。

从单一的房地产开发进入旅游综合体开发领域，这是恒大发展到一定阶段对资产的重新分配，是对长期收益资产的布局调整，增强了企业的竞争力与续航能力。站在宏观的角度看，恒大在绿色经济、旅游经济领域的探索，意味着旅游经济正在从观光时代走向休闲时代，从景区时代走向旅游目的地时代，从单一产品时代走向综合体时代，从消耗时代走向绿色循环时代。简单来讲，消费者将从过去的"到此一游"变为"到此小住"，由此产生的消费将成倍增长；同时，由旅游综合体所串联的旅游景区资源将得到进一步挖掘，可持续发展将为休闲经济带来更大的市场空间。

四、启发与思考

文化创意产业是不少地产集团转型的一个跳板。万达集团从最初与上影集团、时代华纳的分分合合中获得了丰富的经验，走出一条自力更生、迈向国际的发展之路。恒大集团也在体育、文化创意与快消品行业的跨界联合方面给业界提供了一个范例。当然，有学者指出，天然矿泉水要想突破，就必须有"点"的支撑和"面"的覆盖。"点"是价格和卖点，"面"是渠道面和消费面。

以品牌传播的观点来看，此次恒大水业务进行的"轰炸式"营销被演绎得淋漓尽致，向品牌人性化迈进了一大步。可是，每年要增加百亿元销售额，面对竞争激烈的快消行业，是否能成功跨界卖水，建立新的市场体系，或许对于恒大这个快消"门外汉"来说是一场严峻的考验。地产集团、体育营销、快消品推广三者结合仅仅是跨出了第一步——亮相成功，并未取得三者叠加的复合效果。未来，"恒大冰泉"将何去何从？凭借资本优势的"大跃进"能否成功？是调整策略还是置之死地而后生？会成为一则业界佳话抑或失败案例？今后的三年将是重点观察期。

而演出市场、音乐版权和影视制作方面的高风险，也是一个不得不考虑的因素。演出市场和足球赛场不同，除了实力足够的明星、出色的硬件条件之外，还有很多不可控的因素存在。品牌形象的建立、营销渠道的打通、相关部门关系的协调、各种剪不断理还乱的人情世故，都是摆在宋柯面前的难题。另外，数字音乐格局能否打破？版权库中有哪些是高附加值的音乐作品、哪些可能"沉睡千年"？这些都要靠专业人士细心鉴别。影视投资更是如此，大阵容、大投入、大制作，未必带来出色的票房表现，因为受众的口味是变幻莫测的。

总之，进入新的领域，打破固有格局是一个艰难的过程。充足的资金只是转型的基础，对未来的预判才是转型的关键。在不同条件之下，每个企业有不同的发展战略，有的先做强，后做大，也有的先做大，后做强。不同的战略没有正确与不正确之分，而是与企业的发展环境、条件、目标息息相关。对恒大来说，发展的过程要从量变到质变，先做大，再做强。体育、文化创意产业和快消品正成为恒大新的盈利增长点，恒大经验、恒大模式值得学界继续关注，深入研究。

参考文献

［1］Kahle L. R.Close A..*Consumer Behavior Knowledge for Effective Sports and Event Marketing*［M］.New York:Psychology Press，2011.

［2］Desbordes M.. *Marketing and Football: An International Perspective*［M］.Amsterdam; Boston: Butterworth-Heinemann，2007.

［3］Stevens R. P.. *Trade Show and Event Marketing : Plan*，*Promote & Profit*［M］. Mason， OH:Thomson， 2004.

［4］潘小玲. 恒大体育营销模式研究［J］. 军事体育进修学院学报，2012（3）.

［5］赵坤，江小燕. 浅谈体育营销——以恒大地产体育营销为例［J］. 科技信息， 2010（22）.

［6］曾会生. 恒大：营销中国体育［N］. 中国企业报， 2011-05-20.

［7］郭惠先，林波萍，周兴生. 恒大模式对中国足球发展的利弊分析［J］. 广州体育学院学报， 2012（2）.

［8］安家编辑. 恒大：玩体育，玩娱乐，还抢宗庆后的饭碗［J］. 安家，2013（12）.

［9］刘红. 房企掘金文化产业［J］. 文化月刊（下旬刊），2012（7）.

［10］胡加辉. 我国体育营销的现状与策略分析［J］. 营销策略，2012（2）.

［11］陈曦. 恒大，不务正业的价值［J］. 商界评论，2014（3）.

［12］王斌. 恒大进军旅游综合体［N］. 长沙晚报，2011-06-27.

［13］王松才. 30天吸金57亿元　恒大冰泉再获吉林省高度支持［N］. 中国经济时报， 2014-01-16.

［14］郭安丽. 恒大"夺冠"顺势进军水业　布局多元受质疑［N］. 中国联合商报， 2013-11-18.

［15］彭甜甜. 恒大卖水知易行难［N］. 第一财经日报， 2013-11-18.

［16］蒋军. 恒大冰泉：激活还是搅局［J］. 销售与市场（评论版），2014（1）.

［17］丁博. 挡在恒大音乐面前的三座大山［EB/OL］. 网易娱乐专稿，（2012-06-21）.http://ent.163.com/12/0621/15/84HJ672P00031H0O.html.